Jongler avec les langues et avec les cultures

PETER LANG
Lausanne - Berlin - Bruxelles - Chennai - New York - Oxford

Claire Demesmay

Jongler avec les langues et avec les cultures

Dynamiques identitaires des citoyens européens mobiles

Études contrastives
Vol. 20

Illustration de couverture :
©Karla Loéh Demesmay-Hahn

Avec l'aimable et précieux soutien du Fonds citoyen franco-allemand.

DEUTSCH-
FRANZÖSISCHER
BÜRGERFONDS
FONDS CITOYEN
FRANCO-ALLEMAND

Cette publication a fait l'objet d'une évaluation par les pairs.

Publié par Peter Lang Éditions Scientifiques Internationales - P.I.E., Bruxelles, Belgique

ISSN 1424-3563
ISBN 978-2-87574-570-5
ePDF 978-2-87574-572-9
ePub 978-2-87574-5736
DOI 10.3726/b20955
D/2023/5678/29

Information bibliographique publiée par « Die Deutsche Bibliothek »

« Die Deutsche Bibliothek » répertorie cette publication dans la « Deutsche Nationalbibliografie » ; les données bibliographiques détaillées sont disponibles sur le site <http://dnb.ddb.de>.

Remerciements

Ce livre est l'aboutissement de recherches de plusieurs années menées dans le cadre d'une habilitation à diriger des recherches. Je tiens à exprimer ma gratitude à ma garante Hélène Miard-Delacroix, professeure à Sorbonne Université, qui m'a accompagnée dans cette aventure avec bienveillance et patience. Un grand merci également aux membres du jury de l'habilitation pour la confiance qu'ils m'ont témoignée et leurs suggestions pertinentes, ainsi qu'aux collègues et ami.e.s pour leur soutien et leurs encouragements (elles et ils se reconnaîtront), en particulier au Centre Marc Bloc de Berlin.

La conduite de cette étude n'aurait été possible sans le témoignage de familles franco-allemandes résidant à Berlin et en Île-de-France, qui m'ont accueillie à leur domicile. Je les remercie vivement de m'avoir accordé leur temps et d'avoir accepté de me confier leurs expériences souvent très personnelles du bi-/plurilinguisme et du bi-/pluriculturalisme.

Tous mes remerciements à Sofia Stratilaki, spécialiste de plurilinguisme et d'apprentissage des langues à l'Université Sorbonne Nouvelle, pour ses conseils avisés ; à Hans Herth de la Fédération des Associations franco-allemandes, à Philippe Loiseau et Simone Wahl de l'association Initiative Avenir-Zukunft, à Bettina Deutsch et Fatih Özcan du ministère berlinois de l'Éducation, de la Jeunesse et de la Famille pour de riches échanges sur l'enseignement bilingue ; à Pascal Thibaut, correspondant de Radio France Internationale, et à celles et ceux qui ont eu la gentillesse de diffuser l'annonce permettant d'identifier les familles ; ainsi qu'au service de documentation du Deutsch-Französisches Institut (dfi) de Ludwigsburg pour ses recherches bibliographiques, et au Fonds citoyen franco-allemand pour son soutien financier.

Enfin, toute ma reconnaissance va à ma smala franco-allemande, inépuisable source d'inspiration, qui a fait preuve d'une compréhension sans limite et de constante (ou presque) bonne humeur lors de l'élaboration de cette étude.

Un merci spécifique à Karla Loéh pour ses superbes illustrations !

Sommaire

Partie II Terrain

Partie III Analyse et Interprétation

Introduction

Pour les ressortissants de tout État membre de l'Union européenne (UE), l'une des conséquences les plus tangibles de l'intégration européenne est le droit de circuler librement au sein de l'espace supranational européen, de s'installer et de travailler dans l'un de ses États membres, ainsi que de bénéficier des mêmes droits sociaux[1] que les ressortissants nationaux, indépendamment de leur nationalité. Ce droit des « citoyens européens[2] » répond à une volonté politique forte des pouvoirs publics de l'UE qui, depuis les années 1990, n'ont eu de cesse de valoriser et de promouvoir la mobilité (Favell, 2009). Si ce droit s'est traduit par un accroissement des migrations intracommunautaires (Scholten, Van Ostaijen, 2018), qui pourraient s'amplifier au cours des prochaines décennies, le phénomène est aujourd'hui encore très minoritaire (Dubucs, Mourlane, 2017)[3]. Il n'empêche que le principe de mobilité non seulement est indissociable d'une nouvelle étape de l'intégration européenne, dont il constitue l'un des piliers (King, 2002), mais s'accompagne également d'une manière spécifique de concevoir la cohésion de l'UE et son rapport à son voisinage : alors que les frontières entre États membres sont relativisées, voire perdent leur fonction protectrice en vigueur dans le modèle de l'État-nation, les frontières extérieures ont vu leur rôle renforcé, notamment dans la définition du rapport entre un « nous européen » et un « eux extérieur » (Verwiebe *et al.*, 2014 : 125 *sq.*). Cela s'accompagne

---

1 En revanche, les droits civiques diffèrent. Si les citoyens européens ont le droit de vote et d'éligibilité aux élections locales et européennes, ils ne peuvent en général participer aux élections nationales – sauf exception dans certains États membres de l'UE.

2 La notion de « citoyen européen » a été instaurée par le traité de Maastricht en 1992 et complétée par le traité d'Amsterdam en 1997. Selon l'article 9 du traité sur l'Union européenne (TUE) et de l'article 20 du traité sur le fonctionnement de l'Union européenne (TFUE), est citoyen de l'UE tout ressortissant de l'un de ses États membres. Par suite, la citoyenneté de l'Union s'ajoute à la citoyenneté nationale, mais ne la remplace pas.

3 En 2020, seuls 3,3 % des Européens en âge (20–64 ans) de travailler résidaient dans un autre État membre que celui dont ils ont la nationalité (Eurostat, 2021). Ce chiffre reste stable depuis plusieurs années.

d'un changement de paradigme des migrations intracommunautaires et du vivre-ensemble, faisant de l'Europe du début du XXIe siècle un laboratoire pour penser et expérimenter une citoyenneté de nature postnationale (Chopin, 2014 ; Demesmay, 2003).

Ainsi, dans le langage des institutions européennes, les ressortissants de l'un des États membres résidant dans un autre pays de l'Union que celui dont ils ont la nationalité ne sont pas considérés comme des « migrants », mais comme des « citoyens mobiles ». De fait, la mobilité au sein de l'UE diffère sensiblement des mouvements migratoires traditionnels, et ne saurait donc être appréhendée à travers les mêmes grilles d'interprétation analytique. Tout d'abord, elle se distingue par la motivation qui sous-tend la décision des acteurs de quitter leur pays d'origine. Alors qu'historiquement, les migrations sont surtout motivées par des raisons économiques ou humanitaires, la mobilité intra-européenne renvoie à des motifs divers et dans la plupart des cas pluriels (Sert, 2018). Parmi eux, les plus représentés sont la réalisation de la carrière et le maintien des liens familiaux (Verwiebe *et al.*, 2014 : 128 ; Becker, Teney, 2020 : 27). Les conditions sociales jouent elles aussi un rôle, en particulier pour les familles avec enfants, qui ont tendance à s'installer davantage dans les pays disposant d'un système de protection sociale développé (De Jong *et al.*, 2020), mais elle ne constitue qu'un élément parmi d'autres. Enfin, pour beaucoup de migrants intracommunautaires, la décision est motivée par des « *post-materialist considerations such as life-style reasons, self-fulfilment, or learning languages*[4] » (Becker, Teney, 2020 : 7).

En deuxième lieu, la diversification des motivations a pour corolaire une diversification des temps d'installation. Alors que les migrations traditionnelles ont souvent un caractère durable, les citoyens européens qui s'installent dans un autre État membre le font de façon plus ou moins longue, à titre plus ou moins provisoire. Comme l'ont démontré Ryan et Mulholland (2014) à partir de l'exemple de Français hautement qualifiés travaillant dans le secteur financier à Londres, ils ne prennent pas nécessairement cette décision au préalable, mais gardent différentes options ouvertes, qu'ils font dépendre de leur expérience et des opportunités qui se présentent à eux, mais aussi de leur situation familiale (Collet, Bonnet, 2010). Ainsi, la durée de séjour des migrants intracommunautaires varie

---

4 « des considérations post-matérialistes telles que des raisons liées au style de vie, à l'épanouissement personnel ou à l'apprentissage des langues » (traduction de l'auteure, comme l'ensemble des traductions mentionnées dans la suite de l'étude).

considérablement d'une situation à l'autre, allant de quelques mois – dans le cas d'un séjour d'étude – à plusieurs décennies, et prend des formes diverses, qu'il s'agisse de migration circulaire ou d'alternance entre deux domiciles – notamment pour des retraités (Verwiebe *et al.*, 2014 : 131). Comme le notent Becker et Teney (2020 : 10), on ne peut ici appréhender le phénomène migratoire sous l'angle binaire mobilité *versus* installation, courant dans l'analyse des migrations traditionnelles. Au contraire, une approche « multidirectionnelle » (O'Reilly, 2007 : 4) permet davantage de saisir la dynamique de la mobilité intra-européenne, dans laquelle les allers-retours n'ont rien d'exceptionnel.

Pour finir, les acteurs des migrations intracommunautaires se distinguent par leur profil socioculturel. Contrairement aux migrants traditionnels, ils sont nombreux à avoir un niveau d'éducation élevé et à être bien intégrés sur le marché de l'emploi : « *It has oftentimes been proven that a large share of CEE migrants is highly qualified, with knowledge workers per definition being the only group able to translate their qualifications into adequate positions on the receiving labour market*[5] » (Reeger, 2018 : 52). Cela étant, le niveau d'éducation des migrants intracommunautaires varie fortement entre les États d'origine, reflétant à la fois le niveau d'éducation moyen dans ces pays et les différences socio-économiques au sein de l'UE. De manière générale, c'est parmi les migrants issus de « lEurope des Quinze », c'est-à-dire des États qui étaient membres de l'Union avant l'élargissement de 2004, qu'il est le plus élevé (Verwiebe *et al.*, 2014 : 130). En 2020, presque la moitié d'entre eux avait un diplôme de l'enseignement supérieur, soit un niveau bien supérieur à celui de la moyenne nationale des pays représentés (Eurostat, 2021)[6]. Le niveau d'éducation se traduit en termes d'intégration sur le marché du travail, puisque le taux d'emploi des citoyens européens mobiles est

---

5 « Il a souvent été prouvé qu'une grande partie des migrants des pays de la CEE est hautement qualifiée, les travailleurs du savoir étant par définition le seul groupe capable de traduire ses qualifications en postes adéquats sur le marché du travail d'accueil ».

6 D'après Eurostat (2021), le taux des citoyens mobiles originaires de France et d'Allemagne ayant un diplôme de l'enseignement supérieur s'élevait en 2020 à respectivement 66,4 % et 55,4 % (comparé à une moyenne nationale de respectivement 39,2 % et 29,2 %). À noter que quatre pays ne sont pas comptabilisés : Irlande, Royaume-Uni, Luxembourg et Danemark.

un peu plus élevé que la moyenne européenne[7] ; cela vaut en particulier pour ceux d'entre eux qui disposent d'une éducation supérieure et travaillent dans le domaine de la « connaissance » (Reeger, 2018 : 59), dont le taux d'emploi atteint quant à lui un très haut niveau[8]. Sur ce point, les migrants intracommunautaires se situent dans un rapport inversé avec les acteurs issus des migrations traditionnelles, davantage touchés par le chômage que les nationaux (DGEF/DSED, 2021 : 2)[9].

Les Européens hautement qualifiés qui usent de leur droit à la mobilité et s'installent dans un autre État membre pour y travailler, étudier ou passer leur retraite, représentent une nouvelle catégorie de migrants. Ils sont les représentants d'un « transnationalisme » d'élite (Glick Schiller *et al.*, 1992, 1995) caractéristique des sociétés mondialisées, qui donc n'est pas propre à l'Europe, mais que l'Union européenne décline à sa manière avec le processus d'intégration et le principe de libre circulation des biens et des personnes. Outre leur haut niveau d'éducation et leur mobilité, les *migrants transnationaux* – ou *transmigrants*, pour recourir à l'expression de Glick Schiller *et al.* (1992, 1995) – se caractérisent par leur relative jeunesse et leur ancrage dans les milieux urbains (Verwiebe, 2014 : 130). En outre, comme l'a démontré Adrian Favell (2008) dans son étude de ceux qu'il nomme les « *eurostars* », dont il a étudié le parcours dans les « eurocités » de Londres, Bruxelles et Amsterdam, ces derniers ne se situent pas dans une logique personnelle assimilationniste. Non seulement ils vivent dans des réseaux cosmopolites composés d'autres transmigrants issus de différents pays, mais ils conservent aussi des liens avec leur culture d'origine, ne subissant pas ou peu de pression assimilationniste de la part de leur société de résidence : « *they happily retain their own cultures and construct transnational communities that transcend place*[10] » (O'Reilly, 2007 : 5). Christian Lequesne a lui aussi constaté

---

[7] En 2020, leur taux d'emploi était légèrement plus élevé (73,1 %) que les nationaux européens (72,4 %) (Eurostat, 2021). Cela n'empêche pas certains problèmes d'intégration dans la société de leur pays de résidence, ni d'ailleurs des difficultés à obtenir un emploi correspondant à leur qualification (Reeger, 2018 : 52).

[8] En 2020, leur taux d'emploi s'élevait à 83,9 %, contre 72,4 % pour la population totale (Eurostat, 2021).

[9] En France, la situation des étrangers diverge sensiblement en fonction de leur appartenance ou non à un État membre de l'Union européenne : alors que celui des étrangers hors UE est beaucoup plus élevé que celui des nationaux non immigrés, celui des ressortissants européens est équivalent (DGEF/DSED, 2021 : 2).

[10] « ils se plaisent à conserver leurs propres cultures et construisent des communautés transnationales qui transcendent les lieux. »

que les valeurs communes à la diaspora française de Londres sont d'une part le cosmopolitisme, qu'il définit comme la « croyance positive en une société où la diversité culturelle et ethnique permet d'atteindre une forme d'universalité tout en acceptant les identités particulières » (2020 : 12), de l'autre « l'attachement à la culture et à la langue françaises » (*Ibid.* : 13). Pour décrire les identités et les attitudes des migrants transnationaux, Hoerder *et al.* (2005) recourent à la notion de « transculturalisme ». Celle-ci évoque la capacité des acteurs sociaux à évoluer d'une culture à l'autre en faisant fi des frontières nationales, à élaborer un espace hybride dans lequel se côtoient et se mêlent les références culturelles – sans hiérarchie ni cloisonnement.

C'est aux familles issues des migrations intracommunautaires que s'intéresse la présente étude, en tant qu'elles sont à la fois des produits et des acteurs de l'intégration européenne, qu'elles en incarnent l'esprit au niveau d'existences individuelles et familiales. Favell et Recchi (2009) parlent à propos des Européens mobiles de « pionniers de l'identité européenne », dans la mesure où ils font partie des premières générations d'Européens à faire l'expérience d'une citoyenneté conçue dans un cadre supranational, à vivre au quotidien les opportunités et les défis du pluriculturalisme et du transculturalisme au sein de l'espace européen.

> « *Movement and mobility have huge effects on those involved, both those who move and those who encounter movers. In each and every one of these lives, the hopes and aspirations of the architects of the European integration process are inscribed. EU movers are the prototypical 'Highly Europeanized Citizens'. They are the human face of European integration, from whom we might learn what it means to be a European. Their lives and experiences are the best guide to finding out how easy it is to shift one's identity or horizon to a post-national or cosmopolitan level, and of the practical benefits, insights, barriers and failings of a life outside the place where you historically belong*[11] » (Favell, Recchi, 2009 : 3).

[11] « Le mouvement et la mobilité ont des effets considérables sur les personnes concernées, tant celles qui se déplacent que celles qui les rencontrent. Dans chacune de ces vies sont inscrits les espoirs et les aspirations des architectes du processus d'intégration européenne. Les personnes mobiles de l'UE sont les prototypes des "citoyens hautement européanisés". Ils sont le visage humain de l'intégration européenne, de qui nous pouvons apprendre ce que signifie être un Européen. Leurs vies et leurs expériences sont le meilleur guide pour découvrir à quel point il est facile de déplacer son identité ou son horizon vers un niveau post-national ou cosmopolite, ainsi

La mobilité intracommunautaire débouche sur des rencontres humaines, dont sont issus des couples mixtes, eux-mêmes à l'origine de familles bi-/plurinationales. L'objectif est ici d'explorer la manière dont se décline, dans un tel contexte familial, le lien entre pratiques langagières et culturelles, d'un côté, et représentations identitaires, de l'autre. Cette étude vise à analyser leur articulation, ainsi que les différentes identités dans lesquelles se reconnaissent et/ou dont se revendiquent les acteurs sociaux, en comparant le discours des deux générations présentes au sein de la famille nucléaire, à savoir parents et enfants. Afin d'élargir la perspective, l'analyse tient aussi compte du discours des grands-parents, mais uniquement de façon ponctuelle, concernant certains aspects spécifiques de l'étude. L'analyse du corpus porte sur les acteurs sociaux et sur le regard qu'eux-mêmes jettent sur leurs pratiques du bi-/plurilinguisme et du bi-/pluriculturalisme, ainsi que sur leurs représentations identitaires en tant que membres de familles binationales issues du processus de mobilité intra-européenne. Une attention particulière est prêtée aux pratiques langagières et aux représentations qui les sous-tendent, dans la mesure où les langues renvoient à des enjeux géopolitiques (Zarate, 2004 : 10 *sq.*) et que leur apprentissage peut traduire ou s'accompagner de « rapports de force » (*Ibid.* : 11) entre des États ou entre des espaces culturels distincts.

Pour une telle étude, il aurait été envisageable de s'intéresser à des familles issues de couples mixtes de manière indifférenciée, indépendamment de la nationalité de leurs membres. *A contrario*, il a ici été décidé d'étudier la transmission des représentations identitaires et des comportements langagiers et culturels qui en découlent au sein de familles franco-allemandes. Ce choix s'explique par deux raisons principales. Premièrement, celles-ci sont le fruit de migrations intracommunautaires évoquées *supra*, elles-mêmes au cœur du processus d'intégration européenne. L'immigration française en Allemagne tout comme l'immigration allemande en France sont représentatives du phénomène de mobilité intra-européenne qui n'a pas les caractéristiques de l'immigration du travail traditionnel mais est davantage motivé par des considérations post-matérialistes et concerne pour l'essentiel des milieux socio-économiques favorisés et/ou éduqués. De plus, France et Allemagne entretiennent une relation bilatérale au caractère relativement symétrique. Contrairement au rapport classique entre un État d'émigration et un

---

que les avantages pratiques, les perspectives, les obstacles et les échecs d'une vie en dehors du lieu auquel on appartient historiquement. »

État d'immigration, marqué par un fort différentiel socio-économique, ou bien par une relation de domination présente ou passée notamment en lien avec une histoire coloniale –, les deux États sont situés sur un pied d'égalité en termes de pouvoir économique, de standards sociaux et de statut culturel.

La seconde raison de se pencher sur le cas de familles franco-allemandes réside dans la particularité de la relation entre la France et l'Allemagne dans le contexte européen. Après des décennies de conflit, les deux exécutifs ont mis en place dès les années 1960 une politique de rapprochement et de coopération qui a peu d'équivalent dans les relations internationales contemporaines. Ainsi, ils ont créé plusieurs institutions visant à encourager les échanges entre les populations, tels l'*Office franco-allemand pour la Jeunesse* (OFAJ) en 1963, l'*Université franco-allemande* (UFA) en 1997 ou encore le *Fonds citoyen franco-allemand* en 2020, et ont accompagné cette politique d'un discours officiel de l'amitié franco-allemande valorisant les échanges entre ressortissants des deux pays. Il semble que cette approche ait porté ses fruits car, depuis le début des années 1990, période qui du reste coïncide avec la mise en place de la « citoyenneté européenne », des enquêtes d'opinion indiquent à un rythme régulier que la France et l'Allemagne bénéficient d'une image largement positive au sein de la population du pays partenaire[12]. Ainsi, les instruments successifs que les gouvernements des deux États ont mis en place pour encourager les échanges au niveau de la société civile – bien avant la création de programmes d'échange européens comme Erasmus – font de l'espace franco-allemand un laboratoire de la mobilité intra-européenne dont se dégage un effet de loupe.

Étant donné la particularité de la relation franco-allemande, ainsi que son institutionnalisation progressive et sa valorisation par les pouvoirs publics de part et d'autre du Rhin, qui peuvent avoir une influence sur l'élaboration des histoires familiales (Gollac, Oeser, 2011[13]), on peut supposer que les familles franco-allemandes se reconnaissent dans une identité propre, qu'elles construisent et expriment à travers des pratiques

---

12 Voir par exemple Ifop/Ambassade d'Allemagne en France (2013) et Ifop/*Le Journal du dimanche* (2014).

13 Parmi les familles rencontrées dans le cadre du projet de recherche, le « great narrative » joue un rôle très différent : alors que certaines l'intègrent dans le discours familial, d'autres au contraire ne semblent établir aucun lien spécifique entre les « grands récits » et l'histoire de la famille (Gollac, Oeser, 2011 : 387).

langagières et culturelles spécifiques. De plus, en raison à la fois du discours public sur cette relation et du caractère « prestigieux » (Erfurt, Hélot, 2016) du bilinguisme français-allemand[14], on peut supposer que le répertoire bilingue et biculturel de ces familles est valorisé – tant au niveau méso-social, au sein de la population des villes étudiées, qu'au niveau macro-social, c'est-à-dire dans les sociétés allemande et française, et plus largement européennes. Pour finir, il est probable que les personnes interviewées dans le cadre de cette étude s'intéressent aux questions liées aux expériences transculturelles et à l'apprentissage des langues, et sont en mesure d'exposer leurs pratiques du bilinguisme et du bi-/pluriculturalisme dans le cadre familial. Ces hypothèses sont alimentées, entre autres, par une observation du milieu franco-allemand comme « lieu d'investissement affectif et cognitif » (Bertucci, 2009 : 50), qui laisse supposer l'existence d'une « communauté » franco-allemande créée et structurée autour de pratiques langagières et culturelles comportant un aspect ludique et pédagogique, mais surtout réflexif.

Cette étude a pour cadre sociodémographique les villes de Paris (et sa périphérie)[15] et de Berlin. Paris *intra-muros* étant à la fois moins étendu d'un point de vue géographique et moins peuplé que Berlin, il est indispensable, dans une perspective comparatiste, d'élargir l'analyse à sa périphérie. Dans la mesure où l'Île-de-France dans son ensemble aurait été trop vaste, il est ici question de la « petite couronne » que forment les trois départements limitrophes de la ville de Paris (Hauts-de-Seine, Seine-Saint-Denis et Val-de-Marne), ainsi que des Yvelines. Toutes les deux capitales de grands États européens, Paris et Berlin offrent une certaine symétrie, que du reste les pouvoirs publics se plaisent à mettre en scène – notamment à travers le jumelage de villes créé en 1987 (Marchetti, 2019 : 61 *sq.*).

En tant que terrain de recherche, Paris et Berlin présentent un double intérêt. Premièrement, elles font partie des villes dans lesquelles réside le plus grand nombre de ressortissants du pays partenaire. Les deux capitales accueillent en effet le plus grand nombre de Français résidant en

---

[14] D'après Erfurt et Hélot (2016), le bilinguisme a un caractère prestigieux lorsqu'il concerne des langues dont les représentations sont positives, notamment parce qu'elles sont considérées comme liées à un pouvoir économique, politique et/ou culturel.

[15] Dans la suite de l'analyse, la référence à la périphérie n'est pas systématiquement mentionnée, mais néanmoins sous-entendue.

Allemagne et d'Allemands en France[16] – pour Paris et sa région, loin devant toutes les autres villes françaises. Ainsi, on peut en déduire que les deux villes sont celles dans lesquelles le nombre de familles franco-allemandes issues de couples mixtes est l'un des plus élevés au monde. Deuxièmement, derrière une telle symétrie, toutes deux entretiennent un rapport différent à la diversité culturelle et linguistique. Bien que terre d'immigration depuis des siècles, Paris est la capitale d'un État profondément attaché au paradigme du monolinguisme, dont il est représentatif (De Heredia-Deprez, 1989 : 85) ; Filhon et Zegnani considèrent qu'en vertu de ce paradigme, « le français est hégémonique et l'injonction faite aux migrants de le parler est très forte » (2019 : 123). Ville-État, Berlin s'affiche au contraire comme une terre d'accueil vis-à-vis de la diversité culturelle de sa population, et en particulier du bi-/plurilinguisme, que l'administration promeut depuis les années 1990 (SBJF, 2016).

Cette différence entre Paris et Berlin se reflète à la fois dans le discours des pouvoirs publics de l'une et l'autre ville, et dans le nombre de structures éducatives promouvant le bi-/plurilinguisme de la population jeune, bien plus nombreuses et diversifiées dans la capitale allemande. Or plusieurs travaux ont démontré l'influence des politiques linguistiques des pays de résidence sur les stratégies et sur les pratiques langagières au sein des familles (Haque, 2012). À cela s'ajoutent des différences nationales que reflètent en partie Paris et Berlin en tant que capitales de deux différents États. Celle-ci peuvent être de nature structurelle, concernant le système scolaire, l'accueil de la petite enfance ou bien la structure centralisée *versus* fédérale de l'État, mais aussi culturelle, renvoyant notamment à « *different family and maternal conceptions*[17] » (Collet, Bonnet, 2010 : 213)[18], ainsi qu'à certaines représentations des femmes et de leur rôle dans la société, ou encore au rapport entre les sphères publique et

---

16 Les inscriptions sur les listes électorales consulaires permettent une comparaison entre villes. En mars 2022, 8 443 Français étaient inscrits à Berlin, 6 438 à Munich et 2 330 à Francfort-sur-le-Main (chiffres recueillis auprès des consulats généraux en septembre 2022). Dans la mesure où tous les résidents ne sont pas inscrits, on peut supposer que le nombre de Français vivant en Allemagne est sensiblement plus élevé.

17 « différentes conceptions de la famille et du rôle maternel »

18 À partir d'une analyse comparatiste franco-allemande, Collet et Bonnet (2010) ont mis en évidence que les couples mobiles sont plus nombreux à avoir des enfants en France qu'en Allemagne. Alors que les premiers cherchent à concilier mobilité professionnelle et vie familiale, les seconds ont tendant à faire un choix entre les deux.

privée (Durand, 2002). Cette double perspective franco-allemande, faite de symétrie et de contraste, offre des conditions propices à une étude comparatiste de familles au profil similaire.

Au cœur de l'analyse se trouve la problématique de la *transmission* intergénérationnelle au sein de familles binationales, au sens qu'implique son étymologie latine : « [...] ce qui traverse les générations en laissant une trace du passage de l'une à l'autre » (Lahaye *et al.*, 2007 : 108). Dans cette perspective, la présente étude vise à analyser, d'une part, les pratiques langagières et les identités que les parents transmettent à leurs enfants – de manière consciente ou non –, ainsi que les représentations de la langue et du bilinguisme qui sous-tendent leurs attitudes. D'autre part, elle tente de déterminer dans quelle mesure les enfants issus de couples binationaux se considèrent eux-mêmes comme les héritiers de pratiques particulières en matière de bilinguisme et de biculturalisme et sont prêts à les poursuivre, voire à les transmettre le moment venu à leurs propres enfants. Le cadre familial apparaît comme un terrain propice à l'étude des pratiques bi-/plurilingues et des représentations identitaires qui leur sont associées, dans la mesure où il constitue le lieu de socialisation primaire des acteurs sociaux, et joue par conséquent un rôle déterminant dans l'acquisition de leurs catégories de pensée et d'action (Lahire, 1998 : 301–303). Cela vaut tout particulièrement pour la transmission des langues et des cultures (Haque, 2019 : 12). De plus, la famille représente un groupe, certes de taille très restreinte, mais qui s'organise autour de règles communes que ses membres ont eux-mêmes définies et renouvellent au gré des interactions sociales, notamment dans le domaine langagier. Ainsi, avec Lüdi et Py, la famille nucléaire peut être définie comme « l'unité sociale la plus petite et la mieux structurée qui sert de contexte immédiat à la rencontre des langues chez l'individu » (1986 : 48).

De cette problématique découlent deux principales interrogations. Pour commencer, il s'agit de définir les *pratiques et les stratégies langagières des membres de familles binationales* : quelle(s) langue(s) utilisent-ils au sein du cadre familial et à l'extérieur, et en fonction de quels critères ? Selon quelles règles le bilinguisme et le biculturalisme sont-ils pratiqués au sein de la famille ? Sont-elles l'objet d'un consensus familial ou au contraire de dissensus, voire de conflits ? Ensuite, il s'agit d'examiner les *représentations identitaires des membres de familles binationales et leurs interactions* : dans quelle mesure les pratiques et les stratégies langagières des acteurs sociaux expriment-elles une appartenance particulière ? Les enfants endossent-ils, ou non, les mêmes représentations identitaires que leurs parents, et comment celles-ci se traduisent-elles en termes de répertoire bi-/plurilingue et bi-/pluriculturel ?

Afin d'explorer ces questionnements, une étude qualitative a été menée auprès de seize familles franco-allemandes de Berlin et de Paris, dans lesquelles vivent un ou plusieurs adolescents âgés de 12 à 17 ans – un âge auquel l'identité est encore en évolution rapide et fait déjà l'objet de réflexivité (Abendroth-Timmer, Hennig, 2014). Les familles ont été sélectionnées à partir de deux critères invariants : d'une part, elles comptent un ou plusieurs adolescents ; de l'autre, au moins l'un des deux parents est de nationalité et de langue première française à Berlin et allemande à Paris. En revanche, des critères tels que la situation familiale, la pratique d'une troisième ou quatrième langue ainsi que la durée de résidence du couple et/ou de la famille à Berlin/Paris sont considérés comme variables, dans la mesure où ils ne sont pas déterminants pour la problématique traitée. Afin de garantir la représentativité des résultats, une certaine diversité a été recherchée en termes de répartition géographique dans les deux régions, d'identité genrée du parent de nationalité migrant et de situation familiale. Les entretiens se sont déroulés sur le lieu de vie familiale[19] avec au moins le parent ayant une expérience migratoire (dans certains cas avec les deux parents) et avec un ou plusieurs enfants. Il s'agit d'entretiens de type semi-directif, structurés autour d'une dizaine de questions prédéfinies, qui n'excluent pas des questions plus spontanées dès lors qu'elles s'inscrivent dans la dynamique de l'échange. Quant aux entretiens avec les grands-parents, ils sont de nature directive et ont été restreints à quelques questions ; pour des raisons logistiques, ils ont été conduits par téléphone. L'ensemble des entretiens ont eu lieu en français et en allemand en fonction des préférences exprimées par les personnes interviewées, ont été enregistrés et ont fait l'objet d'une transcription écrite.

Dans la mesure où les questions abordées dans cette étude se situent au croisement de différentes traditions académiques, une approche pluridisciplinaire s'imposait. Pour commencer, la problématique traitée s'inscrit pleinement dans le champ des études européennes, en tant qu'elle interroge les conséquences de l'intégration européenne sur la

---

19 En présentiel à Berlin et, en raison de la situation sanitaire liée à la pandémie de Covid-19, en ligne à Paris.

vie des acteurs sociaux au quotidien. Comme le notent Favell et Recchi (2009) dans l'introduction de leur ouvrage sur les « pionniers de l'identité européenne », ce champ a tendance à être dominé par les travaux de juristes et de politistes, qu'ils optent pour une optique intergouvernementale ou fonctionnaliste. Pour autant, si les recherches consacrées aux effets du processus d'intégration au niveau de la société civile sont moins courantes, elles n'en représentent pas moins un aspect essentiel des études européennes, mettant notamment en lumière les processus à l'œuvre dans l'identification à l'Europe (Duchesne, Frognier, 2002 ; Favell, 2010 ; Herrmann *et al.*, 2004 ; Rohde-Liebenau, 2020). Ensuite, la problématique ici traitée s'ancre dans les études germaniques, et en son sein plus particulièrement dans la civilisation allemande, elle-même conçue dans un esprit pluridisciplinaire. Explorer les pratiques langagières et culturelles de familles franco-allemandes implique en effet de s'intéresser de près aux structures et méthodes de l'apprentissage de l'allemand en France, ainsi qu'aux représentations attachées à la langue, à la culture et à la société allemandes. De plus, et de manière complémentaire, cela suppose d'analyser le discours et les instruments de la coopération franco-allemande au niveau institutionnel, en les plaçant dans leur contexte culturel. À cette fin, une compétence de germaniste est indispensable, correspondant à « la maîtrise d'un fonds commun de données et de connaissances [...] sur l'aire d'études, une capacité de lecture et d'interprétation des documents [...], enfin une conscience aiguë de l'importance des questions de terminologie et des problèmes liés à la traduction » (Martens, 2006 : 4). Pour finir, l'analyse procède d'une démarche sociologique, dans la mesure où elle vise à étudier les représentations et les comportements d'acteurs sociaux – en l'occurrence les membres de familles franco-allemandes dans le contexte de l'intégration européenne. Ce faisant, elle se situe là encore au croisement de différents champs sociologiques, à savoir celui de la famille, de la migration ainsi que de l'identité et de la citoyenneté.

Sans relever de la linguistique, cette étude tient également compte des passionnantes recherches menées au cours des dernières décennies sur le lien entre pratiques langagières et représentations identitaires qui ont enrichi à la fois les théories des représentations sociales et la compréhension des pratiques langagières liées au bi-/plurilinguisme (Coste, Moore, Zarate, 1997 ; Lüdi, Py, 1986 ; Hu, 2003, 2014). Comme l'a souligné Bonny Norton, l'acquisition des langues comporte un important aspect identitaire (1995, 2010), l'identité étant, selon elle, « [...]

how people understand their relationship to the world, how that relation is constructed across time and space, and how people understand their possibilities for the future[20] » (2013 : 4). D'un côté, l'acquisition d'une langue conduit les apprenants à se familiariser avec un système de normes et de croyances qui sont elles-mêmes le reflet d'expériences historiques et de mythes collectifs (Hu, 2014). En s'appropriant une langue, ces derniers deviennent progressivement les membres de ce que Benedict Anderson (1983) nomme une « *imagined community* » (communauté imaginée). D'un autre côté, lorsqu'ils rencontrent et découvrent une langue nouvelle, les apprenants ne l'appréhendent pas avec un regard neutre, mais sont au contraire amenés à mobiliser les identités déjà là dont ils sont porteurs (Norton, 1995). À la suite de Norton, Claire Kramsch (2000) a quant à elle démontré qu'au cours de l'apprentissage, les acteurs sociaux font appel aux souvenirs et aux émotions véhiculés à travers leurs autres langues. Ainsi, l'acquisition d'une langue nouvelle renvoie à un processus de nature sociale et cognitive, dans lequel s'exprime leur subjectivité (Norton, 1995).

Les familles auprès desquelles les données ont été recueillies ne sont pas seulement binationales, issues de couples franco-allemands. Elles peuvent aussi être considérées comme bilingues, dans la mesure où les parents qui les ont fondées ont deux langues d'origine différentes et ces deux langues sont utilisées au quotidien dans le cadre familial, que cela soit de manière équilibrée ou non. Le bilinguisme concerne par conséquent la famille nucléaire, ce qui n'implique pas nécessairement que l'ensemble de ses membres soient eux-mêmes bilingues. Parmi les différentes définitions du bilinguisme (Gajo, Py, 2013 : 205 *sq.* ; Aleemi, 1991 : 13 *sq.*), celle qui met en avant la pratique régulière de deux langues paraît la plus pertinente. Par suite, on peut considérer comme bilingue un locuteur pratiquant régulièrement deux langues. Une telle définition exclut deux critères : d'une part, le critère de naissance, selon lequel le bilinguisme ne saurait s'acquérir que de manière « naturelle », c'est-à-dire dans le cadre de la socialisation primaire ; d'autre part, le critère de perfection, tel qu'il est présent dans la « représentation stéréotypée » (Stratilaki, 2011 : 241) du bilinguisme. Ainsi, à la suite de Grosjean, la définition du bilinguisme ici retenue est de nature fonctionnelle, dans la mesure où elle souligne

20 « […] comment les personnes comprennent leur relation au monde, comment cette relation se construit à travers le temps et l'espace, et comment les gens appréhendent leurs possibilités pour l'avenir. »

la capacité des locuteurs bilingues à communiquer dans deux langues, y compris à des niveaux de compétences différents, et à « maîtriser des situations interculturelles d'une manière constructive » (Hu, 2016 : 522). Selon une telle définition, le bilingue ne dispose pas nécessairement des compétences d'un locuteur natif dans les deux langues dans lesquelles il est capable de s'exprimer.

> « Les bilingues acquièrent et utilisent leurs langues pour effectuer différentes tâches, dans différents domaines, avec différentes personnes. C'est précisément à cause de la diversité des besoins de chaque langue que les bilingues ne développent que rarement une maîtrise égale dans chacune d'elles » (Grosjean, 1993 : 71).

Si les familles interviewées peuvent être qualifiées de bilingues, selon la définition évoquée *supra*, il est fréquemment question au cours de cette étude de bi-/plurilinguisme. Comme le remarque Hu, la distinction entre les notions de bilinguisme et de plurilinguisme manque de clarté, si bien qu'elles sont parfois utilisées de manière synonymique (2016 : 520 *sq.*). La notion de plurilinguisme est à la fois plus vaste et plus imprécise que celle de bilinguisme, car elle ne fournit aucune indication sur le nombre de langues pratiquées. En tant que tel, et comme le souligne le *Cadre européen commun de référence pour les langues* (CECRL), « le bilinguisme n'est qu'un cas particulier » du plurilinguisme (Conseil de l'Europe, 2001 : 129). Si le terme de bi-/plurilinguisme a été retenu et utilisé en alternance avec celui de bilinguisme, c'est dans la mesure où, parmi les familles concernées, les compétences plurilingues ne se limitent pas au bilinguisme : soit parce que certains parents disposent eux-mêmes de deux langues d'origine différentes de celle de leur pays de résidence, soit parce que les membres de la famille sont capables de communiquer dans d'autres langues que le français et l'allemand. Le terme de bi-/plurilinguisme a le mérite de rendre compte de la diversité des constellations langagières rencontrées lors des enquêtes.

Cette étude est structurée en trois parties, chacune d'entre elles étant divisées en deux chapitres. La première partie présente le cadre conceptuel de l'analyse, en commençant par définir les notions, centrales pour la recherche, d'identités et de représentations identitaires, ainsi que de transmissions intergénérationnelles, en particulier au sein de familles issues de couples mixtes, en en explorant le lien conceptuel entre répertoire bilingue et identités (chapitre 1). Est ensuite exposé le contexte socio-historique dans lequel s'inscrit la problématique traitée, à savoir la coopération franco-allemande, abordée sous l'angle des échanges de citoyens et d'apprentissage de la langue du pays partenaire (chapitre 2). La deuxième partie de l'étude est consacrée à son terrain. Dans un premier temps est esquissé le cadre sociodémographique que constituent les villes de Berlin et de Paris (et sa périphérie), plus spécifiquement leur aspect international contemporain, le profil de la population du pays partenaire qui y réside et la promotion de l'enseignement bilingue par l'administration (chapitre 3). Dans un deuxième temps sont présentés le recueil de données et le contexte de l'étude (chapitre 4). Enfin, la troisième partie porte sur l'analyse et l'interprétation des données recueillies auprès des familles. Après avoir identifié les pratiques du bilinguisme au sein de la famille nucléaire, concernant notamment les stratégies parentales pour une éducation bilingue (chapitre 5), sont étudiées les représentations que les membres des familles bilingues forment du bi-/plurilinguisme et du bi-/pluriculturalisme, ainsi que les motifs justifiant selon eux sa transmission (chapitre 6).

Partie I
Cadre conceptuel

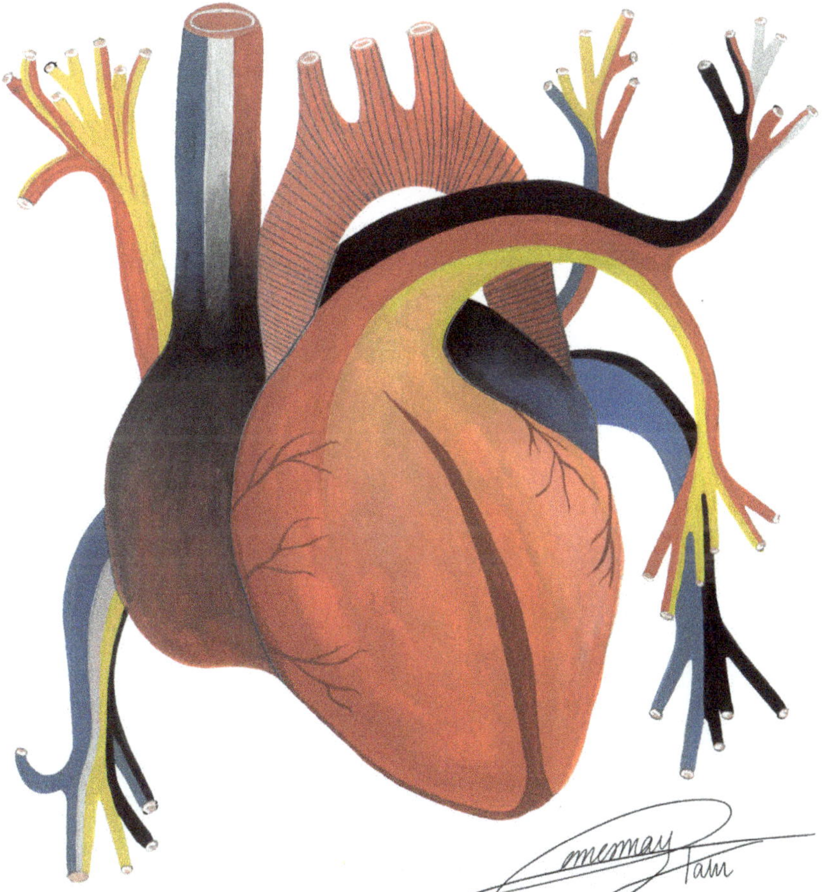

Liminaire

La présente étude porte sur les pratiques langagières et les représentations identitaires de familles bilingues, abordées à travers le cas de familles franco-allemandes de Berlin. S'appuyant sur la théorie des représentations sociales (Moscovici, 1961 ; Jodelet, 1989), l'analyse part du principe selon lequel le langage est un *fait social*, autrement dit, qu'il constitue le produit d'une activité sociale et véhicule un ensemble de valeurs et de normes propres à un groupe. Partant de cette définition, elle interroge sur la manière dont les pratiques langagières participent à la constitution des représentations et dont ces dernières influencent de telles pratiques. Le focus de l'analyse porte sur les locuteurs et le regard qu'eux-mêmes ont de leurs propres pratiques langagières ainsi que de leurs identités de locuteurs bilingues, et aussi sur le rôle des interactions intrafamiliales en la matière.

Le choix d'inscrire cette étude dans le contexte de la relation franco-allemande s'explique pour l'essentiel par l'histoire particulière et la valeur symbolique de cette dernière. Le passage d'une relation marquée par des conflits guerriers au cours du XXe siècle à une coopération bilatérale cordiale, mise au service de la coopération européenne à partir des années 1950, traduit une volonté politique partagée de dépasser les nationalismes et d'opérer un processus de réconciliation, puis de coopération (Defrance, Pfeil, 2012 ; Marcowitz, Miard-Delacroix, 2012). Du fait du changement de paradigme politique dont elle s'est accompagnée, la coopération franco-allemande contribue à la légitimation de l'intégration européenne et du système politique sur lequel elle s'appuie (Nourry, 2012 : 2 ; Krotz, Schild, 2018). De plus, pour des États ou des régions en situation de conflit ou de guerre, elle peut représenter une source d'inspiration (Seidendorf, 2012 ; Colin, Demesmay, 2021).

Le bilinguisme issu de l'histoire franco-allemande a un aspect historique, en tant que le rapprochement politique entre les deux États s'est accompagné d'une institutionnalisation des échanges entre acteurs sociaux (Bock *et al.*, 2008 ; Calla, Demesmay, 2013 ; Defrance, Pfeil, 2013). Il a aussi un aspect contemporain, puisque l'intégration européenne sur laquelle a débouché la coopération franco-allemande se traduit par des migrations intracommunautaires. D'une ampleur limitée, concernant environ 3 % de la population de l'UE (Dubucs, Mourlane, 2017), celles-ci n'en sont pas moins la conséquence de la libre circulation inscrite dans le traité d'Amsterdam (1997). Dès lors qu'il est question de représentations identitaires, il paraît indispensable d'analyser la conscience que ces familles ont de leur bilinguisme en tenant compte d'un tel contexte socio-historique.

Chapitre 1
Éléments théoriques

> « *Because learning transforms who we are and what we can do, it is an experience of identity*[21]. » (Wenger, 1998)

> « *La maîtrise d'une langue dépasse la simple compétence linguistique. Il ne suffit pas de parler de façon grammaticalement correcte, mais il faut aussi avoir la maîtrise des codes culturels et institutionnels, la maîtrise des situations et des connaissances s'y afférant.* » (Couëdel, 2007)

Identités et représentations identitaires

Étudier les questions d'identité et de représentations implique un travail préalable de définition, car il s'agit de notions à la nature « plastique » (Hu, 2014 : 88), dont les acceptions varient en fonction des disciplines, des écoles de pensée, des contextes historiques ainsi que des espaces géographiques (Kaufmann, 2004 ; Duchêne-Lacroix, Koukoutskaki-Monnier, 2006). Une telle définition est d'autant plus nécessaire que le caractère flou et polysémique du terme d'identité s'est renforcé depuis le début des années 1990, époque à laquelle il a connu un renouveau dans l'espace public et politique des sociétés occidentales (Castells, 1999 ; Grosser, 1994). En Europe en particulier, la dissolution d'États fédéraux à la suite du démantèlement du rideau de fer en 1989 et l'accélération de la mondialisation économique se sont accompagnées d'une recrudescence de revendications identitaires de nature nationale et ethnique (Müller, 2013). Dans le même temps, aux États-Unis et en Europe, les recherches consacrées à la notion d'identité se sont multipliées dans le champ des sciences humaines et sociales. Si le concept d'identité a été introduit dans

---

21 « Parce que l'apprentissage transforme qui nous sommes et ce que nous pouvons faire, il s'agit d'une expérience de nature identitaire. »

les sciences humaines dès les années 1950, avec notamment les travaux d'Erik Erikson (1972), puis s'est diffusé depuis les États-Unis au cours des années 1970, il a connu un regain d'intérêt dans les années 1990, en particulier avec les travaux de sociologues (Bayart, 1996 ; Brubaker, Cooper, 2000 ; Calhoun, 1994 ; Lacorne, 1997), mais aussi avec ceux de philosophes (Ferry, 1991 ; Fraser, 1998 ; Honneth, 1994) – parmi d'autres disciplines.

Identités, interactions et hybridation

Différentes conceptions de l'identité sont en vigueur dans les sciences humaines et sociales des pays occidentaux. L'une d'entre elles est portée par la pensée essentialiste qui considère que les individus et les groupes disposent d'attributs essentiels et objectifs, qu'ils soient de nature biologique ou culturel, et par conséquent que les identités sont stables, voire immuables. D'après l'analyse de Claude Dubar (2000), une telle pensée serait présente dès l'Antiquité, illustrée par exemple par *Le Parménide* de Platon. Depuis, elle nourrit des idéologies tels que le racisme, le sexisme et l'antisémitisme, et d'autres encore, qui toutes ont en commun de cantonner les acteurs sociaux à des caractéristiques invariables, auxquelles ils ne peuvent échapper. Raymond Aron (1969) estime que l'essentialisme a deux principales caractéristiques. D'une part, affirme-t-il, il « attribue à tous les membres d'un groupe social, ethnique, historique ou racial des traits qui peuvent [...] se rencontrer plus ou moins fréquemment, chez les membres de ce groupe ». De l'autre, écrit-il, l'essentialisme « explique ces traits par la nature du groupe et non par la situation sociale ou les conditions de vie » (Aron, 1969 : 87). Ainsi, non seulement l'identité d'un individu serait indissociable de celle du groupe auquel il appartient, mais cette dernière renverrait à un ensemble de caractéristiques permanentes.

La conception de l'identité sur laquelle table la pensée essentialiste a été remise en question et invalidée par les travaux de la sociologie interactionniste, selon laquelle les identités individuelles et collectives ne sauraient être considérées comme statiques, mais sont au contraire amenées à évoluer. L'un des premiers sociologues à avoir établi que les identités ne constituent pas des données déjà là, qui précéderaient les individus, mais résultent des interactions sociales, est Erving Goffman (1973). Selon cet auteur, toute rencontre entre Autrui et moi s'accompagne d'un échange entre l'identité que l'individu s'attribue à lui-même et celle que lui assigne la personne qu'il rencontre ; de cette rencontre résultent différentes stratégies identitaires, à la faveur desquelles l'identité peut connaître des évolutions. À la suite de Goffman, plusieurs sociologues ont à leur tour démontré que les interactions jouent un rôle déterminant dans la constitution et la transformation des identités. Parmi eux, Dubar (2000) identifie deux composantes de l'identité sociale : d'un côté, « l'identité pour soi », qui renvoie à la représentation que chaque acteur social a de lui-même ; de l'autre, « l'identité pour autrui », qui se construit au fil des interactions avec d'autres, tient compte des représentations que ces derniers se forgent de lui-même et leur est destinée. Selon l'auteur, c'est dans le rapport dialectique qu'entretiennent ces deux composantes que se créée la dynamique identitaire.

Les recherches en sociologie ont laissé apparaître que les identités sont sujettes à évoluer en fonction des rencontres entre les acteurs sociaux qui en sont les porteurs (identités individuelles), mais aussi entre les groupes (identités collectives). Ainsi, Denis Lacorne évoque des identités qui « éclatent, se recomposent, se négocient » (1997 : 280). De même, Jean-François Bayart se réfère aux « multiples effets d'intertextualité » (1996 : 117) dont les identités font l'objet et dont elles résultent. Selon lui, dès lors qu'elles entrent en contact avec des contextes culturels et linguistiques différents, celles-ci sont en mesure d'intégrer de nouveaux éléments et de devenir, en retour, une source d'enrichissement et d'évolution pour d'autres identités. À noter qu'un tel processus ne saurait se voir attribuer un caractère automatique, mais suppose au préalable que les acteurs sociaux intériorisent et s'approprient les éléments d'identités qui leur étaient jusqu'alors extérieures. Dans un tel processus dialectique de « négociation de l'identité », pour reprendre l'expression de Molina Luque (2002), les acteurs sociaux jouent un rôle actif, en tant qu'ils se situent dans une démarche réflexive *et* font des choix qui leurs sont propres. Comme l'écrit Kaufmann (2004), le concept de « trajectoire » rend bien compte des processus identitaires, dans la mesure où il en souligne l'aspect à la fois individuel et dynamique : d'une part, il évoque les choix que les acteurs sociaux effectuent dans un ensemble de possibles, ainsi que les bifurcations qu'impliquent ces choix ; de l'autre, il laisse entendre que des interactions se produisent à la croisée des chemins.

Les interactions qui participent à une telle dynamique identitaire ont par définition un aspect communicatif, dans la mesure où c'est pour l'essentiel à travers les processus de communication que les identités se font et se défont (Mead, 1934 ; Ferry, 1991 ; Norton, 1995). De telles interactions peuvent contribuer à la recomposition des identités, renvoyant à un phénomène d'hybridation – que l'on peut aussi nommer « croisement, mixage, métissage, inter-relations » (Gwiazdzinski, 2016 : 14), parmi d'autres termes. Le phénomène a été particulièrement bien exploré par les études de sociologie postcoloniale, qui ont mis en lumière les dynamiques par lesquelles des liens peuvent se tisser entre différentes identités et parvenir à en modifier la composition, et ont ainsi contribué à déconstruire les théories essentialistes des identités (Bhabha, 1998). Ainsi, Bhabha (*Ibid.*) décrit l'espace discursif dans lequel a lieu la rencontre entre identités comme un « *space in-between* » (espace intermédiaire). Selon lui, il s'agit d'un espace dans lequel les acteurs sociaux expérimentent des stratégies identitaires, permettant à différentes identités de se rencontrer, de se croiser et ainsi de donner naissance à de nouvelles identités, hybrides et, par là même, uniques.

Dans une perspective similaire, les recherches sur les migrations ont mis en lumière le caractère individuel des processus d'hybridation et démontré que les identités sont par nature « *multiply coded, complex*[22] » (Hu, 2014 : 92). L'installation dans un autre pays, et donc dans un contexte culturel et (souvent) linguistique différent, n'est certes pas représentative de tout processus identitaire ; elle n'en constitue qu'une expérience parmi d'autres. Cependant, dès lors qu'elle contribue à multiplier et à intensifier les rencontres possibles entre des contextes culturels différents, on peut supposer que l'expérience migratoire agit comme un miroir grossissant. Comme l'écrit Kaufmann, elle est propice à ce que « des alternatives identitaires s'entrecroisent dans la longue durée biographique, provoquant à chaque fois des bricolages nouveaux » (2004 : 160). La première phase d'une expérience migratoire est souvent marquée par une certaine instabilité identitaire, liée à la recherche de ce qui s'apparente à un « équilibre » (Block, 2006 : 26) entre l'identité d'origine et celles que les migrants rencontrent dans leur pays d'accueil. En fonction des interactions qu'ils expérimentent, ces derniers peuvent ressentir une situation conflictuelle – par exemple si la représentation qu'ils ont d'eux-mêmes ne correspond pas à celle que leur renvoient leurs interlocuteurs (Foroutan, Schäfer, 2009). Ils sont alors conduits à définir des stratégies identitaires leur permettant d'échapper au conflit (Unterreiner, 2015 : 253). Au fur et à mesure qu'ils découvrent de nouveaux éléments identitaires, dès lors qu'ils les identifient, les analysent et les sélectionnent, ils peuvent aussi

[22] « codées de façon multiple, complexes ».

être amenés à transformer certains aspects de leur identité d'origine pour créer une combinaison individuelle selon des termes qui leur sont propres (Block, 2006 : 26).

Dans la lignée des recherches en sociologie précédemment évoquées, les processus d'hybridation ont également fait l'objet d'études dans le champ linguistique. Étant donné la nature communicative des interactions participant aux dynamiques identitaires, on peut supposer que le langage constitue un lieu privilégié de l'élaboration des identités ; autrement dit, que les trajectoires qui contribuent au processus identitaire sont aussi et avant tout de nature langagière (Norton, 1995 ; Castelloti, Coste, Moore, 2001). Bien qu'il ait un aspect collectif et s'inscrive dans un « déjà-là » sans lequel il n'y aurait de communication possible, le langage ne renvoie pas à la simple répétition d'un patrimoine langagier reçu en héritage. Son usage relève également d'un processus de création et dispose d'une composante éminemment subjective, en tant qu'il suppose un travail d'interprétation, de catégorisation et de sélection propre à chacun (Lüdi, Py, 1986).

> « [...] les situations de discours fonctionnent à la fois comme des lieux de médiations sociales et comme la matrice d'une transformation de ces médiations. En effet, du point de vue praxéologique comme du point de vue conceptuel, les engagements des interactants apparaissent non seulement comme "préformés" par des attentes d'ordre **schématique** mais encore comme le produit **émergent** de négociations situées » (Roulet *et al.*, 2001 : 135).

Jusque dans la seconde moitié du XXe siècle, il était courant de considérer les langues comme des entités homogènes, clairement distinctes les unes des autres. Dans une telle perspective, qui n'est pas sans évoquer la logique essentialiste, les langues sont supposées pouvoir entrer en contact les unes avec les autres, mais sans que cela ne conduise à des modifications majeures de l'une ou de l'autre. Or des linguistes tels que Johannes Bechert et Wolfgang Wildgen (1991) ont démontré que la rencontre entre différents systèmes linguistiques peut, au contraire, se traduire par un processus de transformation et, par suite, de création. Dans une telle perspective, les langues n'apparaissent pas seulement comme des objets de la rencontre, mais également comme des produits de cette rencontre. Dans la continuité de ces recherches, Jürgen Erfurt (2003) a lui aussi mis en lumière l'émergence de pratiques langagières et de variétés linguistiques nouvelles à la suite d'interactions entre différentes langues.

Dans ses travaux consacrés aux processus d'hybridation dans le contexte des migrations urbaines des sociétés postcoloniales, il souligne en effet que le répertoire et les pratiques langagières de personnes ayant connu une expérience de la migration leur permettent d'exprimer leur histoire. Comme leur biographie, la langue ou les langues qu'ils parlent, portent les traces de leur trajectoire migratoire :

> « *Sie treten als Akteure mit einer Sprachbiographie und dem kulturellen und ideologischen Gepäck ihrer Migrationsgeschichte auf, als Akteure, die die Sprachpraxis als ein Feld des sozialen Konflikts, der Grenzziehung und Marginalisierung erfahren und deren sprachliches Repertoire die kulturellen Formen – und Brüche – ihres grenzüberschreitenden Lebensweges aufnimmt*[23] » (Erfurt, 2003 : 25).

Stabilité et évolution des représentations

Des développements précédents, il ressort que le langage relève avant tout du domaine de l'action. Il consiste en un « acte d'identité » (Le Page, Tabouret-Keller, 1985), ou encore en un « *act of identity positioning*[24] » (Pavlenko, Lantolf, 2000), qui suppose une intervention active et durable de celui qui se raconte, c'est-à-dire une prise de position sans cesse renouvelée de sa part. Ce n'est qu'ainsi que ce dernier devient le sujet de son existence, condition indispensable à la reconnaissance et à l'estime de soi auxquelles tend tout processus identitaire (Honneth, 1994). Par conséquent, la subjectivité joue un rôle déterminant dans l'élaboration des identités, intervenant à plusieurs niveaux : lorsque les acteurs sociaux prennent conscience de soi et de leur environnement, qu'ils élaborent des grilles d'interprétation pour lire et raconter leur trajectoire, ou qu'ils expriment et mettent en œuvre leur volonté d'agir.

Dans le champ de la sociologie, et en particulier de la sociolinguistique, il a été démontré que les différentes activités dans lesquelles la subjectivité trouve à s'exercer nécessitent l'existence de représentations sociales et identitaires (Moore, 2001 ; Stratilaki, 2012). Or le terme de

---

23 « Ils apparaissent comme des acteurs dotés d'une biographie linguistique et du bagage culturel et idéologique de leur histoire migratoire, comme des acteurs qui vivent la pratique des langues comme un champ de conflit social, de démarcation des frontières et de marginalisation, et dont le répertoire langagier reprend les formes culturelles – et les ruptures – de leur parcours de vie transfrontalier. »

24 « acte de positionnement identitaire ».

représentation s'avère tout aussi flou et polysémique que celui d'identité. S'appuyant sur les travaux de Moscovici (1961), qui définit la représentation sous l'angle de la psychologie sociale, Stratilaki (2011 : 60) rappelle que la représentation ne peut être considérée ni tout à fait comme un concept, ni comme une perception, mais consiste en un élément empruntant à l'un et à l'autre certaines de leurs caractéristiques. Ainsi, le terme désigne les prismes particuliers à travers lesquels les sujets appréhendent et interprètent le monde dans lequel ils vivent et agissent, mais aussi les images qu'ils en forment et auxquelles ils s'orientent pour guider leurs actions et conférer de la cohérence à leur existence. Autrement dit, il désigne *à la fois* la grille de lecture à travers laquelle une personne ou bien les membres d'un groupe spécifique appréhendent le contexte dans lequel ils s'inscrivent, ainsi que leurs actions, *et* le produit de cette lecture. Les significations de la notion de représentation sont multiples, mais toutes renvoient plus généralement à l'opération cognitive consistant à appréhender le réel.

> « D'autres fonctions sont caractéristiques des représentations sociales. Elles peuvent [...] avoir une dimension explicative, praxéologique et descriptive. Elles peuvent aussi jouer un rôle déterminant dans les activités de jugement, de raisonnement ou d'évaluation déployées par des individus dans la communication. Et surtout, elles constituent un système de catégorisation des locuteurs, des actions et des événements permettant au sujet d'organiser et de structurer son environnement, par son découpage en objets et son regroupement en grandes catégories, plus simples à comprendre pour l'individu » (Stratilaki, 2011 : 79).

En tant qu'instrument de lecture et d'interprétation ainsi que produit de la subjectivité, les représentations sociales et identitaires ont incontestablement un aspect individuel. Pourtant, elles sont loin d'être le fait d'individus isolés. Tout d'abord, elles comportent un aspect collectif, dans la mesure où elles sont partagées par les membres d'un même groupe social qui les élaborent et les modèlent (Stratilaki, 2011 : 65). Dès lors qu'ils appartiennent à un groupe particulier, qu'ils y naissent ou le rejoignent au cours de leur existence, par exemple à la suite d'un processus d'apprentissage ou d'une expérience migratoire, ces derniers héritent d'une histoire collective racontée. Celle-ci recèle un ensemble de représentations qui les précèdent : elles leur sont transmises comme données préalables. D'où l'influence déterminante de l'environnement social, culturel et linguistique/langagier dans lequel se situent les acteurs sociaux sur le développement de leurs sentiments d'appartenance (Beacco, 2007 : 37) et de leurs représentations. Ces dernières contribuent à forger les marques de leur appartenance et, par conséquent, en déterminent l'expression. Faire partie d'un groupe social suppose d'en maîtriser les règles, qu'elles soient écrites ou non, de comprendre la logique qui les sous-tendant et d'être capable de les appliquer de manière cohérente et régulière – des caractéristiques que la notion de « grammaire de l'identité », telle qu'elle a été introduite par Pepin (2007), permet de mettre en évidence.

> « Une telle conception de l'identité permet d'envisager l'existence d'une grammaire de l'identité, c'est-à-dire l'existence de formes et procédés récurrents mis en œuvre par les locuteurs pour activer, gérer et attester des identités. L'idée de base est que les phénomènes d'identité à l'œuvre dans la parole-en-interaction sont réalisés en bonne part par des formes et procédés linguistiques-interactifs qui sont régulièrement investis et réinvestis par les locuteurs. Bien qu'un nombre important de formes et de procédés puissent être employés par les locuteurs, la pertinence de la notion de grammaire tient avant tout à la double caractéristique de régularité et de fonctionnalité » (Pepin, 2007 : 13).

Qui plus est, si l'on ne peut parler d'individus isolés, c'est parce que leur identité se définit notamment par rapport à autrui et aux rôles sociaux qui leur reviennent dans la relation qu'ils entretiennent avec lui (Mead, 1934). Ainsi, au sein d'une même famille, les rôles des grands-parents, des parents et des enfants s'accompagnent de représentations différentes. Or, dans une perspective interactionnelle, la représentation de soi-même et de son propre rôle, mais aussi la représentation que l'on a des autres et de leur rôle, déterminent largement les pratiques langagières et culturelles (Amossy, 1999 : 12). Ainsi, les rôles sociaux ne sauraient être conçus comme figés : ils varient en fonction des situations et des personnes en présence, et plus encore de la nature des interactions ou des pratiques qu'elles expérimentent (Mead, 1934). À titre d'exemple, il est possible d'endosser le rôle de mère et celui de fille en un très bref laps de temps, voire de manière simultanée. Tout changement de rôle implique la mobilisation de représentations différentes, qui alors s'entrecroisent, se superposent ou entrent en conflit – autant d'interactions qui peuvent contribuer à les modifier, voire à les transformer, parfois en profondeur (Goffmann, 1973). De tels processus concernent notamment les représentations identitaires de nature langagière et culturelle, qui évoluent en fonction des interlocuteurs, des interactions et du contexte dans lequel ces dernières prennent place. Ainsi, si elles sont stables au moment où elles sont mobilisées, les représentations ne peuvent rester figées

(Castellotti, Moore, 2001). Au contraire, comme les identités, elles sont appelées à se transformer, à subir des modifications au gré des interactions entre acteurs sociaux comme entre groupes, oscillant entre stabilité et évolution permanente (Py, 2004 : 18).

Partagées par les membres d'un même groupe, les représentations font l'objet d'une transmission. De cette caractéristique, on ne peut cependant déduire qu'elles sont subies par les acteurs sociaux qui en sont porteurs. Dans certaines situations, il est vrai, il semble impossible d'échapper entièrement à un tel héritage. Ainsi, lorsque des migrants se rendent en visite dans leur pays d'origine, ils n'ont souvent d'autre choix que de communiquer avec leur famille et leurs connaissances dans leur langue d'origine et d'en mobiliser les représentations, sans quoi ils ne pourraient se faire comprendre et signaler leur appartenance au groupe dont ils sont originaires (Deprez, 1994 : 19). Cependant, il s'agit là d'une situation transitoire qui, en outre, n'exclut pas leur adhésion à des représentations différentes, liées notamment à la connaissance de la langue et de la culture de leur pays de résidence. Bernard Py (2004 : 8 *sq.*) rappelle à ce sujet qu'accéder à une quelconque représentation sociale, autrement dit être capable d'en saisir le sens et celui de son utilisation, n'implique pas nécessairement d'y adhérer. Je peux la comprendre et l'interpréter, voire y recourir à des fins de communication, sans pour autant partager les valeurs et les principes qui lui sont attachés.

De plus, les acteurs sociaux ont la liberté de s'affranchir des représentations dont ils ont hérité ou qu'ils se sont appropriées au cours de leur existence. Celles-ci constituent tout au plus une possibilité parmi d'autres d'appréhender et de catégoriser le monde dans lequel ils s'inscrivent. En tant que telles, les représentations forment des « hypothèses sur comment [le monde] fonctionne », comme l'écrivent Blanchet et Chardenet (2011 : 26), ou encore une « microthéorie prête à l'emploi », pour reprendre l'expression de Bernard Py (2004 : 8). À ce titre, les représentations peuvent être révisées à tout moment. La transmission de représentations n'exclut pas, de la part de celui qui en hérite, un travail réflexif pouvant conduire à les remettre en question, du moins à les modifier. Un tel processus implique cependant que les acteurs sociaux aient conscience des représentations qui sont les leurs et de celles des autres, et opèrent à leur sujet une introspection critique (Byrd *et al.*, 2014 : 130). Un tel exercice de distanciation est d'autant plus aisé que ces derniers ont accès à différents systèmes de représentations, au sein desquels ils peuvent opérer une sélection, autrement dit, qu'ils peuvent comparer, évaluer et combiner.

Répertoires bi-/plurilingues et identités hybrides

Les recherches en linguistique appliquée et en didactique des langues ont laissé apparaître, depuis les années 2000, le « rapprochement entre les concepts de langue(s), de culture(s) et d'identités(s) » (Hu, 2016 : 526), soulignant l'aspect éminemment identitaire de l'apprentissage et de l'usage des langues (Beacco, 2007 ; Norton, 2013 ; Wharton, 2015). Dans cette perspective, langues et identités entretiennent une relation dynamique de réciproque détermination : alors que l'identité d'une personne influe sur ses stratégies langagières, sa/ses langue(s) et sa/ses culture(s) agissent de manière déterminante sur le développement de son identité et la formation de ses représentations identitaires (Brohy, Moore, 2013 ; Stratilaki, 2006 et 2011). En fonction des langues qu'ils se sont appropriées, les acteurs sociaux peuvent se définir eux-mêmes, ainsi que définir leurs rôles sociaux, de manière très différente (Kramsch, 2009 ; Lepage, Tabouret-Keller, 1985). Partant de ce constat, et considérant que le répertoire langagier et culturel des locuteurs bi-/plurilingues a tendance à être riche et varié, on peut supposer qu'ils possèdent des identités complexes qui, en retour, alimentent des pratiques langagières spécifiques, marquées notamment par un phénomène d'hybridation – une hypothèse approfondie dans la suite de cette étude.

Compétence bi-/plurilingue et bi-/pluriculturelle

En raison du lien qui unit langues, cultures et identités, l'apprentissage d'une langue ne saurait consister en un processus indépendant du contexte culturel dans lequel il s'inscrit. Tout d'abord, apprendre une langue suppose non seulement d'acquérir des compétences linguistiques, c'est-à-dire de s'approprier ses règles d'usage, mais aussi des compétences textuelles et discursives qui, à elles trois, forment les compétences langagières.

> « Ces compétences sont imbriquées les unes dans les autres lors de la production ou de la compréhension de discours. La compétence linguistique renvoie à la connaissance du code, aux règles d'utilisation de la langue. La compétence textuelle correspond à la connaissance des règles d'organisation

d'un texte et la compétence discursive, à la connaissance des moyens langagiers permettant de lier un texte à un contexte ou à un type de discours » (Moffet, 2000).

De plus, l'apprentissage d'une langue suppose de développer des compétences culturelles permettant au locuteur de vivre au sein d'un groupe particulier, voire d'exprimer son appartenance à ce groupe, et d'interagir avec ses membres. En ce sens, on peut affirmer avec Beacco que l'apprentissage d'une langue s'accompagne toujours de « l'acquisition d'une compétence culturelle et de celle de vivre ensemble avec d'autres » (2007 : 37). Il s'ensuit que le répertoire culturel d'un acteur social s'élargit en même temps que son répertoire langagier s'enrichit : un locuteur bi-/plurilingue a ainsi accès, à différents niveaux, à deux ou à davantage de systèmes linguistiques, ainsi qu'à plusieurs cultures. Comme l'écrivent Coste, Moore et Zarate, il dispose de la capacité « d'opérer dans des langues et des cultures différentes, de jouer des rôles d'intermédiaires, de médiateurs linguistiques et culturels, [...] de gérer et de remodeler cette compétence plurielle au cours de leur trajectoire personnelle » (1997 : 9). Dans la mesure où elle se développe au gré des interactions, notamment en fonction des besoins et des intérêts des acteurs sociaux, une telle compétence est par définition plurielle et dynamique.

Les travaux en linguistique appliquée et en didactique des langues ont démontré que les langues et les cultures qu'acquiert un individu au cours de son existence ne sont ni isolées les unes des autres, ni juxtaposées (Coste, Moore, Zarate, 1997 : 12 ; Coste, 2001). Non seulement elles sont en mesure d'entrer en contact les unes avec les autres, mais la rencontre peut aussi entraîner un processus de transformation, en vertu duquel elles se mêlent, fusionnent et s'ordonnent selon des règles propres. Au cours de ce processus se forme une compétence nouvelle, à savoir une compétence bi-/plurilingue et bi-/pluriculturelle, caractéristique du bi-/plurilinguisme (Coste, 2011 ; Blanchet, Chardenet, 2011 : 275 *sq.*). C'est cette approche qu'a établie et retenue le Conseil de l'Europe lors de la rédaction du *Cadre européen commun de référence pour les langues*, qui inspire désormais l'enseignement des langues et des cultures dans les pays européens et au-delà :

> « [...] au fur et à mesure que l'expérience langagière d'un individu dans son contexte culturel s'étend de la langue familiale à celle du groupe social puis à celle d'autres groupes (que ce soit par apprentissage scolaire ou sur le tas), il/elle ne classe pas ces langues et ces cultures dans des compartiments séparés mais construit plutôt une compétence communicative à

laquelle contribuent toute connaissance et toute expérience des langues et dans laquelle les langues sont en corrélation et interagissent » (Conseil de l'Europe, 2001 : 11).

L'identité des acteurs sociaux qui résulte de tels processus de communication et d'interaction est elle-même de nature plurielle et dynamique. Comme l'écrivent Abendroth-Timmer et Hennig, elle est constituée d'un « *set of fragments which is in a continuous process of shift and re-organization*[25] » (2014 : 27). Cependant, de manière comparable à la formation de la compétence bi-/plurilingue et bi-/pluriculturelle, ces fragments ne sont pas irréductibles les uns aux autres, mais ont au contraire pour propriété d'être fluides et de se lier les uns aux autres pour constituer une identité hybride. Non seulement les identités individuelles sont perméables aux identités collectives, et donc se construisent en fonction des influences du contexte social dans lequel se situent les acteurs sociaux (Mucchielli, 2015), mais les frontières entre cultures apparaissent aussi comme poreuses. En ce sens, les espaces intermédiaires qu'évoque Bhabha (1998) pour décrire les processus d'hybridation sont travaillés par un processus d'échange, de négociation et de création. C'est la raison pour laquelle, comme le remarque Hu (2016 : 526), la notion de « transculturalité » convient davantage que celui d'« interculturalité » pour rendre compte de la rencontre entre des cultures différentes dans des sociétés caractérisées par une forte diversité culturelle.

Par suite, les acteurs sociaux qui disposent de compétences bi-/plurilingues et bi-/pluriculturelles tendent à développer des sentiments d'appartenance multiples, en fonction des groupes dont ils font partie (Beacco, 2007 : 37 ; Wharton, 2015 : 8). Si les groupes en question peuvent certes entrer en contact les uns avec les autres et exercer l'un sur l'autre une influence mutuelle, ils ne fusionnent que très rarement, généralement à l'issue d'un long processus. Toutefois, les acteurs sociaux qui font partie de différents groupes combinent et agencent leurs divers sentiments d'appartenance de façon à développer une identité unique dans son hybridité. Leur configuration identitaire ne procède pas d'une juxtaposition, ou encore d'une accumulation de plusieurs identités, mais de la formation d'une identité nouvelle, qui transcende les différents éléments dont elle est composée pour former une entité cohérente et indivisible.

---

[25] « ensemble de fragments qui se trouve dans un processus continu de déplacement et de réorganisation ».

Selon les recherches menées par Unterreiner auprès d'enfants de couples mixtes, ce sont ceux qui refusent de s'identifier à une nation quelconque, et à qui elle attribue « une identité au-delà du national », dont l'« univers de référence » est le plus diversifié (Unterreiner, 2015 : 196).

Étant donné l'étendue et la richesse du répertoire bi-/plurilingue et bi-/pluriculturel des acteurs sociaux, ces derniers ont à leur disposition, au moment de la communication, différentes options entre lesquelles ils sont libres de choisir. Par conséquent, ils disposent d'un champ des possibles *de facto* plus vaste et varié qu'un locuteur monolingue quant aux moyens langagiers et sont ainsi à même de décliner *au pluriel* l'expression de leur identité *unique*. Parce qu'un tel choix ne relève pas uniquement de l'ordre du possible, mais aussi du nécessaire, il constitue un acte d'identité, au sens où l'entendent Le Page et Tabouret-Keller (1985). Le fait d'avoir accès à divers systèmes de représentations contribue à ce que les acteurs sociaux soient conscients de leurs propres représentations. De fait, et même s'il ne semble pas exister d'automatisme en la matière, les travaux sur le bi-/plurilinguisme ont mis en évidence que les locuteurs bi-/plurilingues ont bien souvent conscience du caractère hybride, composé, de leur identité sociale et culturelle (Byrd *et al.*, 2014 ; Stratilaki, 2006 ; Krumm, 2011). En témoigne le fait qu'ils sont à même de les identifier et de les décrire. Comme l'écrivent Tupin et Wharton à ce sujet, « les propos des locuteurs sur leur propres pratiques sont [marqués] par leur lucidité sur leur propre *mobilité sociolinguistique* » (2015 : 136). On peut en déduire que ces derniers sont plus aptes que des locuteurs monolingues à opérer un exercice de réflexivité à propos de leurs représentations identitaires et, par suite, à les réviser et/ou à les transformer.

Représentations des langues et pratiques langagières

En vertu de leur « fonction catégorisante » (Lüdi, Py, 1986 : 55), les représentations sociales et identitaires des acteurs sociaux déterminent non seulement la manière dont ils perçoivent, interprètent et racontent leur environnement social, ainsi que le rôle qu'ils y jouent, notamment vis-à-vis d'autrui ; mais ils imprègnent également la façon dont ils agissent et analysent leurs décisions. Par suite, les représentations des langues et de leur apprentissage, tout comme d'ailleurs les représentations du bi-/plurilinguisme, ont une influence sur l'acquisition des compétences bi-/

plurilingues et bi-/pluriculturelles (Coste, Moore, Zarate, 1997). Elles contribuent en effet à orienter les pratiques langagières des acteurs sociaux, de manière consciente ou non. Cela vaut tout particulièrement pour les enfants : « *In both monolingual and bilingual contexts children's linguistic environments are to a large degree shaped by the beliefs and attitudes of the people who constitute their enironments*[26] » (Lanza, Svendsen, 2007 : 91). Dans cette perspective, les représentations interviennent à deux niveaux différents : d'une part au niveau macro, lorsqu'il s'agit d'élaborer des stratégies langagières de nature individuelle ou collective, concernant par exemple le choix des langues au sein de la famille ou durant le parcours scolaire ; de l'autre au niveau micro, correspondant à une décision spontanée prise dans une situation de communication particulière (Dagenais, Moore, 2004).

Les représentations sociales comportent à la fois une part d'héritage, liée à un « déjà-là » social, et une part d'invention, de création, dans laquelle intervient la subjectivité. En termes d'héritage, le contexte socioculturel dans lequel s'inscrivent les acteurs sociaux est déterminant. Comme lieu de la socialisation primaire, le milieu familial joue un rôle-clé, dans la mesure où l'enfance s'accompagne d'un processus d'intériorisation des catégories de pensée et d'action dont les parents sont porteurs (Lahire, 1998 : 301–303). Un tel héritage est certes appelé à évoluer en fonction de la trajectoire individuelle et de la biographie langagière des acteurs sociaux, notamment de l'acquisition d'une compétence bi-/plurilingue et bi-/pluriculturelle. Cependant, qu'ils en aient conscience ou non, ces derniers transmettent à leurs enfants leurs propres représentations des langues et du bi-/plurilinguisme, notamment à travers leurs choix éducatifs, leurs discours sur les langues ou à l'inverse leurs silences. Étudiant les pratiques de transmission et le rapport aux langues familiales dans un contexte d'apprentissage, Dagenais et Moore rappellent ainsi comment

> « [des enfants] se réfèrent de façon stratégique à des représentations circulantes des langues et du plurilinguisme, en particulier dans le milieu familial immédiat, comment ils s'approprient les discours de leurs parents, et comment ils les reconfigurent discursivement pour se positionner favorablement,

[26] « Dans un contexte tant monolingue que bilingue, les environnements linguistiques des enfants sont dans une large mesure façonnés par les croyances et les attitudes des personnes qui constituent leurs environnements. »

et pour fixer des trajectoires d'apprentissage des langues en termes de capital (identitaire et/ou économique) » (Dagenais, Moore, 2004 : 34–35).

Parmi les différents éléments sur lesquels portent les représentations des langues, le statut occupe une position centrale. Certaines langues disposent d'un statut international, à l'image aujourd'hui de l'anglais et, dans une moindre mesure, du français. Pour d'autres langues, en revanche, le statut dépend du lieu, de l'époque et du contexte social dans lesquels elles s'inscrivent (Lüdi, Py, 1986 : 7). Sur ce point, Gogolin (2003) a établi que le prestige varie considérablement d'une langue à l'autre, notamment en raison du pouvoir économique et politique qui lui est attaché. Ainsi, les langues des migrants dans leur pays d'accueil se voient souvent attribuer un statut inférieur à celui dont elles disposent dans les pays d'origine, ce qui conduit certains migrants, de manière plus ou moins intuitive, à renoncer à pratiquer leur langue première dans l'espace public (Gogolin, 2003 : 63). Certains d'entre eux vont jusqu'à en prohiber l'usage dans le contexte familial, parfois même de manière définitive, dès lors qu'ils y voient un obstacle à leur intégration dans la société et/ou à leur ascension sociale et à celle de leurs enfants (Siguan, 1980 : 284–285). À l'inverse, les locuteurs ont tendance à davantage apprendre et parler de manière assumée des langues valorisées dans un contexte spécifique.

Au-delà du statut, la représentation d'une langue porte sur d'autres éléments, qui entrent en ligne de compte lors de l'élaboration de stratégies langagières au niveau macro, en particulier dans les choix liés à l'apprentissage. Beacco a identifié les quatre suivants :

- leur difficulté supposée d'apprentissage : on peut par exemple surestimer les difficultés de prononciation ou celles que présentent les systèmes d'écriture de ces langues ;
- leur beauté, critère très vague et subjectif, qui renvoie à la prononciation des langues ou, indirectement, au prestige des œuvres littéraires et musicales écrites dans ces langues ;
- leur utilité, certaines étant perçues comme ayant une valeur pour le devenir professionnel, les autres répondant à des intérêts personnels, intellectuels et culturels ;
- leur valeur éducative : certaines langues, tenues pour faciles à apprendre, peuvent alors être suspectes, car leur apprentissage est considéré comme n'exigeant pas suffisamment d'efforts ; d'autres peuvent être privilégiées, au motif qu'elles favoriseraient

> le développement des capacités intellectuelles (le raisonnement, en particulier) (Beacco, 2007 : 47).

En outre, les pratiques langagières des locuteurs bi-/plurilingues sont influencées par les représentations du bi-/plurilinguisme qui les entourent et/ou auxquelles ils adhèrent. Dès lors que le bi-/plurilinguisme bénéficie d'une représentation positive ou se trouve valorisé dans la société dans laquelle il s'inscrit, son usage a tendance à être favorisé. Dans les sociétés occidentales, cela concerne principalement un « bilinguisme d'élite » (Romaine, 1995 ; Erfurt, Amelina, 2008). Celui-ci est lié à l'usage de langues au statut social élevé et souvent pratiqué par des familles dotées d'un fort capital éducatif (Piller, 2002 : 251 ; Tuominen, 1999 : 71 *sq.*). Piller a développé dans ce contexte la notion d'*investissement*, en justifiant son choix par le fait que les parents concernés considèrent l'effort investi dans l'acquisition de compétences bi-/plurilingues comme faible et, par là même, avantageux au regard du « rendement » attendu (2011 : 71 *sq.*). À l'inverse, le bilinguisme de locuteurs immigrés a tendance à être moins valorisé. Cela est lié au statut dont jouit leur langue d'origine, mais aussi à une représentation du bilinguisme comme menace potentielle pour l'apprentissage de la langue du pays de résidence. Comme l'a remarqué Christine Hélot au cours de ses recherches, une telle représentation du bilinguisme peut conduire des familles à faire abstraction de leur trajectoire migratoire dans la narration de leur biographie langagière :

> « […] dans la plupart des classes du primaire observées ces dix dernières années, j'ai été frappée par la façon dont le vécu linguistique familial des élèves étrangers ou issus de l'immigration était passé sous silence, ou, s'il était mentionné, combien il était coloré par les préjugés tenaces contre les langues parlées en famille censées représenter un obstacle à l'acquisition de la langue française » (Hélot, 2007 : 89).

Pour finir, le fait que le bi-/plurilinguisme soit valorisé dans une société ou un milieu spécifique n'implique pas que les pratiques bi-/plurilingues le soient elles aussi. De la représentation du bi-/plurilinguisme dépend également la façon dont le locuteur bi-/plurilingue utilise ses langues et, en particulier, les articule. La compétence bi-/plurilingue et bi-/pluriculturelle ne consiste pas à juxtaposer plusieurs monolinguismes, mais comporte au contraire un mode de communication qui lui est propre (Beacco, 2007 : 10 ; Lüdi, Py, 1986). Elle se caractérise en effet par l'emploi d'emprunts lexicaux et morphosyntaxiques (Lüdi,

Py, 1986 : 143–144), ainsi que par l'usage de l'alternance codique (*code-switching*), c'est-à-dire le passage d'une langue à l'autre au cours d'un même échange verbal (Brohy, Moore, 2013 : 304). Ce dernier en particulier a une dimension créative, en tant qu'il traduit une mixité qui évolue en même temps que l'identité du locuteur : « *Hybrid ways of speaking* [...] *symbolize social identities which can be considered* [...] *to be equally hybrid (multiple, flexible, changing, malleable)*[27] » (Auer, 2005 : 406). De plus, comme vise à le souligner la notion de *translanguaging*, la compétence bi-/plurilingue et bi-/pluriculturelle recèle un potentiel créatif, qui va au-delà du simple mélange. García et Li définissent le *translanguaging* de la manière suivante :

> « [...] *for us translanguaging does not refer to two separate languages nor to a synthesis of different language practices to a hybrid mixture. Rather translanguaging refers to new languages pratices that make visible the complexity of language exchanges among people with different histories and understandings that had been buried within fixed language identities constrained by nation-states*[28] » (2014 : 21).

Les recherches en linguistique appliquée et en didactique des langues reconnaissent désormais la spécificité des pratiques langagières qui découlent de la compétence bi-/plurilingue et bi-/pluriculturelle et soulignent sa fonction en termes de communication interpersonnelle (Florio-Hansen, Hu, 2003 : X). Comme le relèvent Byrd et Stratilaki (2013 : 190), l'alternance codique contribue à l'inventivité des locuteurs plurilingues et leur confère une souplesse verbale leur permettant de s'adapter plus aisément à la spécificité des situations communicatives qu'ils rencontrent :

> « [...] *switches can be considered as acting directly on the elaboration of concepts, especially when no semantic congruent equivalents are available. In other words, there is a positive transfer from second language learning to learning*

---

27 « Les manières hybrides de parler [...] symbolisent des identités sociales qui peuvent être considérées [...] comme également hybrides (multiples, flexibles, changeantes, malléables). »

28 « Pour nous, le *translanguaging* ne se réfère pas à deux langues distinctes, ni à une synthèse de différentes pratiques linguistiques conduisant à un mélange hybride. Il s'agit plutôt de nouvelles pratiques linguistiques qui rendent visible la complexité des échanges linguistiques entre des personnes ayant des histoires et des compréhensions différentes, qui étaient enfouies dans des identités linguistiques fixes, imposées par les États nations. »

> *additional languages and the use of theses languages in communication needs. [...] plurilingual speakers demonstrate great flexibility in switching strategies, according to the demand characteristics of the situation* [...][29]. »

Malgré les résultats de tels travaux, les phénomènes d'hybridation liés au bi-/plurilinguisme continuent à bénéficier d'une représentation mitigée au sein des sociétés occidentales, y compris lorsqu'il s'agit de « bilinguisme d'élite ». Sans doute ne sont-ils plus aussi « stigmatisant socialement » (Aleemi, 1991 : 73) qu'ils l'étaient jusque dans la deuxième moitié du XXe siècle notamment, mais les pratiques d'alternance et de mélange suscitent encore souvent de la méfiance (Lüdi, 2003 : 49 ; Piller, 2002 : 145). Les marques transcodiques, qu'il s'agisse d'un accent considéré comme « étranger » ou de l'un des phénomènes d'hybridation évoqués, ont tendance à être dépréciées, car elles expriment les « trace[s] de l'influence d'une autre langue ou variété » (Lüdi, Py, 1986 : 142). Piller rapporte ainsi la position ambivalente de couples bilingues qui recourent à l'hybridation dans leur communication privée. S'ils disent apprécier le fait de disposer d'une langue qui leur est propre, ils portent sur leur pratique personnelle un regard négatif et reconnaissent entretenir vis-à-vis d'elle un sentiment de culpabilité (Piller, 2002 : 179).

Transmissions intergénérationnelles

S'il existe un lieu par excellence dans lequel opèrent les dynamiques de transmission et d'héritage, c'est bien le contexte familial : au sein de la famille, au fil du temps et des générations, de manière directe ou bien en opérant un saut générationnel, il est dans la nature des choses de transmettre – à commencer par le patrimoine génétique. En dehors des considérations biologiques, les objets de la transmission peuvent varier sensiblement, notamment en fonction du contexte socio-historique, ou encore de l'histoire et du statut socio-économique de la famille concernée. Comme le souligne Alexandra Oeser (2020 : 12–13),

---

29 « On peut [...] considérer que les passages agissent directement sur l'élaboration des concepts, en particulier lorsqu'il n'existe pas d'équivalents sémantiques congruents. En d'autres termes, il y a un transfert positif de l'apprentissage d'une deuxième langue vers l'apprentissage de langues supplémentaires et l'utilisation de ces langues dans les besoins de communication. [...] Les locuteurs plurilingues font preuve d'une grande flexibilité lorsqu'il s'agit de changer de stratégies en fonction des caractéristiques requises de la situation [...]. »

d'autres facteurs entrent en compte dans la (non-transmission), certains d'entre eux pouvant du reste être malaisés à identifier, en particulier lorsqu'ils comportent une dimension affective et/ou inconsciente :

> « Was in und durch Familien bewahrt, weitergegeben, verdrängt oder schlicht nicht wahrgenommen wird, hat mit Geschlechterrollen und Statusfragen, mit materiellen und immateriellen Ressourcen zu tun, aber auch mit Emotionen und den damit verknüpften Loyalitäten, ebenso wie mit dem Verhältnis zur sozialen Umwelt [...][30]. »

Ainsi, les biens à transmettre peuvent être de nature matérielle, incarnés notamment par du patrimoine immobilier, ou bien au contraire de nature immatérielle et symbolique, renvoyant à des valeurs, des croyances, des rites et à « la production et la transmission d'histoires de famille » comme faits sociaux (Billaud *et al.*, 2015). Dans les sociétés occidentales, l'importance de tels biens n'a cessé de croître par rapport aux siècles précédents, et donc aussi leur place dans le cadre d'une transmission. Dans cette perspective, l'éducation est particulièrement valorisée : « Le capital économique a laissé la place au capital scolaire comme élément qui rend possible, y compris en termes de légitimité, la position de la famille dans la hiérarchie sociale » (Singly, 2017 : 86). Il est à noter que toutes les actions consistant à transmettre ne renvoient pas à des mécanismes volontaristes, ni même nécessairement conscients. Elles peuvent aussi opérer sans que les acteurs sociaux n'aient l'intention de transmettre et ne mettent en œuvre de stratégies spécifiques dans ce sens. Comme le note Anne Muxel à propos de la reproduction des choix politiques au sein d'une même famille, elles se caractérisent alors par leur « dimension affective et implicite » bien davantage que par leur « dimension normative et intentionnelle » (Muxel, 2018 : 36).

Liens familiaux et dynamiques interactionnelles

La notion de transmission a été très tôt présente dans les recherches en sociologie, en tant que celles-ci visent à définir les règles selon lesquelles se reproduit l'ordre social. Dans cette perspective, la famille s'est

---

30 « Ce qui est conservé, transmis, refoulé ou tout simplement ignoré dans et par les familles est lié aux rôles de genre et aux questions de statut, aux ressources matérielles et immatérielles, mais aussi aux émotions et aux loyautés qui y sont liées, ainsi qu'au rapport à l'environnement social. [...]. »

vu attribuer un rôle déterminant, dans la mesure où elle est le lieu de socialisation primaire des acteurs sociaux, au sein duquel ces derniers structurent leur identité sociale, et acquièrent dès leur plus jeune âge à la fois le langage et les codes sociaux élémentaires. Ainsi, selon Durkheim (1922 : 92), le cadre familial a pour fonction de garantir la « socialisation méthodique de la jeune génération » par le biais de l'éducation. Dans son système d'analyse, cette dernière relève d'une démarche consciente, volontaire et systématique des aînés, ayant « pour objet de susciter et de développer chez l'enfant un certain nombre d'états psychiques, intellectuels et moraux que réclament de lui et la société politique dans son ensemble et le milieu spécial auquel il est particulièrement destiné » (Durkheim, 1922 : 36). Ainsi définie, l'éducation familiale consiste en un mouvement à sens unique impliquant un « transmetteur » et un « récepteur » (Chanez, 2007 : 7), représentés respectivement par la génération des parents (ou des grands-parents) et celle des enfants. S'inspirant de l'analyse durkheimienne, Pierre Bourdieu insiste lui aussi sur le rôle de transmission endossé par les parents comme agents de la socialisation primaire des enfants. Pour lui, la famille n'est rien de moins que « le sujet principal des stratégies de reproduction » (Bourdieu, 1994 : 141). Il confère cependant une dimension plus large et plus immatérielle à l'objet de la transmission, qui renvoie selon lui à un *habitus*, autrement dit à « un certain capital culturel et un certain ethos, système de valeurs implicites et profondément intériorisées » (Bourdieu, 1979 : 388). De plus, il laisse apparaître la pluralité des voies par lesquelles s'exerce simultanément la transmission, à la fois directes et indirectes, conscientes et inconscientes.

Si les travaux bourdieusiens permettent de saisir la dimension socioculturelle du transfert intergénérationnel, ils ne tiennent pas compte du rôle de l'acteur lui-même au cours de la transmission. Or des recherches en sociologie plus récentes, issues de l'école interactionniste et constructiviste, ont laissé apparaître l'importance de l'*individualisation* dans ce processus. Celle-ci suppose une confrontation active de l'héritier avec l'objet de l'héritage, qui consiste en un « travail d'appropriation et de reconstruction. » (Lahaye *et al.*, 2007 : 91). Autrement dit, l'acteur social n'est pas un être passif qui recevrait en héritage un ensemble de valeurs qu'il adopterait telles quelles sans les questionner, dans un mouvement de transfert unilatéral direct. Il est au contraire l'auteur de sa propre socialisation, qu'il co-construit, en opérant vis-à-vis du patrimoine reçu des choix sélectifs et en le retravaillant, donc en le transformant. Dans la continuité de Mead, Erikson ou encore Goffman, Claude Dubar insiste sur l'influence des interactions entre l'acteur et son environnement : « C'est de l'équilibre et de l'union de ces deux faces du Soi, le "moi" ayant intériorisé "l'esprit" du groupe et le "je" me permettant de m'affirmer positivement dans le groupe, que dépendent la consolidation de l'identité sociale et donc l'achèvement du processus de socialisation » (Dubar, 1991 : 97). De même, Lahire a mis en évidence le travail personnel de l'acteur à l'égard de son héritage. Dans ses *Tableaux de famille* (1995), s'intéressant au parcours scolaire d'enfants issus de familles aux caractéristiques sociales similaires, il parvient à la conclusion que leur réussite scolaire dépend en partie de leurs relations sociales. Quant à Agnès van Zanten, dans son étude des stratégies des parents des classes moyennes supérieures concernant le choix des établissements scolaires de leurs enfants, elle souligne l'importance du « capital social local, à savoir des réseaux sociaux au sein d'associations de parents ou de groupes plus informels » (2013 : 283).

Dès lors que l'on tient compte des dynamiques interactionnelles dans la transmission d'un héritage, ou encore dans l'élaboration des souvenirs individuels (Halbwachs, 1991, 2008), on doit admettre le caractère pluriel et évolutif de l'identité familiale. Celle-ci ne saurait consister en un bloc homogène figé, mais se transforme au gré des échanges et des réinterprétations qu'en font ses membres à la suite notamment d'expériences personnelles, à la fois au sein du cadre familial et dans des environnements extérieurs. Par conséquent, si l'identité familiale se caractérise par des éléments identitaires dans lesquels ses membres se reconnaissent et par lesquels ils se distinguent d'autres familles, elle est appelée à se renouveler à travers les interactions : « L'existence d'une famille est produite dans et par la rencontre de plusieurs identités et formes d'appartenance, et résulte d'une négociation permanente entre les particularismes de chacun et le particularisme engendré par une histoire familiale commune qui fait lien » (Bertaux-Wiame, Muxel, 1996 : 188). De ce point de vue, le rôle des enfants au moment de l'adolescence peut être déterminant, car il s'agit d'une période de l'existence durant laquelle les acteurs commencent à investir davantage de temps dans les « relations choisies » (Poirier, Lavoie, 2006 : 7) que dans les relations héritées, et s'affranchissent d'un certain legs familial. Ce sont alors les pairs, dans un contexte informel, qui interviennent dans leur processus d'apprentissage et de socialisation (Giardinelli, 2017). De telles interactions ne conduisent pas nécessairement à des tensions avec l'environnement familial, mais elles viennent dans tous les cas alimenter l'identité individuelle des adolescents et, par suite, l'identité de famille, qu'elles contribuent à modifier de manière plus ou moins marquée.

Les changements au sein des familles renvoient à des mécanismes complexes, qui opèrent souvent sur le temps long et, par conséquent, ne sont pas toujours immédiatement saisissables. Parmi eux, les rapports entre frères et sœurs jouent un rôle important car il s'agit d'acteurs très proches, tant en termes de parenté, de patrimoine socioculturel, d'âge (souvent) ou encore d'habitudes familiales, qui sont amenés à se côtoyer de manière plus ou moins intime au quotidien. La fratrie peut ainsi être définie comme « un endosystème à part entière » ou encore comme « le lieu d'un ensemble de ressources soit synergétiques soit conflictuelles qui alimentent les interactions familiales » (Lahaye *et al.*, 2007 : 139). De plus, certains événements, liés à l'arrivée d'un nouveau membre, semblent à même d'insuffler de nouvelles dynamiques qui impactent l'identité familiale. Tout nouvel arrivé étant doté d'expériences et d'une identité qui lui sont propres, il est source de nouveaux équilibres interpersonnels pour la famille qu'il rejoint, ainsi que d'influences culturelles réciproques. De ce point de vue, la fondation d'un couple représente un moment-charnière, dans la mesure où la famille accueille en son sein un acteur qui lui était jusqu'alors extérieur, lui-même porteur d'une identité familiale différente. Comme le constate Claudine Attias-Donfut dans ses travaux sur les relations générationnelles, cela entraîne à la fois une multiplication des interactions et une complexification des modes de transmission.

> « Chaque individu reconstruit et transforme ce qui lui a été transmis dans sa famille d'origine, puis renégocie sa position au moment de la fondation du couple, face à un partenaire, porteur lui-même d'une culture familiale. L'articulation des liens d'alliance et de filiation multiplie, de façon exponentielle, le croisement des transmissions (et le nombre de lignées impliquées) à mesure que l'on traverse les générations. La reproduction des comportements et des valeurs, visible sur deux générations successives, se brouille à la troisième » (Attias-Donfut, 2000 : 674).

Si le phénomène a encore été assez peu analysé jusqu'à aujourd'hui, du moins de manière systématique (Lobet, Cavalcante, 2014), le rôle des enfants dans les transmissions intergénérationnelles a été démontré dans plusieurs recherches. L'idée d'une transmission unilatérale impliquant un transmetteur et un récepteur, telle qu'elle apparaît notamment chez Durkheim ou Bourdieu, est désormais remise en question. Non seulement les dynamiques de changement opèrent à la fois sur un plan vertical (entre les générations) et horizontal (en particulier au sein de la fratrie), mais elles fonctionnent également dans un double sens générationnel, descendant et ascendant. Que l'on parle de « socialisation à l'envers » (Allerbeck *et al.*, 1979) ou de « transmission à rebours » (Lobet, Cavalcante, 2014), les enfants se voient attribuer un rôle actif dans la transformation de l'identité familiale, contribuant à ce que leurs parents adoptent de nouvelles valeurs, souvent davantage en phase avec le *Zeitgeist* de leur société[31]. Dans ce sens, Attias-Donfut met en exergue l'existence d'« aires d'influence » émergeant à travers les interactions entre représentants de différentes générations : « La confrontation des générations crée dans la majorité des familles *des aires d'influence*, elle familiarise avec les idées nouvelles, en favorise l'acceptation relative. Le changement introduit par la jeunesse gagne ainsi, par ondes de choc, les autres générations et se diffuse à l'ensemble du corps social à travers la médiation familiale » (Attias-Donfut, 2000 : 661). L'influence que peuvent exercer les enfants est telle que l'on peut la comparer, selon Lobet et Cavalcante (2014), à celle de la fondation d'un couple.

Plus le lien intergénérationnel est étroit, plus l'influence ascendante, c'est-à-dire celle qu'exercent les enfants sur leurs parents et éventuellement sur leurs grands-parents, est importante. Dans les sociétés européennes, cette influence s'est fortement accrue au cours des dernières décennies. Dans ses travaux de sociologie familiale, François de Singly (2017) a démontré que l'émergence de la « seconde modernité » dans les années 1960 s'accompagne d'un nouveau type d'éducation qu'il qualifie de « relationnelle ». Celle-ci a pour objectif de fournir à ses membres les conditions de réalisation de leur bonheur personnel, sur le plan individuel comme sur le plan familial. Cette fonction attribuée à l'éducation vient s'ajouter à sa fonction traditionnelle, au cœur des travaux bourdieusiens, qui consiste à garantir la reproduction sociale en permettant aux enfants d'obtenir un statut social au moins équivalent à celui de leurs parents. Dans ce type d'éducation, la logique est égalitaire, contribuant aux phénomènes d'interactions multidimensionnelles et de rencontres productives entre les générations.

---

[31] Le phénomène s'observe dans de nombreux domaines, y compris dans celui des habitudes alimentaires, où les parents changent leurs comportements sous l'influence de leurs enfants (Diasio, 2014).

> « Ce qui compte dans les sociétés "individualistes" occidentales, c'est le fait que tout individu, petit ou grand, vive dans un environnement favorable pour développer son identité personnelle, pour devenir un être singulier. Un "bon" parent, un "bon" partenaire, c'est celui ou celle qui apporte cette aide personnalisée » (Singly, 2017 : 83).

Dans une telle perspective, l'éducation s'oriente beaucoup moins vers la discipline et les règles morales en vigueur dans la société que vers les émotions : « ce sont les logiques des sentiments, du vécu amoureux et de l'authenticité subjective qui fondent le lien familial plus que la rationalité institutionnelle, la socialisation et le progrès objectif » (Lahaye *et al.*, 2007 : 206). Dans la mesure où dans les sociétés occidentales contemporaines, une vie de famille réussie implique avant tout respect et soutien mutuels entre ses membres, les parents ont moins pour rôle d'instruire et de guider leurs enfants, comme dans le paradigme éducatif traditionnel, que de les encourager et de leur fournir les conditions de leur épanouissement personnel. Par conséquent, le « personnage central » autour duquel s'organise la vie familiale n'est désormais plus le parent, mais bien l'enfant. Celui-ci se voit de ce fait attribuer un « statut dominant » (Lahaye *et al.*, 2007 : 190), en vertu duquel il contribue activement aux transmissions intergénérationnelles et aux transformations de l'identité familiale.

Le cas des familles issues de couples mixtes

Si les dynamiques interactionnelles opèrent sur un modèle similaire dans l'ensemble des familles, celles qui sont issues de couples mixtes constituent en la matière des miroirs grossissants, les enjeux de la transmission intergénérationnelle se trouvant démultipliés. Dans un contexte où il existe des différences sensibles entre les cultures parentales, qu'elles portent sur « la langue, la religion, les noms et prénoms, la nationalité, les traditions culinaires ou les pratiques vestimentaires » (Philippe, 2008 : 118), la transmission revêt pour l'un et l'autre, ainsi que pour les générations familiales précédentes, une importance stratégique. L'arrivée d'un enfant risque en effet de s'accompagner de l'abandon d'éléments identitaires distinctifs et, par conséquent, structurants pour l'identité de l'une des deux familles. Dans certains cas, l'hybridation qu'incarne le nouveau-né peut même être perçue comme une menace pour la perpétuation, et donc la survie, de l'identité familiale. C'est davantage le cas si les parents sont eux-mêmes originaires de pays entretenant une relation conflictuelle. Les liens familiaux pouvant être des vecteurs de l'« identification nationale »

(Unterreiner, 2015 : 249), la question de la loyauté politique se superpose alors à celle de l'héritage familial. Cela étant, y compris dans les constellations géopolitiques les plus apaisées, une naissance dans une famille issue d'un couple mixte cristallise les interrogations, voire parfois les crispations, autour de la transmission : « le mariage mixte implique, à travers la relation entre deux individus, le rapport des deux groupes auxquels ils appartiennent. L'enfant devient alors un enjeu entre les sociétés » (Le Gall, 2003 : 25–26). Qu'ils élaborent des compromis ou se situent au contraire dans une situation de rivalité, voire d'opposition, les parents sont *de facto* amenés à négocier l'un avec l'autre des stratégies familiales (*Ibid.* : 15, 28).

Il convient ici de préciser que le terme de « couple mixte » renvoie à des réalités ainsi qu'à des conceptions très différentes. Sa définition fait d'autant plus débat que la mixité attachée à l'objet couple n'a pas de fondement objectif, mais est avant tout question d'interprétation et donc de « construction sociale » (Le Gall, 2003 : 6). Selon Dominique Schnapper, c'est la transgression par rapport à la norme, autrement dit la déviance, qui permet de saisir la spécificité des couples mixtes : « On parle, dans la vie sociale, de mariages “mixtes” quand on a le sentiment que la norme de la proximité sociale entre les conjoints est, d'une manière ou d'une autre, transgressée » (Schnapper, 1998 : x). Or les normes varient sensiblement en fonction de l'époque, de l'aire géographique et du milieu socioculturel des acteurs. Alors que, dans une logique nord-américaine, les différences d'ethnicité sont perçues comme la principale source de mixité, c'est en revanche le critère de nationalité qui prévaut en Europe occidentale.

Si une telle définition a le mérite de laisser moins de place à la subjectivité que le critère d'ethnicité, elle ne permet pas nécessairement d'appréhender l'identité « biculturelle » (Varro, 1995 : 143–154) associée aux familles issues d'un mariage mixte. Beate Collet rappelle à ce titre qu'une union « franco-étrangère », telle qu'elle est saisie dans les statistiques, peut tout à fait s'accompagner d'une grande proximité culturelle et sociale, dès lors qu'elle implique, par exemple, des « descendants d'immigrés ou des immigrés naturalisés français [qui] épousent des conjoints de leurs pays d'origine, [et qui] accusent une différence de nationalité tout en se considérant de même origine » (Collet, 2020 : 131). Partant de ce constat, elle complète la définition de mariage mixte en lui ajoutant l'idée selon laquelle les conjoints « se réf[ère]nt à des univers culturels, religieux ou nationaux différents » (*Ibid.* : 128). De ce point de vue, les familles sur lesquelles porte la présente étude ont un statut particulier, dans la mesure où les parents sont généralement issus de milieux socio-économiques similaires, partagent un ensemble de valeurs communes et ne connaissent pas de différences religieuses marquées. Ils ont parfois des nationalités différentes, mais une partie d'entre eux a choisi la voie de la naturalisation. Par conséquent, le principal marqueur identitaire qui les distingue est leur langue première et l'espace culturel qui lui est corrélé – d'où l'intérêt de prendre en compte dans cette étude leurs stratégies en matière de pratiques langagières et culturelles dans le cadre familial.

Dans les familles issues de couples mixtes, la manière dont s'effectue la transmission de la biculturalité dépend en grande partie du positionnement de chacun des deux parents à l'égard de son propre patrimoine familial et de celui de son partenaire. De ce point de vue, l'histoire migratoire du parent étranger joue un rôle décisif car il impacte à la fois sa volonté et sa capacité à transmettre ; ainsi, si l'immigration a eu lieu durant l'enfance et que la personne concernée a vécu l'ensemble de sa socialisation secondaire dans le pays de résidence, elle peut ressentir des difficultés à partager avec ses enfants la culture de son pays d'origine, à commencer par la langue (Unterreiner, 2015 : 217). De plus, le jugement que porte le parent non étranger sur la culture de son conjoint est déterminant : plus celui-ci est positif, plus le couple aura tendance à élaborer des stratégies volontaristes visant à valoriser la mixité au sein de la famille (Santelli, Collet, 2003) et, en conséquence, à mettre en œuvre une « politique linguistique familiale[32] » (Deprez, 1996 ; Haque, 2019). Dans *La Femme transplantée*, s'intéressant à la situation de familles franco-américaines aux États-Unis, Varro (1984) a démontré le rôle proactif des pères non migrants dans la pratique du bilinguisme des enfants. Enfin, les représentations que les parents ont du bi-/pluriculturalisme – comme d'ailleurs du bi-/plurilinguisme – influencent fortement leurs stratégies en matière de transmission (De Houwer, 1999). Comme l'a constaté Gamberini-Zimmermann auprès de familles binationales à Venise, l'espace familial se présente d'autant plus comme un « terrain de co-construction identitaire permanente » que les couples assument, voire « revendiquent » (Gamberini-Zimmermann, 2018 : 210), leur mixité.

[32] Haque définit la politique linguistique familiale comme une « action déterminante portée par une conviction linguistique forte, en lien avec la gestion linguistique, qui vise à préserver ou manier les répertoires verbaux des membres du foyer » (2019 : 12).

Au-delà, un certain nombre de facteurs extérieurs au couple influencent simultanément la manière dont s'effectue la transmission à la génération suivante, parmi lesquels on retiendra les trois suivants : le contexte national, les infrastructures d'apprentissage et les liens avec la famille élargie. Tout d'abord, la culture politique du pays de résidence et, en particulier, la manière dont y est conçue et pratiquée la citoyenneté, impacte la transmission du patrimoine culturel familial. Analysant les identités d'enfants de couples mixtes dans trois contextes nationaux distincts en Europe occidentale, Unterreiner a ainsi mis en exergue des modes d'identification sensiblement différents :

> « Les enfants de couples mixtes qui résident en France ont, plus fréquemment qu'ailleurs, une forte identité nationale française, celle-ci étant fondée à la fois sur la citoyenneté, la culture et la socialisation. Tandis que le répertoire d'identification allemand semble plus fragile car il se réfère à la socialisation culturelle, et dépend donc fortement du parcours migratoire et de la transmission intra-familiale de référents identitaires renvoyant à l'un ou l'autre pays. Enfin, au Royaume-Uni, les identités non nationales sont fortes, dans un contexte où la définition de la nation est ambiguë et où l'ethnicité est reconnue officiellement » (Unterreiner, 2015 : 125–126).

Ensuite, il ne suffit pas que les parents souhaitent tous les deux transmettre biculturalisme et bilinguisme à la génération suivante, encore faut-il qu'ils disposent pour cela, sur leur lieu de résidence, de « relais d'apprentissage » (Philippe, 2008 : 119) adéquats en dehors du cadre familial. Les possibilités d'apprendre la langue du parent migrant, et en particulier les offres d'enseignement bilingue dans le système éducatif formel, jouent ici un rôle déterminant. Comme l'a montré Varro (1984), elles sont d'autant plus accessibles que la langue concernée dispose d'un caractère prestigieux et se retrouve par conséquent en position de force sur ce que l'on peut qualifier de marché linguistique (Filhon, Zegnani, 2019 : 126 *sq*.). Pour finir, l'existence de liens affectifs forts et de contacts réguliers avec des membres de la famille résidant dans le pays d'origine du parent migrant semble particulièrement favorable à ce que l'enfant s'identifie aux deux cultures parentales et soit enclin à adopter une identité biculturelle (Lanza, Svendsen, 2007 ; Unterreiner, 2015 : 218 *sq*.). Se référant à d'autres travaux de sociologie familiale, Le Gall évoque l'influence qu'exercent dans ce sens les grands-parents et d'autres membres de la famille élargie : « Se sentir accepté par les familles des parents permet à l'enfant de choisir de s'identifier aux deux groupes » (Le Gall, 2003 : 47).

Comme dans toutes les familles, les enfants issus de couples mixtes sont les acteurs de leur propre identité, dans la mesure où il leur revient de s'approprier et de réinterpréter les cultures familiales de leurs deux parents. Comme eux également, ils contribuent à transformer l'identité familiale en encourageant leurs propres parents à adopter de nouvelles valeurs, de nouveaux comportements. Un tel phénomène vaut tout particulièrement dans le domaine langagier, lieu par excellence où s'exercent les « actes d'identité ». Il est en effet fréquent que les enfants prennent leurs distances vis-à-vis de la ou des langues familiales, en renégocient les règles et en introduisent de nouvelles, qu'adoptent à leur tour leurs parents – de manière partielle ou totale (Pillar, Gerber, 2018). En référence à ce mouvement de transmission à la fois descendant et ascendant, Lüdi et Py (1986) évoquent une « double médiation linguistique et culturelle ». Notons que la « transmission à rebours » qu'analysent Lobet et Cavalcante (2014) est souvent plus marquée dans les familles de migrants que dans les familles sans aucune histoire migratoire, car les enfants se retrouvent alors dans une situation de relais entre la société du pays d'accueil et leur famille, et se voient attribuer une responsabilité particulière pour que cette dernière y trouve sa place : « Pensons aux familles immigrées qui s'implantent, s'acculturent, s'intègrent, font connaissance avec la société d'accueil à la faveur des contacts privilégiés que leurs enfants ont avec elle, par l'intermédiaire de l'école, par exemple » (Lobet, Cavalcante, 2014 : iii). Toutefois, cette situation concerne peu les familles issues de couples mixtes, dès lors que l'un des parents est lui-même originaire du pays de résidence.

Davantage que d'autres enfants ayant grandi dans « des univers culturels, religieux ou nationaux » (Collet, 2020 : 128) proches ou similaires, les enfants de couples mixtes peuvent être confrontés à une certaine tension entre ces deux cultures et ressentir un déséquilibre. Ils sont alors amenés à développer pour eux-mêmes des « stratégies d'ajustement, lesquelles empruntent aux répertoires culturels propres aux pays pris en compte dans la comparaison » (Paugam, 2015 : 11). Dans son étude sur les enfants de couples mixtes en Europe, Unterreiner répertorie quatre différents modèles d'identification. Le premier est celui des « héritiers » qui se reconnaissent de la même manière dans le patrimoine familial de leurs deux parents et, par suite, développent une identité hybride (Unterreiner, 2015 : 127 *sq.*). Pour illustrer ce modèle, elle dresse le portrait d'un jeune Franco-Allemand, dont les parents ont mis en œuvre des « stratégies actives de transmission au sein de la cellule familiale » (Unterreiner,

2015 : 129), que le sujet n'a pas remises en question au moment de l'adolescence. Ce modèle est très présent dans les familles, là encore franco-allemandes, étudiées par Varro (1995), caractérisé par « une synthèse qui combine les traits des cultures paternelles et maternelles au contact desquelles toute personne se forme, comprenant les diverses influences et compétences, langage et sensibilités, expériences et apprentissages qui jalonnent l'existence » (Varro, 1995 : 181). Le deuxième modèle identifié par Unterreiner, qu'elle a davantage rencontré en France qu'en Allemagne et au Royaume-Uni, est celui des « enracinés ». Il correspond à des enfants qui se réfèrent pour l'essentiel à la culture de leur pays de résidence et entretiennent peu de liens avec le pays de leur parent migrant (Unterreiner, 2015 : 151 *sq.*). À l'inverse, les « étrangers » s'identifient davantage à la culture du pays dans lequel ils ne résident pas (*Ibid.* : 175 *sq.*). Quant aux enfants qui ont développé une identité « au-delà du national » (*Ibid.* : 195), ils refusent de s'identifier à une ou plusieurs nations et situent leurs actions dans un cadre cosmopolite.

***

En résumé, il convient de rappeler la plasticité des notions de représentation et d'identité. Les représentations ont été définies comme un instrument de lecture, de catégorisation et d'interprétation du monde dans lequel (inter)agissent les acteurs sociaux, mais aussi comme le produit de leur subjectivité. À ce titre, elles « contribuent à faire exister une réalité dont elles sont constitutives » (Zarate, 2004 : 29). De plus, tout en comportant un aspect subjectif, elles sont créées et transmises au sein de groupes. En d'autres termes, les acteurs sociaux héritent et s'approprient des représentations qu'ils ont la possibilité de faire évoluer, voire de remettre en question au cours de leur existence. Quant à la notion d'identité, elle se caractérise par trois principaux éléments. Tout d'abord, elle implique un moment « de fermeture et de fixation » (Kaufmann, 2004 : 110), en tant qu'elle vise à donner une cohérence à Je/Nous, tout en le distinguant d'Autrui. Ensuite, elle comporte un aspect subjectif, voire imaginaire, qui dépend largement des représentations qu'une personne a d'elle-même et du monde dans lequel elle s'inscrit (Marc, 2016). Enfin, elle consiste en un processus permanent et dynamique, par définition jamais achevé, qui varie au gré des interactions dont la personne concernée fait l'expérience (Bayart, 1996 ; Berger, Luckmann, 1996). Partant de ces définitions, on constate qu'identités/représentations identitaires et pratiques langagières entretiennent une relation d'influence réciproque.

De plus, dans ce contexte, il apparaît que les locuteurs bi-/plurilingues et bi-/pluriculturels disposent d'une compétence spécifique. Issues d'un processus d'échange, de négociation et de (re)création, leurs pratiques langagières ne renvoient pas à la juxtaposition de plusieurs monolinguismes, mais expriment une identité nouvelle, hybride, à la fois cohérente et indivisible, qui transcende les différents éléments qui la forment. De ce point de vue, la famille représente un contexte favorable aux interactions et aux négociations interpersonnelles qui précèdent la transformation de l'identité individuelle et familiale. Elle apparaît comme un « lieu de transmission ou de non-transmission des valeurs linguistiques et culturelles » (Haque, 2019 : 12), dans lequel les enfants, en particulier au moment de l'adolescence, se positionnent en acteurs centraux du changement, mais aussi de la perpétuation d'un certain héritage (Varro, 1995). Ainsi, le concept de *trajectoire* auquel recourt Kaufmann (2004) pour saisir les dynamiques des processus identitaires, mettant en exergue les choix individuels et les bifurcations qui en résultent, est directement lié à celui de *transmission*. Comme le notent Lahaye, Pourtois et Desmet en se référant à l'étymologie latine du terme, le concept « évoque les idées de trajet, de traversée et de passage. […] ce qui traverse les générations en laissant une trace du passage de l'une à l'autre » (Lahaye *et al.*, 2007 : 108).

Chapitre 2
Contexte socio-historique

> « *Nous, les Franco-Allemands, nous sommes devenus plus forts. Nous agissons, tout simplement. Nous ignorons les frontières. Nous sommes européens.* »
> (Leo, 2011)

Une politique publique volontariste : priorité à l'éducation et à la jeunesse

Les pratiques bi-/plurilingues et bi-/pluriculturelles ici analysées partagent avec d'autres formes de bi-/plurilinguisme et de bi-/pluriculturalisme un certain nombre de caractéristiques, en particulier dès lors qu'elles sont issues de migrations intracommunautaires. Parmi ces caractéristiques, les acteurs sociaux ont tendance à disposer d'un haut niveau d'éducation (Dubucs, Mourlane, 2017 ; Reeger, 2018 : 52) et à vivre dans un contexte urbain, *de facto* empreint de diversité culturelle (Verwiebe, Wiesböck, Teitzer, 2014). Cela étant, les attitudes et les représentations des familles franco-allemandes sur lesquelles porte la présente étude de cas sont également le produit d'une histoire spécifique, qui les distingue de phénomènes sociaux issus d'autres migrations intracommunautaires. Celle-ci renvoie à la réconciliation entre la France et l'Allemagne, à leur rapprochement progressif depuis les années 1950 et enfin au récit de l'amitié franco-allemande entretenu par les dirigeants politiques des deux pays depuis les années 1960 (Aslangul, 2009 ; Jurt, 2000). On ne peut faire abstraction d'une telle spécificité, en tant qu'elle comporte un aspect émotionnel et symbolique marqué, qui lui-même peut avoir un impact sur la construction identitaire des acteurs sociaux. Par conséquent, il paraît indispensable de situer les représentations identitaires et les pratiques langagières des familles franco-allemandes de Berlin et de Paris dans un contexte socio-historique élargi, en esquissant brièvement la politique conjointe des gouvernements français et allemand à l'égard de la société civile, en particulier concernant les échanges culturels.

Échanges de jeunes et constitution d'un réseau d'acteurs sociaux

En termes d'institutions et de formats de coopération, tant au niveau politico-administratif que de celui de la société civile, peu de peuples en Europe entretiennent autant de contacts bilatéraux que Français et Allemands. Dix ans après la fin de la Seconde Guerre mondiale, les dirigeants français et ouest-allemands[33] ont inauguré une politique commune qu'ils n'ont eu de cesse d'approfondir, consistant à promouvoir et à multiplier les rencontres franco-allemandes au niveau de la société civile. Alors qu'auparavant, les échanges concernaient pour l'essentiel des représentants de l'élite des deux pays, notamment des intellectuels et des artistes (Bock, Meyer-Kalkus, Trebitsch, 1993 ; Guieu, 2016), les responsables politiques ont choisi de les démocratiser et, par là même, de les ancrer dans les sociétés. Ainsi, le tout premier accord bilatéral de l'après-guerre, dans les années 1950, visait précisément à encourager l'enseignement de la langue de l'autre par une large partie de la population, ainsi que les échanges universitaires entre les deux pays grâce à l'octroi de bourses[34]. En 1963, les pères du traité de l'Élysée (Miard-Delacroix, 2018) ont acté ce changement de paradigme, en « reprena[nt] presque à l'identique certaines formulations empruntées à l'*Accord culturel franco-allemand* du 23 octobre 1954 » (Charrier, 2013 : 5). Ils ont non seulement posé les jalons de la coopération politique entre la France et l'Allemagne, mais ont aussi systématisé les échanges entre jeunes des deux pays, qui étaient jusqu'alors le fruit d'initiatives personnelles :

> « Par les stipulations dans sa partie consacrée à l'Éducation et à la Jeunesse, le traité de l'Élysée vise ainsi à infléchir positivement les rapports entre Français et Allemands et à tresser entre les peuples un vaste réseau de contacts personnels qui ne soient pas directement touchés par les impondérables de la diplomatie ou par des crises politiques » (Baumann, 2012 : 196).

---

[33] Il s'agit ici et dans la suite du texte des dirigeants de la République fédérale d'Allemagne (RFA). Si la République démocratique allemande (RDA) a elle aussi entretenu des relations avec la France, le discours de l'amitié franco-allemande, ainsi d'ailleurs que l'institutionnalisation des échanges de jeunes, ne visaient en effet que la RFA. Sur les relations France-RDA, voir Pfeil, 2001.

[34] Accord culturel franco-allemand du 23 octobre 1954. Cet accord a été précédé de rencontres de citoyens qui ont eu lieu dans l'immédiat après-guerre à petite échelle à partir d'initiatives privées, donc sans le soutien des pouvoirs publics.

En vertu de ce principe, soutenu sans interruption par les gouvernements des deux États et resté depuis une constante de la coopération franco-allemande, les jeunes sont considérés comme les principaux bénéficiaires des rencontres franco-allemandes. Cette politique est mise en œuvre par l'*Office franco-allemand pour la Jeunesse*, créé en 1963 par le traité de l'Élysée afin d'encourager les rencontres entre jeunes de part et d'autre du Rhin – que cela soit par le biais d'échanges scolaires ou extrascolaires en groupes, de séjours individuels dans une famille d'accueil ou encore de stages (Bock *et al.*, 2008 ; Defrance, Pfeil, 2013). Chaque année, près de 200 000 enfants, adolescents et jeunes adultes participent à l'un des 8 000 programmes d'échange que soutient ou organise cette organisation internationale. En un peu plus d'un demi-siècle, l'OFAJ a ainsi contribué à ce que plus de 9 millions de jeunes français et allemands séjournent dans le pays voisin (OFAJ, 2021). La systématisation des échanges implique que les participants ne soient pas uniquement issus de contextes sociaux favorables à un séjour dans le pays partenaire, disposant de ressources élevées en termes économiques et d'éducation, mais aussi de milieux *a priori* plus éloignés. Or l'image de l'allemand comme langue difficile à apprendre, à caractère élitiste (Jugé-Pini, 2020), constitue un obstacle. C'est la raison pour laquelle, lors de son 50e anniversaire, l'OFAJ a décidé de toucher davantage de jeunes avec moins d'opportunités[35].

Selon les objectifs affichés par les deux gouvernements, les rencontres franco-allemandes, telles qu'elles sont soutenues ou organisées par l'OFAJ, visent à permettre aux participants de mieux connaître le pays voisin, d'apprendre sa langue et de développer des compétences interculturelles. Les connaissances linguistiques ne sont pas considérées comme une condition préalable pour participer à tous les échanges, en particulier dans la perspective d'impliquer dans les rencontres un plus grand nombre de jeunes ayant moins d'opportunités. En revanche, l'acquisition d'une compétence bi-/plurilingue et bi-/pluriculturelle a rapidement été identifiée comme une composante importante des échanges (Egloff,

[35] L'objectif est que 20 % des participants aux programmes soutenus par l'OFAJ soient des « jeunes ayant moins d'opportunités ». Les obstacles identifiés peuvent être de nature sociale, économique, géographique ou bien relever d'un handicap, de problèmes de santé ou encore être liés à des différences éducatives ou culturelles. Site de l'OFAJ, accessible à l'adresse : https://www.ofaj.org/media/jeunes-avec-moins-dopportunites-definition-selon-les-directives-de-lofaj.pdf, consulté le 17.3.2023.

Friebertshäuser, Weigand, 2013 ; Melin, Wagner, 2015). Selon la définition du *CECRL*, il s'agit de « la compétence à communiquer langagièrement et à interagir culturellement d'un acteur social qui possède, à des degrés divers, la maîtrise de plusieurs langues et l'expérience de plusieurs cultures » (Conseil de l'Europe, 2001 : 129). D'où l'utilisation de matériel pédagogique adapté et le recours à des formateurs spécialisés, qui bénéficient d'une formation de l'OFAJ leur permettant de soutenir et de guider les participants dans leur expérience de l'altérité langagière et culturelle.

Cet effort s'est vu prolonger avec l'institutionnalisation de la coopération universitaire entre la France et l'Allemagne, avec la création du *Collège franco-allemand pour l'enseignement supérieur* en 1988, qui visait à mettre « en place de[s] cursus intégrés franco-allemands tout en améliorant la mobilité des étudiants, des professeurs et du personnel scientifique universitaire entre les deux pays » (Charrier, 2013 : 8), puis avec celle de l'*Université franco-allemande* (UFA) en 1997, qui pérennisa cette politique. Constituée d'un large réseau d'universités et de grandes écoles situées dans plus d'une centaine de villes de France et d'Allemagne, l'UFA est une université virtuelle, dont le rôle est d'initier, de soutenir financièrement et d'évaluer des programmes universitaires conduisant à un double voire à un triple diplôme. Chaque année, plusieurs milliers d'étudiants participent à de tels « cursus intégrés », proposés dans la plupart des disciplines universitaires. En outre, l'UFA soutient des collèges doctoraux franco-allemands permettant chaque année à des doctorants de mener leurs recherches dans le cadre d'une « co-tutelle » et d'obtenir un doctorat délivré par une université française et une université allemande (UFA, 2022). En élargissant leur répertoire bi-/plurilingue et bi-/pluriculturel, les acteurs sociaux développent « une conscience d'autres cultures et groupes culturels » (Beacco, 2007 : 37). Or, dans la mesure où ils effectuent la moitié de leurs études dans le pays partenaire, les étudiants et doctorants de l'UFA apprennent à connaître un système d'enseignement supérieur différent de celui de leur pays d'origine. Comme les participants aux programmes de l'OFAJ, ils sont ainsi censés acquérir au cours de leur formation des compétences bi-/plurilingues et bi-/pluriculturelles.

Puisqu'il est ici principalement question des politiques publiques visant à soutenir les échanges entre jeunes français et allemand, on ne peut évoquer qu'à la marge les nombreuses rencontres issues d'initiatives privées. Cependant, il n'est pas inutile de rappeler l'importance de ces rencontres, organisées par des associations de jumelages ou des associations culturelles franco-allemandes dont la plupart se retrouvent au sein de deux fédérations, la *Vereinigung Deutsch-Französischer Gesellschaften für Europa* (VDFG) et la *Fédération des associations franco-allemandes pour l'Europe* (FAFA)[36]. De plus, l'existence de plus de 2 000 jumelages entre communes françaises et allemandes, à l'intersection entre diplomatie des villes et initiatives privées, a également fortement contribué à la systématisation des échanges de part et d'autre du Rhin. Désormais bien étudiés par les sciences sociales et politiques (Defrance, 2008 ; Marchetti, 2019 ; Teißmann, 2005), ces derniers ont « permis d'ancrer la coopération franco-allemande au niveau local et régional et d'impliquer une très grande partie des deux sociétés dans l'échange bilatéral grâce à un maillage étroit des deux territoires » (Defrance, 2008 : 199). Dans la tradition des échanges initiés au lendemain de la Seconde Guerre mondiale, en amont donc du rapprochement opéré au niveau politique, les associations mentionnées s'efforcent de contribuer à une meilleure compréhension et à des liens d'amitié entre Français et Allemands. Les deux gouvernements reconnaissent d'ailleurs leur mérite et ont créé, dans le traité bilatéral d'Aix-la-Chapelle signé en 2019 en complément du traité de l'Élysée, un *Fonds citoyen franco-allemand* destiné à mieux soutenir leurs activités ; mis en œuvre au départ par l'*Office franco-allemand pour la Jeunesse*, celui-ci se donne pour mission de « valoriser et mettre en réseau celles et ceux qui entendent donner vie à l'amitié franco-allemande et porter les couleurs d'une Europe unie[37]. » Cette initiative s'inscrit pleinement dans le paradigme politique en vigueur depuis la fin de la Seconde Guerre mondiale, consistant à promouvoir et à démocratiser les initiatives issues de la société civile.

L'apprentissage de la langue de l'autre

Toute politique linguistique a une dimension géopolitique, en vertu de laquelle « les rapports de force entre nations interviennent dans les classes de langue » (Zarate, 2004 : 11). La coopération franco-allemande n'échappe pas à cette règle : l'enseignement de la langue du pays partenaire est intrinsèquement lié au rapprochement entre la France et

---

[36] La VDFG (2022) et la FAFA (2022) comptent respectivement 140 et 234 adhérents.

[37] Site Internet du Fonds citoyen franco-allemand, Fondscitoyen.eu, consulté le 11.2.2021.

l'Allemagne et a été mentionné dès le premier accord bilatéral de l'après-guerre. Sa promotion comporte une dimension politique forte, dans la mesure où elle était à l'origine censée contribuer à la réconciliation et à l'amitié entre les deux peuples. Dans cette perspective, Lahr-Kurten va jusqu'à affirmer que la baisse du nombre de germanistes en France est interprétée comme une « [...] *Infragestellung des Ansatzes der Aussöhnung und der deutsch-französischen Zusammenarbeit*[38] » (2012 : 18). Resté depuis l'un des principaux objectifs de la coopération franco-allemande au niveau de la société civile, l'apprentissage de la langue du partenaire ne concerne pas uniquement les échanges organisés, mais aussi et surtout l'enseignement scolaire formel. En 1963, dans la continuité de l'accord de 1954, le traité de l'Élysée a défini l'enseignement de la langue du partenaire comme l'une des trois priorités attribuées à la coopération franco-allemande dans le domaine de l'éducation[39] :

> « Les deux Gouvernements reconnaissent l'importance essentielle que revêt pour la coopération franco-allemande la connaissance dans chacun des deux pays de la langue de l'autre. Ils s'efforceront, à cette fin, de prendre des mesures concrètes en vue d'accroître le nombre des élèves allemands apprenant la langue française et celui des élèves français apprenant la langue allemande. Le Gouvernement fédéral examinera, avec les gouvernements des Länder, compétents en la matière, comment il est possible d'introduire une réglementation qui permette d'atteindre cet objectif. Dans tous les établissements d'enseignement supérieur, il conviendra d'organiser un enseignement pratique de la langue française en Allemagne et de la langue allemande en France, qui sera ouvert à tous les étudiants. » (II.C.1.a.)

Cet objectif a été réitéré à de multiples reprises, notamment lors de sommets franco-allemands, et se trouve à nouveau inscrit dans des termes similaires dans le traité bilatéral d'Aix-la-Chapelle (2019)[40] :

> « Les deux États rapprochent leurs systèmes éducatifs grâce au développement de l'apprentissage mutuel de la langue de l'autre, à l'adoption, conformément à leur organisation constitutionnelle, de stratégies visant à accroître le nombre d'élèves étudiant la langue du partenaire, à une action en faveur

---

38 « [une] remise en question de l'approche de la réconciliation et de la coopération franco-allemande ».

39 Les deux autres priorités sont les équivalences des titres et des diplômes universitaires, et la coopération dans le domaine de la recherche scientifique.

40 Sur le traité d'Aix-la-Chapelle, voir l'ouvrage que lui a consacré l'Institut franco-allemand de Ludwigsburg (DFI, 2020).

de la reconnaissance mutuelle des diplômes et à la mise en place d'outils d'excellence franco-allemands pour la recherche, la formation et l'enseignement professionnels, ainsi que de doubles programmes franco-allemands intégrés relevant de l'enseignement supérieur. » (article 10)

Pour élaborer et mettre en œuvre leur politique publique de l'enseignement des langues étrangères, les deux gouvernements disposent de systèmes éducatifs sensiblement différents. Alors qu'en France prévaut un système centralisé dans lequel le ministère de l'Éducation nationale joue le rôle principal, la diversité de la politique éducative outre-Rhin a une dimension régionale, liée à la nature fédérale du système politico-administratif du pays. L'éducation est en effet l'une des principales prérogatives des seize länder, à laquelle ces derniers sont d'autant plus attachés que l'école a traditionnellement pour fonction de transmettre une culture particulière (Bruner, 1996). Comme dans d'autres champs politiques, le fédéralisme coopératif (*Kooperativer Föderalismus*) se traduit dans ce domaine par « une multitude de particularismes institutionnels qui ont rendu le système éducatif allemand "illisible" » (Zettelmeier, 2005). Pour le dire autrement, les conceptions éducatives varient d'un land à l'autre, et avec elles l'organisation de l'enseignement, les volumes horaires, les matières enseignées et les modalités de certification en fin de cursus. Il est vrai que les länder n'ont cessé d'intensifier la coordination de leurs politiques éducatives, s'appuyant à cette fin sur la *Kultusministerkonferenz* (KMK), la Conférence permanente des ministres de l'Éducation des länder. Celle-ci a pour rôle d'œuvrer à des normes scolaires de qualité ainsi que de favoriser la comparabilité des certificats et des diplômes entre les länder. Or la tâche est d'autant plus malaisée que les décisions au sein de la KMK sont prises à l'unanimité des seize ministères régionaux et que chacun d'entre eux défend jalousement ses prérogatives. Par conséquent, les standards communs sur lesquels ils s'entendent sont souvent consensuels, se ramenant au plus petit dénominateur commun.

Si les systèmes éducatifs des deux pays sont sensiblement différents, ils ont en commun de ne pas atteindre leurs objectifs en matière d'apprentissage de la langue du pays partenaire. Non seulement le nombre d'élèves apprenant l'allemand en France et le français en Allemagne paraît faible eu égard aux objectifs affichés, mais il est également en baisse régulière depuis plusieurs années (Barrière, Serrier, Volkwein, 2023 ; Bigot, Jardin, 2023).

En Allemagne, la volonté d'encourager l'apprentissage du français a donné lieu à différentes initiatives de la KMK depuis les années 1990. Parmi celles-ci, on peut citer les *Empfehlungen zur Stärkung der*

Fremdsprachenkompetenz (Recommandations pour le renforcement des compétences en langues étrangères) de décembre 2011 (KMK, 2011). Se référant à la résolution du Conseil européen (2008) relative à une stratégie européenne en faveur du multilinguisme, la KMK en appelle à développer à la fois l'apprentissage des langues étrangères également en dehors des cours de langues traditionnels et les offres d'enseignement bilingue – mais ne mentionne pas le français en tant quel tel. De plus, les länder ont adopté en 2012 des normes communes pour l'enseignement de l'anglais et du français (KMK, 2020 : 14). Plus récemment, en novembre 2022, conformément à l'engagement pris dans le traité d'Aix-la-Chapelle de 2019, l'Allemagne a présenté une stratégie pour le développement de l'apprentissage du français, à laquelle fait écho une stratégie française pour le développement de l'apprentissage de l'allemand en France (Ministère de l'Éducation nationale, Plénipotentiaire de la RFA, KMK, 2022). On y trouve une série de recommandations situées « à tous les niveaux de la promotion linguistique, de la politique éducative à l'administration, en passant par les entreprises formatrices, les écoles supérieures, les directions d'école et les enseignants » (*Ibid.*, 34), dans des domaines aussi variés que la mobilité des jeunes, la formation des enseignants, l'approche didactique ou encore la formation professionnelle.

Cela étant, les initiatives les plus volontaristes en faveur de l'enseignement du français, au-delà du soutien général à l'apprentissage des langues étrangères, viennent de certains länder. C'est en particulier le cas de la Sarre où, depuis la rentrée scolaire 1992–1993, le français est une matière obligatoire en troisième et en quatrième années de scolarité (équivalentes des deux années de cours moyen à l'école primaire). De même, au Bade-Wurtemberg, le français est enseigné dans l'ensemble des écoles primaires du Rhin supérieur à partir de la troisième année de scolarité. Dans une certaine mesure, de telles initiatives semblent porter leurs fruits. Ainsi, dans le land de Sarre, où la promotion du français dans l'enseignement scolaire formel est à la fois la plus poussée et la plus ancienne de tous les länder, environ la moitié des lycéens choisit le français comme première langue étrangère (KMK, 2020 : 102[41]) ; en 2021/2022, 51,2 % des élèves de Sarre inscrits dans l'enseignement général, primaire et secondaire confondus, apprenaient le français (sans distinction entre la première langue vivante [LV1] et la deuxième langue vivante [LV2]), contre 15,3 % pour la moyenne allemande (Destatis,

[41] Il s'agit des derniers chiffres de la KMK disponibles en août 2022.

2023). En Sarre, ces chiffres s'accompagnent d'une certaine stabilisation de la part des élèves apprenant le français. Pourtant, dans l'ensemble de l'Allemagne, le nombre d'apprenants a fortement diminué depuis les années 1960, et plus encore depuis les années 1990 (graphique 1), et se situe aujourd'hui à un niveau faible eu égard des objectifs fixés par les gouvernements successifs – le niveau le plus élevé ayant été atteint en 2009/2010 (Destatis, 2023). À la rentrée scolaire 2020/2021, ce chiffre ne s'élevait qu'à 1 110 000 élèves et concernait environ 12,2 % de ceux inscrits dans l'enseignement général et professionnel public (sans distinction LV1, LV2) ; ce taux est en baisse par rapport à celui de la rentrée 2010–2011, dix ans auparavant, où il s'élevait à 15,7 % des élèves ; mais aussi par rapport à ceux de la rentrée 2013, année de célébration du 50e anniversaire du traité de l'Élysée, lorsque 15,4 % des élèves allemands (toutes branches de l'enseignement et tous niveaux confondus) et 19,3 % des élèves de l'enseignement général (primaire et secondaire confondus) apprenaient le français[42] (tableau 1).

Tableau 1 : Part des élèves allemands apprenant le français dans l'enseignement public à la rentrée 2013 et 2020 (en pourcentage des effectifs)

	2013–2014	2020–2021
Enseignement primaire	4,2 %	2,5 %
Enseignement secondaire général	27,3 %	23,0 %
Enseignement professionnel	3,0 %	1,8 %
Total des élèves	**15,4 %**	**12,2 %**

Source : Bureau du plénipotentiaire fédéral chargé des relations culturelles franco-allemandes, 2022. Tableau de l'auteure.

42 *Ibid.*

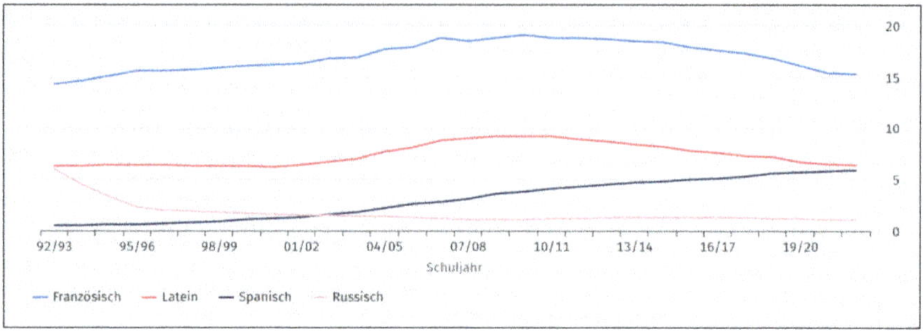

Graphique 1 : Évolution des effectifs d'élèves en langue vivante dans l'enseignement général en Allemagne (1992–2022)
Source : Destatis, 2023

Selon Ansbert Baumann (2012 : 184), l'un des principaux facteurs ayant conduit au déclin du français comme matière d'enseignement serait la réforme du second cycle des lycées, qui a eu lieu à la fin des années 1970. Quant à la Conférence permanente des ministres de l'Éducation des länder, elle explique cette baisse au cours des dernières années par les facteurs suivants : l'évolution démographique du pays, la diversification de l'offre en langues étrangères dans l'enseignement, ainsi que, dans le secondaire, l'image « particulièrement difficile et exigeante [du français] par rapport aux autres matières de l'enseignement secondaire supérieur » (KMK, 2020 : 21). Quelles que soient les raisons de ce déclin, sans doute multiples, on retiendra que la baisse des effectifs des apprenants s'est accélérée depuis les années 1990. Depuis au moins vingt ans, elle apparaît comme un phénomène continu qui touche l'enseignement primaire comme le secondaire, la voie générale comme la voie professionnelle. Baumann évoque à ce propos une « chute dramatique » (Baumann, 2012 : 184) qui concerne aussi bien l'apprentissage du français en Allemagne que de l'allemand en France.

Plus encore que son voisin allemand, la France est loin d'atteindre ses objectifs en termes d'apprentissage de la langue du pays partenaire. Au niveau du premier degré, l'allemand demeure certes la deuxième langue la plus étudiée, après l'anglais, mais il a une position extrêmement minoritaire : à la rentrée scolaire 2021, il concernait uniquement 3,8 % des élèves de l'enseignement public et 2,0 % des élèves dans le secteur privé sous contrat – un chiffre en baisse par rapport à la rentrée 2013/2014, où ce taux s'élevait respectivement à 6 % et 4,2 % (DEPP, 2022 : 68).

Quant au secondaire, il convient de faire la distinction entre la première et la deuxième langues étrangères étudiées : si l'allemand LV2 est faiblement représenté, il n'occupe plus qu'une position marginale en tant que LV1[43]. De tels chiffres sont le résultat d'une baisse continue du nombre d'élèves apprenant l'allemand depuis la fin des années 1970 (Bernardy, 2016 ; graphique 2). De ce point de vue, l'allemand est en concurrence directe, non pas avec l'anglais, mais avec l'espagnol : en LV2, la baisse du nombre de germanistes est proportionnelle à l'augmentation du nombre d'hispanistes (Lahr-Kurten, 2012 : 73 ; graphique 3).

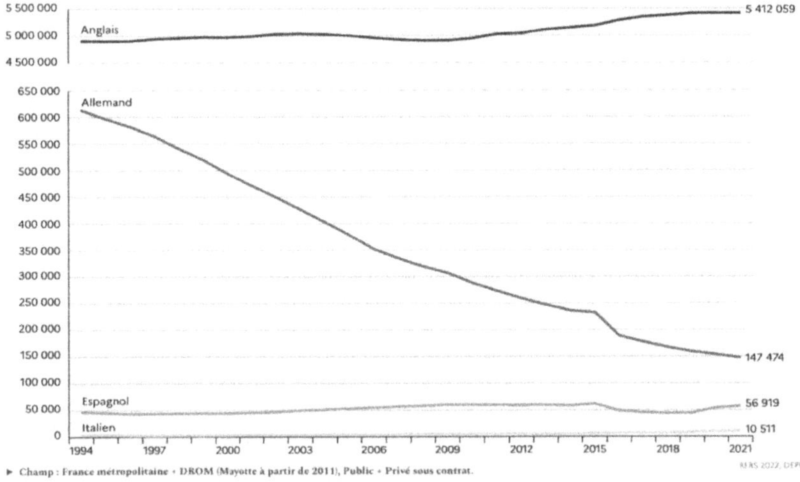

Graphique 2 : Évolution des effectifs d'élèves du second degré selon la première langue vivante dans les établissements de l'Éducation nationale (1994–2021)
Source : DEPP, 2022 : 110.

43 Par comparaison, 72,8 % des élèves du secondaire ont choisi l'espagnol comme deuxième langue à la rentrée 2021, contre 15,4 % en moyenne pour l'allemand (DEPP, 2022 : 110).

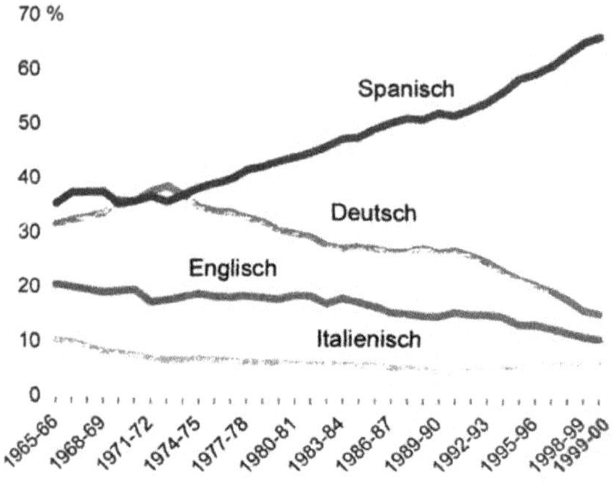

Graphique 3 : Évolution des effectifs d'élèves de quatrième selon la deuxième langue vivante (1965–1999)
Source : Lahr-Kurten, 2012 : 73.

Alors que l'allemand rencontre un problème d'image, souvent perçu comme une langue difficile et grammaticalement exigeante, voire comme une langue laide, l'espagnol a au contraire tendance à être associé à la fête, aux vacances et au soleil (Lahr-Kurten, 2012 : 120 *sq*.). Dans son enquête réalisée auprès d'un groupe de lycéens germanistes et hispanisants de l'Académie d'Orléans-Tours, Isabelle Jugé-Pini constate non seulement le rôle déterminant des représentations des langues sur les choix d'apprentissage des élèves, qu'elle juge en général « sous-estimées » (Jugé-Pini, 2020 : 233), mais aussi leur transmission d'une génération à l'autre et donc leur longue durée. Elle observe également un contraste flagrant entre les représentations associées respectivement à l'allemand et à l'espagnol, ainsi qu'aux deux grands pays européens dans lesquels ils sont parlés : « L'Allemagne est associée au travail, au stress, à la rigueur, au froid, à l'agressivité. Le pays voisin ne présente aucun attrait et serait même un véritable repoussoir dont l'Espagne incarnerait le pendant idéal. [...] *A contrario*, l'Espagne constitue un espace paradisiaque marqué par la douceur et la détente » (*Ibid. :* 236). Dans ses entretiens avec des lycéens, elle note en outre la récurrence des références à la Seconde Guerre mondiale en association avec la langue allemande, véhiculées en particulier par les films de guerre (*Ibid. :* 239).

Concernant le déclin de l'apprentissage de l'allemand dans le système scolaire français, Marielle Silhouette identifie deux phases distinctes, la première se situant dans le courant des années 1970 et la seconde des années 1990 au début des années 2000.

1. « [...] jusque dans les années 1970, l'enseignement de l'allemand recule face à l'anglais, mais reste la seconde langue étudiée : avec environ 16 % des élèves de l'enseignement secondaire étudiant l'allemand en première langue, il bénéficie d'un statut de langue I (LV1) assez confortable et bien consolidé, loin derrière l'anglais il est vrai (80 % des élèves), mais loin devant les autres langues qui se partagent les 4 % restants. »
2. « Dans les années 1990, l'introduction de l'enseignement de la langue vivante 1 en primaire et sa généralisation progressive portent un coup fatal à l'allemand. S'il était en effet encore possible de maintenir une section de germanistes en collège, il devenait impossible de proposer l'allemand dans les 5 ou 6 écoles primaires dépendant de ce collège faute d'effectifs suffisants » (Silhouette, 2016).

La stabilisation, voire le léger regain, du nombre d'élèves français apprenant l'allemand à partir de la deuxième moitié des années 2000 s'explique pour l'essentiel par l'introduction en 2005 de l'enseignement bilangue et par les campagnes de promotion de la langue du partenaire organisées à la même époque dans les deux pays. C'est en 2003, à l'occasion du 40e anniversaire du traité de l'Élysée, que fut retenue l'idée d'un « bilanguisme » permettant l'apprentissage simultané de deux langues dès la classe de sixième (Lahr-Kurten, 2012 : 83 *sq.*). Les élèves n'ayant plus à choisir entre l'anglais et une autre langue vivante, en l'occurrence l'allemand, ce dispositif confère à ce dernier « un positionnement original et attractif, non plus en concurrence avec l'anglais, mais à côté de l'anglais » (Silhouette, 2016). Hannequart constate à ce propos que le taux d'élèves apprenant l'allemand à l'entrée au collègue s'est accru dans les académies comportant un nombre important d'établissements proposant des filières bilangues et juge son résultat sur l'apprentissage de l'allemand, en termes quantitatifs, « très important » (2016 : 11). C'est par exemple le cas dans l'académie de Paris, où le nombre de germanistes dans l'enseignement public a stoppé sa chute et s'est à nouveau accru à partir de 2005 (graphique 4). À l'inverse, avec la suppression des classes bilangues, ainsi d'ailleurs que des sections européennes au collège, lors de la réforme du collège de 2015[44], la chute de l'apprentissage de l'allemand

44 Les académies avaient la responsabilité de mettre en œuvre cette politique et certaines d'entre elles, comme celles de Clermont-Ferrand et de Montpellier, se sont montrées réticentes. L'Académie de Paris a quant à elle décidé de ne pas supprimer ses classes bilangues.

a repris et n'a pu être enrayée qu'avec la suppression de la mesure à la rentrée 2017[45]. À la rentrée scolaire 2021, 15,3 % des élèves de sixième étaient concernés par le bilanguisme, toutes langues étrangères et régionales confondues (DEPP, 2022 : 110).

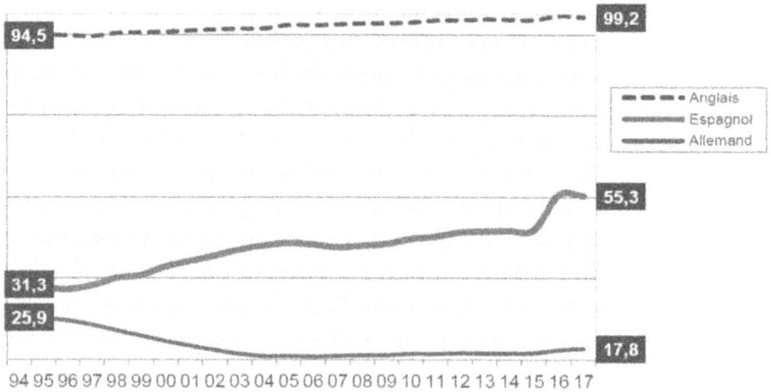

Graphique 4: Pourcentage des élèves germanistes de l'enseignement public à Paris (1994–2017)
Source : Académie de Paris[46]

La relative stabilisation du nombre de germanistes dans le premier degré ne permet pas d'atteindre les objectifs du gouvernement français en matière d'apprentissage de l'allemand, mais du moins fournit-elle des effectifs suffisants au maintien des sections européennes et des sections *Abibac* du second degré (Hannequart, 2016). Les sections *Abibac* ont été créées dans le courant des années 1990 par un accord bilatéral entre la France et l'Allemagne datant de mai 1994 (décret 94–710) et s'inscrivent dans une série de sections binationales qui impliquent également l'Italie et l'Espagne (section *Esabac* pour l'italien et section *Bachibac* pour l'espagnol). Les lycéens inscrits dans de telles sections, en France ou dans l'un des trois pays européens concernés, bénéficient au cours des trois années du secondaire d'un parcours de formation spécifique. L'histoire-géographie et la littérature sont enseignées dans la langue du pays partenaire selon des programmes définis en commun, permettant aux élèves à la fois d'acquérir des compétences langagières équivalentes au niveau

---

45 Arrêté du 16 juin 2017 modifiant l'arrêté du 19 mai 2015 relatif à l'organisation des enseignements dans les classes de collège, JORF n°0142 du 18 juin 2017.

46 Courriel du 28 mars 2022.

C2 du CECRL (Conseil de l'Europe, 2001) et de développer leurs compétences pluriculturelles (Stratilaki, 2016 ; Geiling-Hassnaoui, 2017). La scolarité est sanctionnée par la double délivrance d'un diplôme (Suhaste, Hélot, 2016), autrement dit par la délivrance simultanée du baccalauréat français et du diplôme équivalent dans le pays partenaire – pour l'Allemagne, il s'agit de la *Allgemeine Hochschulreife* (*Abitur*)[47].

Face à la baisse du nombre d'apprenants l'allemand et la difficulté à recruter des enseignants, la France a elle aussi présenté fin 2022 sa stratégie pour le développement de l'apprentissage de l'allemand (ministère de l'Éducation nationale, Plénipotentiaire de la RFA, KMK, 2022). Dans la perspective d'augmenter « de 5 % [le] nombre global d'élèves d'ici 2025 et 10 % d'ici 2030 » (*Ibid.* : 19), le ministère de l'Éducation nationale avance plusieurs mesures afin notamment d'accroitre l'attractivité de l'allemand, de renforcer les mobilités vers l'Allemagne et de développer les possibilités d'apprentissage non-formel de la langue – parmi d'autres objectifs. Dans ce contexte, les auteurs de la stratégie souhaitent stabiliser, voire renforcer les classes bilangues, en tant qu'elles permettent de « maintenir l'allemand à parité avec la LV1 dès la 6e [...] et de ne pas limiter le choix des familles à l'allemand en LV2 en classe de 5e » (*Ibid.*).

Récits et représentations

Dès lors que l'on s'intéresse aux représentations identitaires de familles franco-allemandes, il est indispensable de s'interroger sur les représentations du pays partenaire et de la relation bilatérale en vigueur dans l'espace public de part et d'autre du Rhin. D'autant que, comme l'ont mis en évidence Gollac et Oeser (2011), les histoires de familles s'inscrivent dans les grands récits élaborés et relatés notamment aux niveaux politique et médiatique, et consistent de ce fait en une co-construction à laquelle participent des acteurs extérieurs. Dans la section suivante, il est question de la manière dont les deux États ont cherché à élaborer un narratif de leur histoire commune en accompagnement de leur rapprochement. Étant donné le cadre de cette étude, il ne peut s'agir d'analyser le narratif

---

[47] À la rentrée scolaire 2022, 92 lycées français, dont cinq situés en Allemagne, et 83 établissements allemands, dont deux en France, proposaient une section binationale franco-allemande. Site du ministère de l'Éducation nationale, accessible à l'adresse : https://www.education.gouv.fr/les-dispositifs-franco-allemands-2030, consulté le 17.3.2023.

en tant que tel, mais tout au plus d'esquisser la démarche de la France et de l'Allemagne en vue de l'émergence de représentations positivement connotées, en substitution aux représentations liées au discours d'une « haine héréditaire » (Aslangul, 2009). Suivra une analyse des perceptions que les populations française et allemande ont majoritairement les unes des autres. S'appuyant sur des enquêtes d'opinion menées dans les deux pays, de façon simultanée ou non, elle portera en particulier sur l'évolution des représentations au cours des dernières décennies.

L'élaboration d'un récit commun

Depuis le début des années 1960, les pouvoirs publics des deux États participent à la construction d'un narratif commun, que ce soit en soutenant les initiatives d'acteurs de la société civile dans ce sens ou en y contribuant eux-mêmes de façon directe, c'est-à-dire en le produisant. Dans la plupart des cas, une telle contribution passe par des gestes de réconciliation, puis d'amitié, mis en scène par les chefs d'État et de gouvernement dans des lieux de mémoire au souvenir douloureux. Régulièrement renouvelés, de tels gestes visent à fournir une interprétation positive de lieux profondément liés aux conflits. Dans un tout autre contexte, celui de l'Europe de l'Est, où les conflits passés nourrissent les hostilités entre groupes, Magdalena Dembinska (2010) a mis en évidence l'importance d'un dialogue concernant l'histoire commune et le recours à une symbolique de la réconciliation pour contribuer au processus d'élaboration de la confiance[48]. Dans le contexte franco-allemand, l'iconographie hautement symbolique élaborée par les deux pays est devenue une sorte d'« album de la réconciliation » (Wieder, 2013 ; Aslangul, 2009 ; Demesmay, Kober, 2013) qui se transmet et s'enrichit d'une génération de décideurs à l'autre. Accompagnant le discours de l'amitié franco-allemande dans la sphère publique indépendamment des forces politiques au pouvoir, cet album constitue un cadre de référence historique – implicite ou explicite – pour la coopération bilatérale contemporaine.

---

[48] Le terrain étudié par Dembinska renvoie certes à une situation très différente, dans la mesure où les identités des groupes minoritaires sont mises au défi par des politiques de nationalisation offensives. Cependant, l'analyse s'applique au contexte franco-allemand dès lors qu'il est question d'établir une relation de confiance entre groupes entre lesquels existe une tension. Élaborer une relation de confiance suppose en effet de se confronter aux mythes des uns et des autres, donc de conduire un échange selon un principe multiperspectiviste.

Le premier de cette série de gestes date de 1962, lorsque le président français Charles de Gaulle et le chancelier fédéral Konrad Adenauer traversèrent ensemble la France pour se rendre à Reims. La ville, associée au sacre des rois de France et gravement endommagée lors des deux guerres mondiales, représente un lieu symbolique de l'histoire française ainsi que des conflits franco-allemands. C'est là que les deux chefs d'État et de gouvernement assistèrent au premier défilé militaire commun aux deux pays depuis 1945, avant de célébrer une messe de la paix dans la cathédrale. À partir de cette date, l'humilité du geste est restée une constante dans la mise en scène politique du rapprochement franco-allemand. Au cours des décennies suivantes, de nombreuses autres rencontres suivirent, s'inspirant de l'esprit de Reims. Parmi elles, le « geste de Verdun » du président François Mitterrand et du chancelier Helmut Kohl, recueillis main dans la main devant l'ossuaire de Douaumont en 1984, ou encore celle du président Jacques Chirac et du chancelier Gerhard Schröder assistant à Caen, vingt ans plus tard, à la cérémonie commémorative du 60e anniversaire du Débarquement des Alliés. Accompagné d'un résistant allemand, le chancelier fédéral s'abstint de déposer une gerbe au cimetière militaire allemand, où sont enterrés des soldats SS, et déclara : « *Die Erinnerung Frankreichs an den 6. Juni 1944 ist eine andere als die Deutschlands. Und doch münden sie in einer gemeinsamen Überzeugung: Wir wollen den Frieden*[49] » (Schröder, 2004).

La visite du président fédéral Joachim Gauck à Oradour-sur-Glane, en septembre 2013, peut être interprétée comme l'une des dernières rencontres de haut niveau se référant à la Seconde Guerre mondiale (Demesmay, Kober, 2013). Le bourg en question, dont des unités de la Waffen-SS avaient assassiné le 10 juin 1944 la quasi-totalité des habitants par mesure de représailles, représente en France l'un des symboles de la barbarie nazie face à des victimes innocentes. Dans le passé, ce lieu fut certes l'objet d'initiatives issues de la société civile – ainsi, en 1947, lorsque de jeunes Hambourgeois se rendirent à Oradour dans l'intention de le reconstruire –, cependant Joachim Gauck fut le premier chef d'État allemand à faire le déplacement – en compagnie de son homologue français, le président François Hollande, et de l'un des derniers survivants du massacre. De tels gestes de rapprochement liés à la Seconde

---

[49] « Le souvenir que la France garde du 6 juin 1944 est différent de celui de l'Allemagne et, pourtant, ce souvenir a fait naître chez les uns et les autres le même sentiment : nous sommes convaincus que nous voulons la paix ».

Guerre mondiale ont été facilités par le fait que la République fédérale s'est constituée en rupture avec le régime nazi et que des résistants ont combattu ce dernier dans les deux pays. C'est d'ailleurs la raison pour laquelle Alfred Grosser récuse la notion de réconciliation à propos de la Seconde Guerre mondiale (Grosser, 2004 ; Pfeil, 2021). Selon le politiste, la notion ne fait sens qu'à propos de la Première Guerre mondiale, dans la mesure où seule celle-ci renvoie à l'affrontement de deux nations.

Dans les deux pays, la Première Guerre mondiale fait partie intégrante de l'identité nationale. Malgré un travail commun d'historiens français et allemands, elle renvoie à des mémoires collectives sensiblement différentes, longtemps difficiles à concilier, voire à réconcilier (Julien, 2009). Ainsi, il a fallu attendre 1984 et le « geste de Verdun » pour qu'ait lieu la première rencontre symbolique en référence à la Première Guerre mondiale. Il s'agit là encore d'un important lieu de mémoire européen, non seulement en raison des tristement célèbres champs de bataille de la Grande Guerre, mais aussi parce que c'est là que l'Empire carolingien fut divisé en 843 entre les trois fils de Louis le Pieux. De la rencontre entre Kohl et Mitterrand à Verdun est issue l'une des images les plus marquantes et le plus émouvantes de l'album de la réconciliation franco-allemande : « Ce geste devenu une icône s'inscrit dans la volonté partagée de produire un récit de réconciliation, acmé d'un processus historique, il relie surtout deux dirigeants également imprégnés d'une même vision de l'Histoire. » (Miard-Delacroix, 2019 : 359). Bien des années plus tard, le 11 novembre 2009, un autre couple franco-allemand a fait un choix symbolique différent pour commémorer en commun la Première Guerre mondiale : la chancelière fédérale Angela Merkel participa à la célébration de l'armistice de 1918 en compagnie du président Nicolas Sarkozy – ce que son prédécesseur, Gerhard Schröder, avait refusé en 1998. Ensemble, ils se recueillirent et ravivèrent la flamme sur la tombe du Soldat inconnu.

Pour finir, le centenaire de la Première Guerre mondiale a fourni de nombreuses occasions de rendre hommage aux victimes du conflit et de rappeler la responsabilité commune de la France et de l'Allemagne pour garantir l'avenir pacifique du continent européen. Parmi elles, on peut mentionner les cérémonies de commémoration de la Journée de deuil national allemande (*Volkstrauertag*), qui eurent lieu le 11 novembre 2018 à Berlin. Au cours de cette journée, les deux présidents, le Français Emmanuel Macron et l'Allemand Frank-Walter Steinmeier, prirent connaissance des conclusions des participants au projet « Youth for Peace » – une série d'événements visant à débattre de l'idée de paix et à élaborer une culture commémorative européenne, organisés par l'Office franco-allemand pour la Jeunesse et ses partenaires, auxquels participèrent des centaines de jeunes d'Europe et de son voisinage[50]. Le président français est également intervenu devant le Bundestag, mettant en garde contre le « nationalisme sans mémoire » et le « fanatisme sans repères » (Macron, 2018). Ce à quoi fit écho le discours de la chancelière, un peu plus tard dans la journée, lors de l'inauguration du Forum pour la paix à Paris : « *Was uns heute herausfordert, was uns gefährdet, das können wir in den allermeisten Fällen eben nicht national, sondern nur noch gemeinsam lösen*[51] » (Merkel, 2018).

Au-delà des gestes symboliques des responsables politiques des deux pays, la France et l'Allemagne ont lancé plusieurs initiatives visant à favoriser l'émergence d'une vision historique commune. Le *Manuel d'histoire franco-allemand* en est l'un des symboles, d'autant plus marquant que « [l]es manuels scolaires sont très sensibles aux fluctuations des relations géopolitiques […] témoignant des conditions de socialisation d'une génération donnée dans un pays donné et de l'état des relations entre des parties du monde tel qu'il fut vulgarisé » (Zarate, 2004 : 24). La proposition de rédiger un tel manuel a été soumise aux deux gouvernements par des lycéens français et allemands réunis en 2003 en un Parlement des jeunes à l'occasion des cérémonies du 40e anniversaire du traité de l'Élysée. Les responsables politiques se sont saisis de la proposition, confiant à un comité paritaire d'historiens et de représentants des ministères de l'Éducation le soin de réaliser un tel ouvrage. Le manuel issu de cette initiative se décline en trois volumes consacrés à l'histoire européenne et mondiale, allant de l'Antiquité à la période contemporaine, destinés aux lycéens et publiés entre 2006 et 2011. Richement documenté, il rend compte des différences d'interprétation franco-allemandes de certains événements historiques et organise ainsi la rencontre de récits historiques nationaux autrefois concurrents. À cette approche contribuent d'autres institutions, à l'image d'*Arte*, la chaîne de télévision binationale et bilingue, créée par les deux États en 1990 (Démerin, 2002).

L'utilisation du *Manuel d'histoire franco-allemand* est assez restreinte, puisqu'elle se limite pour l'essentiel aux lycées franco-allemands et aux

---

50 Voir la présentation du projet sur le site de l'OFAJ, accessible à l'adresse : https://www.ofaj.org/youth-for-peace.html, consulté le 13.2.2021.

51 « Ce qui nous défie aujourd'hui, ce qui nous menace, ne peut dans la plupart des cas être résolu au niveau national, mais seulement ensemble. »

sections européennes et internationales de collègues et lycées. Ce sont en particulier les professeurs d'histoire et géographie enseignant dans la langue du partenaire qui y ont recours (Gitton, 2007). Néanmoins, son impact symbolique ne doit pas être sous-estimé. La contribution du manuel au récit franco-allemand consiste à offrir une pluralité de perspectives sur les événements historiques, autrement dit à présenter une « histoire dénationalisée » (Droit, 2007). En faisant de « la discipline qui, par le passé, avait été la plus instrumentalisée pour légitimer des politiques nationales […] l'ultime signe de la "réconciliation" » (Defrance, Pfeil, 2007 : 337), ses auteurs ont rendu possible une mémoire franco-allemande et ont ainsi ouvert la voie à l'enseignement d'une histoire commune aux Européens. Preuve de son caractère novateur, une initiative comparable a été lancée entre la Pologne et l'Allemagne, ainsi qu'entre l'Allemagne et la République tchèque. De même, des historiens sud-coréens, chinois et japonais se sont inspirés de l'expérience franco-allemande pour rédiger de concert un manuel d'histoire contemporaine de l'Asie du Sud-Est publié en 2012 (Lee, 2021). C'est dans un même esprit de réconciliation, du moins de rapprochement, que l'historien Claus Leggewie a suggéré la mise en place d'un « triangle mémoriel franco-algéro-allemand » (2022).

Représentations du pays partenaire et de la relation bilatérale

Pour les chercheurs en sciences sociales, il est difficile de mesurer l'impact de telles initiatives sur les perceptions que Français et Allemands forment les uns des autres. Toutefois, on peut supposer qu'elles ont contribué à l'amélioration de la relation bilatérale depuis la fin de la Seconde Guerre mondiale, dans la mesure où la France et l'Allemagne bénéficient depuis les années 1980 d'une représentation à la connotation très majoritairement positive dans la population du pays partenaire (Sofres, 1990). Pour la période contemporaine, les données des enquêtes varient en fonction des instituts de sondage et de la formulation des questions posées, mais toutes laissent supposer un niveau de sympathie réciproque élevé. Ainsi, en 2020, l'image que les personnes interrogées attribuaient au pays partenaire était positive pour 77 % des Français et 86 % des Allemands (Ifop/Fondation Jean-Jaurès/Fondation Friedrich Ebert, 2020 : 7). Plus spectaculaire encore, fin 2022, 89 % des Français interrogés disaient avoir une bonne image de l'Allemagne, un résultat allant jusqu'à 93 % chez les jeunes de 18 à 24 ans (CSA/Ambassade d'Allemagne, 2022 : 17). Dans une autre étude, publiée par l'OFAJ en 2023 à l'occasion de son soixantième anniversaire, la relation franco-allemande est l'une des rares grandes questions politiques et sociétales testées à propos duquel les jeunes interrogés font preuve d'optimisme : alors qu'une large majorité d'entre eux se montre globalement inquiète de l'avenir, ils sont 45 % à se dire optimistes sur l'avenir de la coopération bilatérale dans les cinq ans à venir, un résultat identique de part et d'autre du Rhin (Demesmay, 2023). De tels résultats, inscrits dans la durée, semblent témoigner de la stabilité des représentations positives du pays partenaire de part et d'autre du Rhin.

À titre de comparaison, les représentations du pays partenaire étaient radicalement différentes dans les années 1950, lorsque le rapprochement franco-allemand n'en était qu'à ses débuts – sur le plan politique, avec la création de la Communauté européenne du charbon et de l'acier (CECA) et, sur le plan sociétal, avec les premiers échanges de jeunes, organisés par quelques personnalités engagées, donc encore peu nombreux et non institutionnalisés. Les enquêtes d'opinion étaient à l'époque irrégulières, en particulier celles menées en parallèle de part et d'autre du Rhin, mais il existe quelques données, notamment une vaste étude conduite fin 1953 auprès de la population ouest-allemande à la demande de l'Ambassade de France à Bonn (*Institut für Sozialforschung*, 1954). Certes, comme le notent les auteurs de cette enquête représentative, « l'idée de l'ennemi héréditaire [avait déjà à l'époque] perdu de sa violence et de sa diffusion » et une majorité des Allemands interrogés se disait alors favorable à l'unification européenne et à la coopération franco-allemande (*Ibid.*, 1954 : 6). Cependant, ces attitudes n'étaient pas « toujours dégagées de considérations d'esprit nationaliste » (*Ibid.*, 1954 : 5). Les auteurs de l'enquête n'ont posé aucune question sur la sympathie éprouvée envers la France ou la population française, ce qui limite les possibilités de comparaison historique, mais les jugements sur la relation franco-allemande sont ici un indicateur utile.

À cette question, seuls 12 % des personnes interrogées estimaient en 1953 que la relation était bonne/très bonne, sans d'ailleurs qu'il n'y ait de différences entre les zones d'occupation. Parmi elles, les deux tiers pensaient que la responsabilité en incombait à la France. Un tel état d'esprit était loin de la sympathie débonnaire que l'on observe depuis quelques décennies. Quant aux Français, ils semblaient davantage encore sur leurs gardes. Une large majorité d'entre eux, interrogés en 1957 et 1959, jugeait en effet « le peuple allemand dangereux » (respectivement 72 %

et 70 %) ; seuls 36 % et 42 % d'entre eux estimaient que la République fédérale était une vraie démocratie (Kolboom, 1991 : 24). La décennie suivante, ils étaient toujours nombreux à juger avec sévérité leur voisin d'outre-Rhin. En 1965, deux ans après la signature du traité de l'Élysée qui institutionnalisa la coopération entre les deux États, seuls 6 % des Français interrogés considéraient l'Allemagne comme le plus sympathique des dix pays cités, alors que 19 % estimaient qu'elle était le plus antipathique – il s'agissait alors du résultat le plus élevé de toutes les réponses à cette question (Koch, 1968 : 42).

Entre temps, l'image du pays partenaire s'est améliorée dans les deux pays, se stabilisant dans les années 1980 à un niveau élevé. On observe certaines variations, mais elles ne remettent pas en cause la tendance générale, qui est celle d'une stabilisation de la sympathie mutuelle. Ainsi, au début des années 1980, alors que François Mitterrand avait accédé à l'Élysée et entretenait des relations cordiales avec le chancelier Helmut Schmidt, le taux de sympathie de l'Allemagne atteignait en France 71 %, puis redescendit à 60 % en 1990, à la suite de la chute du mur de Berlin. Dans le même temps, en 1990, la France était perçue par les Allemands de l'Ouest comme « le meilleur ami de la RFA », supplantant les États-Unis dans le rôle qui était encore le leur quelques années auparavant (Sofres, 1990 : 141–142). En tant qu'ils sont inscrits dans la durée, de tels résultats témoignent de la stabilité des images positives, désormais ancrées dans les consciences collectives des deux populations. S'il est difficile de mesurer l'impact du climat politique sur l'image du partenaire dans la population, on peut faire l'hypothèse d'une certaine immunité des citoyens aux tensions, voire aux crises de la relation franco-allemande. Comme si l'image de l'autre au sein des populations agissait comme un amortisseur de chocs durant les périodes tendues sur le plan politique.

Pour aussi positives qu'elles soient, les représentations contemporaines n'en sont pas pour autant synonymes d'attachement émotionnel. Dans une enquête menée en 2016, seuls 53 % des Français affirmaient aimer l'Allemagne et 54 % des Allemands, la France (CSA, Ambassade d'Allemagne, 2017 : 7) ; du côté français, ce chiffre est resté stable les années suivantes et s'élevait fin 2022 à 52 % (CSA/Ambassade d'Allemagne, 2022 : 15)[52]. Il s'agit d'une majorité des répondants, mais ces résultats

52 Il n'existe pas de chiffre comparable pour le côté allemand la même année, la question n'ayant pas été posée dans l'enquête comparative de 2020 (Ifop pour la Fondation Jean Jaurès et la Fondation Friedrich Ebert).

paraissent assez faibles en comparaison du caractère positif de l'image de l'autre, tel qu'il est exposé plus haut. Ces résultats laissent apparaître un écart entre la sympathie déclarée et les sentiments amicaux, qui peut s'expliquer par une approche rationnelle de la coopération bilatérale. Selon cette explication, cette dernière serait perçue comme nécessaire par la population, notamment dans le contexte de l'intégration européenne, mais sans inéluctablement susciter d'émotions. De fait, bien que la coopération franco-allemande soit largement plébiscitée par les populations[53], le voisin est davantage perçu comme un partenaire que comme un ami. De ce point de vue, les termes que Français et Allemands associaient à la relation franco-allemande en 2013, année du 50e anniversaire du traité de l'Élysée, sont révélateurs : le terme de « partenariat » est le plus fréquent (69 % des Français, 59 % des Allemands), bien avant « amitié » (respectivement 30 % et 40 %) et plus encore « confiance » (respectivement 16 % et 20 %) (tableau 2). Avec toute la prudence qu'impose la lecture d'enquêtes d'opinion, on peut avancer que de telles réponses laissent transparaître une relation à la fois apaisée et dénuée de passion, dans laquelle la sentimentalité est peu présente.

Tableau 2 : Termes associés à la relation franco-allemande dans les populations de France et d'Allemagne (2012–2022)

	Allemands	**Français**	
	2012	**2012**	**2022**
Amitié	40 %	30 %	32 %
Confiance	20 %	16 %	29 %
Partenariat	59 %	69 %	53 %

Source : Ifop/Ambassade d'Allemagne, 2013 : 28 ; CSA/Ambassade d'Allemagne, 2022 : 35. Tableau de l'auteure.

Dans la perception que Français et Allemands forment les uns des autres, les représentations stabilisées et les « schémas d'explication hâtifs » (Lüsebrink, 1990 : 304) semblent très présents. Pour le dire de façon schématique, la France a tendance à être perçue dans la population allemande comme un pays insouciant, dans lequel il fait bon vivre, tandis

[53] Fin 2019, 85 % des Français et 92 % des Allemands interrogés jugeaient la coopération franco-allemande « nécessaire pour l'avenir de l'Union européenne et la zone euro » (Ifop/Fondation Jean Jaurès/Fondation Friedrich Ebert, 2020 : 12).

que l'Allemagne est avant tout abordée à l'aulne de l'économie, apparaissant aux yeux de bon nombre de Français comme un pays sérieux, rigoureux et discipliné (Demesmay, Stark, 2015). Dans une étude sur l'image de la France menée dans différents pays, y compris en dehors de l'Europe, il ressort que la culture, les boutiques et l'accueil des touristes sont identifiées comme les principales forces de la « marque France ». Les Allemands interrogés dans ce cadre ne font pas exception, affirmant à 81 % que le *French way of life*, incluant sa culture, sa position géographique, sa mentalité et sa langue, est un atout pour leur voisin. Qualifiant la France de « sympathique », « confiante » et « élégante », ils voient d'abord en elle le pays de la gastronomie et du bon vin (92 % des Allemands interrogés) et disent rêver de l'art de vivre à la française (91 %) (Institut CSA, 2016).

La perception de la France comporte une seconde dimension, tout aussi sélective mais moins flatteuse. Dès lors qu'il est question du système économique et social du pays voisin, la population allemande a en effet tendance à se montrer critique. Dans l'étude internationale citée plus haut, ce sont les Allemands interrogés qui sont les moins nombreux à juger le « made in France » comme un atout (30 % contre 77 % des Français interrogés et 73 % des Brésiliens). Parmi les faiblesses identifiées se trouvent le niveau d'imposition, l'accès à l'emploi et la capacité d'innovation (Institut CSA, 2016 : 42–46). Il est frappant de constater que cette perception du grand public correspond en grande partie à celle d'acteurs économiques plus familiers de la France. Si les représentants d'entreprises allemandes implantées de l'autre côté du Rhin disent apprécier les conditions pour la recherche et développement, l'engagement des salariés et la qualité du personnel, ils semblent en revanche plutôt insatisfaits du niveau des charges sociales et de la fiscalité, du manque de flexibilité du marché du travail et de la bureaucratie (EY/Chambre franco-allemande de commerce et d'industrie, 2020 : 26 *sq.*) ; en outre, pour une large majorité d'entre eux (85 %), les mouvements sociaux ont un « impact (très) mauvais sur l'attractivité du pays » (2020 : 28). La presse allemande relaie volontiers cette image d'une France rigide dans des articles très critiques, voire alarmistes, sur la situation française. Le discours politique s'en inspire lui aussi : si les responsables politiques allemands s'expriment peu sur la France, ils ont tendance à l'aborder avant tout, et souvent de manière exclusive, à travers le prisme des réformes, de la compétitivité et des questions budgétaires (Demesmay, 2016).

Vue de France, l'Allemagne renvoie une image inversée :

> « Elle continue à osciller entre une peur confuse et une admiration pas toujours mieux fondée. L'admiration concerne en particulier les évolutions socio-économiques en Allemagne, considérées souvent comme des miracles : le miracle économique des années 1950, la stabilité financière des années 1970, la réunification et enfin les réformes de l'Etat social des années 1990–2000 » (Wenkel, 2012 : 59).

Dans un sondage réalisé en 2022, une large majorité des Français disait considérer que le rayonnement de l'Allemagne est d'abord d'ordre économique (75 %, et 49 % chez les jeunes) et identifiait comme atouts sa situation économique – terme général derrière lequel transparaît un faible taux de chômage –, son industrie et son système éducatif, en particulier l'apprentissage en alternance (CSA, Ambassade d'Allemagne, 2022 : 26). Autant de sujets qui, en France, font l'objet d'une vive discussion de politique intérieure. Dans cette même enquête, les cinq termes les plus souvent associés à l'Allemagne par les Français interrogés étaient « rigueur » (91 %), « travail » (88 %), « puissance économique en Europe » (87 %), « puissance politique en Europe » (86 %) et « stabilité politique » (85 %) (*Ibid.* : 22). Notons que, chez les jeunes de 18 à 24 ans, les résultats sont assez proches de ceux de l'ensemble des Français interrogés. Seulement, ces derniers sont moins nombreux à mentionner l'économie et la politique comme source de rayonnement, et plus nombreux à en évoquer la dimension culturelle et intellectuelle (*Ibid.* : 27). L'avenir dira si cette image se stabilisera, voire gagnera en importance par rapport aux termes liés à la puissance, qui ne sont porteurs que d'une faible évocation émotionnelle.

Toujours est-il qu'en observant l'Allemagne à travers un prisme économique, la population française ne semble pas lui accorder beaucoup de charme. Qu'elle soit vue comme modèle ou contre-modèle, l'Allemagne a une fonction de miroir pour une population française qui s'interroge sur son propre système socio-économique. Comme le note la correspondante du quotidien *Frankfurter Allegemeine Zeitung* à Paris, la crise sanitaire et sa gestion ont ajouté une nouvelle dimension à la comparaison avec l'Allemagne :

> « *Macron hatte sich 2017 eine Partnerschaft auf Augenhöhe vorgenommen. Er wollte dem ständigen Abgleich mit dem "deutschen Modell" ein Ende setzen. Sein Ziel hat er verfehlt, denn in der Gesundheitskrise blicken die Franzosen stärker denn je auf Deutschland. Dem aufgeblähten französischen Staatsapparat, der sich bei der Maskenbeschaffung, bei den Testkapazitäten und jetzt in*

der Impfkampagne als schwerfällig und ineffizient erweist, wird häufiger denn je das agilere föderale Modell des Nachbarn entgegengestellt[54] » (Wiegel, 2021).

À la grande exception de Berlin qui, depuis quelques années, représente « un phare culturel, récréatif », comme l'a qualifié Jérôme Fourquet lors de la présentation de l'étude menée par l'Ifop pour les fondations Jean-Jaurès et Friedrich Ebert[55], le voisin peine à séduire. De ce point de vue, il est révélateur que parmi les termes positifs associés à l'Allemagne en France, le plus fréquent soit « respect » (30 %) suivi de près par « sympathie » (29 %) – alors que les Allemands interrogés sont une majorité à mentionner d'abord la sympathie (56 %), puis le respect (14 %) (Ifop/ Fondation Jean-Jaurès/Fondation Friedrich Ebert, 2020 : 7).

La perpétuation de telles représentations stabilisées, sur lesquelles l'institutionnalisation des échanges ne semble avoir qu'un impact limité, peut s'expliquer par le fait que la « représentation culturelle préexistante » (Amossy, 1999 : 135) à laquelle elles renvoient est ancienne et ancrée dans les consciences collectives des populations (Kolboom, 1996). Un second facteur d'explication serait qu'elles correspondent à des autoreprésentations que l'on observe notamment dans la communication d'entreprises (Coulouarn, 2016). Toujours est-il que de telles représentations, qui s'accompagnent d'une faible évocation émotionnelle, peuvent avoir un impact sur l'apprentissage de la langue du partenaire, en tant qu'elles contribuent à rendre cette dernière plus ou moins attractive (Zarate, 2004). Comme évoqué *supra*, dans son enquête menée auprès de lycéens germanistes et hispanisants, Isabelle Jugé-Pini établit ainsi un lien entre une image terne de l'Allemagne et la réticence des enfants et des parents à apprendre l'Allemagne :

> « [...] le non-choix de l'allemand relève moins d'un paradoxe que d'un mécanisme ancré dans le champ des représentations et des sentiments. Il trouve son origine dans le faible ancrage des réalités allemandes dans la société

---

54 « En 2017, Macron visait un partenariat d'égal à égal. Il voulait mettre un terme à la comparaison permanente avec le "modèle allemand". Il a manqué sa cible car, lors de la crise sanitaire, les Français regardent plus que jamais vers l'Allemagne. L'appareil d'État français hypertrophié, qui apparaît lourd et inefficace concernant l'achat de masques, les capacités de test et désormais la campagne de vaccination, se voit plus souvent encore que par le passé comparé avec le modèle fédéral plus agile du voisin. »

55 Présentation de l'étude le 14 janvier 2021 à l'ambassade d'Allemagne à Paris (en ligne).

française, la méconnaissance du pays partenaire et la transmission d'un savoir social défavorable à l'image du pays voisin » (Jugé-Pini, 2020 : 244).

***

Depuis les années 1960, l'institutionnalisation des échanges franco-allemands s'est traduite par la constitution d'un vaste réseau au niveau de la société civile : indépendamment des professionnels de la coopération bilatérale, issus du domaine politique, universitaire ou des médias (Baasner, 2012), le milieu franco-allemand représente en effet un dense maillage de partenariats qui repose sur une multitude d'associations, allant de la chorale au cercle d'affaires. On peut formuler l'hypothèse selon laquelle la systématisation des échanges au niveau de la société civile ainsi que la mise en scène politique de l'amitié franco-allemande contribuent à ce que le partenaire bénéficie d'une image positive dans les deux pays et à ce que la coopération franco-allemande y soit largement plébiscitée.

Certes, les différentes représentations que les populations française et allemande forment du pays partenaire cohabitent et ne sont pas exclusives les unes des autres, leur articulation évoluant au fil du temps et en fonction du profil socioculturel de ceux qui en sont porteurs. Si les représentations stéréotypées persistent, la fascination mutuelle que Français et Allemands ont longtemps exercée les uns sur les autres n'est plus de mise. Cependant, bien qu'une certaine banalisation de la relation franco-allemande s'observe, et avec elle un déclin continu de l'apprentissage du français et de l'allemand depuis les années 1990, celle-ci renvoie à des représentations positives pour une majorité de la population des deux pays.

Dans ce contexte, on peut se demander si la valorisation sociale de la coopération franco-allemande se traduit par un sentiment d'appartenance spécifique de la part des personnes et des familles issues du rapprochement franco-allemand, et dans quelle mesure cela a un impact sur leurs représentations identitaires ainsi que sur leurs pratiques langagières et culturelles. Ce questionnement sera abordé et approfondi dans la troisième partie de la présente étude à propos des familles qui en composent le corpus.

Partie II
Terrain

Liminaire

Les pratiques langagières et les représentations identitaires de familles bi-/plurilingues ne dépendent pas seulement des stratégies individuelles des personnes concernées, mais varient également en fonction du contexte historique, géographique et social dans lequel elles s'inscrivent. Une multitude de facteurs entrent en compte, parmi lesquels le milieu social des locuteurs, l'histoire et la politique migratoires du lieu de résidence, l'expérience de la diversité culturelle de ses habitants, les représentations de la langue et du pays d'origine des migrants, ou encore l'état de la relation politico-institutionnelle entre l'État de résidence et l'État d'origine des personnes concernées. Le cadre spatio-temporel est déterminant dans la mesure où les locuteurs bi-/plurilingues, les enfants en particulier, sont enclins à faire usage de leur répertoire bi-/plurilingue et bi-/pluriculturel en fonction du degré d'acceptation du bi-/plurilinguisme au sein de la société majoritaire (Krumm, 2011).

La présente analyse se situe dans le contexte des villes de Berlin et de Paris aujourd'hui. Outre leur dimension européenne, elles ont pour particularité de compter parmi les villes les plus peuplées d'Europe et d'accueillir une importante population étrangère[56]. Il s'agit dans les deux cas de métropoles, *de facto* plurilingues (Tabouret-Keller, 2007 : 353). Tant en termes d'intégration à la mondialisation que d'histoire migratoire, les deux capitales se caractérisent par un haut niveau d'internationalisation. Celui-ci s'est fortement accru à Berlin au cours des dernières décennies, tout en restant plus faible que dans des capitales européennes de taille comparables, parmi lesquelles Paris. De plus, le phénomène est relativement récent, dans la mesure où ce n'est qu'à partir des années 1990 que l'immigration s'y est accrue et diversifiée et que ne se sont réellement établis les secteurs culturels et créatifs dont elle tire son image de « *city of talents* » (ville de talents) (Krätke, 2004). Alors que Paris peut être considérée comme une ville globale, au même titre que Londres ou New York, Berlin dispose quant à elle de caractéristiques d'une ville mondiale, intégrée dans un réseau international et hébergeant des pratiques langagières et culturelles variées.

---

[56] En décembre 2022, Berlin comptait 900 144 étrangers pour une population de 3,85 millions d'habitants (ASBB, 2022 : 4).

C'est dans ce contexte que se situe la présence des Français à Berlin et des Allemands à Paris, à la fois spécifique par son histoire et représentative de l'immigration intracommunautaire qui s'est développée à partir du milieu des années 1990.

Chapitre 3
Cadre sociodémographique

« *Keine Stadt hat nämlich weniger Lokalpatriotismus als Berlin. Der Grund dazu ist: Berlin ist gar keine Stadt, sondern Berlin gibt bloß den Ort dazu her, wo sich eine Menge Menschen versammeln, denen der Ort ganz gleichgültig ist*[57]. » (Heinrich Heine)

« *Qui adresse la parole à Paris, s'adresse au monde entier.* » (Victor Hugo)

Des villes au profil international différemment structuré

Comme toute métropole, Paris et Berlin sont marquées par une forte hétérogénéité des pratiques langagières et culturelles, avec la présence de communautés elles-mêmes plus ou moins hétérogènes qui, en vertu de la mondialisation et à des degrés divers, « transcendent les frontières des États-nations » (Block, 2006 : 16). Cependant, l'hétérogénéité d'une ville comporte différents aspects. C'est la raison pour laquelle il convient ici de se pencher sur la relation que les deux capitales entretiennent à l'international, afin de contextualiser la présence des Français à Berlin et des Allemands à Paris, en tant que ressortissants d'un État étranger. Les deux critères ici retenus sont, d'une part, la place et l'influence de la ville dans le réseau urbain mondial, autrement dit son intégration à la mondialisation, et, de l'autre, son histoire migratoire et la composition de sa population en termes d'origine géographique et de nationalité. Sans être exhaustifs, ces deux critères ont le mérite d'offrir un éclairage, ne serait-ce que partiel, sur le degré d'internationalisation de Berlin et Paris, tout

---

[57] « Aucune ville n'a moins de patriotisme local que Berlin. La raison en est que Berlin n'est pas une ville, mais constitue simplement le lieu où se rassemblent un grand nombre de personnes totalement indifférentes au lieu. »

en offrant un point de comparaison entre elles, mais aussi avec Londres[58], capitale d'un État d'Europe de l'Ouest d'une taille comparable à l'Allemagne et à la France.

Intégration à la mondialisation

L'envergure internationale de Berlin a un statut particulier. En termes de pouvoir économique et d'influence politique, elle se situe loin derrière les capitales française et britannique. En dépit du poids de l'Allemagne sur la politique européenne, le fait que Berlin héberge peu d'institutions internationales en comparaison des deux autres capitales restreint son influence politique à l'international. Ainsi, la ville est loin d'avoir retrouvé le statut de métropole mondiale qu'elle affichait au début du XXe siècle, lorsqu'elle était à la fois le premier centre financier d'Europe continentale, un important pôle industriel et scientifique et l'une des grandes métropoles des arts, de la culture et de la mode au monde (Müller-Jentsch *et al.*, 2015 : 8). Dans son portrait de Berlin, Sébastien Vannier (2015 : 224) cite un responsable de la promotion touristique de la ville, qui affirme : « Berlin se surestime en tant que ville. Elle ne joue pas dans la même division que Paris ou Londres qui sont, selon moi, les deux seules grandes villes d'envergure internationale ».

Paris et sa périphérie renvoient une image bien différente. Si la capitale française partage avec Berlin une histoire de métropole mondiale, en particulier au XIXe et au début du XXe siècle, elle n'a pas subi de rupture comparable à la suite de la Seconde Guerre mondiale. Depuis, et sans aucune discontinuité, elle est demeurée une ville à la démographie dynamique et ouverte à l'international, d'une grande attractivité pour des publics aussi différents qu'investisseurs, scientifiques, artistes ou touristes. Non seulement elle dispose avec La Défense du plus grand quartier d'affaires d'Europe, mais elle fait partie des villes qui accueillent le plus grand nombre d'organisations internationales au monde – après Bruxelles, mais devant Londres et New York (Lefèvre, 2017 : 20). Parmi elles se trouvent notamment les prestigieuses Organisation de coopération et de développement économiques (OCDE), l'Organisation des Nations unies pour l'éducation, la science et la culture (UNESCO) ou

58 En 2023, Londres comptait 9,6 millions d'habitants, contre 11,2 millions à Paris et 3,9 millions à Berlin. Source : https://worldpopulationreview.com, consulté le 18.3.2023.

encore l'Organisation internationale de la Francophonie. D'après le classement de l'*International Congress and Convention Association*, Paris était en 2021 la ville accueillant le plus grand nombre de participants à des congrès et rencontres d'associations internationales, derrière Barcelone, alors que Londres était située en quatrième position et que Berlin n'apparaît pas dans la liste (ICCA, 2021 : 12)[59].

Évaluer l'intégration d'une ville dans la mondialisation implique de tenir compte des mouvements économiques et financiers qui y prennent place, dont ils constituent un vecteur essentiel. Or, de ce point de vue, la ville de Berlin ne se situe pas parmi les villes les mieux intégrées dans le contexte mondialisé. Cela s'explique par la sous-représentation des secteurs manufacturier et financier dans son économie, du moins par rapport aux deux autres capitales européennes que sont Paris et Londres, ainsi qu'au niveau de son produit intérieur brut (PIB), le plus faible des trois, qui a ceci de particulier qu'il est inférieur à la moyenne nationale[60]. Parmi les critères établis par Saskia Sassen (1991) pour définir une « *global city* » (ville globale), Berlin en remplit un seul, qui consiste à être une industrie de services puissante : le secteur de l'information et de la communication a connu un important développement au cours des années 2000 et représentait 7,1 % de l'emploi total en 2019 (CROCIS, 2020 : 4). En revanche, dans la mesure où elle héberge peu de sièges sociaux de firmes transnationales, Berlin ne peut pas être considérée comme un centre de commande central de l'économie mondiale. De plus, les activités liées au secteur bancaire et à la finance d'Allemagne étant situées à Francfort-sur-le-Main, elle ne représente selon la définition proposée par Sassen ni un centre financier international, ni un lieu de développement et d'innovation dans ce secteur.

À l'inverse, Paris constitue un centre économique dynamique, qui appartient aux agglomérations les plus riches du monde et dont l'économie est fortement intégrée dans la mondialisation. La part de l'emploi industriel en Île-de-France est certes faible, comparable à celle de Berlin (CROCIS, 2020 : 4), mais la capitale française compte depuis des

---

[59] En raison de la pandémie et de l'annulation de nombreux événements en présentiel, les informations fournies dans les rapports de 2020 et 2021 sont moins pertinentes.

[60] En 2020, le PIB par habitant s'élevait à 38 300 Euros à Berlin, contre 52 700 Euros en Ile-de-France. L'Allemagne est le seul État membre de l'UE dans lequel la capitale ne dispose pas du niveau le plus élevé de PIB de l'ensemble du pays (Eurostat, 2022a et 2022b).

années parmi les villes qui accueillent le nombre le plus élevé de sièges sociaux et de filiales des groupes multinationaux (Lefèvre, 2017 : 7). De plus, l'unité urbaine de Paris est très bien située sur la scène mondiale en termes d'investissements internationaux ; en 2019, avant la pandémie de Covid-19, elle était la première destination des investissements européens et a accueilli près de six fois plus de projets d'investissements que Berlin (CROCIS, 2020 : 4). Selon le *Global Cities Investment Monitor*, qui interroge chaque année les dirigeants de grandes entreprises, Paris est classée en deuxième position des métropoles les plus attractives du monde derrière Londres et loin devant Berlin, en huitième position (KPMG, 2021).

Cela étant, le focus économique et financier de la définition d'une ville globale, telle que l'a élaborée Sassen, ne permet pas de rendre compte de l'aspect culturel de l'influence d'une ville, pourtant déterminante pour sa réputation et son attractivité à l'étranger. D'où l'intérêt de compléter cette définition par d'autres critères, en tenant compte de la capacité d'une ville à créer dans le domaine artistique, culturel ou intellectuel et à diffuser ses créations dans le monde. Afin de ne pas cantonner la mondialisation à sa dimension économique, Cynthia Ghorra-Gobin juge nécessaire d'opérer une distinction entre « ville globale » et « ville mondiale », cette dernière se référant à un des éléments « d'héritage historique et d'influence culturelle à l'échelle mondiale » (2007 : 41). Dans le même sens, Ulf Hannerz définit une ville globale par sa capacité à produire des « *fairly durable sources of new culture*[61] » (1996 : 128).

Au vu du dynamisme de sa scène créative et de ses jeunes entreprises innovantes, l'influence internationale de Berlin sur le plan culturel paraît indéniable (Grésillon, 2017 ; Vannier, 2015). Telle est en tout cas l'image que la ville souhaite renvoyer et qu'entretiennent ses pouvoirs publics : « *Unzählige Talente aus nah und fern bereichern die Stadt mit innovativen Ideen und Entwicklungen. Sie sind wichtige Impulsgeber und prägen das weltoffene, freiheitliche Klima der Stadt, das Berlin internationale Strahlkraft verleiht* » (Bildungswerk Berlin, 2007)[62]. De fait, le secteur culturel et créatif pèse lourd dans les activités de la ville : en

---

[61] « des sources suffisamment durables de nouvelle culture ».

[62] « D'innombrables talents de tous horizons enrichissent la ville d'idées et de développements innovants. Ils sont d'importantes sources d'inspiration et façonnent le climat cosmopolite et libéral de la ville, qui lui confère un attrait international. »

2017, il représentait un quart des entreprises berlinoises[63]. L'écart entre influence économique et influence culturelle de Berlin sur la scène internationale est confirmé par le *Global Power City Index* de l'Institut des stratégies urbaines de la Mori Memorial Foundation, qui mesure régulièrement l'intégration des métropoles à la mondialisation[64]. Si, en termes de pouvoir économique, Berlin ne parvient qu'en 26e position parmi les 48 villes étudiées, elle se trouve en revanche en huitième position en termes d'interactions culturelles (MMF, 2022 : 12 et 14).

En termes d'attractivité culturelle, Paris se situe également en très bonne position sur la scène mondiale, devançant Berlin. Bénéficiant de l'image d'une « ville esthétique et créative par excellence, [elle] présente un fort capital symbolique. C'est la "ville patrimoine" décrite par Emmanuelle Lallement dans l'ouvrage éponyme. Cette richesse patrimoniale historique "unique", ce rayonnement international sont d'ailleurs au fondement de la motivation des Allemand(e)s pour s'installer à Paris » (Sebaux, 2015 : 168). Grâce à son offre variée en termes d'activités culturelles, d'attractions touristiques, de commerces et de conférences internationales, mais aussi grâce à une politique internationale que les pouvoirs publics veulent ambitieuse[65], elle obtient la quatrième place du classement derrière Londres, New York et Tokyo dans le *Global Power City Index* cité précédemment (MMF, 2022 : 4–5). De même, le niveau de fréquentation touristique est beaucoup plus élevé en Ile-de-France qu'à Berlin, avec un écart d'environ 40 millions de nuitées hôtelières enregistrées chaque année avant la pandémie (CROCIS, 2020 : 5).

Expérience de l'immigration

Le caractère international d'une ville se mesure également à l'aune de son histoire migratoire et de la composition de sa population. Bien que les deux capitales puissent se targuer d'une longue histoire migratoire, elles

---

[63] Creative City Berlin, Zahlen und Fakten, accessible à l'adresse : https://www.creative-city-berlin.de/de/das-wichtigste-im-ueberblick/zahlen-fakten/, consulté le 25.8.2022.

[64] L'étude s'appuie sur 70 indicateurs répartis dans les six domaines suivants : économie, recherche et développement, interaction culturelle, qualité de vie, environnement, et accessibilité.

[65] Voir les différentes actions diplomatiques mentionnées par la mairie de Paris sur son site : https://www.paris.fr/pages/paris-a-l-international-2433, consulté le 25.8.2022.

se trouvaient à la fin de la Seconde Guerre mondiale dans des situations sensiblement différentes. Alors que le fait migratoire n'a cessé de caractériser la réalité parisienne tout au long du xxe siècle et au-delà (Marès, Milza, 1995), Berlin avait perdu en 1945 la quasi-totalité de ses étrangers et était redevenue la « ville des Allemands » (Kleff, Seidel, 2009 : 25). Si l'on ne tient pas compte des forces d'occupation, sa population comptait alors moins de 1 % d'étrangers (Kleff, Seidel, 2009 : 25). Le nombre d'étrangers a de nouveau crû à la fin des années 1960 avec l'arrivée, dans la partie occidentale de la ville, de *Gastarbeiter* (travailleurs invités) venus pour l'essentiel de Turquie et de Yougoslavie[66], puis de réfugiés politique issus de Pologne, du Vietnam, d'Iran et du Liban dès la fin des années 1970 (Gesemann, 2001 : 13). Toutefois, comparée à d'autres capitales européennes d'envergure internationale, leur part dans la population berlinoise est restée relativement faible durant la guerre froide. À la chute du Mur, en 1990, elle s'élevait à 12,2 % (Kleff, Seidel, 2009 : 27), contre 15,8 % à Paris et 12,2 % dans sa périphérie (APUR [Atelier parisien d'urbanisme], 2002 : 14). En 1998, la part des étrangers dans la population était de 12,7 % à Berlin (Gesemann, 2001) et de respectivement 14,4 % et 11,2 % à Paris et dans les autres départements d'Île-de-France (APUR, 2002 : 14)[67].

En outre, du point des pouvoirs publics, les ouvriers étrangers et les demandeurs d'asile étaient censés retourner dans leur pays d'origine après quelques années passées en Allemagne, si bien qu'aucune politique d'intégration ne fut mise en place pour favoriser leur insertion dans la vie berlinoise durant cette période, limitant *de facto* leur contribution à l'internationalisation de la ville. En termes de politique éducative, en particulier, l'administration de la ville ne prit aucune mesure, jusqu'à la chute du Mur, pour promouvoir le bi-/plurilinguisme des immigrés et de leurs descendants. De manière bien différente, les étrangers vivant en

---

66 L'immigration de travail en République fédérale a débuté dès les années 1950 mais, en raison de sa situation politique particulière, Berlin-Ouest y a eu recours tardivement. Pour une large vision analytique de la politique migratoire de l'Allemagne, voir Gwénola Sebaux, 2022.

67 Ces chiffres ne tiennent pas compte des naturalisations, plus fréquentes en France qu'en Allemagne, en particulier dans les années qui ont précédé la réforme du Code de la nationalité en Allemagne en 2000. En 1990, les personnes naturalisées représentaient respectivement 5,9 % et 4,3 % de la population de Paris et de sa périphérie. Leur part a augmenté les années suivantes et s'élevaient en 1999 à respectivement 7,3 % et 6,7 % (APUR, 2002 : 14).

région parisienne, comme d'ailleurs dans le reste du pays, bénéficièrent à cette époque déjà d'une politique d'intégration s'appuyant à la fois sur l'accès aux droits – sociaux, mais aussi de citoyenneté à la suite d'une naturalisation – ainsi que sur l'éducation dès la petite enfance. Or une telle politique a un caractère assimilationniste et n'a donc pas vocation à valoriser la diversité culturelle et linguistique des immigrés. L'enseignement des langues d'origine fut certes introduit dès les années 1970 dans le système scolaire français, « au nom du droit à la différence, mais aussi pour favoriser le retour éventuel de certaines communautés immigrées dans leurs pays de départ » (Weil, 1995).

De part et d'autre du Rhin, comme dans d'autres États d'Europe de l'Ouest, les années 1990 se sont accompagnées d'un accroissement de l'immigration ; puis, en particulier depuis le début du XXIe siècle, d'une plus grande visibilité du phénomène dans l'espace public, en lien avec « l'ethnicisation des politiques migratoires » (Ruß-Sattar, 2020). À Berlin, différentes phases d'immigration, en particulier de migrants d'Europe centrale et orientale à la suite au démantèlement du rideau de fer[68], ainsi que d'un grand nombre de réfugiés depuis 2015[69] (Grésillon, 2017), ont entraîné une augmentation sensible du nombre d'habitants et de la part des étrangers parmi eux. Fin 2022, les étrangers et les Allemands ayant une histoire migratoire représentaient respectivement 23,4 % et 15,2 % de la population totale de la ville (ASBB [*Amt für Statistik Berlin-Brandenburg*], 2022 : 10, 12). Parallèlement à l'accroissement de la part des étrangers dans la population berlinoise, contribuant à son internationalisation, l'origine géographique des immigrés s'est diversifiée, notamment avec une plus forte représentation de pays du Proche et Moyen-Orient (voir tableau 3). À Paris et en Île-de-France, où la part des étrangers et des immigrés en 2019 s'élevait à respectivement 14,5 % et 19,8 % de la population totale (Insee, 2022a[70]), les origines migratoires se sont également diversifiées depuis les années 1980 (graphique 5). Si la part des immigrés originaires du Maghreb est demeurée stable, celle des

---

68 Parmi eux se trouvaient de nombreux Polonais, Russes et ressortissants de l'ex-Yougoslavie.

69 Berlin a accueilli plus de 10 000 demandeurs d'asile en 2015. Les demandes d'enregistrement ont progressivement diminué au cours des années suivantes pour atteindre le nombre de 6 300 en 2019. Les cinq nationalités les plus représentées parmi les demandeurs d'asile sont celles des pays suivants : Syrie, Turquie, Irak, Afghanistan et Iran.

70 Il s'agit des derniers chiffres disponibles en août 2022.

Européens a diminué de moitié en 30 ans. Les immigrés venus de lointains pays d'Asie et plus encore d'Afrique subsaharienne – dont la part a doublé – sont en forte croissance parmi les nouveaux venus (Boussad *et al.*, 2017). Ainsi, dans les deux capitales, le profil de la population est devenu moins homogène qu'auparavant sur les plans ethnique, langagier et culturel.

Tableau 3 : Répartition des étrangers à Berlin par nationalité (décembre 2022)

État d'origine	**Nombre de ressortissants**
Turquie	101 325
Ukraine	57 495
Pologne	54 068
Syrie	45 452
Fédération de Russie	34 354
Italie	32 952
Bulgarie	32 872
Roumanie	27 876
Inde	27 542
Vietnam	23 703
États-Unis	21 477
Serbie	20 826
France	19 344
Afghanistan	19 207
Royaume-Uni	15 902
Espagne	15 520
Grèce	14 252
Croatie	13 691

Source : ASBB, 2022 : 18–21.

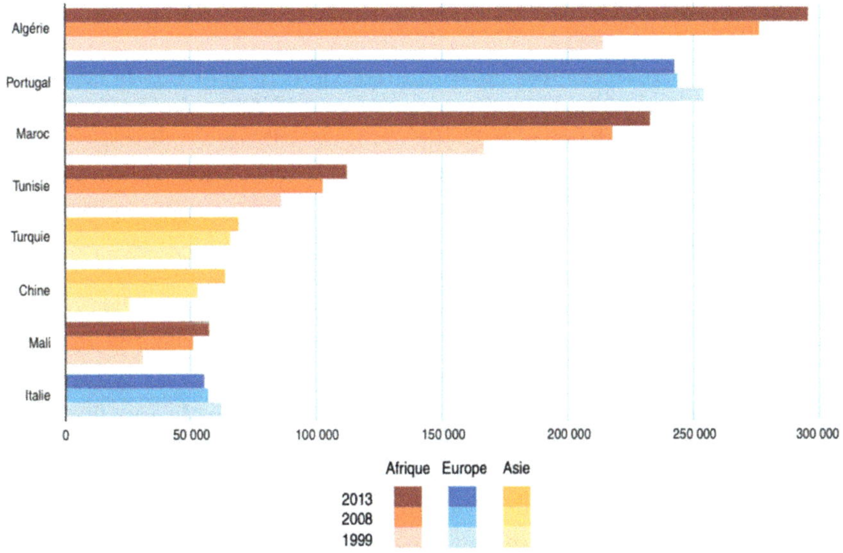

Graphique 5 : Origine des étrangers à Paris par nationalité (1999, 2008, 2013)
Source : Boussad, 2017.

Dans les deux capitales, les États membres de l'UE sont assez fortement représentés parmi les pays d'origine des migrants : ils forment entre un quart et un tiers de la population étrangère de la ville (Verwiebe, 2014 : 215 ; Boussad *et al.*, 2017). Cela étant, derrière des chiffres comparables opèrent des dynamiques différentes. Alors qu'à Paris, la part des Européens dans la population immigrée a été divisée par deux depuis les années 1980 (Boussad *et al.*, 2017 : 1), elle a tendance à croître à Berlin. Depuis les années 2000, l'image cosmopolite et alternative de la ville attire en effet des étudiants et de jeunes actifs d'Europe et d'ailleurs, issus d'une « *creative class* » (classe créative) qui se distingue de la migration du travail par son niveau d'éducation élevé (Krätke, 2004 : 512). De plus, ces derniers ont été rejoints à partir de 2007–2008 par de nombreux jeunes d'Europe du Sud confrontés à la crise économique dans leur pays (Grésillon, 2017), ainsi que par un grand nombre de réfugiés fuyant la guerre en Ukraine à partir de février 2022[71].

[71] En décembre 2022, plus de 57 000 Ukrainiens étaient enregistrés sur les registres de la ville (ASBB, 2022 : 18).

Internationalisation et enseignement des langues

Avec le développement de l'immigration et la diversification de l'origine géographique des migrants, telles qu'elles s'observent depuis les années 1990 à Paris et à Berlin comme ailleurs en Europe, il est probable que les langues parlées au sein de la population de l'une et de l'autre ville soient à la fois plus nombreuses et plus diverses. Aucune des deux capitales ne dispose de statistiques complètes sur les langues de la population, mais certaines études fournissent quelques précieuses indications à ce sujet. À Berlin, il est généralement considéré que les quatre langues principales sont, après l'allemand, le turc, l'arabe, le russe et l'anglais (Herbold, 2016). La part des jeunes Berlinois de quinze ans ayant grandi depuis leur naissance avec deux langues, l'allemand et une autre langue première, était estimée en 2013–2014 à 30 % (Möller *et al.*, 2017 : 78). La mairie avance le chiffre de 150 000 élèves dont la langue familiale est autre que l'allemand, ce qui correspond à 40 % de l'ensemble des élèves berlinois ; les langues les plus représentées sont le kurde[72], le turc et l'arabe (SBJF, 2021b). Pour cerner la situation en région parisienne, on ne peut se référer à des chiffres actuels fiables, mais tout au plus aux indications fournies par le recensement de 1999, qui comporte un volet consacré aux pratiques langagières. Loin du paradigme monolingue, il apparaît qu'un quart des adultes vivant en métropole ont entendu au moins l'un de leurs parents leur parler une autre langue que le français durant leur enfance – pour la moitié d'entre eux, une langue régionale et, pour l'autre, une langue d'immigration. Les cinq langues les plus fréquemment citées dans cette enquête sont l'arabe – loin devant toutes les autres –, puis le portugais, l'espagnol, l'italien et enfin l'allemand (Héran *et al.*, 2002). Les chiffres portent sur la population française dans son ensemble mais, étant donné que le phénomène migratoire s'est accru depuis la fin des années 1990 et se concentre en Île-de-France, on peut supposer que la diversité linguistique y est encore plus marquée[73].

72 Le nombre d'élèves dont la langue familiale est le kurde s'élève à 32 000. Il s'agit du groupe d'élèves d'origine étrangère le plus nombreux (Vieth-Entus, 2019).

73 Déjà à la fin des années 1980, une chercheuse estimait, à partir d'une enquête auprès de 500 foyers, le nombre de langues parlées à Paris à plus d'une centaine (De Heredia-Deprez, 1989).

Pour les deux capitales, l'hétérogénéité linguistique et culturelle de leur population a un statut ambivalent. D'un côté, leurs responsables politiques et administratifs perçoivent l'intérêt de valoriser une telle diversité, considérée comme un atout pour attirer talents, investisseurs et touristes, et présentent leurs villes, dans leur communication institutionnelle, comme de hauts lieux du cosmopolitisme (Müller-Jentsch *et al.*, 2015 : 51). De l'autre, l'hétérogénéité linguistique et culturelle peut constituer un défi pour la cohésion sociale des villes concernées, dès lors qu'elle s'accompagne d'une diversification des pratiques – notamment langagières – et que le socle de normes communes s'amenuise. Face à une telle ambivalence, quel rôle peut jouer l'enseignement des langues[74], et en particulier l'enseignement bilingue, consistant à « donner un statut de langue d'enseignement à une langue autre conjointement avec le français » (Erfurt, Hélot, 2016 : 29–30) ? Conformément aux traditions de leur État respectif en la matière, Paris et Berlin ont adopté des stratégies différentes en la matière, la seconde se voulant résolument plus ambitieuse. Toutefois, dans les deux villes, des points de convergence s'observent dans le développement des offres d'enseignement bilingue. Ils concernent en particulier les enseignements internationaux de langues étrangères, qui existent depuis les années 1970 et ont fait l'objet dans les deux capitales – et, côté français, dans l'ensemble du pays – au cours des années 2010 d'une redéfinition visant à garantir une meilleure qualité et un plus grand contrôle des enseignements. Autre point de convergence, depuis les années 2010[75], les sections européennes se sont développées à Paris et à Berlin, comme d'ailleurs dans d'autres grandes villes européennes.

La promotion de l'enseignement bilingue

Lorsque l'enseignement bilingue a été introduit en Allemagne à la fin des années 1960, il concernait pour l'essentiel la langue française et

---

74 Il n'est pas ici question des langues régionales qui certes jouent elles aussi un rôle en termes de cohésion sociale mais renvoient à une problématique différente.

75 Le principe de l'enseignement SESB fait officiellement partie du système scolaire berlinois depuis 2011, mais les premières classes ont été expérimentées dès 1992. De même, en France, la circulaire portant sur la mise en place de sections européennes dans les établissements du second degré date de 1992 (n° 92–234). Près de 20 ans plus tard, en 2010, le décret portant sur la création de sections binationales a été publié (n° 2010–592).

s'inscrivait dans le processus de réconciliation politique franco-allemand souhaité et initié par les deux chefs d'État et de gouvernement. C'est ainsi qu'en République fédérale, des lycées ont commencé à proposer un enseignement bilingue (*bilingualer Sachfachunterricht*), en vertu duquel la plupart des cours avaient lieu en allemand, mais une matière spécifique (en règle générale la géographie, l'histoire ou les sciences sociales) était enseignée en français. Un tel enseignement a été mis en place en 1969 dans la ville wurtembergeoise de Singen, puis de manière hésitante dans d'autres localités du pays (Wolff, 2017). Cependant, il a fallu attendre le début des années 1990 et l'introduction d'une offre en anglais, en plus du français, pour que l'enseignement bilingue se développe réellement dans le pays. Cela étant, il reste encore très minoritaire. Aujourd'hui, parmi les 36 000 écoles publiques du secondaire d'Allemagne, seules 1 620 proposent un enseignement bilingue ou disposent d'une branche bilingue. Environ 200 le proposent sous forme modulaire, c'est-à-dire que les offres bilingues sont limitées à certaines matières et ne s'inscrivent pas dans un cursus bilingue systématisé (Wolff, 2017). À Berlin, à la rentrée scolaire 2022, il existait plus de 80 offres de *bilingualer Sachfachunterricht*, la très large majorité d'entre elles en langue anglaise et une minorité en français et en espagnol[76] (SBJF, 2022).

L'objectif revendiqué par l'administration berlinoise n'est pas uniquement d'améliorer les compétences langagières des apprenants. Conformément aux principes formulés par la Conférence permanente des ministres de l'Éducation (KMK, 2013), il est aussi d'élargir leur horizon intellectuel. L'administration de la ville ne le mentionne pas explicitement mais, en référence aux recherches sur le bi-/plurilinguisme, on peut supposer qu'il s'agit de stimuler les facultés cognitives des apprenants – en particulier concernant l'analyse et la synthèse d'informations, pour lesquelles les enfants bi-/plurilingues obtiendraient de meilleurs résultats que des enfants monolingues (Bialystok, 2009). En outre, l'accent est mis sur la capacité des élèves à se familiariser avec la multiperspectivité, en tant que moyen de s'interroger sur leur propre point de vue, d'opter pour un regard différent sur le monde et ainsi de respecter la diversité de perception et d'analyse : « *Das bilinguale Profil vertieft die interkulturelle und fremdsprachliche Kommunikationsfähigkeit und Kompetenz; es dient der Entwicklung eines europäischen*

[76] L'anglais représente 83 % des offres, le français 12,2 % et l'espagnol 4,9 %. Un même établissement scolaire peut proposer des offres différentes.

und internationalen Bewusstsein[77] » (SBJF, 2016 : 2). L'acquisition de telles compétences est aussi censée contribuer à l'éducation à la citoyenneté des élèves.

En comparaison, ce n'est que dans les années 1990 que l'éducation bilingue a commencé à se développer en France[78]. L'Alsace a été un terrain d'expérience privilégié, où des classes maternelles bilingues à parité horaire en français et en allemand ont été créées dans l'enseignement public en 1992, suivies peu après de la mise en place d'une offre bilingue dans l'enseignement du premier degré. L'objectif était, en référence à l'histoire spécifique de la région, de mettre en place « le ferment d'une meilleure connaissance et d'une meilleure compréhension réciproques » (Schumacher, 1998 : 95). Au cours des décennies suivantes, l'enseignement bilingue s'est développé dans d'autres régions de France, mais de manière timide et « marginale » (Maillard, 1995 : 71), creusant tout au plus « quelques brèches dans certains espaces scolaires » (Erfurt, Hélot, 2016 : 29). Comme le notent Jürgen Erfurt et Christine Hélot, les blocages de nature institutionnelle restent nombreux et la volonté politique est encore peu marquée : « L'école française peine à penser le bilinguisme hors de l'enseignement traditionnel des langues ; les textes officiels donnent très peu de visibilité au terme *bilingue* et refusent encore de reconnaître les pratiques multilingues de nombre d'élèves dans les classes » (Erfurt, Hélot, 2016 : 30). Cependant, une telle situation n'a rien de figé et peut évoluer grâce à de nouvelles offres d'enseignement bilingue. De ce point de vue, la création d'établissements publics locaux d'enseignement internationaux (EPLEI)[79], permettant de « dispense[r] tout au long de la scolarité, de l'école primaire à la terminale, des enseignements renforcés en langue vivante étrangère à côté d'un enseignement en langue française » (Joliat *et al.*, 2020 : 2), peut y contribuer, en parallèle à la diversification de l'offre bilingue.

---

[77] « Le profil bilingue approfondit les aptitudes et les compétences en matière de communication interculturelle et en langues étrangères ; il vise à développer la conscience européenne et internationale. »

[78] Sur l'éducation bilingue en France, les différentes expérimentations dont elle a été l'objet ainsi que les obstacles auxquels elle a été confrontée, voir l'ouvrage très complet de Erfurt et Hélot, 2016.

[79] Les EPLEI ont été créés par l'article 32 de la loi « pour une école de la confiance » de juillet 2019. En 2021, il existait quatre EPLEI (école internationale Provence-Alpes-Côte d'Azur et écoles européennes de Strasbourg, Lille Métropole, Paris La Défense), et deux établissements étaient en projet.

Force est de constater qu'en Île-de-France, celle-ci se concentre dans les arrondissements de Paris et dans les villes de la périphérie ouest les plus aisés. Elle est en partie le fait d'établissements privés, ce qui induit des frais de scolarité, et s'adresse de fait à des familles au capital social et éducatif élevé. Dominique Groux évoque à ce propos une « corrélation entre les trois formes de ségrégation : ségrégation sociale, ségrégation spatiale, ségrégation scolaire » (2006 : 99). De ce point de vue, l'offre francilienne diffère très largement de l'enseignement bilingue berlinois. Représenté sur l'ensemble du territoire de la ville, dispensé en très grande partie dans des écoles publiques sans frais de scolarité, ce dernier est accessible à toute la population berlinoise. En termes de constellation linguistique, on observe en revanche un effet miroir : dans les quartiers aisés d'Île-de-France, l'anglais est en position dominante des offres d'enseignement bilingue, suivi – de très loin – par l'allemand et l'espagnol[80]. Quant aux quartiers parisiens dans lesquels vivent majoritairement des familles des classes moyennes et socialement défavorisées, l'offre bilingue y est très limitée. Dans l'enseignement primaire, elle est proposée uniquement dans trois établissements publics (en arabe, anglais et allemand) qui *de facto* disposent de faibles capacités d'accueil (Groux, 2006 : 100–101). Les élèves souhaitant poursuivre un enseignement bilingue dans le secondaire disposent là encore d'un choix très restreint en dehors des sections internationales du lycée Honoré de Balzac dans le 17e arrondissement.

Projets éducatifs particuliers liés à la promotion de l'allemand à Paris

- 84 sections bilangues dans les collèges.
- Neuf sections « langue et culture européenne, spécialité allemand » au collège : une ou deux heures supplémentaires d'enseignement à partir de la classe de cinquième pour des projets autour de l'allemand. Les constructions dans les établissements sont assez variées.
- Huit sections européennes « allemand » au lycée : enseignement de deux heures au cycle terminal (première et terminale) assuré par un professeur d'une autre discipline en allemand accompagné par un quota d'heures supplémentaires en allemand, variable selon les établissements.
- Une spécialité langues, littérature et cultures étrangères (LLCR) « allemand » (lycée Buffon) : enseignement supplémentaire de quatre

80 L'anglais représente 95 % des offres, l'allemand et l'espagnol 5 % (Groux, 2006 : 98).

heures en première et de six heures en terminale pour un enseignement de la littérature et de la culture allemandes renforcée. Il s'adresse aux élèves qui souhaite une forte composante d'allemand dans les études supérieures (études d'allemand, de LEA, parcours de l'Université franco-allemande).

- Trois sections binationales Abibac : lycée Ravel (est), lycée Montaigne (centre), lycée Jason de Sailly (ouest) : quatre à six heures d'allemand et quatre heures d'histoire-géographie en allemand pour préparer simultanément le baccalauréat et l'Abitur. L'Abitur est examiné par des professeurs allemands, envoyés par le land partenaire.
- Une section internationale : école Lafayette, collège et lycée Honoré de Balzac (pouvant accueillir 24 élèves par niveau, une baisse des effectifs étant constatée jusqu'à l'arrivé au lycée).

Source : Académie de Paris, courriel du 28 mars 2021.

Parallèlement à de telles offres bilingues, qui se concentrent sur quelques grandes langues européennes, l'enseignement des langues et cultures d'origine (ELCO) s'adresse aux migrants et à leurs enfants. Il a été introduit en France dès les années 1970 dans le cadre de la politique d'intégration et a évolué jusqu'à devenir un enseignement de langue vivante au cours des années 2000 (Bertucci, 2007). De nature facultative, il est prodigué par des enseignants aux formations très inégales, mis à disposition et rétribués par les pays d'origine. Très critiqués pour leurs dysfonctionnements[81], notamment en raison du contrôle exercé par certains pouvoirs exécutifs étrangers sur les contenus de l'enseignement, et pour la logique communautariste que certains cours étaient supposés encourager, les ELCO ont été progressivement remplacés depuis 2016 par des enseignements internationaux de langues étrangères (EILE). Ces derniers s'inspirent très largement du principe des ELCO, concernant notamment le recrutement des enseignants, mais font désormais l'objet d'un encadrement et d'un contrôle renforcés de la part du ministère de

81 Voir Inspection générale de l'Éducation nationale (2006), « L'enseignement de la langue et de la culture d'origine », Rapport n° 2005–090, accessible à l'adresse : https://www.vie-publique.fr/sites/default/files/rapport/pdf/174000080.pdf, consulté le 27.3.2021.

l'Éducation nationale. Ils s'adressent à tous les élèves, quelles que soient leur origine et leur nationalité. En 2021–2022, cinq langues étaient enseignées dans ce cadre : l'arabe, le portugais, l'italien, le serbe et le turc – par ordre d'importance, l'enseignement en langue arabe correspondant aux trois quarts des effectifs[82].

En Allemagne, l'enseignement des langues d'origine (*Herkunftssprachenunterricht*) a également été conçu dès les années 1970, mais son application à grande échelle a été plus tardive ; de plus, elle varie très fortement d'un land à l'autre (Mehlhorn, 2017 : 46 *sq.*). À la différence de la France, de tels cours s'adressent exclusivement aux migrants et à leurs enfants dans un souci de favoriser leur intégration sociale et le vivre-ensemble (Möller *et al.*, 2017 : 13). Dans les années 1990, le constat de la nette surreprésentation des étrangers et des Allemands d'origine étrangère (en particulier hors UE) parmi les élèves en situation d'échec scolaire et les demandeurs d'emploi (Hillmann, 2001 : 194–198) a donné lieu à une discussion publique dans l'ensemble du pays. En réaction, Berlin a développé une politique inclusive, visant notamment à promouvoir le bi-/plurilinguisme des enfants et des jeunes. Avec l'arrivée de nombreux demandeurs d'asile et migrants du Proche et Moyen-Orient à partir de 2015, l'administration de la ville a pris conscience de la nécessité d'élargir cette offre, en l'étendant aux langues kurde et arabe – les plus fréquemment parlées par les enfants berlinois dont la langue première n'est pas l'allemand. À la rentrée scolaire 2021, trois nouvelles langues (polonais, russe, vietnamien) se sont ajoutées à l'offre alors en vigueur (turc, arabe et kurde) (SBJF, 2021a). Qui plus est, comme en France, l'administration de la ville a souhaité limiter l'influence des gouvernements étrangers sur l'enseignement et garantir des standards éducatifs minimaux. C'est la raison pour laquelle elle propose désormais, parallèlement à ceux des consulats, des cours dont elle a la responsabilité – à raison de deux heures par semaine et à titre facultatif.

L'ouverture européenne des sections binationales

En plus des formats d'enseignement bilingue évoqué plus haut, les élèves franciliens et berlinois ont la possibilité de suivre leur scolarité dans

[82] Parmi les 2 005 élèves suivant un tel enseignement en 2019–2020, 1 540 le font en arabe, 288 en portugais, 140 en italien, 27 en serbe et 10 en turc. Chiffres communiqués par l'académie de Paris, courriel du 28 mars 2021.

des sections binationales à l'issue de laquelle ils obtiennent un diplôme binational spécifique. L'enseignement qui y est promulgué existe sous une forme proche ou similaire dans d'autres pays d'Europe, le principe étant que les élèves suivent les enseignements dans la langue du pays de résidence et dans une autre langue européenne. Grâce à une « double immersion », ces derniers sont censés devenir bilingues, c'est-à-dire développer des compétences langagières et culturelles liées à deux espaces linguistiques différents (Simon, 2016). À l'issue du cycle secondaire, ils sont en effet supposés atteindre le niveau C2 du *Cadre européen commun de référence pour les langues* (Conseil de l'Europe, 2001) dans la langue partenaire et obtenir une certification spécifique – Abibac pour la section franco-allemande (Geiling-Hassnaoui, 2017 ; Suhaste, Hélot, 2016). Là encore, l'offre proposée dans les écoles de Berlin est plus ambitieuse qu'à Paris. Tout d'abord, elle existe dès l'école primaire, et non seulement dans le secondaire comme en France. Ensuite, les deux langues d'enseignement sont représentées de manière paritaire. Enfin, le nombre de langues partenaires y est beaucoup plus élevé.

C'est au début des années 1990 que la ville de Berlin a mis en place des « écoles européennes », appelées *Staatliche Europa-Schulen Berlin* (Écoles européennes publiques de Berlin, SESB). Dès la première classe de l'école primaire et jusqu'à l'*Abitur* (examen de fin du secondaire en Allemagne), l'accent est mis sur la mixité, d'une part au niveau des enseignants – puisque la moitié d'entre eux viennent de l'étranger, où ils ont généralement étudié, et exercent leurs cours dans leur langue d'origine –, d'autre part pour la composition des classes – dans la mesure où la moitié des élèves ont comme langue première l'allemand, et l'autre, la langue partenaire (Möller *et al.*, 2017). Ces derniers sont certes séparés en deux groupes lors des cours de langue, du moins jusqu'à la huitième classe (qui correspond à la quatrième dans le système scolaire français), mais ils reçoivent un enseignement commun dans toutes les autres matières. Comme pour l'enseignement bilingue évoqué *supra*, l'administration berlinoise insiste sur les expériences pluriculturelles des élèves des écoles européennes, apportant ainsi une réponse, en matière de politique éducative, à la diversité des langues et des cultures de la ville. La composition paritaire des classes est censée contribuer à une telle expérience, tout comme la réalisation de projets pédagogiques favorisant l'acquisition de compétences pluriculturelles, qu'il s'agisse d'échanges, d'excursions ou encore de coopérations avec des instituts culturels étrangers (Möller *et al.*, 2017 : 13). La dimension européenne occupe une place importante dans cette stratégie, puisque l'objectif revendiqué par l'administration de Berlin est que « *die Präsenz des Europa-Bezugs eine starke europäische Identität manifestiert und ein europäisches Bewußtsein kultiviert*[83] » (*Abgeordnetenhaus Berlin*, 2010 : 26).

Lors de l'introduction des SESB, seuls l'anglais, le français et le russe étaient présents parmi les langues d'enseignement. D'autres langues ont entretemps complété cette offre qui comprend désormais également le grec, l'italien, le polonais, le portugais, l'espagnol et le turc (*Abgeordnetenhaus Berlin*, 1993). Dans cette constellation, le français occupe une très bonne place. Non seulement les sections franco-allemandes des classes SESB sont représentées dans le plus grand nombre d'établissements scolaires, mais elles accueillent également le plus grand nombre d'élèves. À la rentrée scolaire 2020, environ un cinquième des 7 000 élèves des *Europa-Schulen* étaient inscrits dans la section franco-allemande d'une classe SESB[84].

Comme pour les autres sections, une large majorité des élèves des classes franco-allemandes sont issus de couples mixtes (Möller *et al.*, 2017 : 79). Un échantillon issu d'élèves du primaire et d'élèves de neuvième classe (qui correspond à la troisième dans le système scolaire français) laisse apparaître que près de la moitié d'entre eux, en 2013–2014, avait un de leurs parents issu de l'immigration (de nationalités différentes) ; pour plus d'un quart d'entre eux, les deux parents étaient issus de l'immigration (tableau 4). On peut en déduire que le succès des *Europa-Schulen* s'explique par la possibilité, pour les parents et leurs enfants, de ne pas devoir choisir entre un enseignement monolingue dans la langue du pays de résidence et un enseignement monolingue en français, comme le propose le Lycée français de Berlin[85].

---

83 « la présence de la référence européenne manifeste une forte identité européenne et cultive une conscience européenne. »

84 Chiffres obtenus auprès du ministère berlinois de l'Éducation, de la Jeunesse et de la Famille par téléphone le 1er septembre 2022.

85 L'enseignement commence en cinquième classe, soit l'équivalent du cours moyen 2 dans le système scolaire français. Les deux premières années, les élèves participent aux cours dans des classes séparées (allemand, français, bilingue). Dès la septième classe, qui correspond à la cinquième, la plupart des matières sont enseignées en français et, à partir de la huitième classe, l'ensemble des matières.

Tableau 4 : Origine migratoire d'élèves de sections franco-allemandes à Berlin (2013–2014)

	Élèves du primaire	**Élèves de 9e classe**
Au moins un des parents issus de l'immigration	49,9 %	47,7 %
Les deux parents issus de l'immigration	28,4 %	28,3 %

Source : Möller *et al.*, 2017 : 79. Tableau de l'auteure.

En France, les sections binationales sont uniquement proposées au lycée et dans trois langues différentes (allemand, espagnol, italien). Comme en Allemagne, et dans le land de Berlin en particulier, l'objectif qui leur est assigné est de permettre aux élèves concernés de développer à la fois des compétences bi-/plurilingues et une perspective bi-/pluriculturelle. Le ministère de l'Éducation nationale le formule dans les termes suivants : « La formation dispensée dans les sections binationales a pour objet l'acquisition et l'approfondissement de l'aptitude à la communication dans la langue de la section, ainsi que l'acquisition et l'approfondissement de la connaissance de la civilisation du pays partenaire » (art. D421-143-2 du Code de l'éducation). Contrairement au système berlinois de parité entre les deux langues d'apprentissage, la langue nationale se trouve dans une position clairement majoritaire, puisque seules deux disciplines sont enseignées dans la langue partenaire – pour la voie générale, il s'agit habituellement de langue-littérature et d'histoire-géographie (Hélot, 2016 ; Geiling-Hassnaoui, 2017). De plus, les enseignants sont la plupart des titulaires socialisés en France, qui ont préparé une certification complémentaire. À la rentrée 2022, sept établissements de l'académie de Paris et treize de l'académie de Versailles proposaient des sections binationales. C'est en espagnol que l'offre était la plus nombreuse, l'italien et l'allemand étant à un niveau égal (tableau 5).

Tableau 5 : Nombre de sections binationales à Paris et dans sa périphérie (année 2022/2023)

Académie / **Langue**	**Espagnol (Bachibac)**	**Italien (Esabac)**	**Allemand (Abibac)**
Paris	3	3	3
Versailles	9	4	4

Source : Ministère de l'Éducation nationale, 2021, 2023. Tableau de l'auteure.

Comme à Berlin, il semble que les familles franco-allemandes de la région parisienne soient particulièrement intéressées par un tel enseignement. À l'Académie de Paris, on estime que ces dernières « optent pour une grande partie d'entre elles pour les sections internationales[86] ». Preuve en est le nombre relativement élevé de dossiers provenant de ces familles pour l'entrée en classe préparatoire à l'école élémentaire Lafayette dans le 10ᵉ arrondissement de Paris et de participation au test d'entrée en sixième au collège Honoré de Balzac dans le 17ᵉ arrondissement (respectivement 35–40)[87]. Le profil sociologique des familles dont sont issus les élèves des sections internationales est une indication supplémentaire de leur forte représentation : à Paris, 85 % d'entre eux proviennent de milieux favorisés et très favorisés, auxquels appartiennent très majoritairement les Allemands et les Franco-Allemands d'Île-de-France. Notons que l'Académie de Paris, soucieuse de favoriser la diversité au sein de sections encore très élitistes, veille depuis la rentrée 2019 à ce qu'un tiers des élèves au minimum ne soient pas issus de familles allemandes ou franco-allemandes[88].

Histoire migratoire et participation sociale

L'immigration française à Berlin et l'immigration allemande à Paris renvoient à une longue tradition. Berlin a une histoire franco-allemande qui, sans qu'il soit nécessaire de remonter à l'immigration huguenote au XVIIᵉ siècle, a durablement marqué son profil. L'occupation de l'un des trois secteurs occidentaux de la ville par les Forces françaises, durant la guerre froide, a ancré la présence française et francophone dans le paysage culturel berlinois. En 1994, avec la fin de l'occupation qui a fait suite à la chute du Mur, les militaires français et leurs familles ont quitté Berlin, mais d'autres ressortissants français leur ont succédé, en particulier des étudiants et de jeunes actifs du secteur tertiaire. Quant à la capitale française, elle a accueilli des Allemands dès le XIXᵉ siècle, époque à laquelle ils représentaient plus du tiers de la main-d'œuvre étrangère, employés pour la majorité comme ouvriers et artisans non qualifiés dans des « métiers de la faim » (König, 2003 ; Demesmay, Heimerl, 2013 : 34). Dès cette époque et jusqu'à aujourd'hui, elle a aussi attiré de nombreux

---

[86] Courriel de l'académie de Paris, 28 mars 2021.

[87] *Ibid.*

[88] *Ibid.*

artistes d'Allemagne, comme d'ailleurs bien d'autres pays (Marès, Milza, 1995 ; Demesmay, Heimerl, 2013 : 34). Enfin, dans les années 1930, Paris a constitué une terre d'asile pour des Allemands fuyant le régime national-socialiste, puis souhaitant échapper au poids du passé récent de l'Allemagne d'après-guerre. Loin de ces spécificités historiques, la présence d'Allemands à Paris et de Français à Berlin s'inscrit désormais dans le cadre de la circulation intra-européenne et s'est en tant que telle normalisée.

Français de Berlin

La présence française durant l'occupation de la ville se caractérise par deux éléments : d'une part, une vie communautaire autonome, organisée en langue française autour d'institutions publiques traditionnelles ; de l'autre, en accompagnement de cette « société parallèle » (Duchêne-Lacroix, 2004 : 244), la volonté du gouvernement militaire de faire découvrir et apprécier la culture française à la population berlinoise. Dans cette constellation, la caserne représentait une ville dans la ville, un pan de France en Allemagne. Installés dans le *Bezirk* (équivalent de l'arrondissement) de Reinickendorf, au nord-ouest de la ville, les milliers de militaires français et leurs familles[89] avaient en effet la possibilité de vivre au quotidien comme s'ils n'avaient jamais quitté leur pays d'origine. Ils disposaient pour ce faire de leur propre école, à laquelle un bus militaire conduisait chaque jour les élèves (*Ibid.* : 244), d'un supermarché, ainsi que d'associations et d'infrastructures sportives, à l'image du Club nautique français de Tegel, dont le fonctionnement était assuré en langue française. Cette autarcie culturelle était renforcée par le fait que l'institution militaire a dès le départ fourni le cadre nécessaire à une consommation médiatique et culturelle francophone (Buffet, 2004 : 55). Sauf à vouloir entrer en contact avec la population locale, pour une quelconque motivation personnelle ou – pour un très petit nombre d'entre eux – pour des raisons professionnelles, l'apprentissage de l'allemand était rendu superflu.

---

[89] En 1985, 2 900 militaires français étaient installés à Berlin, soit environ un quart des forces alliées. S'ajoutent 7 000 personnes issues des familles et du personnel civil. Durant les quelques décennies d'occupation, plus de 60 000 jeunes Français ont réalisé leur service militaire à Berlin (Buffet, 2004 : 63–64).

La structure mise en place par l'institution militaire n'encourageait guère les militaires français et leur famille à sortir de leur citadelle francophone[90]. Au contraire, elle favorisait au sein de la communauté un contrôle social qui, par nature, s'avère peu propice aux comportements s'écartant des normes socioculturelles – le cas échéant, de la société française majoritaire. De plus, le statut de vainqueur et de force occupante de la France introduisait dans la relation avec la population berlinoise une hiérarchie. Si cette distance s'est atténuée au fil du temps grâce au rapprochement politique entre la France et la République fédérale, elle n'a jamais complètement disparu, du moins du temps de l'occupation. Le gouvernement militaire a développé une politique culturelle destinée aux Berlinois dès la fin des années 1940, marquée par des représentations théâtrales, des visites d'auteurs ou encore l'inauguration de la Maison de France sur le Kurfürstendamm en 1950 (Buffet, 2004 : 56 *sq.*). Cependant, cette démarche était de nature unilatérale : elle visait pour l'essentiel à faire connaître et apprécier la culture et la langue françaises à la population berlinoise, et ne s'accompagnait d'aucune réciprocité.

Il en va différemment des ressortissants français venus vivre à Berlin à partir du milieu des années 1990. Depuis, la population française de Berlin n'a cessé de croître, passant de 14 000 personnes à la fin des années 1990 (Buffet, 2004 : 69) à un peu plus de 19 000 en 2022, auxquels s'ajoutent environ 10 000 Allemands d'origine française, ayant dans la plupart des cas la double nationalité (ASBB, 2022 : 12, 16). Cette hausse ne se nourrit pas seulement de mouvements migratoires, mais aussi de naissances. Entre 2000 et 2019 sont nés à Berlin environ 1 000 enfants de nationalité française. Leur nombre s'est accru au cours de cette période ; les trois dernières années, il s'élevait à 70 enfants par an en moyenne, dont la moitié était issue d'un couple franco-allemand[91]. Ainsi, la particularité de la population française de Berlin réside moins dans sa taille, puisqu'elle arrive en 13e position des nationalités étrangères présentes dans la ville, que dans son histoire.

---

90 Sur les structures, institutions et lieux de rencontre créés durant la période de l'occupation de Berlin, voir le livre très complet de Christian Brumter (2015).

91 Courriels de l'Office fédéral de la statistique (*Statistisches Bundesamt*) du 2 avril 2019 et de l'Office des statistiques de Berlin-Brandebourg (*Amt für Statistik Berlin-Brandenburg*) du 22 mars 2021. Les données sont issues du document intitulé « Lebendgeborene nach der Staatsangehörigkeit und dem Geschlecht des Kindes sowie nach der Staatsangehörigkeit der Eltern » (« Naissances vivantes par nationalité et sexe de l'enfant et par nationalité des parents ».

Contrairement aux militaires français, leur immigration – qu'elle soit de courte ou de longue durée – correspond à une logique individuelle et volontaire. Dans l'ensemble, ils disposent d'un haut niveau d'éducation et d'un capital bi-/plurilingue et bi-/pluriculturel (Duchêne-Lacroix, Koukoutsaki-Monnier, 2006 : 141). Ils ont fait le choix délibéré de se rendre à Berlin pour y réaliser un projet particulier, le plus souvent pour y étudier ou y travailler, ce qui souvent suppose de bonnes connaissances de la langue du pays de résidence. En outre, le caractère individuel des projets d'immigration se traduit par une diversification géographique des lieux de vie à Berlin (voir tableau 6). Certaines rues de Reinickendorf ont beau encore porter leur nom français d'autrefois, l'arrondissement où se concentrait autrefois la présence française a perdu sa particularité ; parmi les douze arrondissements berlinois, il n'arrive plus qu'en huitième position concernant le nombre de Français et d'Allemands d'origine française y résidant. Si ces derniers sont plus fortement représentés dans les arrondissements situés au centre de la ville (Mitte, Charlottenbourg-Wilmersdorf, Friedrichshain-Kreuzberg), là où la présence d'étrangers en général est la plus forte, il n'existe désormais plus de quartier français à Berlin. Une telle répartition géographique des Français invalide la possibilité de mener une vie communautaire autonome structurée autour de la langue française dans la capitale allemande. Dans son étude de la diaspora française de Londres, Christian Lequesne formule un constat similaire : la présence de résidents français dans la capitale britannique ne se traduit pas par un phénomène de « territorialisation », dans la mesure où sa « répartition est éclatée sur tout le territoire » de la ville (Lequesne, 2020 : 13).

Tableau 6 : Présence française à Berlin en fonction des arrondissements (décembre 2022)

Arrondissement	Nombre de ressortissants français	Nombre d'Allemands d'origine française
Mitte	3 695	1 428
Friedrichshain-Kreuzberg	3 622	1 470
Pankow	2 633	1 509
Charlottenbourg-Wilmersdorf	2 074	1 323
Spandau	307	245
Steglitz-Zehlendorf	945	886
Tempelhof-Schöneberg	1 644	1 171
Neukölln	2 234	813
Treptow-Köpenick	563	387
Marzahn-Hellersdorf	126	86
Lichtenberg	669	304
Reinickendorf	832	651
Total	**19 344**	**10 273**

Source : ASBB, 2022 : 12, 14. Tableau de l'auteure.

La diversification, telle qu'elle s'observe pour le lieu de résidence, vaut également pour les modes de vie des Français de Berlin. Les organisations culturelles et sportives mises en place par le gouvernement militaire ont certes en partie perduré, mais elles ne sont plus leur lieu de rencontre privilégié. Alors que les activités sociales des ressortissants français s'exerçaient autrefois de manière plus ou moins exclusive au sein de la communauté française, elles s'inscrivent désormais avant tout dans le cadre de la vie berlinoise. Ainsi en va-t-il des Français de Berlin interrogés par Duchêne-Lacroix et Koukoutsaki-Monnier (2016 : 140). S'ils maintiennent de fréquents contacts avec leur famille en France, ils entretiennent au quotidien davantage de relations sociales avec des Allemands qu'avec des Français ou des ressortissants d'autres nationalités. Contrairement à leurs compatriotes du temps de l'occupation, pour lesquels la langue française suffisait à assurer la plupart, voire l'intégralité, des interactions sociales, les Français de Berlin aujourd'hui se meuvent dans des « réseaux de communication ouverts » (Milroy, 1980). Autrement dit, ils interagissent avec des acteurs sociaux appartenant à des groupes linguistiques différents (français, allemand et éventuellement d'autres langues) et mobilisent en conséquence leur répertoire bi-/plurilingue. Une telle attitude de communication semble confirmée par le fait qu'ils affirment consulter plus régulièrement la radio et la télévision allemandes que les programmes français (Duchêne-Lacroix, Koukoutsaki-Monnier, 2016). Enfin, ils s'estiment bien intégrés en Allemagne et disent apprécier leur ville de résidence. Ce qui ne les empêche pas de conserver une certaine distance avec l'Allemagne, comme semble l'indiquer le faible nombre de naturalisation des Français à Berlin au cours de la décennie 2010[92].

Allemands de Paris

Comparée aux Français de Berlin, la réalité des Allemands résidant à Paris et dans sa périphérie est beaucoup plus difficile à saisir. La première raison à cela est l'absence d'étude sociologique portant sur un large échantillon, telle que l'a menée Duchêne-Lacroix (2001, 2006) auprès des Français vivant dans la capitale allemande. Certains travaux (Sebaux, 2015) fournissent de précieuses informations à ce sujet, sans cependant constituer d'étude représentative. La seconde raison est de nature statistique : d'une part, il n'est pas autorisé en France de mener des statistiques liées à l'origine ethnique ou à la race, mais uniquement, et dans des conditions restrictives[93], de collecter des données portant sur le pays de naissance et la nationalité antérieure des personnes et/ou des parents ; d'autre part, contrairement à de nombreux autres États européens, dont l'Allemagne, la France ne rend pas obligatoire la déclaration de changement de domicile. Or, en vertu de la liberté de circulation et de séjour des personnes dans l'Union européenne, instaurée en 1993 par le traité de Maastricht et ancrée dans les traités européens qui lui sont postérieurs[94], les citoyens européens ne doivent plus aujourd'hui déposer de demande de permis de séjour pour résider dans un autre État de l'UE, ni d'ailleurs s'inscrire sur les registres de l'ambassade de leur État d'origine.

---

[92] Malgré une hausse entre 2008 et 2018, passant de 17 à 63, les naturalisations concernent une part infime des ressortissants français à Berlin (ASBB, courriel du 2 avril 2019). La procédure de naturalisation a pourtant été facilitée pour les Français vivant en Allemagne en 2003, à l'occasion du 40e anniversaire du traité de l'Élysée.

[93] Font partie de ces exceptions la recherche publique et les études statistiques réalisées par l'Institut national de la statistique et des études économiques (INSEE).

[94] Traité sur l'UE (article 3, § 2) et traité sur le fonctionnement de l'UE (article 21). Le traité a été signé en février 1992 et est entré en vigueur en novembre 1993.

Par conséquent, comme le souligne une représentante de l'ambassade d'Allemagne à Paris, le nombre d'Allemands et de Français d'origine allemande vivant en région parisienne peut tout au plus faire l'objet d'une estimation, par définition approximative[95]. Les services consulaires évoquent ainsi un chiffre de 30 000 à 40 000 personnes en 2021, qui semble relativement stable depuis plusieurs années[96]. Quant à l'Institut national de la statistique et des études économiques (Insee), il estime le nombre de citoyens de nationalité allemande et celui de ressortissants nés en Allemagne – quelle que soit leur nationalité actuelle – en Île-de-France à respectivement 16 394 et 20 523 personnes (Insee, 2022a). En termes absolus, ce chiffre est proche de celui des Français installés dans la ville de Berlin. En revanche, en termes relatifs, leur part dans la population de nationalité étrangère de la métropole est beaucoup plus faible. Alors que les Français représentent la 13e nationalité étrangère à Berlin, les Allemands arrivent en 28e position des nationalités étrangères représentées à Paris – à un niveau similaire aux Indiens et aux Pakistanais, et en nombre légèrement inférieur aux Britanniques et supérieur aux Belges.

Quant à la répartition géographique des Allemands et des Français d'origine allemande en région parisienne, les données disponibles permettent uniquement de tenir compte des départements de résidence, et non des arrondissements – qui correspondent aux *Bezirke* berlinois. Selon les chiffres de l'Insee (2022), c'est à Paris *intra-muros* que les Allemands d'Île de France sont les plus nombreux : près de 40 % d'entre eux y sont installés. La ville de Paris est suivie des deux départements de la périphérie ouest que sont les Yvelines et les Hauts-de-Seine, où vivent environ 30 % des Allemands d'Île-de-France, puis des autres départements de la région dans des proportions similaires – à l'exception du Val-d'Oise, où très peu résident (voir tableau 7). Ces données semblent confirmées par les chiffres des demandes de passeport auprès des services consulaires d'Île-de-France : en 2019, 40 % d'entre elles ont été déposées à Paris et environ 30 % dans les Yvelines et les Hauts-de-Seine – à parts égales. Il s'agit des trois départements d'Île-de-France dans lesquels la part de diplômés de l'enseignement du supérieur chez les jeunes de 25 à 34 ans (Insee, 2021 : 132–133) et celle de cadres et de professions intellectuelles supérieures dans la population active sont les plus élevées (Acs, Fausst,

[95] Courriel du consulat de la RFA en France, 5 mars 2021.

[96] *Ibid.*

Tissot, 2021 ; Odt, 2021), ainsi que des trois départements avec la plus grande part de ménages fiscaux imposés de l'ensemble du pays (Insee, 2022b). Aussi peut-on supposer que, comme les Français de Berlin, les Allemands de la région parisienne ont tendance à disposer d'un haut niveau d'éducation, supérieur à la moyenne de la population nationale.

Tableau 7 : Présence allemande en Île-de-France en fonction des départements (2019)

Département	**Nombre de ressortissants allemands**	**Nombre de ressortissants d'origine allemande**
Paris (75)	6 554	7 524
Seine-et-Marne (77)	*1 110*	*1 610*
Yvelines (78)	2 413	3 053
Essonne (91)	*1 071*	*1 542*
Hauts-de-Seine (92)	2 448	2 962
Seine-Saint-Denis (93)	1 048	1 293
Val-de-Marne (94)	1 063	1 400
Val-d'Oise (95)	*689*	*1 139*
Total Île-de-France	**16 394**	**20 523**

Source : Insee, 2022a. Les départements *en italique* correspondent à des départements d'Île-de-France qui n'ont pas été pris en compte dans l'étude. Tableau de l'auteure.

La présence allemande à Paris s'exprime à travers des associations – notamment professionnelles – ainsi que des organisations culturelles et religieuses, telles que la Maison Heinrich Heine et les deux églises allemandes – protestante et catholique. Cependant, concernant les modes de vie des Allemands de la région parisienne, notamment leurs activités associatives ainsi que leur consommation culturelle et médiatique, il existe très peu de données. De ce fait, il est impossible d'établir une perspective véritablement comparative avec la situation des Français de Berlin. Sur ce point, les données recueillies par Gwénola Sebaux auprès de « Parisiens d'adoption » d'origine allemande fournissent quelques précieuses indications. Tout d'abord, il ressort de son enquête que l'immigration des Allemands de Paris relève d'une démarche individuelle, motivée tant par des raisons personnelles (souvent une rencontre, un mariage) que professionnelles (Sebaux, 2015 : 167). Ensuite, il semble ne pas exister de microcosme allemand/germanophone dans lequel les Allemands et les Français d'origine allemande ancreraient leur vie sociale à Paris, mais au contraire une grande variété de vecteurs et de formats de sociabilité :

> « Certains enquêtés recherchent activement les contacts avec d'autres Allemands, d'autres les réduisent purement à leur activité professionnelle, ou même les évitent résolument ("Je vis 'en français' et avec des Français"). Entre ces deux pôles extrêmes, beaucoup évoquent des rencontres circonstancielles, notamment via le cheminement de leurs enfants à l'école allemande de Saint-Cloud, ou au collège, lycée international de Saint-Germain-en-Laye. Certains fréquentent surtout "les expats en général, sans exclusive allemande" » (Sebaux, 2015 :175).

De plus, les personnes interrogées par Sebaux semblent assez peu fréquenter le monde associatif, mais plus régulièrement pratiquer une socialisation par le biais d'Internet et des réseaux sociaux. De fait, plusieurs sites en ligne sont dédiés aux Allemands de Paris et visent pour l'essentiel à échanger de bons conseils et à s'entraider au quotidien[97]. Tout en faisant preuve d'une grande prudence dans l'exercice d'extrapolation, on peut supposer qu'à l'image des Français de Berlin, les Allemands de la région parisienne pratiquent une socialisation dans des « réseaux de communication ouverts » (Milroy, 1980), interagissant eux aussi de manière variable avec des acteurs sociaux issus de différents groupes linguistiques et culturels. De ce point de vue, il est révélateur que la plupart des personnes interrogées se considèrent elles-mêmes comme exerçant une activité médiatrice entre les cultures française et allemande, que ce soit dans le cadre de leur activité professionnelle ou en tant que bénévole dans le domaine culturel. Cet élément apparaît avec une telle fréquence que l'auteure le considère comme « l'un des résultats saillants de l'enquête » (Sebaux, 2015 : 182).

***

La difficulté à identifier un microcosme français/francophone à Berlin, et plus encore un microcosme allemand/germanophone en Île-de-France, laisse penser qu'une partie non négligeable des Français de Berlin et des Allemands de Paris côtoient aujourd'hui au quotidien les deux cultures. Contrairement aux militaires français et à leurs familles pendant la période de l'occupation à Berlin-Ouest, qui vivaient pour la plupart en autarcie linguistique et culturelle, ils sont amenés à

---

97 À l'image du site Deutscheinparis.de ou encore du groupe Facebook « Groupe Franco-Allemand de Paris – Deutsche Gruppe in Paris ».

s'approprier des éléments de la culture de leur pays de résidence, à commencer par la langue, tout en conservant des liens avec leur culture d'origine. Ils ont ainsi l'occasion de pratiquer des exercices de « gymnastique culturelle » (Duchêne-Lacroix, 2001) qui, par définition, ont tendance à attiser la conscience des différences interculturelles des acteurs sociaux et à les conduire à s'interroger sur leur propre identité (Duchêne-Lacroix, 2006 : 254). Cela ne s'accompagne pas nécessairement de l'effacement des frontières entre systèmes de pensée, ni de l'émergence de normes nouvelles chez les sujets concernés, mais rend possible de recourir à des systèmes de pensée différents « *for interpreting and evaluating the world and positioning themselves and others within it*[98] » (Bailey, 2007 : 257).

Cela étant, Français de Berlin et Allemands de Paris évoluent dans des contextes socioculturels sensiblement différents, dont on peut supposer qu'ils ont un impact sur leurs représentations identitaires, ainsi que sur leurs pratiques langagières et culturelles. Il ne fait certes aucun doute que les deux capitales se caractérisent par un haut niveau d'internationalisation, mesuré à l'aune tant de l'expérience migratoire que de l'intégration à la mondialisation. Celui-ci paraît plus marqué à Paris, qui compte parmi les quelques villes globales de la planète, alors que Berlin se présente davantage comme une ville mondiale. Toutefois, lorsqu'il s'agit de promouvoir la diversité linguistique et culturelle de la population, la ville de Berlin se montre à la fois plus volontariste et plus ambitieuse. En témoignent les choix des deux administrations en matière d'enseignement bilingue. À Paris, comme dans le reste du pays, il se distingue par son caractère élitiste et s'insère dans une politique éducative à visée intégrationniste qui n'accorde qu'une place marginale aux langues de l'immigration. À l'inverse, Berlin s'efforce de démocratiser l'enseignement bilingue qui a profondément évolué au cours des dernières décennies. Alors qu'au départ, il ne concernait que l'anglais et le français, deux langues au statut international (dans une moindre mesure pour le français), l'offre s'est vue progressivement élargie : d'une part à de nombreuses autres langues européennes au sein des écoles européennes ; de l'autre, et plus récemment, aux langues de l'immigration contemporaine. Dans les deux cas, la mairie de Berlin insiste sur l'acquisition par les élèves de compétences pluriculturelles.

98 « pour interpréter et évaluer le monde, et se positionner, ainsi que les autres, en son sein ».

Il s'ensuit qu'en termes de politique éducative, les Français de Berlin disposent de conditions plus favorables que les Allemands de Paris pour promouvoir le bi-/plurilinguisme et le bi-/pluriculturalisme des enfants et des jeunes. À ce stade, il n'est pas encore possible de déterminer dans quelle mesure celles-ci influencent leurs représentations identitaires, ainsi que leurs pratiques bi-/plurilingues et bi-/pluriculturelles. Tout au plus peut-on supposer que les « archipels pluriculturels » (Duchêne-Lacroix, 2006), permettant d'expérimenter des processus d'hybridation à travers lequel la culture d'origine et la culture de la société d'accueil se rencontrent et s'entremêlent, débouchant sur une identité nouvelle, sont plus développés à Berlin. La suite de cette étude permet de vérifier cette hypothèse auprès de familles franco-allemandes.

Chapitre 4
Recueil de données et contexte de l'étude

> « *Une vie ne devient une existence et ne s'appréhende comme telle, que si elle est en quête de narration […] je suis ce que je me raconte.* » (Ricœur, 1983)
>
> « *L'identité d'une personne ne se trouve pas dans son comportement, ni […] même si cela revêt une importance dans les réactions d'autrui, mais dans la capacité de garder un fil narratif particulier.* » (Giddens, 1991)

Méthodologie et recueil des données

La présente étude repose sur une recherche qualitative, étayée par une série d'entretiens sociobiographiques auprès de familles franco-allemandes vivant dans les capitales des deux pays. Très souvent, les analyses consacrées aux pratiques langagières et/ou aux représentations identitaires de personnes ou de groupes plurilingues se concentrent sur une génération particulière, qu'il s'agisse des parents (Piller, 2002) ou des enfants (Hu, 2018 ; Krumm, 2011 ; Sabatier, 2010). Un parti différent est pris ici et l'accent porte sur les interactions entre les générations au sein d'une même famille, sur leurs influences mutuelles et sur le rapport que ses membres entretiennent avec la transmission d'un certain répertoire bi-/plurilingue. Pour tenir compte de l'aspect générationnel des pratiques langagières et des représentations identitaires, les entretiens ont été menés, dans chacune de ces familles, à la fois avec les parents – ou du moins l'un d'entre deux, celui issu du pays partenaire – et avec le ou les enfants. Pour finir, la parole des grands-parents a été recueillie ; il s'agissait pour la plupart d'entre eux des deux branches de la famille, mais parfois d'une seule d'entre elles en cas d'indisponibilité. Les entretiens ont eu lieu entre mars et mai 2019 pour les familles berlinoises et en mai 2021 pour les familles de la région parisienne. Quant aux échanges téléphoniques avec les grands-parents, ils ont été conduits respectivement entre mars et août 2019 pour les premiers et en juin 2021 pour les seconds.

La famille, un terrain propice à l'étude des pratiques langagières

Le milieu familial a ceci d'intéressant qu'il représente le lieu de socialisation primaire des acteurs sociaux, au sein duquel ces derniers acquièrent dès leur plus jeune âge le langage et les codes sociaux élémentaires, et structurent leur identité sociale. En tant que telle, l'éducation prodiguée dans la famille vise à transmettre des valeurs et des normes d'une génération à l'autre. Le processus de socialisation étant continu, le cadre familial demeure un lieu d'apprentissage de la socialisation une fois passée la petite enfance. Il côtoie alors les lieux de socialisation secondaire et tertiaire que sont les milieux scolaire et professionnel, dont il n'est pas isolé, mais avec lesquels il entre régulièrement en contact (Coste, Simon, 2009 ; Deprez, 1994). Le bilinguisme acquis et exercé dans le cadre familial a un statut particulier. Dans la mesure où il est le fait d'acteurs sociaux vivant dans un espace public officiellement monolingue, en l'occurrence la ville de Berlin et la région parisienne, il est de nature individuelle. Ces derniers ont choisi de pratiquer le bilinguisme, en conséquence d'un choix individuel et/ou familial, et décident eux-mêmes de la manière dont ils souhaitent exercer leur répertoire bi-/plurilingue. D'après Aleemi (1991 : 17), le bilinguisme individuel se rencontre dans des familles dont les parents sont de langue d'origine différente, lorsque qu'une famille a quitté un pays pour un autre (qu'elle soit monolingue ou bi-/plurilingue) ou lorsque les enfants sont scolarisés dans une école étrangère ou internationale. Ce type de bilinguisme se distingue du bilinguisme collectif que l'on rencontre dans des collectivités (villes, régions, États ou autres) où coexistent deux groupes linguistiques et où les deux langues en question sont reconnues par les pouvoirs publics (Py, Gajo, 2013 : 71 *sq.*). Cela étant, la famille nucléaire représente aussi un « petit groupe relativement stable » (Brohy, 1992 : 19), qui détermine ses propres règles, en particulier langagières, selon lesquelles il vit. En ce sens, elle constitue « l'unité sociale la plus petite et la mieux structurée qui sert de contexte immédiat à la rencontre des langues chez l'individu » (Lüdi, Py, 1986 : 48). Cette double nature du cadre familial, à la fois individuelle et collective, fait de ce dernier un terrain propice à l'étude des pratiques bi-/plurilingues et des représentations identitaires qui lui sont associées.

De nombreux travaux ont mis en évidence que les locuteurs bi-/plurilingues adaptent leur répertoire bi-/plurilingues en fonction de leurs interlocuteurs, de leurs activités ou du lieu dans lequel ils se trouvent (Hu 2003 : 45). Ils ont alors tendance à recourir à des schémas récurrents, qu'ils adoptent de manière plus ou moins consciente, mais jamais par hasard : « *nicht willkürlich* [...], *sondern regelgeleitet*[99] » (Lüdi, 2003 : 45). Le nombre d'options à leur disposition est d'autant plus élevé qu'ils entrent en interaction avec d'autres locuteurs plurilingues dont ils partagent les mêmes langues, n'étant pas restreints dans leur choix par le monolinguisme de leur interlocuteur (Deprez, 1994 : 27). Ainsi, on peut supposer que les membres d'une famille bi-/plurilingue disposent d'un large répertoire langagier pour interagir, répertoire dont l'utilisation varie selon le contexte et le sujet de l'interaction. À titre d'exemple, les enfants d'une telle famille peuvent échanger entre eux dans une langue différente de celle que leurs parents ont choisie comme langue de couple, ou bien changer de langue selon les situations ; ils peuvent aussi recourir à des pratiques telles que l'alternance codique lorsqu'ils s'adressent à l'un des parents, et non à l'autre. Ainsi, la langue familiale est multiple et variée, composée à la fois de la langue du couple, des interactions entre les enfants ainsi que des interactions entre les enfants et les parents, qui peuvent avoir lieu dans des langues différentes.

Dans les familles bi-/plurilingues, les stratégies entrent aussi et surtout en jeu lorsque les parents, généralement à la naissance de leur premier enfant, choisissent la langue dans laquelle ils s'adresseront à elle/lui – notamment en fonction de leur représentation du bi-/plurilinguisme ainsi que de leurs ressources en termes économiques et d'éducation (Piller, 2002 : 32 *sq*.). Il ne s'agit pas nécessairement d'une décision consciente, réfléchie et murie au cours de discussions au sein du couple ; elle peut au contraire être spontanée, hésitante et varier au fil du temps. Cependant, même si cette pratique ne résulte pas d'un choix délibéré, elle est déterminante pour la transmission du bi-/plurilinguisme à la génération suivante, qu'il s'exerce sur le plan individuel ou familial. Toutefois, les enfants sont eux aussi amenés à prendre des décisions concernant leurs propres pratiques langagières qui peuvent différer de celles de leurs parents, par exemple lors de la scolarisation. Leur attitude a elle aussi un impact sur la ou sur les langues familiales, puisqu'ils sont en mesure de refuser de pratiquer le bi-/plurilinguisme souhaité par leurs parents, ou

---

[99] « non pas de manière arbitraire [...], mais selon des règles ».

du moins d'instaurer des règles différentes pour sa mise en œuvre dans le cadre familial (Piller, 2002 : 71).

À ce titre, il semble que les comportements langagiers soient à la fois plus stables et réciproques au sein du couple que dans le cadre de la communication entre enfants et parents (Brohy, 1992 : 188 *sq.*). Plusieurs facteurs entrent en compte, à commencer par la taille de la fratrie : les parents semblent avoir moins de difficultés à maintenir leur choix de départ avec un enfant unique qu'à partir de la deuxième naissance, dans la mesure où celle-ci s'accompagne d'interactions entre les enfants (Brohy, 1992 : 196 ; Deprez, 1994 : 76). En outre, un niveau d'éducation faible semble propice à ce que les enfants prennent le contrôle des règles de la langue familiale (Piller, 2002 : 71). La principale raison en est que dans une situation d'immigration, et dès lors que leurs parents ne maîtrisent pas ou peu la langue du pays de résidence – ce qui n'est pas le cas des familles représentées dans cette étude –, ils sont amenés à assurer la communication avec les institutions (école, centre de soins, etc.). Enfin, plus la langue d'origine des parents est dévalorisée dans la société d'accueil, moins les enfants sont enclins à l'investir ; ils peuvent alors rencontrer un « conflit de loyauté » vis-à-vis de leur famille (Hamers, Blanc, 1983), tiraillés entre leur volonté de rester fidèles à la langue familiale et la nécessité de construire leur identité sociale dans le pays de résidence et à travers sa langue.

Identification et sélection des familles

Le choix d'une approche qualitative impliquait de travailler avec un petit nombre de familles, qui finalement s'élève à huit pour chacune des deux villes/régions. Pour leur sélection, la situation familiale, la nationalité des membres de la famille, leur pratique d'autres langues en dehors du français et de l'allemand (le plurilinguisme pouvait donc ne pas être un bilinguisme) ainsi que la durée de résidence du couple ou de la famille n'ont pas été considérées comme des critères pertinents, mais au contraire comme des variables. En revanche, il était nécessaire que (1) toutes les familles résident à Berlin ou à Paris et dans sa périphérie, que (2) les enfants soient issus de couples franco-allemands et que (3) se trouvent parmi eux un ou plusieurs adolescents. Alors que les deux premiers critères sont évidents au vu du terrain retenu pour l'étude, le choix du troisième s'explique par le statut particulier de l'adolescence dans la construction identitaire. Si l'enfance en général est propice au développement de la personnalité et des sentiments d'appartenance, qui se constituent au gré des interactions, notamment de nature langagière (Aleemi, 1991 : 44), ces phénomènes s'accompagnent à l'adolescence d'un processus d'autoréflexion qui rend possible la définition d'une identité consciente (Abendroth-Timmer, Hennig, 2014). Par conséquent, cet âge auquel l'identité est encore en évolution rapide et fait déjà l'objet de réflexivité est particulièrement adapté à l'étude des représentations identitaires.

Outre ces trois critères invariants, il était souhaitable, pour garantir la représentativité des résultats, que les familles présentent entre elles une certaine diversité. En termes de capital culturel, social et économique, une telle diversité s'est avérée difficile à obtenir, dans la mesure où l'immigration intracommunautaire, en particulier dans le contexte franco-allemand, concerne avant tout des individus appartenant à des milieux socio-économiques favorisés et/ou éduqués – que la nomenclature socioprofessionnelle de l'INSEE définit comme « cadres et professions intellectuelles », et dont l'une des caractéristiques est de s'investir dans l'éducation et la réussite scolaire et professionnelle de leurs enfants (Hugoo, 2022 ; Van Zanten, 2013). Dans ces conditions, il était d'autant plus nécessaire que les familles retenues soient diverses sur le plan géographique, résidant dans différents *Bezirke* de Berlin et arrondissements de Paris ou villes de sa périphérie. De plus, pour garantir une certaine diversité, il était indispensable que parmi les parents immigrés se trouvent à la fois des mères et des pères. Sur ce dernier point, la composition de la population française à Berlin semblait *a priori* favorable, puisque la répartition femmes-hommes y est tout à fait équilibrée (ASBB, 2022 : 18). Pourtant, dans un premier temps, seules des femmes françaises se sont montrées disposées à participer à l'étude. Ce n'est que dans un second temps, par un effet boule de neige, grâce aux recommandations des premières familles contactées, que des pères français ont pu être identifiés. La situation des Allemands de Paris et de sa périphérie est certes moins équilibrée, puisque, dans l'ensemble de l'Île-de-France, la population allemande est composée à environ 60 % de femmes et 40 % d'hommes (Insee, 2022a) mais, parmi les répondants, mères et pères de nationalité allemande étaient aussi nombreux.

Pour sélectionner les familles susceptibles de participer à l'étude, une annonce a été publiée sur les réseaux sociaux (Facebook[100] et

[100] À Berlin, il s'agit de « Les Berlineuses » et du « Groupe Français & franco-allemand de Berlin », qui disposent chacun d'un peu plus de 8 000 membres, parmi

LinkedIn)[101]. C'est par ce biais qu'ont pu être identifiées l'ensemble des familles franco-allemandes de Paris et de sa périphérie ayant participé à l'enquête. En revanche, la démarche a été fort peu concluante à Berlin, ne débouchant sur aucune prise de contact. Dans un second temps, l'annonce a été relayée par le correspondant de Radio France internationale (RFI) en Allemagne via la liste de diffusion du Club de RFI Berlin, qui compte 1 246 personnes. L'annonce a été rédigée en français, d'une part parce qu'il s'agit de la langue dans laquelle diffuse RFI, de l'autre parce que cela augmentait la probabilité de toucher des familles dont l'un des deux parents est de langue d'origine française. Dans l'ensemble, l'annonce a donné lieu à une dizaine de réponses à Berlin et à une vingtaine en région parisienne, émanant soit de personnes intéressées par l'étude, soit de personnes à qui des amis ou des connaissances avaient transféré l'annonce. Chacune des réponses a été suivie d'une conversation téléphonique qui a été l'occasion d'exposer plus en détail le projet de recherche, de répondre à d'éventuelles questions et de vérifier que les familles remplissaient les critères exposés précédemment. En cas d'intérêt réciproque, celle-ci a débouché sur l'envoi d'un questionnaire, puis d'une prise de rendez-vous.

Recueil de données

Le recueil de données s'est déroulé en trois temps, correspondant à trois différents outils. Il s'agit d'un questionnaire écrit, rempli par les familles de manière autonome, d'en entretien semi-directif conduit à leur domicile, ainsi que d'un entretien téléphonique avec les grands-parents de la branche française et dans certains cas de la branche allemande. Le

lesquels se trouvent pour l'essentiel des Français et des personnes s'intéressant à la culture française et/ou ayant des amis français, la plupart résidant à Berlin. En région parisienne, l'annonce a été publiée en allemand dans les groupes « Groupe Franco-Allemand de Paris – Deutsche Gruppe in Paris » et « Deutsche in Paris und Umgebung », qui comptent respectivement environ 16 000 et 12 000 membres.

101 Version française de l'annonce : « Pour une étude sur les pratiques langagières et les représentations identitaires de bilingues, je mène des entretiens avec des familles franco-allemandes de Berlin ayant un ou plusieurs enfants de 12 à 16 ans. Les entretiens durent entre 60 et 90 minutes et les résultats sont anonymisés. Si vous êtes partants, merci de m'écrire à @adresse. A bientôt ! ».

questionnaire se compose de deux parties. La première, que les membres de la famille sont censés remplir en commun, porte sur quelques données générales de la vie familiale de sociodémographique (histoire migratoire, nombre d'enfants, métier des parents, etc.), ainsi que sur les pratiques langagières et culturelles au sein de la famille nucléaire. De nature individuelle, la seconde partie aborde des éléments subjectifs : biographie langagière, auto-évaluation des compétences linguistiques de la personne, sentiments d'appartenance et (brièvement) représentations de la France et de l'Allemagne. Notons que, dans le questionnaire destiné aux enfants, les questions ont été formulées de manière plus accessible. Deux versions linguistiques ont été proposées, permettant à chacun de choisir entre le français et l'allemand en fonction de ses préférences et/ou de ses compétences.

Le questionnaire a été envoyé aux familles par courriel et il leur a été demandé de le renvoyer, dans la mesure du possible, avant l'entretien. L'objectif d'une telle chronologie était triple. Pour les familles, tout d'abord, il était d'activer un « retour réflexif » (Thamin, Simon, 2011 : 24) à propos de leurs biographies et de leurs pratiques langagières, et par là même de (re)découvrir des éléments dont ses membres n'avaient pas ou plus nécessairement conscience. Pour la chercheuse, ensuite, l'intérêt de recevoir les réponses en amont de l'entretien était de mieux pouvoir le préparer, en identifiant des sujets méritant d'être approfondis. Pour finir, le questionnaire garantit un gain de temps, dans la mesure où il porte sur des questions d'ordre général qui n'ont plus à être abordées au cours de l'entretien (régularité des séjours en France, langue(s) parlée(s) par la famille en privé, etc.). Alors que l'ensemble des familles de Paris et de sa périphérie a renvoyé au préalable le questionnaire, seul un tiers des familles berlinoises l'a fait, les autres ne l'ayant rempli qu'en début d'entretien, soit parce qu'elles n'ont pas trouvé le temps auparavant, soit parce qu'elles avaient besoin d'un éclairage sur certains points. Quoi qu'il en soit, la très grande majorité des familles ont affirmé avoir lu les questions et réfléchi aux réponses en amont de l'entretien, ce dont on peut déduire qu'elles ont opéré un retour réflexif, même bref et incomplet. Cela a pu être vérifié au cours de plusieurs entretiens, par exemple lorsque le père d'une famille francilienne a affirmé :

> [**P_8_Pa**] Das war… ich fand das ja… nett und spannend mit dem Fragebogen und auch im Gespräch einfach mal Sachen zu hinterfragen, die einem im Alltag eigentlich sonst… sehr selbstverständlich vorkommen und dann einfach nur zu schauen, wie man… wie man zu bestimmten… Punkten

steht, bestimmten Fragen steht, wieso man bestimmte Sachen macht, wie man sie macht[102].

La première partie de l'entretien a été consacrée à la présentation du projet de recherche, au déroulement de la séance et aux règles de déontologie. L'introduction a aussi permis de répondre à certaines questions en suspens de la part des familles et parfois de les rassurer, notamment sur la protection de leurs données personnelles et le caractère anonyme de leurs déclarations. Ainsi, toutes les familles ont reçu et signé un formulaire d'autorisation de collecte et de traitement de données personnelles à des fins de recherche. Dès lors que ces dernières ont donné leur accord, ce qui a été systématiquement le cas, l'entretien a été enregistré, puis transcrit dans son intégralité. Comme pour le questionnaire, les personnes interrogées se sont vu offrir le choix de répondre en français ou en allemand, et certaines d'entre elles n'ont pas hésité à passer d'une langue à l'autre en cours d'entretien.

Les séances se sont déroulées sur le lieu de vie familiale, en présentiel à Berlin et en ligne à Paris[103]. Celui-ci a l'intérêt de constituer un cadre sécurisé et familier, donc favorable à une parole libre. De plus, le lieu ayant « un effet sur le discours de l'enquêté » (Sauvayre, 2013 : 36), le domicile familial est propice à la stimulation de souvenirs et de pensées liés à la vie de famille et aux interactions entre ses membres. Enfin, dans un tel cadre, il n'est pas rare que des scènes de la vie quotidienne (réveil de l'un des parents, retour des enfants de l'école, préparation du repas, etc.) s'insèrent dans les entretiens de recherche ; les interactions interpersonnelles spontanées dont elles s'accompagnent ont l'intérêt d'offrir des données complémentaires sur les comportements langagiers au sein de la famille, de confirmer ou d'invalider certaines réponses ainsi que de permettre à la chercheuse d'orienter la conversation sur des sujets pertinents

[102] C'était… j'ai trouvé ça… agréable et stimulant avec le questionnaire et aussi dans la conversation juste pour s'interroger sur des choses qu'on prend normalement… pour acquises dans la vie quotidienne et puis juste pour voir comment on… comment on se positionne sur certains… points, certaines questions, pourquoi on fait certaines choses, comment on les fait.

[103] En raison de la pandémie de Covid-19, les entretiens en Île-de-France n'ont pu avoir lieu en présentiel, mais il ne semble pas que le format ait eu un impact majeur sur le fond des échanges. Toutes les personnes interviewées ont affirmé avoir acquis une expérience des visioconférences au cours des derniers mois et se sentir à l'aise avec ce mode de communication. Elles ont eu le choix du format (Microsoft Teams, Zoom, Webex) et ont toutes mené l'entretien depuis leur domicile.

pour l'étude. Les entretiens ont duré entre 90 et 120 minutes et ont associé au moins l'un des deux parents, les deux dans trois cas sur huit dans chacune des deux villes. Ces derniers ont participé à l'entretien dans son intégralité, alors que les enfants, toujours présents au début, ne sont pas tous restés jusqu'à son terme.

L'entretien semi-directif s'est orienté selon une trame préétablie, composée d'une dizaine de questions générales, posées de façon systématique afin de garantir la comparabilité des résultats. Il a été tenu compte du risque que comportent les questionnaires, qui est de cantonner les personnes interrogées dans un schéma reflétant avant tout les représentations du chercheur, de leur assigner des identités dans lesquelles elles ne se reconnaissent pas et par conséquent de biaiser leur parole, du moins si elles ne comportent pas de questions ouvertes (Blanchet, Chardenet, 2011 : 82). C'est la raison pour laquelle il était préférable, en dehors de quelques questions prédéfinies, d'offrir aux familles un espace d'expression libre. L'objectif était de leur permettre de se raconter à leur gré, en abordant leurs expériences et stratégies langagières sous l'angle que leurs membres ont eux-mêmes choisi, mais aussi de découvrir des aspects de leur bi-/plurilinguisme dont ils n'avaient pas nécessairement conscience (Molinié, 2019). Lors de ces entretiens sociobiographiques, les personnes interrogées se situent dans une logique narrative, par définition subjective, qui consiste à donner une cohérence à des éléments épars, quitte à user de simplifications. Pour Kaufmann, cela consiste « à renouer sans cesse les fils cassés, à mener la chasse aux dissonances » (2004 : 171). Cela étant, la subjectivité s'accompagne d'une « *inter*subjectivité », en tant qu'est requise une relation interpersonnelle (Molinié, 2011). Il s'ensuit que la chercheuse se doit d'être dans une attitude d'écoute permettant aux sujets d'identifier leurs représentations identitaires et « les lieux de [leurs] processus réflexifs » (Thamin, Simon, 2011 : 24), pour non seulement faire émerger et accompagner la parole, mais aussi l'encourager et la guider.

Dans un troisième temps, des entretiens ont été menés avec la génération des grands-parents. En raison de leur dispersion géographique en France et en Allemagne, tous ont eu lieu par téléphone – y compris lorsque ces derniers résidaient dans la même ville ou région que leurs enfants et petits-enfants, de façon à recourir pour tous à une méthode similaire. Le contact a été établi par les parents qui non seulement ont fourni les coordonnées de leurs propres parents, mais leur ont aussi présenté le projet et leur ont demandé l'autorisation de les appeler. Leur rôle a été déterminant pour établir une certaine confiance avec les enquêtés, d'autant plus nécessaire que les entretiens se sont déroulés à distance, ne permettant pas de leur conférer un caractère familier. Les échanges ont été brefs, une dizaine de minutes, et ont été consacrés pour l'essentiel à leurs représentations du bilinguisme. La présente étude se concentrant sur les pratiques langagières et les représentations identitaires au sein de la famille nucléaire, l'objectif n'était pas de collecter des données permettant une comparaison systématique, mais d'enrichir l'analyse avec un éclairage différent sur certains aspects ciblés du bilinguisme. De ce point de vue, les grands-parents ont ceci d'intéressant qu'ils sont très proches de la famille nucléaire tout en lui étant extérieurs et qu'en outre, ils ont une expérience différente du bi-/plurilinguisme que leurs enfants et petits-enfants – la plupart d'entre eux ayant été socialisés et ayant toujours vécu dans un contexte monolingue.

Afin de rendre fidèlement les entretiens, une transcription intégrale et littérale rend compte des spécificités du langage parlé, à l'instar des interjections, hésitations, silences, répétitions, tics de langage ou rires ; les hésitations sont transcrites par des points de suspension et les termes et/ou syllabes mis en exergue par les personnes interviewées sont soulignés. Dans la mesure où elle reflète le rythme du langage, la ponctuation est elle aussi respectée. Les erreurs de syntaxe et de concordance des temps, ainsi que les approximations de vocabulaire n'ont pas été corrigées. Enfin, dans un souci de compréhension, une transcription orthographique simple a semblé la plus adaptée. Les références des citations tirées des entretiens utilisent le codage suivant : le code de résidence (B = Berlin, P = Paris et sa périphérie) est suivi du numéro de la famille, puis du statut familial de la personne interrogée (P = père, M = mère, E = enfant, GP = grand-père, GM = grand-mère). Chez les enfants, un code indique leur genre (w = féminin, m = masculin) et un chiffre leur place dans la fratrie. Pour les parents et les grands-parents, une lettre indique à quelle branche de la famille ils appartiennent (f = française, a = allemande). Quant aux interventions de la chercheuse, elles apparaissent en italique.

Profils sociologiques des familles

Les réponses des familles au questionnaire écrit permettent de brosser le portrait sociologique de ces dernières, qui comporte à la fois des données générales sur la vie familiale et sur les pratiques langagières et culturelles de leurs membres. Sans être exhaustives, les données ainsi recueillies fournissent des indications non seulement indispensables à l'analyse de leurs représentations identitaires mais aussi sur leur représentativité dans le contexte de leur ville/région de résidence. Celle-ci n'est pas aisée à appréhender, dans la mesure où il n'existe pas de données précises quant aux diplômes et aux revenus des Français de Berlin et des Allemands de la région parisienne, ainsi que de la population franco-allemande dans l'un et l'autre lieux. Cependant, les informations officielles disponibles laissent supposer une représentativité assez élevée des familles interrogées en termes de niveau d'éducation, de milieu socio-économique et de répartition géographique dans les espaces étudiés. Outre ces données objectives, le profil sociologique des familles porte sur des données de nature subjective concernant le sentiment d'appartenance des personnes interrogées et l'auto-évaluation de leurs compétences langagières.

Données sociodémographiques

Tous les parents des familles ayant participé à l'étude disposent d'un niveau d'éducation élevé et appartiennent à un milieu socio-économique moyen ou favorisé. L'ensemble d'entre eux ont effectué des études supérieures et exercent une profession intellectuelle ou scientifique, que cela soit dans le secteur de l'enseignement, de l'ingénierie, du journalisme, de la santé ou encore de la fonction publique ; une large majorité des parents résidant à Paris et dans sa périphérie ont un statut de cadre, qui n'existe pas en tant que tel en Allemagne (tableau 8). De plus, les professions ont tendance à refléter les particularités économiques et socioculturelles des deux capitales. Ainsi, deux Berlinois, dans deux familles différentes, travaillent dans le secteur créatif/artistique, qui occupe une place privilégiée dans la vie sociétale et économique de la ville, tout en étant un élément central de son (auto-)représentation[104]. De même, six des seize parents franciliens exercent leur métier dans le domaine de la communication (journalisme et marketing inclus) qui, dans le contexte français, constitue une « spécificité francilienne » (Godonou *et al.*, 2016). Les métiers des parents laissent supposer que les seize familles appartiennent à un

[104] En 2017, le secteur de l'information et de la communication, des médias et des industries créatives comptait 39 900 entreprises, soit un quart de l'ensemble des entreprises berlinoises. La ville estime le nombre d'employés travaillant dans ce domaine, indépendants inclus, à 332 000 (*Senatsverwaltung für Wirtschaft, Energie und Betriebe*, 2019)

milieu plus favorisé et/ou éduqué que la moyenne de leur lieu de résidence, mais plutôt représentatif de celui des Français de Berlin et des Allemands de Paris.

Avec Agnès van Zanten (2013), qui elle-même se réfère à la topologie de l'espace social de Bourdieu (1979) et à la distinction d'Alvin Gouldner (1979) entre les intellectuels et la *technical intelligenstia*, on peut considérer que la catégorie des classes moyennes supérieures renvoie à deux groupes différents. D'un côté, celui des « intellectuels », qui se caractérise par « une forte valorisation de la connaissance, de l'autonomie professionnelle et de l'égalité méritocratique liée à la détention d'un capital culturel très élevé, à la nature intellectuelle de leur travail et à son exercice plus fréquent au sein du secteur public. » (Van Zanten, 2013 : 279). De l'autre, le groupe des « technocrates », disposant « d'un capital économique élevé et d'un capital culturel également élevé mais mis au service de fins instrumentales [...] ces dimensions favorisant leur attachement à des valeurs telles que la réussite, l'efficacité et la responsabilité individuelle. » (*Ibid.*)[105]. Parmi les familles rencontrées, les appartenances aux deux groupes sont différemment réparties entre les deux villes : alors qu'à Berlin, les « intellectuels » sont de loin les plus nombreux, les « technocrates » sont davantage représentés à Paris et dans sa région – cette distinction étant relativisée par le fait que dans certaines familles, les deux groupes coexistent. Du fait de la corrélation entre l'appartenance à l'un ou l'autre groupe et la manière dont se décline l'investissement des parents – très élevé dans les deux cas – dans l'éducation et la réussite scolaire/professionnelle de leurs enfants, on peut supposer que cette différence entre les familles franco-allemandes de Paris et de Berlin joue un rôle dans leur rapport à la langue et leurs représentations du bilinguisme.

[105] Les professions et catégories socioprofessionnelles (PCS) qui constituent le groupe des intellectuels sont les cadres de la fonction publique, les professeurs, professions scientifiques, professions de l'information, des arts et des spectacles, ainsi que les professions libérales « exerçant des professions traitant directement de l'humain et du social (les psychologues, psychanalystes et psychothérapeutes) ». Dans le groupe des technocrates se trouvent les professions libérales, les cadres administratifs et commerciaux d'entreprise, les ingénieurs et cadres techniques d'entreprise ainsi que quelques chefs d'entreprise (Van Zanten, 2013 : 279).

Tableau 8 : Métier exercé par les parents

Pères	**Mères**
BERLIN	
Peintre, homme au foyer	Ingénieure bâtiment, architecte
Attaché de presse	Fonctionnaire
Entrepreneur	Employée d'ambassade
-	Réalisatrice de dessins animés
Gestionnaire	Documentaliste
Administratif dans l'éducation nationale	Enseignante
Naturopathe	Formatrice interculturelle, traductrice, gestionnaire de projets
Traducteur	Kinésithérapeute
ILE-DE-FRANCE	
Employé d'assurance	Chargée de communication
Expert en développement commercial en informatique	Chef de département dans une organisation publique
Indépendant en relations publiques	Journaliste
Ingénieur informatique	Consultante en cabinet RH
Fonctionnaires des douanes	Employée
Directeur général d'une entreprise de transports	Biologiste
Directeur chaîne logistique	Directrice marketing
Directeur d'une filiale française d'un groupe allemand	Cadre supérieure d'un groupe français

Source : Tableau établi à partir des réponses des familles aux questionnaires.

Autre caractéristique commune à l'ensemble des parents, pratiquement tous ont, au moment des entretiens, entre 40 et 55 ans – à l'exception d'une mère berlinoise âgée de moins de 40 ans. Cette caractéristique n'a rien de surprenant, dans la mesure où l'un des critères de sélection des familles était de compter parmi ses membres un ou plusieurs enfants adolescents. En revanche, en termes de situation familiale, une hétérogénéité plus marquée entre les familles peut être observée, du moins à Berlin : dans cinq des familles berlinoises, soit plus de la moitié d'entre elles, les parents sont mariés ou vivent en couple depuis plusieurs années ; deux sont de nature monoparentale, composées de mères séparées vivant seules avec un enfant unique ; une troisième est recomposée, le père ayant eu deux enfants avec sa première épouse (allemande) puis un troisième avec sa seconde épouse (française). À l'inverse, pour toutes les familles franciliennes rencontrées, il s'agit de structures « traditionnelles », c'est-à-dire correspondant à des couples mariés, dont sont issus l'ensemble des enfants. En cela, ces dernières sont plutôt emblématiques des départements dans lesquels elles résident puisque c'est dans les Hauts-de-Seine et les Yvelines que ce type familial est le plus fortement représenté (Allard, 2020).

Concernant le nombre d'enfants par famille, il varie entre un et trois : on rencontre un enfant unique dans un quart des familles berlinoises, mais dans aucune des familles franciliennes ; la moitié des familles a deux enfants (trois à Berlin, cinq à Paris) et six en ont trois (trois à Berlin, trois à Paris). Notons que la taille des ménages des familles concernés est plus élevée à Paris qu'à Berlin (respectivement 2,4 et 2 personnes par ménage), ce qui reflète là encore la situation des deux villes/régions[106]. Parmi les enfants se trouvent 22 adolescents âgés de 12 à 17 ans, répartis de manière parfaitement paritaire entre les deux villes. Six enfants sont trop âgés pour être considérés comme adolescents et huit ont 10 ans ou moins. Bien que ces derniers n'aient pas encore tout à fait atteint la période de l'adolescence, certains d'entre eux (quatre enfants de 10 ans, équitablement répartis entre les deux villes) ont participé à l'entretien familial de manière active et argumentée. Étant donné leur maturité intellectuelle et leur réflexivité sur les questions de bi-/plurilinguisme, il a semblé pertinent de tenir compte de certains de leurs témoignages au cours de l'analyse ; leur âge est alors spécifié par un astérisque.

Quant à la répartition genrée des personnes interrogées, il n'a pas été possible de garantir un équilibre à la fois chez les parents immigrés et chez les enfants. Considérant le rôle des premiers en termes de transmission du répertoire bi-/plurilingue et bi-/pluriculturel, il a semblé pertinent de privilégier un équilibre genré parmi eux plutôt que parmi les enfants. Ainsi, parmi les Français de Berlin ayant participé à cette étude, cinq sont de sexe féminin et trois de sexe masculin. Quant aux Allemands d'Île-de-France interrogés, ils comptent autant de femmes que d'hommes. En revanche, la situation est déséquilibrée parmi les adolescents, puisque seulement un peu plus d'un tiers d'entre eux sont de sexe féminin. C'est du reste à Berlin que ce déséquilibre est le plus marqué (trois filles, huit garçons). Pour finir, toutes les familles rencontrées

[106] La taille des ménages s'élève à 2,3 personnes en Île-de-France et 1,9 à Berlin (INSEE, 2016 ; ASBB, 2021).

sont issues de couples hétérosexuels, non par choix méthodologique mais comme simple conséquence de l'appel à témoignage.

Parcours migratoire

Concernant la répartition géographique dans la ville, la situation des familles rencontrées est plutôt représentative de la population française et d'origine française de Berlin (carte 1). La grande exception tient au fait qu'aucune d'entre elles n'est domiciliée à Mitte, alors qu'il s'agit de l'arrondissement dans lequel vit le plus grand nombre de Français. En revanche, trois familles résident à Friedrichshain-Kreuzberg, le deuxième arrondissement le plus représenté (une à Friedrichshain, deux à Kreuzberg). Trois familles vivent respectivement à Neukölln, Tempelhof et Pankow, qui font partie des arrondissements accueillant la population française et allemande d'origine française la plus nombreuse. Enfin, les arrondissements de Steglitz-Zehlendorf et de Reinickendorf, où leur nombre se situe dans le milieu de la fourchette, sont représentés respectivement par une famille. En revanche, aucune d'entre elles n'est domiciliée dans les trois arrondissements de l'est de la ville (Lichtenberg, Marzahn-Hellersdorf, Treptow-Köpenick), ni dans l'arrondissement le plus occidental de Spandau, où la population française et d'origine française est la plus faible. Quant aux familles franco-allemandes de la région parisienne, un quart d'entre elles sont domiciliées à Paris même (15e et 17e arrondissements), et les trois quarts dans les deux départements de la périphérie ouest que sont les Hauts-de-Seine et les Yvelines (carte 2) – soit les deux départements où réside le plus grand nombre d'Allemands et de Français d'origine allemande en Île-de-France, loin devant les autres départements de la région et du pays.

Toutes les familles ont pour particularité d'être installés dans leur ville de résidence depuis une longue période. Au moment de l'entretien, parmi les adultes, six Français vivaient à Berlin depuis plus de 20 ans, ainsi que deux Allemands en Île-de-France. La durée de séjour des autres parents dans la capitale du pays partenaire est certes plus brève, mais varie tout de même entre 10 et 19 ans. Ainsi, s'ils ont été socialisés et, pour certains d'entre eux, ont étudié dans leur pays d'origine, tous ont vécu une très grande partie de leur vie d'adulte, voire l'intégralité, là où ils résident aujourd'hui. Notons que deux d'entre eux, eux-mêmes issus d'un couple mixte, ont passé une partie de leur enfance ou de leur jeunesse dans le pays d'origine de leur parent non français (Canada pour l'un, Royaume-Uni pour l'autre).

En outre, la majorité des familles n'a jamais vécu en dehors de leur actuelle ville/région de résidence. Le phénomène est plus marqué pour les Berlinois, puisque seuls trois des huit couples ont vécu un temps en dehors de la ville : quelques années en France pour l'un, une année à Leipzig en Allemagne pour l'autre et quelques mois au Liban pour le dernier – le seul à avoir résidé en dehors de France et/ou d'Allemagne. La moitié des couples franciliens est dans cette situation ; l'autre moitié a également vécu en Allemagne et/ou à l'étranger (Belgique, Chine, Éthiopie), mais seulement avant la naissance de leurs enfants ou bien lorsqu'ils étaient en très bas âge. Dans ces conditions, Berlin et Paris constituent le cadre quasi exclusif de leur vie familiale, où la grande majorité de leurs enfants sont nés et surtout ont grandi. Par conséquent, la ville a pour les parents un statut ambivalent : elle incarne ou a incarné à un moment de leur vie l'étranger, par contraste avec leur pays d'origine, mais est aussi devenu le lieu où ils ont construit leur existence.

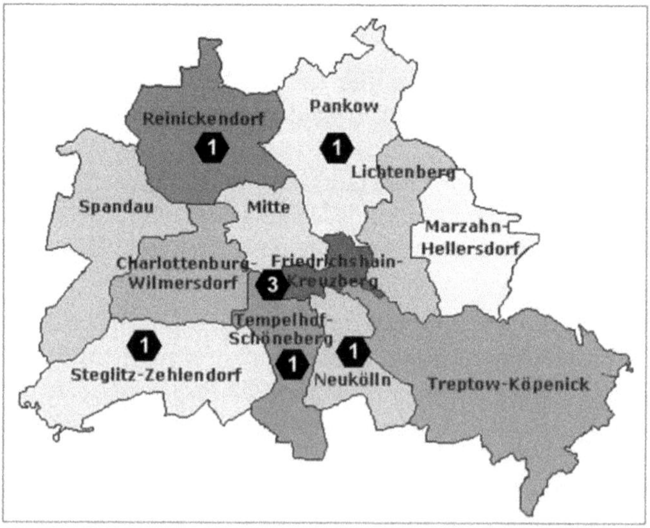

Carte 1 : Domiciliation des familles interrogées à Berlin par *Bezirk* (arrondissement)

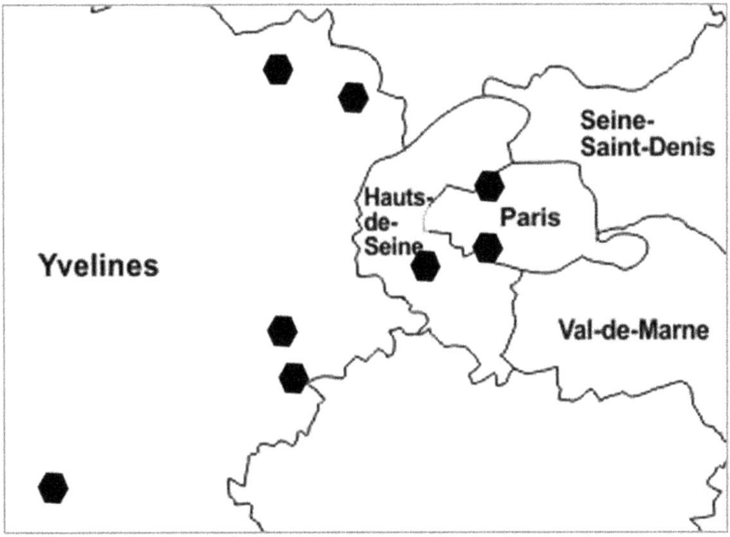

Carte 2 : Domiciliation des familles interrogées en Île-de-France

Autoreprésentations

Cette ambivalence concernant le rapport des parents à leur ville d'émigration semble confirmée par leurs réponses à la question de savoir comment ils qualifient leur propre identité. Dans les travaux sur les migrations, l'autoreprésentation constitue traditionnellement un critère majeur pour mesurer la qualité de l'intégration des migrants dans la société d'accueil. Celui-ci convient d'être utilisé avec prudence dans cette étude, dans la mesure où les migrations intracommunautaires représentent une situation spécifique, notamment du fait de l'égalité des droits entre citoyens européens (Duchêne-Lacroix, Koukoutsaki-Monnier, 2016 : 137), mais il demeure un indicateur utile. Le questionnaire suggérait quelques qualificatifs auxquels les répondants pouvaient se référer (français, allemand, franco-allemand, européen, berlinois, parisien, autre), mais qui n'avaient aucun caractère obligatoire, ni exclusif. À cette question, seuls trois parents sur seize se définissent de manière unique, en l'occurrence en tant que Française, Allemande et Européen. Tous les autres avancent une pluralité de qualificatifs qui renvoient à une autoreprésentation combinant différents niveaux d'identification, du local à l'universel en passant par le régional et le national. Se dessinent ainsi des identités hybrides au sein desquelles un sentiment d'intégration au pays et/ou à la ville d'immigration côtoie la conscience des origines.

L'ensemble des parents français de Berlin se définissent comme français et une majorité d'entre eux se considèrent également comme européens et allemands (avec des restrictions). Par un effet miroir, tous les parents allemands d'Île-de-France, à l'exception de l'un d'entre eux, se définissent comme allemands. Dans leurs réponses, le terme « franco-allemand » apparaît dans la moitié des cas, ce qui est beaucoup plus fréquent que chez les Français de Berlin, et celui d'« européen » à trois reprises, à un niveau comparable. Sans qu'il soit possible d'en tirer de conclusions, du moins à ce stade de l'analyse, on constate que les Français de Berlin se réfèrent à davantage de niveaux d'identification que les Allemands d'Île-de-France. Non seulement deux d'entre eux, qui ont eux-mêmes un parent non français, évoquent en outre la nationalité de ce dernier. Mais ils sont également deux à mentionner une identité locale (en tant que Berlinois), ce qui n'est le cas d'aucun Allemand d'Île-de-France. Du reste, la faible occurrence de ce niveau d'identification sur l'ensemble des réponses apportées peut surprendre au regard de la durée de séjour dans leur ville de résidence et des expériences marquantes que tous y ont vécues (tableau 9).

Tableau 9 : Autoreprésentations des parents immigrés

Familles berlinoises	Qualificatifs
[B_1]	Berlinoise, française, européenne, parfois allemande selon les circonstances
[B_2]	Les 5 !
[B_3]	Franco-allemande-britannique (un peu moins par les temps qui court), européenne et berlinoise
[B_4]	Française
[B_5]	Franco-allemande
[B_6]	Français (allemand)
[B_7]	Breton, français, allemand, européen, citoyen du monde ! Selon les contextes
[B_8]	Français, européen, canadien

Tableau 9 : Suite

Familles franciliennes	Qualificatifs
[P_1]	Deutsche
[P_2]	Deutsch-Französin
[P_3]	Deutsch-Franzose und Europäer
[P_4]	Deutsch-Französin
[P_5]	Allemande et franco-allemande
[P_6]	Deutscher, Europäer und Franzose
[P_7]	Deutsche und Europäerin
[P_8]	Europäer

Source : Tableau établi à partir des réponses des parents aux questionnaires.

Quant aux adolescents, il est frappant de constater la fréquence avec laquelle le qualificatif « franco-allemand » est mentionné dans leurs réponses : indépendamment de leur lieu de résidence, celui-ci apparaît de manière quasi systématique et consiste dans la moitié des cas en une occurrence unique – de façon nettement plus marquée du côté francilien. Cela semble indiquer que l'hybridité qui résulte de la double origine de leurs parents représente un élément central de leur identité – une hypothèse approfondie dans la suite de cette étude. Au-delà, on observe, comme chez les parents, une plus grande diversité des niveaux d'identification chez les adolescents berlinois – peut-être un effet de l'expérience d'un État fédéral. Alors qu'aucun des Franciliens n'évoque le niveau local ou régional, la moitié d'entre eux se définissent comme « berlinois ». Quant à l'identité européenne, elle joue un rôle mineur, mentionnée uniquement par deux Berlinois et une Francilienne (tableau 10).

Tableau 10 : Autoreprésentations des adolescents

Familles berlinoises	Qualificatifs
[B_1]	Franco-allemand Franco-allemande
[B_2]	Berlinois, français Franco-allemande, berlinoise
[B_3]	Berlinois franco-allemand
[B_4]	Allemand[1]
[B_5]	Franco-allemande, européenne, berlinoise
[B_6]	Franco-allemand
[B_7]	Français ou franco-allemand Französisch
[B_8]	Berliner, Französisch-Deutsch, Europäer
Familles franciliennes	**Qualificatifs**
[P_1]	Franco-allemande, mais cela dépend vraiment du pays. En Allemagne je me sens plus française et en France, plus allemande.
[P_2]	Deutsch-Franzose
[P_3]	Deutsch-Franzose
[P_4]	Franco-allemand Als Deutsch-Franzosen
[P_5]	Franco-allemand
[P_6]	Française, allemande et européenne
[P_7]	Deutsch-Französin Franco-allemande
[P_8]	Deutsch-Französin

1. Comme par un effet miroir, la réponse du fils apparaît inversée par rapport à celle de sa mère qui se considère uniquement comme française.

Source : Tableau établi à partir des réponses des *enfants* aux questionnaires.

Compétences langagières

Pour clore cette rapide description du profil sociologique des enquêtés, il est utile d'évoquer leurs compétences langagières, à la fois en tant que locuteurs individuels et en tant que groupes (couple et famille). En revanche, il ne peut être ici question ni des changements de langue et de leurs paramètres, ni des interactions langagières au sein d'une même famille, abordés *infra* (partie III). Ces données, dont l'annexe 1 fournit une vue d'ensemble, sont issues du questionnaire écrit et renvoient à deux types de questions. Celles-ci permettent d'appréhender le rapport que les personnes interrogées entretiennent à leur langue d'origine et à celle de leur pays de résidence, et non pas de mesurer leurs compétences langagières de manière objective. D'une part, dans la partie familiale du questionnaire, il s'agissait de savoir « quelle est la langue ou les langues du couple (le cas échéant) » et « quelle est la langue ou les langues de la famille ». Pour la seconde question, une distinction a été faite entre l'usage des langues en privé et en public. Toutefois, dans la mesure où pour l'ensemble des familles, la réponse a été similaire dans l'un et l'autre cas, il n'a pas été tenu compte de cette distinction par la suite. D'autre part, dans la partie individuelle, il a été demandé aux adultes quelles langues ils parlent et, aux enfants, quelles langues ils parlent et apprennent. La question a été formulée à escient de manière suffisamment large pour que les personnes interrogées soient libres d'indiquer les langues qu'elles s'attribuent. Cette donnée a été complétée par une auto-évaluation des compétences dans les deux langues (tableau 11).

Tableau 11 : Auto-évaluation des compétences dans la langue du pays de résidence par les parents immigrés

Comment estimez-vous votre niveau d'allemand (Français de Berlin) ?					
	Inexistant	Débutant	Moyen	Bon	Excellent
Compréhension orale				3	5
Expression orale				5	3
Compréhension écrite				3	5
Expression écrite				7	1
Comment estimez-vous votre niveau de français (Allemands d'Île-de-France) ?					
	Inexistant	Débutant	Moyen	Bon	Excellent
Compréhension orale				2	7
Expression orale				2	7
Compréhension écrite				2	7
Expression écrite				3	6

Source : Tableau établi à partir des réponses des *parents* aux questionnaires.

La première observation est que pratiquement tous les adultes interrogés parlent à la fois français et allemand ; les deux seules personnes n'étant pas dans cette situation sont des pères français en région parisienne. Dans la mesure où les parents immigrés vivent et travaillent dans leur pays de résidence depuis de nombreuses années, il n'est guère surprenant qu'ils parlent sa langue et s'attribuent un niveau de langue oscillant entre bon et excellent. Sur ce point, on notera que les Allemands franciliens sont plus nombreux que les Français berlinois à considérer leur niveau de langue comme excellent, tant en termes de compréhension que d'expression, à l'écrit comme à l'oral. En revanche, il est moins évident que les parents non immigrés soient très nombreux à parler la langue de leur partenaire, puisqu'ils n'en ont pas l'usage dans leur quotidien professionnel (pour aucun d'entre eux) et sont capables de comprendre leur conjoint, voire de s'adresser à lui/elle dans sa langue d'origine. Pourtant, tous s'attribuent des compétences dans cette langue. Si l'auto-évaluation de leurs compétences langagières renvoie à des résultats très hétérogènes, qui varient entre débutant et excellent, ils estiment être capables de le comprendre à l'oral comme à l'écrit. En outre, selon les réponses, plusieurs couples mobilisent ces compétences dans leurs échanges. Le phénomène est beaucoup plus marqué à Berlin puisque parmi les six couples mariés, seul un tiers ne communique qu'en allemand et la moitié dans les deux langues (dans des proportions très différentes), ce qui est le cas d'un seul couple francilien.

L'auto-évaluation des compétences langagières des adolescents laisse apparaître des résultats similaires. Non seulement tous indiquent parler français et allemand, mais le niveau qu'ils s'attribuent à eux-mêmes dans ces deux langues est pour la plupart d'entre eux élevé, qualifié par la grande majorité d'entre eux de bon ou d'excellent (tableau 12). De plus, s'ils ont tendance à évoquer des compétences plus élevées dans la langue de leur pays de résidence, une partie d'entre eux estiment leur niveau identique dans les deux langues ; un Berlinois considère même que son niveau de français est légèrement supérieur à son allemand. Une comparaison des réponses des adolescents dans les deux villes laisse cependant apparaître qu'à Berlin, les enfants ont tendance à s'attribuer de meilleures compétences en français que les Franciliens en allemand. De tels résultats s'expliquent vraisemblablement par le fait qu'ils sont moins nombreux à pratiquer cette langue au quotidien, qu'il s'agisse du cadre scolaire ou du cercle d'amis. Parmi les onze adolescents berlinois, un seul est scolarisé en allemand uniquement, alors qu'au moment de l'entretien, tous les autres suivaient un parcours scolaire à la fois en français et en allemand, et la moitié d'entre eux avaient auparavant bénéficié d'une éducation préscolaire dans les deux langues. En Île-de-France, les enfants sont scolarisés en français uniquement dans trois des huit familles.

Toutefois, en termes d'utilisation des compétences langagières en dehors de la famille, la langue du pays est dominante pour la plupart des adolescents interrogés. De ce point de vue, la langue de communication dans le cercle familial est un indicateur utile, dans la mesure où elle joue un rôle prépondérant dans le rapport à la langue et sa transmission (Lanza, Svendsen, 2007 : 299). D'après les témoignages recueillis, cinq Berlinois et huit Franciliens (parmi onze adolescents dans chaque ville) échangent avec leurs amis uniquement dans la langue du pays de résidence. Quant aux « langues de la famille », pour reprendre l'expression du questionnaire, il s'agit du « parler bilingue » (Lüdi, Py, 1986 : 9), constitué de français et d'allemand dans quasiment l'ensemble des cas rencontré, pratiqué à des degrés divers.

***

En résumé, si le cadre familial est propice à l'étude des pratiques langagières et des représentations identitaires de locuteurs bilingues, c'est parce qu'il constitue à la fois la plus petite des unités sociales existantes (Lüdi, Py, *ibid.*) et le lieu de la socialisation primaire. C'est là que s'acquièrent/se transmettent le langage et les codes sociaux durant les premières années de la vie ; mais là aussi que les stratégies langagières et culturelles peuvent faire l'objet de divergences intrafamiliales, de contestation de la part de la génération des enfants et, par suite, d'ajustements ou encore d'une remise en question. Les identités s'y construisent, y sont négociées et évoluent au gré des interactions entre les membres de la famille. Notons que, lorsqu'ils sont menés de manière individuelle, comme il est souvent de rigueur dans les travaux sur le bi-/plurilinguisme, les entretiens sociobiographiques offrent toute latitude à celui qui se raconte. Il en va différemment des entretiens qui s'inscrivent dans un cadre familial, dans la mesure où les récits des différents membres de la famille peuvent différer entre eux, voire se contredire. Dans ce cas, la relation interpersonnelle indispensable à l'entretien sociobiographique, en tant que co-construction (Molinié, 2011), n'implique pas uniquement un sujet et un chercheur, mais différents acteurs sociaux liés entre eux par une histoire. Il est alors utile d'identifier les points de convergence, de dissemblance et de concurrence pour mieux saisir les interactions entre les générations au sein d'une même famille, leurs influences mutuelles et le rapport que ses membres entretiennent à la transmission de leur répertoire bi-/plurilingue et bi-/pluriculturel.

Tableau 12 : Auto-évaluation des compétences en français et allemand par les adolescents

Adolescents berlinois					
Comment estimes-tu ton niveau d'allemand ?					
	Inexistant	Débutant	Moyen	Bon	Excellent
Compréhension orale				1	9
Expression orale			1	3	7
Compréhension écrite			1	1	8
Expression écrite			2	6	2
Comment estimes-tu ton niveau de français ?					
Compréhension orale				5	5
Expression orale			3	8	3
Compréhension écrite				5	5
Expression écrite		1	3	7	1
Adolescents franciliens					
Comment estimes-tu ton niveau de français ?					
	Inexistant	Débutant	Moyen	Bon	Excellent
Compréhension orale			1		9
Expression orale			1		9
Compréhension écrite			1		9
Expression écrite			1	2	7
Comment estimes-tu ton niveau d'allemand ?					
Compréhension orale			1	3	6
Expression orale			2	6	2
Compréhension écrite			3	4	3
Expression écrite			5	4	1

Source : Tableau établi à partir des réponses des *enfants* aux questionnaires. En cas d'hésitation, ils étaient autorisés à fournir deux réponses, ce qui explique que le nombre de réponses soit dans certains cas supérieur à celui des répondants.

Partie III
Analyse et Interprétation

Liminaire

Comprendre la dynamique du bilinguisme implique de tenir compte de deux aspects différents, c'est-à-dire à la fois des représentations et des pratiques langagières des locuteurs, ainsi que la manière dont celles-ci s'articulent. Tel est l'objectif de la troisième partie de cette étude, qui s'attache à identifier selon quelles règles les membres de familles bilingues, en l'occurrence franco-allemandes, conçoivent et pratiquent bilinguisme et biculturalisme dans le cadre familial.

Le premier chapitre s'intéresse aux pratiques du bilinguisme au sein de la famille nucléaire et procède à cette fin à une analyse des stratégies parentales en vue d'une éducation bilingue à partir de deux décisions essentielles pour l'avenir des enfants en tant que locuteurs bilingues. Dans la mesure où les règles définies par les parents durant les premières années de vie de leur(s) enfant(s) sont appelées à évoluer sous l'influence de ces derniers, est également étudiée la dynamique intrafamiliale concernant la pratique du bilinguisme, en particulier les éventuelles différences d'approche entre la génération des parents et celle des enfants, voire les conflits au sein de la famille. Enfin, le bilinguisme comportant un aspect culturel, il est question de la manière dont les familles gèrent au quotidien le biculturalisme, avec une attention particulière aux possibles différences d'attitude entre les deux générations.

Le deuxième chapitre est consacré aux représentations du bilinguisme des membres des familles bilingues. Il s'agit non seulement de déterminer à quel type de bilinguisme ces derniers se réfèrent et quelles valeurs ils lui associent, mais aussi de définir les différentes fonctions sociales qu'ils lui attribuent, afin de cerner la motivation conduisant des familles à transmettre des compétences bilingues à leurs enfants ou leur permettre d'en acquérir. Le chapitre se termine sur une analyse des identités que parents et enfants s'attribuent à eux-mêmes et aux autres membres de la famille, en lien avec leurs représentations du bilinguisme. Afin d'évaluer l'influence de l'expérience personnelle du bilinguisme sur les représentations qu'en ont les locuteurs, le cadre de la recherche est élargi sur certains aspects à la génération des grands-parents. Ces derniers entretiennent avec le bilinguisme un rapport différent de leurs propres enfants, puisque la plupart d'entre eux ont été socialisés *et* vivent dans un contexte monolingue.

Chapitre 5
Pratiques intrafamiliales du bilinguisme

« [...] *an increasing number of families plan the bilingualism of their children, and parents spend a lot of time and energy thinking about how best to go about it*[107]. » (Grosjean, 2013)

« *In some instances, the children may determine not only the language they will speak, but also that which their parents will speak. When this happens, the children have gained control of the language situation* [...][108]. » (Tuominen, 1999)

Stratégies pour une éducation bilingue

Dans une famille, la naissance du premier enfant s'accompagne de décisions liées à l'éducation et à la transmission d'un patrimoine culturel. Contrairement aux familles monolingues, dans lesquelles la question des pratiques langagières se pose rarement ou seulement tardivement, des parents de langue d'origine différente sont très rapidement amenés à prendre des décisions stratégiques quant à l'emploi et à l'acquisition de compétences bi-/plurilingues au sein de la famille nouvellement fondée (Brohy, 1992 : 171 ; Grosjean, 1982). Les principes qu'ils définissent ne sont pas définitifs et peuvent être partiels, dès lors qu'ils ne règlent pas l'ensemble des situations que les familles rencontreront par la suite. Or, bien qu'elles puissent être appelées à évoluer au fil du temps, certaines

---

107 « [...] un nombre croissant de familles planifient le bilinguisme de leurs enfants, et les parents consacrent beaucoup de temps et d'énergie à réfléchir à la meilleure façon de s'y prendre. »

108 « Dans certains cas, les enfants peuvent choisir non seulement la langue qu'ils parleront, mais aussi celle que leurs parents parleront. Dans ce cas, les enfants ont pris le contrôle de la situation linguistique [...]. En d'autres termes, ils ont pu changer les règles, en ont fixé de nouvelles. »

décisions sont déterminantes pour la définition d'une stratégie langagière au sein du cadre familial.

L'analyse se concentre sur deux moments clés : d'une part, la période qui précède ou suit de peu la naissance, durant laquelle les futurs et/ou jeunes parents adoptent plus ou moins consciemment les règles selon lesquelles ils parleront à leur enfant ; de l'autre, le moment de la scolarisation, crucial dans la mesure où cette dernière détermine la langue dans laquelle a lieu l'alphabétisation. En plus d'être situés dans des phases différentes de la vie familiale, ces deux *moments cadres* ont l'intérêt de renvoyer à des types d'apprentissage distincts. Alors que l'enfant rencontre au sein de sa famille « des schémas d'interactions verbales, des types d'échanges verbaux et des modes d'usage du langage », il assimile dans le cadre scolaire « une “langue”, un “code” ou une “structure linguistique” » (Lahire, 1998 : 309). Ainsi, ces deux cadres présentent une complémentarité utile à l'analyse des stratégies parentales en vue d'une éducation bilingue.

Choix des langues parlées par les parents

Dans les seize familles rencontrées, les parents ont été amenés à élaborer une stratégie dès la naissance du premier enfant, c'est-à-dire à définir des règles pour une action cohérente en vue d'un objectif spécifique, qu'il s'agisse de promouvoir le bi-/plurilinguisme de leur enfant ou tout simplement de garantir un niveau de communication satisfaisant au sein de la famille. Dans la majorité des cas, il s'agit d'une décision pleinement consciente, et certains parents n'hésitent pas à parler à ce sujet d'un projet familial, d'où découle une véritable stratégie concernant l'utilisation des langues en famille.

> [**P_1_Ma**] Er war der erste [der Kinder], da konnten wir uns richtig ausproben in unserem Projekt Zweisprachigkeit… und da war es natürlich auch… da haben wir halt wirklich alles drangesetzt, daß er Deutsch lernt, zumal ich auch… ich bin ja die einzige aus unserer Familie in Frankreich.[109]

[109] C'était le premier [des enfants], donc on pouvait vraiment expérimenter notre projet de bilinguisme… et bien sûr c'était aussi… on a vraiment tout fait pour qu'il apprenne l'allemand, surtout que je suis aussi… je suis la seule de notre famille en France.

Toutefois, bien que tous les parents rencontrés aient conscience d'avoir pris une décision, celle-ci n'a pas toujours été précédée d'une réflexion, ni d'une discussion approfondie au sein du couple. De plus, certains d'entre eux considèrent cette décision comme évidente (« intuitif », « spontané ») et contestent le caractère stratégique de leur décision :

> [**B_8_Pf**] [...] c'était plutôt intuitif ce qu'on a fait. Bon, j'savais qu'il fallait que je parle français, ça c'était sûr... Sinon, on n'apprend pas une langue en parlant pas la langue. Mais c'était pas une stratégie. Moi j'ai grandi comme ça. Mon père était canadien anglais, ma mère était française, ma mère parlait français et mon père me parlait anglais, donc euh.

> [**B_1_Mf**] [...] y a jamais eu de négociation, ça a toujours été spontané. Avant que les enfants naissent..., on parlait allemand à Berlin. Et en fait, dès qu'on franchissait la frontière, on est toujours allés en France en voiture, dès qu'on passait la frontière, j'parlais français. [...] Et dès qu'on revenait, après j'parlais allemand ici. Et ensuite..., quand on a eu les enfants, et ben là, j'ai parlé toujours français aux enfants.

> [**P_2_Ma**] Bei uns war das immer klar. Wir mussten das auch nie besprechen. Es war aber mal eine Diskussion mit Freundinnen von mir... Die mich fragten... warum ich nicht mit meinen Kindern Französisch spreche, weil... es könnte doch dann sein, dass sie in der Schule mehr Probleme hätten... etc. Und... [*soupir*][110].

> [**P_7_Ma**] Oh... c'est venu assez naturellement je dirais... quand même, c'était assez naturel pour moi, à l'époque...
> [**P_7_Pf**] On avait quand même réfléchi...
> [**P_7_Ma**] On avait réfléchi...

> [**P_8_Pa**] Also, die... den Anspruch, dass unsere Kinder sowohl Deutsch als auch Französisch können, sprechen können, dazu gab es keinerlei Diskussionen. Das... Ich meine... das ist uns wichtig, ja[111].

Bien que dans la plupart des couples, il semble y avoir eu entente sur le choix des langues à la naissance du premier enfant, celui-ci peut aussi s'accompagner de tensions, voire de conflits entre les parents. Ces

---

110 Chez nous cela a toujours été clair. Nous n'avons jamais eu à en discuter. Mais j'ai eu une discussion avec certaines de mes amies... Elles m'ont demandé... pourquoi je ne parle pas français avec mes enfants, parce que... ils pourraient avoir plus de problèmes à l'école... etc. Et...

111 Alors, le... l'exigence que nos enfants soient capables de parler l'allemand et le français, il n'y a eu aucune discussion à ce sujet. C'est... je veux dire... c'est important pour nous, oui.

derniers ne sont pas nécessairement visibles lors de l'élaboration de la stratégie familiale, mais peuvent apparaitre au cours du temps, dès lors que les enfants sont en mesure de participer activement aux échanges familiaux et donc influencent eux-mêmes les pratiques langagières au sein de la famille nucléaire. Les règles langagières font alors l'objet d'un rapport de force et de négociations plus ou moins apaisées entre les membres de la famille (« faire accepter », « imposer », « ça m'a braquée »). Ce sont ces tensions et ces négociations au quotidien qui expliquent que le plurilinguisme, même lorsqu'il est plébiscité, est associé dans certaines familles à des contraintes et à des efforts particuliers (« obligés de », « insister »), voire à des conflits entre les parents ou entre l'un des parents et les enfants.

> *Et vous aviez dit à la naissance, avec [P_6_Ew1], vous, vous avez commencé… à parler à [P_6_Ew1] en allemand. Est-ce qu'entre vous deux, les deux parents, est-ce que ça a été une vraie discussion ?*
>
> […]
>
> **[P_6_Pa]** Et moi je voulais que de temps en temps on parle allemand tous, tous les quatre. Et je n'ai pas réussi à me faire… à faire accepter ça.
> **[P_6_Mf]** Moi, ce qui bloquait pour moi, c'est que [P_6_Pa] en fait… à cause du travail, il voyageait beaucoup, et donc il voulait… il voulait imposer que par exemple… Il disait « le dimanche midi, de midi à 13h30, on parle allemand »…
> **[P_6_Ew2]** Non, il faisait par exemple : « Hop, là on parle allemand ! » et là on parlait allemand.
> **[P_6_Mf]** Et il voulait imposer de façon ponctuelle, comme ça, en un claquement de doigt, qu'on bascule d'une langue à une autre. Et moi j'étais un peu contre, je disais : « C'est pas possible, on peut pas, on peut pas basculer comme ça tant que les filles ont pas atteint un certain niveau. » Ça a un peu coincé à ce niveau-là, j'avoue que moi, ça m'a braquée plus qu'autre chose.

> **[B_8_Ma]** Quand je compare ça avec d'autres où déjà, le choix de la langue ça peut poser des problèmes, j'ai pas vécu ça comme un cadeau, quand on l'a fait, quand les enfants étaient petits, mais finalement je remarque que c'est quand même bien.
> *Pourquoi ?*
> **[B_8_Ma]** Parce qu'il y a quelqu'un qui perd. C'est trouver des compromis dans des trucs où…, je crois que c'est plus facile pour tout le monde si on n'est pas obligés de trouver des compromis.

Si l'on s'en tient aux réponses aux questionnaires, pratiquement toutes les familles franco-allemandes ont choisi le principe « une personne, une langue » (*One Person, One Language* [OPOL]), dit aussi principe de

Grammont-Ronjat. Celui-ci suppose l'introduction simultanée des deux langues d'origine des parents, dans laquelle chacun d'entre d'eux s'exprime de manière systématique et distincte. Un tel choix n'est guère surprenant, dans la mesure où il s'agit de la stratégie la plus connue et la plus fréquemment pratiquée dans les familles bilingues (Aleemi, 1991 : 18 ; Piller, 2002 : 247 *sq.*). Il s'agit aussi de la méthode la plus fréquemment recommandée dans les manuels et les forums de discussion consacrés à l'éducation bi-/plurilingue, que plusieurs parents disent avoir consultés avant la naissance de leur premier enfant. Cependant, il aurait été envisageable que certaines des familles choisissent des stratégies différentes, telles que les a définies Arnberg (1979), par exemple en optant pour une seule langue familiale, différente de celle du pays de résidence. D'autant que le principe OPOL peut être difficile à appliquer, dès lors que les deux langues pratiquées au sein de la famille ne sont pas parlées, ni même comprises, par les deux parents. Dans ce cas, des aménagements s'imposent, qui peuvent compliquer la vie de famille au quotidien, et risquent d'être malaisés à respecter dans la durée. Le maintien de pratiques bilingues à la maison peut alors s'accompagner d'une mise à l'écart de celui des deux parents, ou bien des grands-parents, qui ne disposent pas de compétences langagières suffisantes pour participer pleinement aux échanges familiaux. Dans les entretiens, la gravité de cette situation a tendance à être relativisée par les membres bilingues des familles concernées, mais l'une des grands-mères non-bilingue évoque quant à elle un « sentiment d'exclusion ».

> [**P_5_Ma**] Alors ce qui s'est passé, c'est que mon mari parlait pas encore très bien allemand, quand les enfants étaient petits. Donc le souci, c'était que je leur parlais en allemand aux enfants, mais mon mari ne comprenait pas tout de suite forcément ce que je leur disais, donc c'était embêtant, parce que quand il s'agit d'éduquer les enfants, voilà, c'est important que l'autre parent sache aussi… Donc, ce qui se passait parfois, c'est que je parlais aux enfants en allemand et ensuite je traduisais à mon mari en français.
>
> *Und für den Vater, ist das kein Problem?*
> [*rires de la mère*]
> **[P_1_Ew2]** Irgendwie nicht wirklich, weil er… er ist auch… irgendwie… also ihn stört das nicht, der blendet das dann manchmal ein bisschen aus… wenn wir deutsch sprechen… und dann kommt er nochmal auf dieses Thema wieder drauf, wenn… als wir schon damit fe… also fertig gesprochen haben, kommt er nochmal wieder darauf, und spricht es

nochmal auf französisch an, und dann lachen wir halt immer, weil es sehr lustig ist.[112]

[B_4_Mf] à la fin de la première année d'école, ben il parlait … il parlait français mais…avant… Et ma mère comprend un p'tit peu l'allemand et mon père pas du tout, et du coup pendant six ans il a jamais compris [B_4_Em] quoi. Et il parlait français à [B_4_Em], [B_4_Em] le comprenait mais il lui répondait en allemand.

[P_3_GMf] … Alors évidemment c'est surprenant quand ils sont là parce que ni l'un ni l'autre ne comprenons l'allemand, quand ils parlent allemand entre eux. Il a fallu nous habituer un petit peu, parce que… c'est comme… il y a un sentiment d'exclusion si vous voulez, quand vous ne comprenez pas… mais bon, comme on sait que ce n'est pas le but… ce n'est pas le but de nous… de nous éloigner, mais c'est le but de conserver leur langue […].

Au cours des entretiens, il est apparu que la réalité peut être autre que ce qui est érigé en idéal. Seulement deux familles revendiquent une application stricte du principe OPOL : « On n'a pas beaucoup de mérite à avoir des enfants bilingues, puisque nous on se refuse catégoriquement à parler dans la langue étrangère à la maison » [B_6_Pf]. Ce n'est sans doute pas anodin s'il s'agit des deux familles dans lesquelles les deux parents ont la même langue d'origine : d'une part, la famille [B_6], dont les parents sont séparés et dont le père français s'est remarié avec une femme qui est elle aussi de langue d'origine française ; de l'autre, la famille [P_2], dans laquelle les deux parents sont au départ de nationalité allemande. En revanche, d'autres familles reconnaissent une certaine souplesse dans l'application du principe OPOL. Dans la pratique, plusieurs parents disent parfois s'adresser ou répondre à leur(s) enfant(s) dans la langue de leur partenaire. Ainsi, la mère de la famille [B_5] affirme à propos de la langue dans laquelle elle a parlé à sa fille peu après la naissance : « Peut-être que j'ai mélangé, je sais pas exactement. On a dû lire aussi. Je sais plus… J'ai mélangé, ouais. » De même, plusieurs parents installés dans le pays partenaire sont bien conscients des écarts entre le principe défini (« normalement », « au début », « en règle générale », « à l'origine ») et une réalité quotidienne faite de compromis (« ça dépend », « des fois », « mais finalement au fur et à mesure », « cela étant », « maintenant »). De

112 Et pour le père, ce n'est pas un problème ?/En quelque sorte pas vraiment, parce qu'il… il est aussi… en quelque sorte… donc ça ne le dérange pas, il ignore parfois un peu… quand on parle allemand… et puis il revient sur ce sujet quand… quand on a déjà fini de parler… donc, il revient sur le sujet et l'aborde encore en français, et puis on rit toujours parce que c'est très drôle.

ce point de vue, on remarque que les parents allemands en Île-de-France sont nettement plus nombreux à reconnaître parler à leur(s) enfant(s) en français à un rythme régulier, alors même qu'ils avaient pris initialement la décision inverse.

> [**B_7_Ma**] Ça dépend des situations, des… moments aussi, des thématiques, par exemple quand les enfants ils rentrent de l'école, c'est presque tout en allemand, à l'école, du coup ils racontent beaucoup plus de trucs en allemand, du coup [B_7_Pf] aussi il va répondre plus en allemand. Et moi, des fois, ça m'arrive de dire : « non, maintenant on parle français », parce qu'à un moment donné c'était…, ça devenait un peu trop l'allemand. Mais normalement je leur parle en allemand, [B_7_Pf] il leur parle en français, et des fois ça va dans tous les sens, on saute d'une langue à l'autre, dans une même phrase.

> [**P_6_Pa**] Au début, au début j'ai essayé avec [P_6_Ew1] quand elle était toute petite de parler allemand le week-end, mais finalement au fur et à mesure ça s'est perdu, et on est resté… on est surtout resté sur l'allemand… sur le français ! [*les enfants reprennent en chœur : « sur le français »*].

> [**P_8_Pa**] In der Regel ist es so, dass ich mit meiner Frau Deutsch spreche. Und… meine Frau spricht Französisch mit den Kindern. Ich spreche Deutsch. Wobei meine Frau mir den Vorwurf macht, dass ich nicht konsequent genug bin [*rires*][113].

> [**P_7_Ma**] Ben… disons, à l'origine je parlais allemand avec les enfants, on parle français avec mon mari, quand on est tous les… Quand les enfants étaient petits, il y avait moins de discussions, je dirais, en famille. Maintenant, avec les enfants qui grandissent, le français prend un peu… un peu le dessus…

Une telle dichotomie entre la stratégie définie et la pratique peut s'expliquer par la difficulté, pour les parents, à se conformer dans le temps long à la répartition des langues d'origine et à ne pas « glisser » vers l'une des deux langues familiales – d'autant que chez les enfants, la langue de la société majoritaire a tendance à s'imposer (Deprez, 1994). Cela étant, la difficulté des parents migrants à s'adresser à leurs enfants dans leur langue d'origine n'intervient pas seulement dans la durée, mais peut aussi apparaître dès la naissance. Le phénomène semble particulièrement concerner les familles dans lesquelles le couple n'échangeait que dans la langue du pays de résidence avant la naissance du premier enfant. D'après

[113] En règle générale, je parle allemand avec ma femme. Et… ma femme parle français avec les enfants. Je parle allemand. Cela étant, ma femme me reproche de ne pas être assez rigoureux.

les témoignages, le fait de parler au nouveau-né dans sa langue maternelle, autre que celle du pays de résidence, peut être vécu par le parent concerné comme artificiel, et par conséquent comme nécessitant un effort particulier (« forcée », « coûtait »). Bien que certains couples franciliens aient parlé uniquement en français avant la naissance de leur(s) enfants(s), ce sont surtout des parents français à Berlin qui ont évoqué le phénomène, insistant en particulier sur l'artificialité ressentie lorsqu'ils ont renoué avec leur langue d'origine à la naissance de leur enfant.

> [**B_2_Mf**] Mais en fait, au début, j'avais l'impression que c'était très très artificiel. J'me souviens quand j'étais à l'hôpital..., et j'leur parlais, et... tout l'environnement était allemand, et y avait les infirmières, les médecins, tout le monde était allemand, et moi j'leur donnais mes p'tits mots français. J'avais l'impression de jouer un rôle en fait, que c'était un peu artificiel. Et j'me suis vraiment forcée.

> [**B_5_Mf**] Parce que j'ai pas commencé non plus complètement, quand elle était bébé, parce que je trouvais ça bizarre, aussi. Un bébé qui ne comprend pas, et tous les gens autour, et moi je parle en français, mais c'était trop bizarre, donc j'ai pas commencé dès tout le début, mais pas super tard non plus.

> [**B_8_Pf**] Non, moi je savais que c'était important pour avoir des enfants bilingues, qu'il faille que je parle français, donc je parlais français avec les enfants. Même si par moments ça me, ça me coûtait un peu... je sais pas pourquoi mais c'est comme ça. Parce que, l'ambiance est allemande ici... Mais, je faisais l'effort.

Du reste, le seul parent allemand en Île-de-France à évoquer le phénomène en tire une conclusion différente : il a certes ressenti une artificialité similaire à celle que décrivent des parents français à Berlin, mais plutôt que de se forcer à parler allemand à ses filles et d'exiger qu'elles lui répondent dans sa langue première, il fait preuve de souplesse en termes de pratiques langagières.

> [**P_6_Pa**] C'était une question au début, je me suis posé la question, est-ce que au début... est-ce que je leur parle uniquement en allemand ? Mais je trouvais ça aussi artificiel et je voulais en aucun cas les forcer à faire quelque chose.

Comme pour remédier à cette artificialité ressentie et permettre à leurs enfants d'expérimenter la pratique du français dans un cadre perçu comme naturel, de nombreux parents évoquent le rôle de la famille résidant dans le pays voisin dans l'apprentissage de la langue – y compris ceux qui ne mentionnent pas explicitement de difficulté à s'adresser à leur(s) enfant(s) dans leur langue d'origine. De fait, « [...] *the extended family has an important impact on language policies and the maintenance of heritage languages* [...][114] » (Cognigni, 2019 : 72). Pour certains parents, comme la mère de la famille [B_5], c'est grâce à la visite régulière des grands-parents français que sa fille a pu entendre sa langue, malgré ses propres difficultés à la parler de manière systématique dans les mois qui ont suivi la naissance. Pour d'autres, plus nombreux, les vacances au sein de la famille française sont un passage obligé pour pratiquer le français. Sur ce point, il est d'ailleurs révélateur que, dans le récit familial, trois des huit parents français associent à un séjour dans la famille en France un moment déclencheur dans l'apprentissage de la langue par leur(s) enfant(s).

> [**B_1_Mf**] Ils parlaient en allemand, jusqu'au jour, on allait souvent en France et ils comprenaient tout, mais jusqu'au jour où j'vous ai laissés à mes parents et qu'on est partis. Et c'est marrant, parce que quand on est arrivés à Berlin, mon père m'a dit : « écoute, la voiture elle a tourné au coin d'la rue et j'ai <u>plus</u> entendu un mot d'allemand. » Et là vous vous êtes mis à parler <u>même</u> ensemble en français.

> [**B_3_Mf**] On a été en Bretagne, c'est là que t'as commencé à apprendre à lire. On est arrivés en Bretagne après un an de CP, « oh, j'peux tout lire ». Et il lisait toutes les pancartes, c'était chouette. Avenue des mimosas, j'me rappelle, c'était le premier mot. Et boulangerie. C'était pour une fois, « j'arrive à lire », c'était l'explosion. Et j'me suis dit : « on aurait dû l'faire beaucoup plus tôt ».

> [**B_2_Mf**] [...] il y a un pan de vocabulaire qu'ils connaissent pas, parce que même moi-même, j'ai un pan de vocabulaire que j'utilise plus. Et j'me suis rendue compte y a pas longtemps que... Par exemple quand [B_2_Em1] a passé des vacances chez ma mère, l'année dernière, il est revenu avec plein de mots nouveaux.

Dans les entretiens, un tel discours est davantage représenté dans les familles franco-allemandes de Berlin qu'en Île-de-France. Pourtant, les parents allemands de Paris se rendent eux aussi régulièrement dans leur famille outre-Rhin et leurs enfants y séjournent souvent seuls, chez leurs grands-parents ou d'autres membres de la famille proche. Ainsi, les enfants de la famille [P_7] ont régulièrement profité de leurs vacances

---

[114] « [...] la famille élargie a un impact important sur les politiques linguistiques et le maintien des langues héritées [...]. »

chez les grands-parents pour se rendre au *Kindergarten* (jardin d'enfants), puis à l'école du village. De même, le dernier enfant de la famille [P_3] passe régulièrement ses vacances chez ses grands-parents allemands, durant lesquelles il se rend même à l'école locale (« In Ferien und ich muss Deutsch… in deutsche Schule gehen. […] Sie schicken mich einfach und dann muss ich arbeiten… mehr arbeiten[115] » [P_3_Em3]). Étant donné le peu de motivation ici exprimée par l'adolescent à l'idée de se rendre à l'école dans la famille allemande, on peut supposer que ses parents ou grands-parents sont à l'origine de l'initiative et qu'ils lui associent un objectif pédagogique. Toutefois, le rôle de la famille allemande dans l'apprentissage de la langue n'a pas été exprimé de manière explicite, ni à l'occasion de cet entretien ni dans les autres. Les parents allemands en Île-de-France semblent avoir une attitude plus décontractée dans leur rapport à leur langue d'origine. Comme évoqué plus haut, ils sont plus nombreux à reconnaître des entorses au principe OPOL et à s'en amuser. De plus, non seulement aucun d'entre eux ne déclare s'être forcé à parler allemand à la naissance de son ou ses enfants, mais ils n'évoquent pas non plus leur famille d'origine comme faisant partie d'une stratégie d'apprentissage dès les premières années. Lorsqu'ils en parlent de leur propre initiative, ils présentent la famille tout au plus comme un atout qui pourra être mobilisé à un moment indéterminé de la vie de l'enfant.

> [**P_6_Pa**] Ben… Moi j'ai appris le français à partir… finalement à partir de 17–18 ans… […] si les filles vont chez leur tante ou chez leur oncle, pendant deux semaines, trois semaines, je suis persuadé, elles reviennent quasi… avec un niveau qui leur permet de tout faire. Donc c'est une question de juste une fois le faire, et ensuite ça se règle.

Choix de l'école

Comme l'usage des langues dans le cadre familial, le choix de l'école relève pour les familles bilingues de la stratégie, dans la mesure où l'institution scolaire est le lieu de la « construction d'un rapport réflexif au langage » (Lahire, 1998 : 194). Pour les familles ayant une expérience migratoires, en particulier pour les citoyens mobiles au sein de l'Union européenne, elle est aussi le lieu où « se noue la production de la position

115 « En vacances et je dois… aller à l'école allemande. […] Ils m'y envoient tout simplement et ensuite je dois travailler… travailler plus. »

sociale à l'étranger » (Hugoo, 2022 : 7). Toutes les familles rencontrées semblent avoir conscience que « *Sprachen in der Schule sind* [...] *direkt mit der sprachlichen und kulturellen Identität der Lernenden* [...] *verknüpft* [...][116] » (Hu, 2018 : 67) et, par conséquent, que leur décision aura un impact sur l'avenir des enfants en tant que locuteurs bilingues. Le schéma réflexif est similaire à celui décrit précédemment à propos des langues parlées au nouveau-né par les parents : non seulement toutes les familles affirment avoir opéré un choix conscient entre des options différentes, pour certaines d'entre elles dès l'entrée dans le système préscolaire ; mais dix d'entre elles – de façon paritaire entre Paris et Berlin – disent associer le choix d'une structure scolaire ou préscolaire franco-allemande à un effort particulier. Le prix à payer, parfois élevé, consiste à renoncer à l'intégration de leur enfant dans la vie de quartier ou à devoir effectuer un trajet matinal d'une certaine durée. Cependant, pour ceux d'entre eux qui ont accepté d'effectuer le sacrifice, l'effort semble récompensé par l'acquisition de compétences bilingues et/ou l'appropriation d'une double culture par leurs enfants.

> [**B_1_Mf**] [...] pour moi, idéalement ils allaient dans l'école du quartier. Mais...y avait à Berlin ces sections franco-allemandes qui existaient, SESB, et ça pour moi, c'était très important, parce qu'ils parlaient pas français en fait. [...] Donc, c'est pour ça qu'on est allés dans cette école qui était quand même à 15 minutes de route, c'qui pour Berlin est beaucoup, parce que normalement y a des écoles partout. Donc il fallait y aller en voiture, c'était pas dans l'quartier, et donc pour moi c'était faire une grosse croix sur quelque chose qui fait partie d'l'enfance, d'aller dans la rue, d'aller jouer chez les uns chez les autres que tu connais.

> [**B_3_Mf**] Ma mère m'a prise pour une folle...quand j'leur ai dit que j'allais aller jusqu'à Wedding pour les amener à l'école, elle m'a dit « t'es vraiment sûre ? Mais c'est fou. » J'ai dit : « Écoute, je pense que c'est le bon...le bon chemin à faire. Et quand elle a vu les enfants après même pas six mois à la *kita* [garderie], elle a dit « wow ! J'aurais pas cru que ça se fasse... Ils te parlent vraiment en français, ils font vraiment la différence entre les deux langues [à propos de l'entrée dans un jardin d'enfants franco-allemand].

> [**P_5_Ma**] Et ici, on a quand même la contrainte aujourd'hui d'habiter un peu loin de l'école... enfin du lycée international à Saint-Germain, c'est-à-dire avec les trajets en bus, ça prend une heure voire plus avec le temps d'attente [...].

---

[116] « [...] Les langues à l'école sont [...] directement liées à l'identité linguistique et culturelle des apprenants [...]. »

[**P_7_Ma**] Pour les filles, c'est quand même... Vous mettez trois quarts d'heure en bus, non ?
Ah oui, quand même ! Donc c'est pas tout près...
[**P_7_Ma**] Non. Et puis c'était pas mal de contraintes... Quand elles étaient plus jeunes, elles y allaient en élèves externes dès la maternelle, mais pour moi c'était... ça m'a vraiment fait du bien, parce que je trouvais qu'elles reçoivent quand même une double éducation, et que les deux cultures se complètent pas mal [...].

Tous les parents ne sont certes pas prêts à réaliser ce qu'ils considèrent comme un effort, ou donnent la priorité à d'autres critères que l'enseignement bilingue, notamment à la proximité entre l'école et le domicile. Ils choisissent alors d'inscrire leur enfant dans un système éducatif monolingue. Ce choix peut correspondre à une situation transitoire, comme dans le cas de la famille [B_5], dont l'enfant a été scolarisée dans une école allemande du quartier, après avoir fréquenté un jardin d'enfants franco-allemand, et avant de rejoindre le lycée français de Berlin en 5e classe (équivalent du CM2). Ou encore de la famille [B_7], dont les fils ont rejoint l'école de quartier après avoir passé quelques années dans un jardin d'enfants franco-allemand. Dans les deux cas, les parents français invoquent des raisons logistiques pour justifier ces « écarts » entre leur souhait de choisir un système scolaire favorable au bilinguisme et les contraintes logistiques de la vie familiale au quotidien.

[**B_5_Mf**] J'me disais, j'ai pas envie de l'emmener là tous les matins, ça la f'sait s'lever plus tôt, j'avais peur que ce soit trop de stress pour tout le monde quoi. Et sinon, les collèges <u>que</u> français, y en a pas des masses. Donc y avait une bonne école à côté euh, on s'est dit d'abord on f'ra ça, et ensuite...

[**B_7_Pf**] On a eu la chance de déménager ici et d'avoir une place dans une *kita* franco-allemande, où le français était parlé au quotidien autant que l'allemand, 50–50. Et après, l'école, nous on a fait le choix de prendre l'école du quartier, déjà c'est juste à côté, c'est la pédagogie Montessori, c'est intéressant. Et puis c'était une époque où [B_7_Ma] était pas mal en vadrouille.

En Île-de-France, où les offres d'enseignement bi-/trilingue sont moins nombreuses qu'à Berlin, et nettement moins bien réparties au niveau territorial puisqu'elles sont situées en grande partie dans la périphérie ouest de la capitale, la dimension logistique contraint parfois les familles à des choix plus radicaux. Ainsi, pour réaliser son vœu d'un enseignement bilingue, la famille [P_3] a décidé de déménager à Sèvres, qui dispose d'un lycée international réputé. Elle revenait alors de Bruxelles, où les enfants avaient pu faire l'expérience, jugée très positive par l'ensemble de la famille, d'une section franco-allemande au sein d'une école internationale. La décision de s'installer à Sèvres a certes été prise par défaut, mais tous semblent en être aujourd'hui satisfaits – même si elle impliquait un certain sacrifice, en particulier pour la mère, qui aurait apprécié de vivre à Paris même.

> [**P_3_Pa**] Und als wir zurückgekommen sind, haben wir versucht, in Paris, etwas zu finden, was deutsch-französisch ist. Und das ist gar nicht so einfach. Es gab… im 10. Arrondissement gab es damals eine Schule, die nur bis… nur die primaire macht und dann nicht mehr weiter. Äh… nach Saint-Germain-en-Laye wollten wir nicht… weil das zu weit weg war von Paris. Äh… und dann gab es noch ich glaube im 16. Arrondissement oder im 17., aber das war noch nicht richtig ausgebaut, und denn gab's… da keine… wir hatten keine Wahl eigentlich und wir haben dann Sèvres gesehen[117].

À l'inverse, face à la contrainte logistique évoquée, trois des huit familles franciliennes rencontrées ont préféré inscrire leur(s) enfant(s) dans un système scolaire purement francophone ; contrairement aux familles berlinoises qui ont fait de même mais dans une logique provisoire, il n'est pas exclu que leur choix soit définitif. Les arguments invoqués sont la distance, ressentie comme rédhibitoire, entre le lieu de résidence et les structures franco-allemandes existantes, ainsi que la faiblesse de l'offre en termes d'éducation bilingue dans la région. Parmi ces trois familles, dont deux ont fait le choix de vivre à Paris *intra-muros*, un déménagement ou de longs trajets quotidiens apparaissent comme un prix trop élevé.

> [**P_6_Mf**] Oui, mais la question d'une école franco-allemande, on se l'est posée. Seulement c'est loin. Les écoles ici qui ont… oui, les écoles franco-allemandes c'est loin.
> [**P_6_Pa**] C'est une heure… une heure de route, c'est à côté de Versailles.
> *Donc une heure en voiture, ou en transports en commun ?*

---

117 Et quand nous sommes revenus, nous avons essayé de trouver quelque chose à Paris qui soit franco-allemand. Et ce n'est pas si facile. Il y avait… dans le 10e arrondissement il y avait une école qui ne va que jusqu'à… que le primaire et puis pas plus loin. Euh… Nous ne voulions pas aller à Saint-Germain-en-Laye… parce que c'était trop loin de Paris. Euh… et puis il y a eu… et puis il y avait je pense dans le 16e arrondissement ou dans le 17e, mais ce n'était pas encore vraiment développé, et puis il y avait… il n'y avait pas… nous n'avions pas le choix en fait, et puis nous avons vu Sèvres.

[**P_6_Pa**] En transports en commun, et avec le train et avec le bus, là, [P_6_Ew1], c'était quasiment une heure, quasiment, une heure de transports. Et l'école… jusqu'ici les écoles étaient quasiment en face !

[**P_8_Pa**] Es sind rein französische Schulen, wir haben uns ja vor einer Weile damit auseinandergesetzt. Aber letztendlich ist das Angebot an deutsch-französischen Schulen doch begrenzt. Und… letztendlich auch von der Logistik her war es auch einfach nicht machbar. Wir wollten nicht komplett unseren Wohnort davon abhängig machen in der Nähe von den wenigen deutschen Schulen zu sein[118].

À Berlin, en dehors d'une famille qui relativise son choix d'une école allemande monolingue par le fait que la langue de couple est le français (« Je pense que nous on a de la chance parce qu'on est en Allemagne, et vu que notre langue de couple c'est le français, donc c'est vraiment, ça a vraiment une place dans la vie quotidienne. » [B_7_Pf]), l'ensemble des familles interrogées ont choisi d'inscrire leur(s) enfant(s) dans une structure favorisant le bilinguisme, au plus tard à partir du CM2. Un tel choix traduit un haut niveau de loyauté linguistique au sein de ces familles (Brohy, 1992 : 21, 191), que confirme l'attitude déterminée de certaines d'entre elles. Ainsi, la famille [B_4] a emménagé à Berlin très peu de temps avant l'entrée du fils à l'école, quittant une ville de taille moyenne éloignée de près de 400 kilomètres pour lui permettre d'être scolarisé dans la section franco-allemande d'une école européenne de la capitale. Dans une moindre mesure, la mère française de la famille [B_2] s'est elle aussi montré offensive, insistant et usant de stratagèmes pour que ses deux fils, inscrits dans la section franco-allemande d'une classe SESB, puissent intégrer la classe réservée aux élèves de langue d'origine française, et ainsi profiter d'une alphabétisation en français.

[**B_2_Mf**] […] j'ai fait beaucoup de pression pour qu'ils soient alphabétisés en français, en trichant en fait, parce qu'ils étaient bien meilleurs en allemand et ils étaient plus allemands que français. Mais j'voulais absolument qu'ils apprennent… la langue écrite en français. Parce que je savais que si jamais ils l'apprenaient pas dès le début…, c'était loupé. Enfin j'peux pas imaginer, que logiquement, on puisse apprendre que maintenant

118 Ce sont des écoles purement françaises, nous nous sommes renseignés à ce sujet il y a quelque temps. Mais en fin de compte, les écoles franco-allemandes sont limitées. Et… Et d'un point de vue logistique, ce n'était tout simplement pas faisable. Nous ne voulions pas que notre lieu de résidence dépende entièrement de la proximité des quelques écoles allemandes.

> [*prononciation allemande*], ça s'écrit maintenant [*prononciation française*], tu vois. J'me souviens des premières dictées, c'était tellement dur.

Cela étant, bien que toutes ces familles aient choisi un cadre scolaire favorisant le bilinguisme (à l'exception de la famille [B_7] qui a opté pour une école allemande à la sortie d'un jardin d'enfants franco-allemand), leurs stratégies sont différentes. Ainsi, trois des huit familles berlinoises ont préféré un parcours franco-allemand complet, allant du jardin d'enfants au système scolaire[119]. En outre, la moitié des familles berlinoises a décidé d'inscrire leurs enfants dans une structure préscolaire allemande monolingue, située dans leur quartier, puis dans une école dotée d'une offre bilingue. Là encore, les choix divergent, puisque certains enfants ont été scolarisés intégralement dans la section franco-allemande d'une école européenne, d'autres l'ont été au départ puis ont rejoint le lycée français (*Französisches Gymnasium*, FG) à partir du CM2, et une autre est entrée au FG après avoir passé les quatre premières années de sa scolarité dans une école primaire allemande monolingue. Un tel éventail de choix est rendu possible par la diversité des offres du système scolaire et préscolaire berlinois, qui permet aux parents d'opter pour un enseignement monolingue ou pour un enseignement bilingue, mais aussi de choisir entre différentes méthodes d'enseignement bilingue. Leur marge de manœuvre est d'autant plus large que de telles offres émanent de l'école publique et n'induisent donc aucun frais de scolarité. L'échange entre les parents de la famille [B_8] permet de rendre compte à la fois de la liberté offerte aux familles entre différents systèmes d'enseignement (en termes de langue et de méthode) et de l'aspect stratégique de la décision parentale.

> [**B_8_Pf**] Mais on a aussi fait le choix de ne pas envoyer les enfants au lycée français en fait. Parce que moi, je voulais pas le système français. J'ai trop souffert avec ça. Je trouvais que c'était pas pédagogiquement très malin, ce qu'ils faisaient. C'est du bourrage de crâne, qui servait à rien. Et c'est toi qui m'a appris ça, on ouvre l'esprit des enfants à l'école allemande, ils apprennent à discuter…, je trouvais ça bien.
> [**B_8_Ma**] Wobei ich auch sagen muss, dass ich auch sehr glücklich bin, dass unsere Kinder <u>nicht</u> im reinen deutschen System waren.

---

[119] En 2018–2019, il existait 20 jardins d'enfants franco-allemands dans l'ensemble de la ville, accueillant entre 20 et 150 jeunes enfants. Certains sont des structures publiques, mais nombre d'entre eux ont un statut d'association (Initiative Avenir-Zukunft, 2018).

[**B_8_Pf**] Ah non, ça je voulais pas non plus.
[**B_8_Ma**] Ne ne ne, nicht dass es eine Diskussion gewesen wäre, aber… Eigentlich muss ich sagen, ich finde diese Mischung total gut, weil man schon dieses etwas leistungsorientiertere vom französischen System hat. Das deutsche System ist mir zu wischiwaschi.
[**B_8_Pf**] Et c'est sympa parce que c'est aussi un melting-pot. T'as les Africains qui viennent… et ça ouvre l'esprit[120].

La situation est là encore différente pour les familles franciliennes, où l'offre est à la fois moins nombreuse et moins diversifiée qu'à Berlin. Les familles rencontrent davantage d'obstacles au moment d'inscrire leur(s) enfant(s) dans une structure scolaire favorisant le bi-/plurilinguisme, dans la mesure où elles ne disposent que d'un choix relativement restreint – du moins comparé à Berlin. Cela peut expliquer qu'elles sont moins nombreuses (cinq sur huit, comparées aux sept familles berlinoises) à avoir choisi cette voie, et qu'un certain nombre d'entre elles paraissent moins offensives lorsqu'il s'agit de choisir l'école de leur enfant. Et ce, alors mêmes que toutes se disent intéressées par un enseignement bilingue et, selon leurs témoignages, qu'elles ont examiné avec attention les différentes options à leur disposition. Une autre explication, qui n'exclut en rien la première, peut être que les parents allemands en Île-de-France entretiennent un rapport plus détendu à l'usage des langues. Cela a été remarqué à propos des pratiques langagières dans le contexte familial, dans la mesure où les parents franciliens de langue d'origine allemande sont plus nombreux à reconnaître des entorses au principe OPOL et à ne pas s'en formaliser.

***

Les choix de parents des familles franco-allemandes lors de l'élaboration d'une stratégie langagière, qu'il s'agisse de la langue parlée à la naissance du premier enfant ou du type de scolarisation, laissent apparaître des motifs convergents. Tout d'abord, l'ensemble des parents, dans les deux villes étudiées, affirment avoir opéré un choix conscient entre des options différentes. Ensuite, tous font preuve d'un haut niveau de loyauté envers les deux langues parentales, qu'ils souhaitent sans

---

120 Mais je dois dire que je suis aussi très contente que nos enfants n'aient pas été dans un système purement allemand./Non non non, pas que ça ait été une discussion, mais… En fait, je dois dire que je trouve ce mélange très bien, parce qu'on a déjà ce système français un peu plus axé sur la performance. Le système allemand est trop mou-mou pour moi.

exception transmettre à leur(s) enfant(s). Sans exception, mais tout au plus à des degrés divers, ils se montrent en effet particulièrement sensibles à ce que leurs descendants puissent acquérir des compétences langagières de haut niveau dans les deux langues ; autrement dit, à ce que « [...] *die Beziehung zur Herkunftskultur auch in der nachwachsenden Generation nicht verloren geht*[121] » (Möller *et al.*, 2017 : 78). Le fait que la majorité des parents se disent prêts à réaliser des efforts particuliers pour offrir à leurs enfants les conditions du bilinguisme, qu'il s'agisse de parler dans leur langue d'origine au nouveau-né ou de se rendre dans une école éloignée du domicile, témoigne de l'importance qu'il revêt à leurs yeux. Cela étant, sans qu'elle ne soit nécessairement déterminante, il semble exister une certaine différence entre les familles parisiennes et les familles berlinoises concernant les stratégies mises en œuvre. Les parents français à Berlin ont en effet d'avantage tendance à se montrer stricts sur le respect du principe OPOL dans le cadre familial que les parents allemands en Île-de-France. De même, les parents franciliens sont moins nombreux à avoir inscrit leurs enfants dans une structure scolaire favorisant le bilinguisme. Comme évoqué plus haut, la différence de structure du système scolaire joue certainement un rôle important dans ces attitudes, mais on peut supposer que d'autres éléments entrent en compte. Parmi eux, on peut citer le groupe d'appartenance social, qui renvoie à des valeurs différentes associées à l'apprentissage (« forte valorisation de la connaissance » *versus* efficacité et réussite [Van Zanten, 2013]), ou encore le contexte de socialisation des parents, qui renvoie à un rapport spécifique à la langue d'origine et à la culture de l'erreur dans l'enseignement[122].

Élaboration et négociation des règles langagières

Le choix des langues parlées par les parents à la naissance du premier enfant, puis celui de l'institution scolaire quelques années plus tard, sont des décisions unilatérales à propos desquelles les enfants ne sont en

---

121 « [...] de manière que la relation avec la culture d'origine ne se perde pas pour la jeune génération. »

122 Dans son analyse comparatiste des cultures françaises et allemandes, Béatrice Durand note à ce propos : « L'élève allemand prend la parole au risque de dire une bêtise, là où l'élève français préfère ne rien dire plutôt que de dire une bêtise. De même, un devoir écrit est une expression de l'opinion de l'élève qu'il convient de respecter comme telle. » (Durand, 2002 : 76).

général pas consultés et n'ont pas leur mot à dire. C'est le cas des familles rencontrées, dont les parents ont pris seuls ces décisions. Or, en grandissant, les enfants sont amenés à intervenir et à influer sur les règles définies par leurs parents. Celles-ci font alors l'objet de négociation et connaissent des ajustements plus ou moins fréquents. Comme le note Tuominen, les enfants disposent d'un véritable pouvoir de décision quant aux pratiques langagières au sein de la famille, qui peut aller jusqu'à « *to change the rules, setting new ones*[123] » (1999 : 71). C'est sur cette dynamique intrafamiliale concernant la pratique du bilinguisme, mais aussi et surtout sur les différences d'approche entre les générations, que porte l'analyse suivante, avec un accent sur l'usage et sur l'évolution des règles langagières au sein des familles bilingues.

Méfiance parentale à l'égard des marques transcodiques

Dans la mesure où les parents de l'ensemble des familles ont opté pour la stratégie OPOL à la naissance du premier enfant, il n'est guère étonnant que tous rejettent, à des degrés divers, l'utilisation des marques transcodiques, en tant qu'elles expriment un phénomène d'hybridation. Chez les locuteurs bilingues, les plus répandues d'entre elles sont les alternances codiques et le mélange des langues, c'est-à-dire respectivement les « changements de langue d'une "phrase" à l'autre » et les changements de langue au cours d'une même phrase (Lahire, 2001 : 109–110). S'y ajoutent les emprunts lexicaux et les emprunts morphosyntaxiques qui, selon la définition de Georges Lüdi et Bernard Py, correspondent, pour les premiers, à des « unités lexicales simples ou complexes d'une autre langue quelconque introduites dans un système linguistique afin d'en augmenter le potentiel référentiel » et, pour les seconds, à des « structures d'une variété de contact issues d'un transfert d'une autre langue et grammaticalisées par la suite » (Lüdi, Py, 1986 : 143).

En termes de pratiques langagières, les craintes des parents semblent se concentrer pour l'essentiel sur les alternances codiques et le mélange des langues. Ainsi, ils sont plusieurs à invoquer une langue juste, voire une langue « pure », renvoyant à une « représentation stéréotypée » (Stratilaki, 2011 : 241) du bilinguisme, ou encore, comme l'écrit Deprez, à « un certain normativisme et à une certaine rigueur pour maintenir la langue

123 « changer les règles, en en fixant de nouvelles ».

dans ses formes originelles et garantir l'efficacité de la communication extra-familiale » (Deprez, 1994 : 59). Selon les témoignages parentaux, les marques transcodiques posent doublement un problème. D'une part, elles feraient obstacle à l'apprentissage de la langue par les enfants et, par conséquent, à sa transmission aux générations suivantes. Ainsi, la mère de la famille [P_2] évoque le manque de vocabulaire actif des enfants que les parents autorisent à ne pas leur répondre systématiquement dans leur langue d'origine (« Weil ich kenne viele Eltern, die… geben dann irgendwann auf und reden zwar mit den Kindern Deutsch, lassen sie aber in Französisch antworten. Und das führt dazu, dass… viele Kinder oder Jugendliche dann nur einen passiven Wortschatz haben[124] » [P_2_Ma]). D'autre part, selon les témoignages recueillis, les marques transcodiques nuiraient à l'esthétique de la langue.

> [**B_5_Mf**] Parce que c'est pas joli, et parce que c'est faux.
>
> [**B_6_Pf**] […] objectivement je pense qu'il y a un truc qui est… qui est… on fait peut-être plus attention à la langue. Moi je fais attention. J'ai été éduqué comme ça aussi. […] Un Français qui utilise des anglicismes par exemple, c'est moche.
>
> [**P_3_Pa**] Ganz ehrlich find ich, dass Deutsch eine sehr schöne Sprache ist. Eine sehr nuancierte Sprache. Äh… und wenn ich das Wort nuanciert, zum Beispiel… äh… nehme, sagen wir mal, dann sind das so Sachen, die natürlich schon reinge… reingerutscht sind, ne? Aber… ich finde, wenn das gut gesprochen ist, ist es sehr schön und Französisch ist eine sehr schöne Sprache, wenn man die gut spricht, dann ist es sehr schön. Wenn man das aber vermischt, hat es für mich eher… es ist eher ein Mangel an Konzentration und so eine Art Ausfaden von… von… Kultur eigentlich, weil man sich dann nicht anstrengt, die richtigen Worte zu benutzen oder zu suchen[125].

---

124 Parce que je connais beaucoup de parents qui… abandonnent à un moment donné et parlent certes allemand avec les enfants, mais les laissent répondre en français. Et cela conduit au fait que… de nombreux enfants ou jeunes ne disposent alors que d'un vocabulaire passif.

125 Honnêtement, je pense que l'allemand est une très belle langue. Une langue très nuancée. Euh… et quand j'utilise le mot 'nuancé', par exemple… euh… disons que ce sont des choses qui ont déjà gli… glissées, non ? Mais… je trouve que quand c'est bien parlé, c'est très beau, et le français est une très belle langue si on la parle bien, alors c'est très beau. Mais quand on mélange, pour moi c'est plutôt… c'est plutôt un manque de concentration et une sorte de dérive de…. de… la culture en fait, parce qu'alors on ne fait pas l'effort d'utiliser ou de chercher les mots justes.

C'est chez les parents français résidant à Berlin que la méfiance vis-à-vis des marques transcodiques est exprimée le plus vivement, mobilisant des arguments de nature esthétique. Seul un père allemand en région parisienne, évoque son « allergie » à l'égard de telles pratiques langagières, et ce n'est peut-être pas un hasard qu'il soit lui-même issu d'une famille franco-allemande dans laquelle seule la langue allemande était parlée. Quoi qu'il en soit, les deux raisons invoquées semblent suffisantes, aux yeux des parents concernés, pour bannir les marques transcodiques des échanges familiaux. Les termes utilisés au cours des entretiens évoquent des règles de conduite strictes, établies par les parents et bien connues des enfants (« règles », « interdit », « veut pas », « pas possible »).

[**B_1_Mf**] […] dès l'départ j'me suis donné ça comme règle, c'est tout. Donc en fait, <u>quand</u> on prend un mot allemand, tout à l'heure j'ai dit « Schärfe », et ben je précise, c'est parce que je trouve pas le mot en français, donc, je dis « Schärfe ». […] Mais en français je mets…, je fais très attention de jamais mettre dans ma phrase française des mots allemands, et dans ma phrase allemande des mots français.

[**B_2_Mf**] Alors on a un mot pour ça. … Vous pouvez l'dire les enfants ? C'est quoi le mot quand on mélange les langues ?
[**B_2_Em2**] Charabia.
[**B_2_Mf**] Voilà, charabia, c'est interdit. Ça veut dire qu'on n'a pas l'droit d'mélanger les langues.
Pourquoi ça ?
[**B_2_Em2**] Parce que maman, elle veut pas.
Et vous comprenez pourquoi ?
[**B_2_Em2**] Non.
[**B_2_Em1**] Pour que plus tard on parle soit en français, soit en allemand.
[**B_2_Pa**] Pur.

[**B_5_Mf**] Il y a des choses parfois, je me dis c'est pas possible, là. Je la reprends dix mille fois et elle fait toujours la faute. Dire « si j'aurais pas » à 30 ans, c'est juste pas possible.

[**P_3_Pa**] Also ich… reagiere ganz allergisch, wenn man tatsächlich… die beiden Sprachen zwischen vermischt. Natürlich ist es, also es ist wieder das, was ich mal mit Mangel an Konzentration beschreiben würde. Wenn zum Beispiel… äh… Fatim und Anna oder auch du… wenn ihr tatsächlich… Sätze machen würdet… die eigentlich ein deutscher Satz ist und dazwischen dann französische Wörter drin sind, äh… dann bin ich dagegen. Also dann sage ich: „Das geht nicht, wir fangen nochmal von vorne an den Satz, und suchen uns die richtigen Worte aus." […] Und… ähm… das versuche ich total zu verhindern.

Ist das so dramatisch?
[P_3_Pa] Ja[126].

Dans de nombreuses familles, les règles définies par les parents, en particulier l'interdiction de recourir aux marques transcodiques, sont perçues par les enfants comme de véritables contraintes. Certains s'en moquent et défient leurs parents, d'autres s'y plient de mauvais gré. Ils sont en tout cas nombreux à les contourner avec plus ou moins de constance, même si certains disent en comprendre le bienfondé. Quant aux parents, ils sont plusieurs à se déclarer agacés du « parler bilingue » de leurs enfants, dans lequel ils voient non seulement un obstacle au bon apprentissage des deux langues, mais aussi comme une gêne pour la communication familiale au quotidien (« compliqué », « pas compris »).

Et ça c'est le genre de mot ou de phrase que vous utilisez dans la famille et que tout le monde comprend ?
[P_5_Pf] Ah oui, oui !
[P_5_Ma] Pas moi !
[P_5_Pf] Ah, pas toi ?
[P_5_Ma] Non, moi je mélange pas en général. Mais bien sûr je suis habituée à leurs mélanges. Mais des fois c'est aussi compliqué de comprendre une phrase parce que d'un seul coup, ma fille elle va faire sa phrase en français, et elle intègre un mot en allemand, et j'ai pas compris tout de suite…
[P_5_Pf] Oui, donc là, ça l'énerve. Donc moi je comprends, mais [P_5_Ma] ça l'énerve, et moi ça me paraît normal.

Dans la moitié des familles concernées, les parents se réfèrent à des contre-modèles pour justifier leur refus des marques transcodiques. Il s'agit d'amis, de membres de la famille ou de connaissances rencontrées par le passé, qui ont eux-mêmes des parents de langue d'origine différente, mais qui – selon les témoignages – maîtrisent mal l'une d'entre elles. Les termes associés à une telle situation (« bizarre », « nul », « effarés ») évoquent une anomalie. Pour les personnes interrogées, de telles

126 Eh bien, je… réagis de manière tout à fait allergique lorsqu'on… mélange les deux langues entre elles. Bien sûr, c'est, c'est encore ce que je décrirais comme un manque de concentration. Par exemple, quand… euh… Fatim et Anna ou même toi…. si en effet vous… faisiez des phrases… qui sont en fait une phrase allemande et au milieu il y a des mots français, euh… alors je suis contre. Alors je dis : « Ca ne va pas, on recommence la phrase depuis le début et on choisit les bons mots. » […] Et… hum… j'essaie vraiment d'éviter ça./*C'est si dramatique ?*/Oui.

situations paraissent incarner un bilinguisme « raté » en raison d'une éducation inadaptée, dont la responsabilité incombe aux parents de leurs connaissances. Les images auxquelles elles recourent pour décrire une telle anomalie semblent agir comme de puissants avertissements, parfois d'ailleurs de longue date, en tout cas si l'on considère que, dans trois des quatre cas, la rencontre a eu lieu avant la naissance du premier enfant.

> [**B_1_Mf**] […] j'ai une amie franco-allemande qui m'a dit de faire attention, c'est de pas mélanger les deux langues dans une seule phrase. Parce qu'elle m'avait dit que elle, du coup, elle était franco-allemande et quand elle est arrivée pour faire ses études en France, eh ben en fait elle parlait très bien français, sauf qu'elle mettait plein de mots en allemand à l'intérieur sans savoir qu'ils étaient pas français, parce que chez elle, sa mère avait mélangé les deux.

> [**B_2_Mf**] Eh bien à la fac y avait un Franco-Allemand […]. Et, en fait, sa mère était française, son père allemand, et il parlait tellement mal le français que, que moi j'me suis juré que quand j'aurais des enfants, je ferais attention à ce qu'ils parlent parfaitement les deux langues. Parce que j'trouvais que c'était tellement nul pour lui, mais vraiment, j'me suis dit, tu vois, il pourra jamais l'utiliser. Et en plus, il le connaissait qu'à l'oral, donc il était incapable d'écrire. Et j'me suis dit que c'était vraiment du gâchis.

> [**B_7_Ma**] […] une copine qui a grandi en France avec une mère allemande, et la mère leur parlait tout le temps en allemand, et les enfants refusaient de lui parler en allemand. Et je me suis dis, ah c'est bizarre, si ton propre enfant il parle pas ta langue, il te parle dans une autre langue, qui n'est pas la tienne quoi. Et du coup, j'avais envie de…, d'amener plus de français dans le quotidien, que les deux langues soient quelque chose de… de courant et de normal pour tout, enfin pour tous les membres de la famille quoi.

> [**B_3_Em1**] Il y a cinq ans ou comme ça, tu nous avais montré un coin de ta famille, où la mère elle parlait français. Ils avaient des filles, mais les filles ne parlaient pas du tout français.
> [**B_3_Mf**] Elles parlent qu'allemand, elles peuvent pas communiquer avec la famille française. […] Et c'est…, on était tous effarés.

Dans trois familles, des parents évoquent comme contre-modèle l'expérience faite au cours de son enfance par leur conjoint(e) issu(e) d'un couple mixte de constellation différente : germano-guatémaltèque [B_4], franco-espagnol [P_1] et franco-algérien [P_8]. Aucun d'entre eux n'a bénéficié d'une véritable éducation bilingue au cours de son enfance, soit que celle-ci ait été complètement inexistante, soit qu'elle se soit limitée au cercle familial ou ait été lacunaire et/ou limitée dans le temps. Une fois devenus eux-mêmes parents, ils le regrettent et souhaitent adopter une stratégie radicalement différente à l'égard de leurs propres enfants. Dans les trois cas mentionnés, le conjoint issu d'un couple non mixte se montre sensible à l'expérience rapportée et reprend à son compte l'argumentation concernant l'éducation bilingue, qui fait ainsi l'objet d'un consensus au sein du couple. Dans les contre-modèles ici évoqués, il est cependant moins question du recours aux marques transcodiques que du rapport au bilinguisme précoce en général.

> [**B_4_Mf**] […] elle vient du Guatemala et euh… donc elle, elle parle espagnol… Et elle parlait espagnol à la maison, avec ses enfants quand ils étaient petits, mais euh au bout d'un moment elle a arrêté, maintenant elle parle plus qu'allemand avec eux. […] Par contre lui a été scolarisé que en allemand, et c'est lui qui a dit, il <u>veut</u> que [Fam4_E] apprenne le français à l'école. Parce qu'il a dit que lui, ça lui avait beaucoup manqué d'apprendre à lire et à écrire la langue qu'était parlée à la maison en fait.

> [**P_1_Ma**] Und deswegen war das tatsächlich ein Projekt, und es liegt vielleicht auch ein bisschen dran, meine Schwiegereltern sind spanischer Herkunft, und die haben das nicht gemacht. Also mein Mann spricht gut spanisch, aber der ist nicht – würde ich sagen – zweisprachig. Und ich glaube, deswegen hat er mir auch so unterstützt, weil er das toll findet[127]!

> [**P_8_Pa**] […] Das bereut sie es auch. Sie findet es schade, dass sie nicht zweisprachig erzogen wurde… und ich glaube, das ist auch… sie sagt mir das auch regelmäßig, sie… sie… sie findet zwar schade, dass ihr… dass ihr Vater das nicht gemacht hat, sie zweisprachig zu erziehen, was sie als Bereicherung auch gefunden hätte. Deswegen ist es ihr jetzt auch umso wichtiger, dass wir… das wir die Möglichkeit nutzen, unsere Kinder zweisprachig zu erziehen[128].

En réaction à l'utilisation de marques transcodiques par leurs enfants, les parents veillent à ce que ces derniers se rallient à une pratique langagière considérée comme « pure », du moins – ce qu'ils considèrent comme – juste. De ce point de vue, ils se positionnent en quelque sorte

---

[127] Et c'est pour ça que c'était un projet, et c'est peut-être aussi un peu parce que mes beaux-parents sont d'origine espagnole, et ils n'ont pas fait ça. Mon mari parle bien espagnol, mais il n'est pas – je dirais – bilingue. Et je pense que c'est pour ça qu'il me soutient autant, parce qu'il pense que c'est génial !

[128] Et elle le regrette. Elle pense que c'est dommage de ne pas avoir été élevée dans le bilinguisme… et je pense que c'est… elle me dit que régulièrement, aussi, elle… elle, euh… elle trouve dommage que son… que son père n'ait pas fait ça, l'élever de façon bilingue, ce qu'elle aurait trouvé enrichissant. C'est pourquoi il est encore plus important pour elle maintenant que nous… que nous saisissions l'occasion d'élever nos enfants de manière bilingue.

en gardiens de leur langue d'origine. Ils disent « reprendre » leurs enfants, les « corriger » ou tout simplement « répéter » leur phrase dans une version correcte d'un point de vue normatif. Toutefois, si tous semblent d'accord, tant sur le diagnostic que sur le remède, le niveau d'intervention parentale varie fortement d'une famille à l'autre.

> [**B_1_Mf**] [...] quand elle met un mot allemand à la place d'un mot français, ben pour elle, elle est contente. [*rires*] Moi pas, non. Je lui faire redire, je les reprends. Soit elle me dit toute sa phrase en allemand, soit elle me dit toute sa phrase en français, mais elle ne fait pas un mélange.

> [**B_2_Mf**] Non mais c'est vrai que c'était très coercitif, c'était dur et c'était... nul parce que c'était les rares moments que j'avais avec eux, tu vois. C'était des moments qu'étaient pas rigolos parce qu'il fallait sans arrêt que j'les reprenne, que j'leur dise non, que j'leur dise « répète moi ça ». Alors que finalement, dès le début ils avaient compris... ils avaient tout à fait compris.

> [**B_5_Mf**] Je la reprends.
> [**B_5_Ew**] Pas toujours.
> [**B_5_Mf**] Mais souvent. Par exemple, « si j'aimerais, je »..., aaaaah, ça me...

> [**B_6_Pf**] Je corrige tout le temps « si je prendrais », je corrige, « si je prenais ».

Alors que certains parents disent se montrer intraitables et intervenir de manière systématique, d'autres reconnaissent faire preuve de souplesse et ignorer au quotidien l'expression de certaines marques transcodiques, de manière consciente ou non. Une telle réaction est représentée de la même manière à Paris et à Berlin, où plusieurs parents évoquent une certaine tolérance à l'égard des marques transcodiques ou plus généralement de l'usage de la langue du pays de résidence en réponse à des questions qu'ils ont formulées dans leur langue première.

> [**B_3_Mf**] J'essaie d'les reprendre, j'dis « essaie d'trouver le mot. » Pas tout le temps. Quelque fois s'ils veulent me parler en allemand, j'suis pas une psychorigide qui va dire, il faut que ce soit tout le temps cette langue. [...] Ou quand on est fatigués...

> [**B_4_Mf**] Je te corrige ? En général si, je te corrige. Et puis pas toujours.

> [**B_7_Ma**] Quand il connaît pas un mot en français il prend le mot allemand, il le francise. Et là on sait, ok il le connaît pas, et on le reprend, on lui dit le vrai mot en français.

> [**B_8_Pf**] Quand ils étaient petits et qu'ils mélangeaient, on les laissait mélanger.
> [**B_8_Ma**] T'as peut-être répété la phrase.

[**B_8_Pf**] Oui j'ai répété la phrase en français, souvent oui. Dans un français correct.

[**P_7_Ew1**] En fait, soit c'est un mot… si je le trouve pas directement dans cette langue, ben, je switche… ou alors… Ben parfois, je m'en rends même pas compte…
Ah oui ? Et ça ne pose pas de problème pour ton père, là ?
[**P_7_Pf**] Quand c'est un mot dans une phrase, ça va.
Ca va ? Vous vous plaignez pas ?
[**P_7_Pf**] Non.

Si une différence s'observe entre les deux villes, elle porte en revanche sur la justification avancée par les parents pour expliquer un tel comportement. Alors que les Français de Berlin ont tendance à les décrire comme des faits sans en expliciter les raisons, les Allemands d'Île-de-France évoquent spontanément leur refus d'entrer dans une relation tendue avec leurs enfants. Plutôt que d'entretenir un mode de communication qui serait source de douleurs pour les uns et pour les autres (« souffrance », « pas la force », « contrainte », « torture »), ils préfèrent fermer les yeux sur ce qu'ils considèrent comme des erreurs ou des imperfections, quitte à ralentir le processus d'apprentissage.

Aber ich habe den Eindruck, dass keiner darunter leidet, oder?
[**P_3_Pa**] Nee… nein. Nicht so. Nee, aber ich glaube, es ist aber auch tatsächlich… es ist gut, dass Sie es sagen mit dem Leiden. Ich glaube, keiner möchte leiden. Und keiner möchte…
[**P_3_Em3**] Warum?
[**P_3_Pa**] Deswegen ist es, wenn er auf Französisch antwortet, dann sage ich: Aber [P_3_Em3], bitte auf Deutsch", dann versucht er halt auf Deutsch und gleitet aber wieder ins Französische und dann lasse ich es sein, d.h. dass <u>keiner</u> möchte auch leiden darunter, genau[129].

[**P_4_Ma**] […] ich hatte nicht die Kraft, ähm, wo ich weiß, dass es einige Eltern machen, die in so einer Situation sind: sie fordern von den Kindern, oder haben von den Kindern gefordert, dass die auch auf Deutsch antworten. Hab ich, dass… für mich war das Wichtigste, dass ich weiterhin

---

129 *Mais j'ai l'impression que personne n'en souffre, non ?*/Non… non. Pas comme ça. Non, mais je pense que c'est aussi en fait… c'est bien que vous parliez de souffrance. Je pense que personne ne veut souffrir. Et personne ne veut…/Pourquoi ?/C'est pour ça que quand il répond en français, alors je dis : « Mais [P_3_Em3], s'il te plaît en allemand », alors il essaie juste en allemand et il retombe en français et puis je laisse faire, c'est-à-dire que personne ne veut en souffrir, oui c'est ça.

Deutsch rede, aber… ja, ich hab's nicht verlangt, von den Kindern, dieses deutsche Antworten[130].

[**P_6_Pa**] Même si c'est un peu tard, et même si elle est pas encore… elle est pas… elle a un bon niveau, sans être parfait. Mais la volonté de le faire, moi je trouve que c'est beaucoup plus important que si je l'avais forcée à son âge, à un âge très jeune, de le faire, et ensuite ça devient peut-être même une contrainte et un refus. […]
[**P_6_Mf**] Oui, moi je voulais pas aussi que ça soit… je voulais pas que ça soit comme… oui, je pense qu'il a raison. Moi ce que j'aurais aimé depuis le début, c'est… parce qu'on a entendu beaucoup de choses et beaucoup de gens qui nous disaient : « Il faut qu'il parle allemand, et quand les filles répondent en français, il faut qu'il fasse semblant de pas comprendre »… moi je voulais pas que ça devienne une torture comme ça.

Divergences et conflits intergénérationnels

Dans les échanges familiaux à propos de l'usage des marques transcodiques, on constate que les perceptions ont tendance à différer, en particulier, entre enfants et parents. Comme il a été évoqué précédemment, les parents ont un rapport plus ou moins strict à l'application des règles et certains d'entre eux se montrent plus tolérants que d'autres, à l'image de la mère française de la famille [B_4] (« Ça m'embête un peu mais… vu que j'suis habituée et que [B_4_Em] me le fait depuis l'temps… Ça m'gêne pas plus que ça. »). Toutefois, dans l'ensemble, le motif auquel recourent le plus fréquemment les parents pour expliquer l'usage de marques transcodiques est celui de la paresse – auquel répond très souvent le motif de la correction et de la discipline – qui, on l'a vu, est exprimé de manière à la fois plus fréquente et plus ferme par les Français de Berlin.

[**B_1_Mf**] […] c'est vraiment difficile, ça lui d'mande des efforts, et en fait juste je lâche pas. Ça lui d'mande des efforts, c'serait plus facile de… de tout mélanger… mais euh… Non en fait, je pense qu'elle fait vraiment confiance que je fais pas ça pour l'embêter, mais que ça la fait progresser. Et elle a confiance que c'est bon de faire comme ça.

[**B_2_Em2**] Mais y a des mots qu'on connaît pas.

---

[130] Je n'avais pas la force, mhh, où je sais que certains parents le font qui sont dans une telle situation : ils exigent ou ont exigé des enfants qu'ils répondent aussi en allemand. J'ai… pour moi le plus important était que je continue à parler allemand, mais… oui, je n'ai pas exigé de la part des enfants qu'ils répondent en allemand.

Comment vous faites, alors ?
[**B_2_Em2**] Des fois on oublie, on n'a pas trop envie de…
[**B_2_Mf**] C'est surtout de la flemme.
[**B_2_Em2**] Pas du tout.
[**B_2_Mf**] C'est surtout d'la paresse. […] C'est vraiment une paresse de dire, de toute façon elle va bien comprendre, allez j'vais dire un mot au milieu.

[**B_5_Mf**] Je sais très bien qu'elle le fait parce qu'elle a un peu la flemme aussi. Quand elle essaie de m'expliquer en français, elle met un mot allemand parce que… elle trouve pas le mot, donc au lieu de chercher.

[**P_3_Pa**] Also es ist ein Mangel an Konzentration, würdest du sagen?
[**P_3_Em3**] Ja genau. Es ist…
[**P_3_Pa**] Faul. Wir sind beide faul geworden, glaube ich [*rires*][131].

Par effet de contraste, la plupart des enfants ne semblent pas avoir mauvaise conscience de recourir aux marques transcodiques. Du reste, certains d'entre eux s'en amusent (« C'est plutôt rigolo, mais quelquefois ça t'énerve car, quand tu parles, par exemple avec ton prof, et tout à coup il faut que tu commences à rigoler, c'est un peu bête » [B_3_Ew2]). Ils en parlent comme d'un phénomène évident, pour ainsi dire naturel (« j'y pense pas trop », « des mots qui me viennent », « ça vient tout seul », « ça me vient directement », « ne vient pas à l'esprit »). Ces termes sont porteurs d'une forte dimension passive, comme si la langue parlait à leur insu, à travers eux. Dans de telles situations, qui contrastent avec l'idée d'acteurs sociaux libres de s'affranchir de leurs représentations, il semble que les locuteurs n'ont qu'un contrôle limité sur le choix des langues, ou du moins des mots. Alors que les parents ont tendance à voir dans de telles pratiques langagières de la simple paresse, ou encore du laxisme, plusieurs enfants présentent le résultat de ce mélange, qu'ils disent ne pas complètement contrôler, comme une langue à part entière, qu'ils nomment « framland », « framand » ou « freutsch ». Sur point, on ne constate pas de différence majeure entre les enfants des familles franco-allemandes rencontrées à Berlin et Paris.

Est-ce que tu mélanges les langues ?
[**B_4_Em**] Ouais, quand même.

---

131 Donc c'est un manque de concentration, tu dirais ?/Oui, exactement. C'est…/ Paresseux. Nous sommes tous les deux devenus paresseux, je crois.

Pourquoi ?
[**B_4_Em**] J'sais pas… Ça ar…, ça vient de tout seul, ça a pas d'raison
Tu aimes bien mélanger les langues ou c'est juste comme ça ?
[**B_4_Em**] Non c'est… Alors non, c'est pas quelque chose que j'aime, mais ça vient d'tout seul.

Est-ce que tu fais attention ou est-ce tu mélanges les langues ?
[**B_3_Ew2**] Ça dépend, alors quelquefois quand je commence à parler en français, quelquefois y a des mots qui me viennent en allemand, ça veut dire… soit je continue la phrase en allemand, soit je prends le mot allemand et je continue à parler en français. C'est le hasard je pense.

Vous mélangez beaucoup les langues ?
[**B_7_Em2***] Ouais !
[**B_7_Em1**] Des fois, ouais.
Et quand tu te mets à mélanger, c'est pourquoi ?
[**B_7_Em2***] Ben je mélange parce que vu que j'ai le mot deux fois dans la tête, du coup quand je veux dire qu'que chose ça me vient direct dans deux langues. Du coup je parle et du coup ça se…
[**B_7_Pf**] T'as deux mots dans un seul tiroir.
[**B_7_Em2***] Ouais mais j'ai deux mots qui… veulent dire la même chose quoi. Et du coup allemand et français, j'ai l'impression du coup d'avoir plus dans la tête.

[**P_4_Em2**] Freudsch […]. Wenn man ein Wort nicht auf der einen Sprache…
[**P_4_Em1**] … kennt…
[**P_4_Em2**] … wenn man kennt, aber…
[**P_4_Ma**] … nicht einfällt…
[**P_4_Em2**] ja, aber, irgendjemand nicht einfällt, dann spricht man einfach Freudsch. Deutsch-französisch[132].

En outre, la plupart des enfants interrogés dans le cadre de cette étude décrivent leur recours aux marques transcodiques comme un simple moyen de pratiquer une communication efficace (« pour aller plus vite », « c'est pratique », « tout simplement »). L'idée de gagner du temps grâce à de telles pratiques, par opposition au temps de réflexion qu'implique la recherche du terme adéquat dans la langue utilisée, est exprimée à

132 Fralmand […]. Quand dans une langue il y a un mot qu'on ne…/…connaît pas…/… quand on connaît, mais…/mais ne vient pas à l'esprit…/Oui, mais quand il ne vient pas à l'esprit, alors on parle tout simplement en fralmand. Allemand-français.

plusieurs reprises. Loin du normativisme parental, le « parler bilingue » des enfants, comme Lüdi et Py (1986 : 9) qualifient de telles pratiques, relève avant tout du pragmatisme, dans la mesure où ces derniers se servent de cette manière d'« un outil langagier original qui réponde le mieux possible à [leurs] besoins propres » (Lüdi, Py, 1986 : 114).

Est-ce qu'il t'arrive de mélanger les langues ?
[**B_5_Ew**] Oui [*rires*].
Pourquoi tu le fais ?
[**B_5_Ew**] Parfois quand il y a un mot qui me manque, je l'utilise dans l'autre langue. C'est pour aller plus vite. Si je veux raconter quelque chose à ma mère, ou comme ça, je le fais un peu plus souvent parce que je veux finir ma phrase, quoi.

Est-ce que vous mélangez un peu les langues ?
[**B_6_Em2***] Ben oui avec [B_6_Em1]. Avec lui j'y pense pas trop, enfin je parle comme ça, si c'est pratique. Et avec mes parents, j'essaye, mais des fois j'ai un p'tit peu…, et puis j'y pense pas trop.
Alors tu fais comment ?
[**B_6_Em2***] Ben en fait ils m'obligent.

[**P_1_Ew2**] Oder auch halt… damit man schneller geht, und dass man nicht… man hat das Wort schneller von einer anderen Sprache und setzt man es einfach ein[133].

Une telle différence d'attitude entre la génération des parents et celle des enfants pourrait s'expliquer par le caractère désinvolte de la jeunesse, par contraste avec la responsabilité parentale vis-à-vis de l'éducation des enfants. Cependant, si ce facteur peut jouer un rôle, comme dans d'autres domaines liés à la scolarité ou à l'éducation en général, il ne semble pas suffire. Les recherches sur le bi-/plurilinguisme ont démontré que l'acceptation des marques transcodiques, et en particulier de l'alternance codique, renvoie à « *a view of plurilingue competence as a complex pattern of proprieties and functions*[134] » (Byrd, Stratilaki, 2013 : 190), telle qu'elle est aujourd'hui largement partagée dans les recherches contemporaines sur le bi-/plurilinguisme. À l'inverse, le rejet des marques transcodiques est le « reflet d'une "idéologie unilingue" répandue, selon laquelle […]

---

133 Ou même juste… pour aller plus vite, et pour ne pas… On a le mot plus vite d'une autre langue et on le place tout simplement dedans [dans la phrase].

134 « […] une conception de la compétence plurilingue comme un schéma complexe de propriétés et de fonctions […] ».

toute variété vernaculaire "pure" est encore préférable à des mélanges, qui sont interprétés comme signe de décadence » (Lüdi, Py, 1986 : 170). Gogolin parle à ce sujet de « *sprachliches Reinheitsgebot*[135] » (1998) et relie l'obsession d'une langue pure à la volonté d'éviter toute forme d'hybridation, perçue comme une dégradation des langues du bilingue :

> « *Die tiefsitzende Überzeugung, dass es zur Kontaminierung 'der' Sprache durch eindeutig nicht akzeptable Abweichungen der Einengungen komme, ist eine Variante jener Grundauffassung, dass die Berührung zwischen verschiedenen Sprachen strikt zu meiden sein. In diesem Sinne besteht eine Obsession, die Sprache(n) rein zu halten* [...][136] » (Gogolin, 2003 : 63).

Selon cette logique, les parents ayant été éduqués dans un contexte monolingue auraient tendance à reproduire, ne serait-ce que de manière inconsciente, le paradigme d'une langue idéale qui est au cœur du monolinguisme. À l'inverse, les enfants, qui tous ont grandi dans un milieu bilingue et sont – pour un grand nombre d'entre eux – scolarisés dans une structure favorisant le bilinguisme, se montrent davantage ouverts aux marques transcodiques caractéristiques de la compétence bi-/plurilingue. Selon Lüdi et Py, une telle compétence implique que « les énoncés [soient] émaillés de nombreux "mélanges de langue" [...], manifestant l'activation plus ou moins simultanée des deux systèmes linguistiques » (1986 : 140). Dans la présente recherche, le rôle de la socialisation monolingue *versus* bi-/plurilingue dans la perception et la pratique du bilinguisme semble attesté par le fait que deux des trois parents qui ont eux-mêmes reçu une éducation bilingue font partie de ceux qui se montrent les plus tolérants vis-à-vis de l'usage des marques transcodiques.

Cela étant, il convient de distinguer l'énonciation des principes de leur application dans le quotidien familial. En tant que bilingues tardifs, les parents dont la socialisation primaire a eu lieu dans un contexte monolingue disent ressentir de la mauvaise conscience lorsqu'ils sont amenés à « parler bilingue » et tentent de réprimer cette tendance. Toutefois, eux aussi reconnaissent recourir aux alternances codiques et, plus encore, au mélange des langues – des caractéristiques de ce que Tupin et

---

[135] « loi de pureté linguistique ».

[136] « La conviction profonde que la contamination de "la" langue par des variations clairement inacceptables de l'interférence est une variante de l'opinion selon laquelle le contact entre différentes langues doit être strictement évité. En ce sens, il existe une obsession à garder la ou les langues pures. »

Wharton qualifient de « *mobilité sociolinguistique* » (2015 : 136) des locuteurs bilingues. De ce point de vue, il ne semble pas exister de grandes différences de comportement entre les Allemands de Paris et les Français de Berlin, qui recourent au mélange des langues de la même manière – à des degrés plus ou moins poussés et avec plus ou moins de mauvaise conscience.

> [**B_2_Mf**] C'est drôle parce qu'y a pas longtemps, j'sais plus qui était là, une copine en tout cas, et on parlait du travail… Et en fait y avait plein de mots qui tombaient en allemand et on se prenait pas la tête à les traduire. Et [B_2_Em3] écoutait tout, et donc il disait rien. Et puis quelque temps après, dans une phrase comme d'habitude il met un mot en allemand, et j'dis non, j'comprends pas, il m'a dit : « mais toi t'as fait pareil avec ta copine. » Et ça l'avait vraiment marqué. « Toi, t'as fait pareil, t'as mélangé les langues, j'ai entendu. »

> [**B_5_Mf**] Et j'essaie de lui dire, c'est ce mot là ou ça, mais c'est vrai que j'le fais moi aussi parfois. Ça m'est arrivé aussi de me dire, oh je trouve pas le mot en français donc, avant de l'expliquer pendant deux heures je le dis en allemand et puis c'est bon quoi.

> [**B_8_Em**] Ça arrive, moi ça m'arrive.
> [**B_8_Ma**] Moi aussi.
> [**B_8_Pf**] Oui, oui moi aussi. Quand j'trouve pas le mot en allemand, je le dis en français.

> [**P_1_Ma**] Also dann habe ich mich auch manchmal ertappt, daß… wenn man immer ein Feedback auf französisch kriegt, habe ich dann manchmal auch auf französisch geantwortet. Und das war tatsächlich mein Mann, der mich darauf hingewiesen hat […][137].

> [**P_3_Pa**] also ich muss ganz ehrlich sagen, ich meine es ist die Regel oder die Regel, die ich versuche… versuche anzubieten, dass man möglichst entweder Deutsch oder Französisch redet, aber… mir geht's natürlich genauso, dass ich auch… ich bin jetzt länger in Frankreich als ich in Deutschland gewesen bin, dass ich auch Reflexe habe, wie die Kinder. Das heißt, die französischen Wörter kommen zuerst oder der… die Reaktion kommt zuerst oder der Gedanke kommt zuerst, äh… und dann… bietet sich das an halt, so ein bisschen zu vermischen, schon. Das passiert mir

[137] Et puis je me suis aussi surprise parfois à… quand on a toujours un retour en français, il m'arrivait de répondre en français. Et c'est en fait mon mari, qui me l'a fait remarquer.

immer öfter... Und aber ich kämpfe dagegen bei mir und bei den anderen auch[138] [*rires*].

[**P_4_Ma**] Ich weiß, dass es so ist. Dass ich manche Wörter auch mit meinen Kolleginnen – und jetzt nicht unbedingt mit den Kindern, die auch Deutsche sind – aber auch einfach... sind so Wörter, die... inzwischen für mich mehr auch so im Französischen vorkommen, wo ich dann manchmal sogar auch im Deutschen suchen muss[139].

Parler bilingue et cohésion familiale

Ainsi, les parents ayant grandi dans un milieu monolingue semblent tiraillés entre, d'un côté, le paradigme linguistique qui lui est associé et, de l'autre, un « parler bilingue » de fait, entretenu au quotidien par leurs enfants. Il s'ensuit que la langue familiale a tendance à devenir « *sehr gemischt*[140] » (Brohy, 1992 : 199), comme souvent dans les familles bi-/plurilingues. Il arrive certes que la communication au sein de la famille s'en trouve embarrassée, en particulier entre des parents soucieux de pratiques monolingues et des enfants pour lesquels les marques transcodiques paraissent naturelles. Cependant, au-delà de l'agacement, voire de l'énervement de certains parents face au non-respect par leurs enfants des règles langagières qu'ils ont eux-mêmes définies, les membres des familles franco-allemandes interrogées ne semblent pas rencontrer de problèmes de compréhension majeurs dans la communication familiale au quotidien. Dans un tel contexte, les parents font surtout face à un paradoxe inhérent au bi-/plurilinguisme : l'usage de marques transcodiques complique certes la compréhension de la parole, du moins pour la société majoritaire qui n'en dispose pas des clés, mais il peut aussi

---

138 Donc c'est... Eh bien, je dois être honnête, je veux dire, une des règles ou la règle que j'essaie... que j'essaie d'offrir, c'est qu'on parle si possible allemand ou français, mais... bien sûr ca m'arrive à moi aussi de... Je suis en France depuis plus longtemps que je ne suis en Allemagne, donc j'ai aussi des réflexes comme les enfants. C'est-à-dire que les mots français viennent en premier ou les... la réaction vient en premier ou la pensée vient en premier, euh... et puis... ça arrive de mélanger un peu, oui. Cela m'arrive de plus en plus souvent... Mais je lutte contre pour moi-même et pour les autres aussi.

139 Je sais que c'est comme ça. Que j'utilise aussi certains mots avec mes collègues – et pas nécessairement avec les enfants, qui sont aussi allemands – mais aussi simplement... sont des mots qui... arrivent désormais plus souvent en français, alors je dois même parfois chercher aussi en allemand.

140 « très mélangée ».

contribuer à une communication plus efficace entre les membres de la famille et, par suite, à la cohésion intrafamiliale : « Ce parler exclusif parce que difficilement compréhensible pour une personne extérieure renforce les liens des interlocuteurs entre eux » (Deprez, 1994 : 59).

Face à un tel paradoxe, une stratégie peut consister à user de marques transcodiques de manière consciente, voire contrôlée. Celle-ci permet de ne pas entraver le parler bilingue spontané, qui contribue à la fois à une communication efficace et à un sentiment d'appartenance identitaire, sans cependant nuire à l'apprentissage des langues. Ainsi, dans l'une des familles franco-allemandes de Berlin, les parents autorisent de telles pratiques bilingues à la condition que leurs enfants disposent de connaissances langagières jugées suffisantes.

> [**B_7_Pf**] À partir du moment où c'est pas un mélange… désorganisé, je veux dire. Parce qu'on sait qu'on mélange et que voilà. C'est pas un mélange des langues à notre insu.
> [**B_7_Ma**] Parce qu'on parle tous les cinq allemand et français, on peut se permettre de mélanger. Par exemple, moi au début quand ils étaient petits […], on parlait chacun notre langue avec eux, pour qu'il y a une langue allemande, une langue française, pour pas qu'il y a trop de mélanges justement. Et une fois qu'on savait qu'ils arrivaient bien à distinguer, on a commencé à faire des… à jouer un peu avec les mots et avec les langues. On le fait parce qu'on sait que tout le monde parle les deux langues, et c'est pas parce qu'on le sait pas.

Dès lors que tous les membres de la famille ont des compétences langagières dans les deux langues et sont prêts à jouer le jeu de l'hybridation, il peut se dégager de telles pratiques une complicité familiale. Au cours des entretiens, la question d'une telle complicité construite autour d'une langue spécifique commune a été, il est vrai, peu abordée. Le phénomène semble plus marqué au sein de la fratrie, où elle paraît naturelle pour la plupart des enfants interrogés, qu'entre parents et enfants. Comme le note Deprez, les enfants bilingues « disposent d'une langue que les autres ne comprennent pas : ils s'en servent comme d'un jeu et d'une boîte à secrets » (1994 : 175). Au cours des entretiens, la pratique d'une langue secrète en lien avec les compétences bilingues a été confirmée à plusieurs reprises. Celle-ci permet aux enfants, mais aussi aux parents et aux enfants, d'échanger des confidences en présence d'amis ou de membres de la famille non bilingues, notamment les grands-parents.

> [**P_1_Em1**] […] wir finden immer eine Sprache, wo wir über was reden können, obwohl die Person, die direkt neben uns steht, die weiß ja nicht,

worüber wir reden.... Wir können uns verständigen, ohne daß die andere uns verstehen[141].

[**P_3_Pa**] Und du machst auch etwas... darüber haben wir noch nie gesprochen, aber wenn wir zum Beispiel zu zweit irgendwo sind... äh... dann macht es dir Spaß, auf Deutsch zu sprechen, wenn die anderen kein Deutsch sprechen.
[**P_3_Em3**] Das ist auch total gut.
[**P_3_Pa**] Ja... Das findest du cool. Und mich freut das[142] [*rires*].

Parfois, cette complicité entre frères et sœurs peut donner lieu à un jeu explicite avec les langues, auquel les deux enfants en question ont visiblement pris plaisir :

Et pourquoi vous n'aimez pas que des éducatrices allemandes vous parlent en français ?
[**B_2_Em2**] C'est ma langue.
[**B_2_Em1**] Es ist meine Zunge[143].

Au-delà de ces moments d'exclusion jouissive de personnes tiers n'ayant pas accès aux codes propres du parler bilingue, la pratique d'une langue familiale permet aussi et surtout de communiquer entre ses membres au quotidien. Ainsi, certains termes sont systématiquement utilisés dans une seule langue, et ce, quelle que soit la langue de la phrase dans laquelle il s'insère. Les locuteurs évoquent l'aspect pratique d'une telle communication ou encore la difficulté à traduire les termes en question. Il semble que ces derniers fassent l'objet d'un consensus familial et se soient imposés de telle manière que même les parents ne parlant pas ou peu la langue de leur partenaire y recourent dans la communication au sein de la famille nucléaire. Le phénomène a été souligné à plusieurs reprises au cours des entretiens. Il a parfois également été mentionné que les termes en question sont soit compris, soit même parfois repris

141 Nous trouvons toujours une langue dans laquelle nous pouvons parler de quelque chose, bien que la personne juste à côté ne sache pas de quoi nous parlons... Nous pouvons communiquer sans que l'autre personne nous comprenne.

142 Et tu fais aussi quelque chose... on n'en a jamais parlé, mais par exemple, quand on est deux quelque part... euh... alors c'est amusant pour toi de parler en allemand quand les autres ne parlent pas allemand./Oui, c'est vraiment bien./Oui... Tu penses que c'est cool. Et moi ça me fait plaisir.

143 C'est ma langue. [Le terme français « langue » correspond à deux termes différents en allemand : *Sprache* pour le langage parlé et *Zunge* pour l'organe.]

par les grands-parents, alors que la langue dont ils sont issus leur est étrangère. On peut en déduire, sans que cela n'ait été clairement exprimé lors des entretiens, que de telles pratiques langagières autour desquelles se retrouvent l'ensemble des membres d'une même famille de manière transgénérationnelle, et par lesquelles ils se distinguent du monde extérieur, contribuent à un sentiment d'appartenance à la famille, voire à sa cohésion interne.

> [**B_2_Mf**] Non, je dirais pas « Tomaten », mais par exemple j'dirais… « Schultüte[144] », par exemple. Ou j'dirais, « vous voulez aller au Spielplatz [terrain de jeux] ». C'est vrai que… moi-même y a certains mots que je traduis pas. Parce que c'est quelque chose qui est typiquement allemand, et qui est difficile à traduire.

> [**P_1_Ew2**] Ja, Sprudel sagen wir nie auf…
> [**P_1_Ma**] Sprudel sagen wir… « Je vais faire du Sprudel »… ou « Je vais acheter du Sprudel »… donc…
> *C'est quoi, « acheter du Sprudel » ? Heißt es, Sprudelwasser?*
> [**P_1_Ma**] : Ja ! De l'eau qui pique ! [*elle rit*]
> [**P_1_Ew2**] Ja, und Papa benützt auch das deutsche Wort.
> [**P_1_Ma**] Ja, der sagt immer auch Sprudel, weil es die einfache… weil man dann sagen kann: « Möchtest du Wasser? Tu veux de l'eau, ou tu veux du Sprudel ? » Donc comme ça, c'est clair ce qu'on veut.[145]

> [**P_5_Ma**] Mais moi j'ai déjà réfléchi là-dessus, par exemple deux mots dans les deux sens qui sont jamais traduits dans notre famille : alors, « Spielplatz », c'est toujours Spielplatz.
> [**P_5_Pf**] C'est vrai.
> [**P_5_Ma**] Depuis leur plus jeune âge… alors ils parlent jamais d'aire de jeux, de parc, ou machin… c'est toujours dans une phrase française, c'est Spielplatz…
> [**P_5_Pf**] Même moi…

---

144 La *Schultüte* est un cône en carton rempli de petits cadeaux et de sucreries, que les enfants reçoivent de la part de leurs parents le jour de leur entrée à l'école primaire. Cette tradition n'a pas d'équivalent en France.

145 Oui, on ne dit jamais « pétillant »/On dit… « Je vais faire du Sprudel »… ou « Je vais acheter du Sprudel »… donc…./*C'est quoi, « acheter du Sprudel » ? Est-ce que ça veut dire eau gazeuse ?*/Oui ! De l'eau qui pique !/ Oui, et papa utilise aussi le mot allemand./Oui, lui aussi il dit toujours Sprudel, parce que c'est le plus simple.. parce qu'alors on peut dire : « Tu aimerais de l'eau ? Tu veux de l'eau, ou tu veux du Sprudel ? »

[**P_5_Ma**] Et même toi… et le goûter, c'est aussi le truc qu'on ne traduit jamais en allemand, parce qu'il n'y a pas le vrai équivalent, mais quand on parle allemand, même avec ma famille : « Die Kinder, die brauchen jetzt ihren Goûter, die haben jetzt Hunger…[146] » Voilà.
Et votre famille justement, donc ils ne parlent pas français ? Ils comprennent ? Comment ils font, quand vous utilisez le mot « goûter » ?
[**P_5_Ma**] « Goûter » entre-temps ils ont compris… mais ça a pris quelque temps [*elle rit*].

Outre l'utilisation systématique de certains termes indépendamment de la langue parlée, fréquemment évoquée au cours des entretiens, une famille a mentionné la pratique d'une langue familiale spécifique. Il s'agit en l'occurrence de la famille qui revendique un mélange des langues contrôlé et a une approche réflexive poussée des pratiques langagières. Cette famille peut être classée dans le groupe des « intellectuels » : si elle n'appartient pas à la bourgeoisie économique, ses membres sont cultivés et curieux intellectuellement, se qualifiant eux-mêmes d'« ouverts sur le monde » ([Fam7_Pf]) – ce qui se traduit notamment en termes de consommation médiatique, dont font partie des radios internationales comme RFI. En termes de valeurs, les parents semblent proches de la gauche libérale. Autre caractéristique, tous deux ont fait l'expérience au cours de leur enfance de cultures différentes, l'un ayant grandi en Bretagne dans une famille dans laquelle on parlait gallo, l'autre ayant été socialisée en RDA, où d'autres mots avaient cours, qu'elle aimerait aujourd'hui transmettre à ses enfants (« Je dirais, d'être allemande de la RDA, déjà, pour moi ce fait-là c'est du biculturalisme » [Fam7_Ma]). Dans la perspective de créer une langue familiale spécifique, la part d'invention va au-delà de l'usage des marques transcodiques, dans la mesure où les membres de la famille (parents et enfants) s'amusent à créer des expressions qu'eux seuls comprennent et utilisent sous cette forme. Le « framand » qu'ils décrivent consiste à transformer des mots français et à les incorporer dans le système linguistique allemand, que – pour certains – ils réintègrent traduits dans le système linguistique français.

[**B_7_Ma**] On a aussi des mots à nous, qui sont un mélange de framand mais qui rentrent dans le langage de toute la famille élargie. Par exemple [B_7_Em1], quand il était petit, il boudait beaucoup, et du coup on disait

---

[146] Les enfants, ils doivent prendre leur goûter, ils ont faim maintenant.

« arrête de bouder, arrête de bouder », et à un moment donné on dit « Ah, du boudierst schon wieder! ». Et du coup, le boudieren, même chez les grands-parents, ils l'utilisent maintenant.
[**B_7_Em2***] Maintenant, c'est juste devenu un mot dans notre famille. C'est devenu un mot allemand chez nous. On a inventé un nouveau mot.
[**B_7_Ma**] Et aussi « Das ist ein Regal! ». C'est un régal, et du coup on dit : « Ah, c'est une étagère ! » Comme ça on joue un peu.[147]

De telles pratiques langagières, qui récusent l'idée de frontières fixes entre les langues et s'apparentent à une activité de « jonglage » (Stratilaki, 2006), comportent un aspect ludique revendiqué. Elles peuvent d'autant plus être perçues comme une source de plaisir que ceux qui n'en ont pas les clés font preuve de surprise lorsqu'ils y sont confrontés (Piller, 2002 : 150). De plus, de telles pratiques du bilinguisme agissent de façon inclusive. Dans la mesure où ils sont propres à un groupe, en l'occurrence à une famille, les termes et les expressions ainsi créés apparaissent comme des « *emblèmes* des solidarités locales » (Brohy, Moore, 2013 : 304) ou encore, dans le cas présent, des solidarités familiales. Celles-ci ne sont pas nécessairement cantonnées à la famille nucléaire, car d'autres peuvent se les approprier au-delà du cercle d'origine. Dans l'exemple cité de la famille [B_7], les grands-parents allemands ont eux-mêmes adopté les expressions mentionnées, formées au cours des échanges entre parents et enfants. Le fait qu'ils ne disposent pas de compétence bilingue ne les a pas empêchés d'en faire usage et ainsi d'être associés à la complicité familiale à laquelle contribuent de telles pratiques.

Pour finir, notons que la langue ne permet pas seulement de cultiver et de partager au sein de la famille des émotions positives, à l'effet inclusif. Elle joue aussi un rôle central dans les disputes familiales, permettant d'exprimer de l'agacement, de la colère ou tout simplement de la peine, de gronder ou de se rebeller. De ce point de vue, on observe parmi les familles rencontrées des pratiques différentes. Ce sont surtout les mères qui en parlent, conscientes des choix langagiers et de leur impact dans des moments de tensions familiales – comme d'ailleurs le sont certains enfants (« Des fois quand papa et maman ils se disputent, ils parlent en allemand. Une fois, maman, t'as dit un gros mot à papa. » [B_2_Em2]). Ainsi, l'une des mères dit choisir la langue de la remontrance en fonction du lieu, et donc de l'espace langagier dans lequel elle et ses enfants se

147 En allemand, le mot « étagère » se dit *Regal*.

trouvent. En parlant dans une langue qui n'est pas comprise de l'entourage immédiat, elle évite que s'immiscent des tiers dans la dispute, ou tout simplement qu'ils en comprennent la nature. Deux autres mères témoignent quant à elle de leur réflexe, dans une situation de conflit, de s'adresser à leur enfant dans la langue partenaire, qui n'est pas leur langue première. Alors que l'une jette sur cette pratique un regard décontracté, jugeant ses mots en français moins « vulgaires » qu'en allemand, la seconde évite désormais cette pratique, qu'elle et son mari estiment néfaste. À juste titre, car comme le remarque une équipe de psychologues et de psychiatres spécialistes de bilinguisme : « Les choix linguistiques des parents sont donc aussi émotionnels, ce qui peut influencer le développement émotionnel de l'enfant. [...] [Si] la langue première des parents n'est adressée à l'enfant qu'à des moments de colère où le refoulement n'opère plus, celui-ci risque alors d'associer la langue familiale à des émotions négatives. » (Couëtoux-Jungman *et al.*, 2010 : 297).

> [**P_1_Ma**] Ich hatte es tatsächlich früher bei mir beobachtet, dass ich wenn ich mit den Kinder beschimpft habe, in Frankreich eher auf Deutsch, und in Deutschland eher auf Französisch geschimpft hab, weil ich nicht wollte, dass sich jemand anders einmischt. Also, wenn ich ein Thema mit ihnen abzuhandeln hatte, dann habe ich eher in der Sprache geschimpft, wo das Umfeld jetzt nicht gerade sagen konnte „Ach, jetzt lass doch mal gerade sein", oder „Nein, das war doch nicht so schlimm"...[148]

> [**B_7_Ma**] Ouais pis moi j'aime bien parler en français. Après, je parle quand même le plus souvent en allemand avec eux. Et quand je les engueule, c'est en français. Parce que c'est pas ma langue maternelle, du coup j'trouve que c'est pas très grave de..., enfin j'trouve que c'est moins grave de dire « tu me fais chier » en français, même si c'est grave en soi, mais je dirais jamais ça en allemand quoi. En allemand c'est vraiment vulgaire, alors que je trouve qu'en français c'est...c'est pas très bien non plus mais j'ai l'impression que c'est plus dans..., dans le langage familier.

> [**P_6_Mf**] Alors à une époque, c'était pas bien parce que c'était surtout quand j'étais en colère que je me mettais à parler allemand, et c'est vrai que c'est toi qui m'avais dit « Faut arrêter ça », que les filles n'associent pas la langue allemande avec quelque chose de désagréable... [...]

---

[148] J'avais en effet observé autrefois que lorsque je râlais avec les enfants, je le faisais plutôt en allemand en France, et en français en Allemagne, parce que je ne voulais pas que quelqu'un d'autre s'en mêle. Donc, quand j'avais un sujet à traiter avec eux, je les disputais plutôt dans une langue où l'entourage ne pouvait pas vraiment dire « Oh, laisse tomber » ou « Non, c'était pas si grave »...

[**P_6_Pa**] Oui, tu t'es toujours énervée en allemand.
[**P_6_Mf**] Oui, j'aurais tendance, quand je me mets en colère, à parler allemand.

***

En termes de pratiques langagières, une différence d'approche entre la génération des parents et celle des enfants peut être observée. Celle-ci est beaucoup plus marquée entre les générations qu'entre les deux villes ici étudiées ou bien qu'entre les groupes intellectuels/technocrates. Alors que les parents affirment être attentifs à une langue considérée comme juste et font preuve de méfiance et d'agacement envers l'emploi des marques transcodiques, les enfants ont tendance à le mentionner comme un phénomène naturel, qu'ils ne contrôlent qu'en partie. Un tel clivage entre les générations n'a rien d'absolu, puisque certains parents se montrent, sur ce point, plus souples que d'autres. Il s'agit notamment, mais pas exclusivement, des parents socialisés dans un cadre bilingue ; de même, les parents de langue première allemande en Île-de-France expriment une plus grande tolérance à l'égard des marques transcodiques, comme d'ailleurs à l'égard des entorses au principe OPOL. En outre, en pratique, les parents sont nombreux à reconnaître eux aussi recourir au mélange des langues. Sur ce point, le témoignage de la mère de la famille [B_2] est révélateur : « y a un moment, t'as… t'as fait le… j'veux pas dire *switch* là, oh j'y arrive pas [*rires*]. T'as mis l'interrupteur, et t'arrives plus à… à… Y a que des mots en allemand qui arrivent. » Les discours des parents, quelle que soit leur langue d'origine et leur ville de résidence, laissent apparaître une tension entre les principes énoncés, influencés par le paradigme monolingue d'une langue « parfaite », et leur application dans le cadre familial, marquée par les compromis. Cette tension est souvent à l'origine de mauvaise conscience, mais peut aussi être source d'amusement. La différence de représentations entre parents et enfants, ainsi que la différence entre théorie et pratique au sein de la génération des parents, laissent supposer que l'expérience du bilinguisme s'accompagne d'une certaine ouverture vis-à-vis du « parler bilingue ».

Biculturalisme dans le quotidien familial

Loin de pouvoir être réduit à des compétences langagières, le bi-/plurilinguisme comporte également un aspect culturel, que le *Cadre européen commun de référence pour les langues* définit comme la compétence à « interagir culturellement d'un acteur social qui possède, à des degrés divers, la maîtrise de plusieurs langues et l'expérience de plusieurs cultures » (Conseil de l'Europe, 2001 : 129). Dans cette approche, la compétence bi-/pluriculturelle n'est pas considérée comme « une juxtaposition de compétences distinctes mais comme une compétence unique, même si elle est complexe » (Beacco, 2007 : 10). Autrement dit, conformément à la définition du CECRL, le bi-/plurilinguisme est conçu comme une compétence unique complexe, et non comme l'adjonction de plusieurs compétences séparées :

> « On désignera par compétence plurilingue et pluriculturelle, la compétence à communiquer langagièrement et à interagir culturellement d'un acteur social qui possède, à des degrés divers, la maîtrise de plusieurs langues et l'expérience de plusieurs cultures. On considérera qu'il n'y a pas là superposition ou juxtaposition de compétences distinctes, mais bien existence d'une compétence complexe, voire composite, dans laquelle l'utilisateur peut puiser. » (Coste *et al.*, 1997 : 12).

Dès lors, une analyse des pratiques bilingues des familles franco-allemandes suppose de se pencher non seulement sur leur aspect langagier, mais aussi sur leur aspect culturel, c'est-à-dire sur la manière dont les membres de ces familles gèrent au quotidien le bi-/pluriculturalisme. Après avoir constaté que la génération des parents a tendance à faire preuve de défiance envers les « mélanges » lorsqu'il s'agit d'établir et de négocier les règles langagières intrafamiliales, la partie suivante est consacrée au rapport que les familles entretiennent à l'hybridation sur le plan culturel.

Pratiques bi-/pluriculturelles

Tant le questionnaire que les entretiens fournissent des réponses utiles pour cerner la pratique du bi-/pluriculturalisme dans le quotidien familial. On peut supposer que le fait de participer à des activités culturelles ou sportives en lien avec le pays d'origine et/ou à des réseaux franco-allemands à Paris et Berlin témoigne du souhait d'entretenir une certaine proximité culturelle avec le pays d'origine, ne serait-ce qu'à travers des échanges avec des personnes francophones, germanophones ou portant un intérêt à la culture en question. Sur ce point, les initiatives des parents concernés semblent très limitées. À la question de savoir s'ils participent à certains réseaux franco-allemands à Berlin, parmi les parents français, seul l'un d'eux répond par l'affirmative et mentionne l'Institut français. Tous les autres Berlinois font preuve d'un désintérêt plus ou moins marqué pour de tels réseaux : « connaît sans participer », « pas vraiment », « un peu quand ils étaient enfants », « non », « pas vraiment », « non pas forcément », « plutôt pas ». Les parents allemands de Paris sont certes un peu plus nombreux à indiquer connaître et fréquenter les structures franco-allemandes de leur ville, qu'il s'agisse du Goethe-Institut, de l'Office franco-allemand pour la Jeunesse ou de la Chambre de commerce franco-allemande. Cependant, pour les trois personnes concernées, ces contacts sont liés à leur profession et ont lieu pour l'essentiel dans un cadre professionnel. Dans le cadre privé, en revanche, la réponse de la mère allemande de la famille [P_4] semble assez représentative des attitudes des familles rencontrées en Île-de-France : « Ja, Goethe-Institut weiß ich, dass es das gibt. Und ich weiß auch, dass es die deutsch-französische Handelskammer gibt, aber ich nutz', ich nutz' da nix[149]. » Seule exception, qui peut s'expliquer par la faiblesse de l'offre bilingue au sein du système scolaire d'Île-de-France, plusieurs enfants issus de deux familles différentes ont suivi un cours d'allemand au Goethe-Institut. Sur ce point, les familles franco-allemandes rencontrées se distinguent de la diaspora française de Londres, pour laquelle l'Institut français constitue « un lieu de sociabilité francophone » (Lequesne, 2020 : 19).

De même, rares sont les membres des familles franco-allemandes rencontrées à pratiquer des activités culturelles ou sportives en lien avec le pays d'origine du parent migrant. Parmi les Français de Berlin, seule une mère suit un cours de chant breton et de danses folkloriques françaises au sein d'une association berlinoise, sans par ailleurs rencontrer de compatriotes à cette occasion, puisqu'elle est la seule participante française. De plus, les enfants de deux familles différentes exercent une activité française ou franco-allemande au sein de leur établissement scolaire, en l'occurrence un atelier de journalisme pour les premiers et un cours de langue pour les seconds. Dans toutes les autres familles berlinoises, en revanche, de telles activités ne sont pas ou peu présentes. La situation est assez similaire en Île-de-France, où tout de même trois familles rencontrées mentionnent des activités culturelles en lien avec l'Allemagne, qu'il s'agisse de pièces de théâtre mises en scène par Thomas Ostermeier et de cinéma allemand [P_2], du festival du film de Paris et de concerts

---

[149] Oui, je sais que le Goethe-Institut existe. Et je sais aussi que la Chambre de commerce franco-allemande existe, mais je n'utilise, je n'utilise rien de tout ça.

de musique classique en langue allemande [P_3] ou encore de la programmation du Goethe-Institut et de la Maison Heinrich Heine de Paris [P_7].

Une telle attitude peut sembler paradoxale de la part de parents qui élaborent des stratégies éducatives visant à promouvoir le bilinguisme de leurs enfants. Cependant, elle peut être motivée par différents facteurs, notamment de nature logistique. Le fait que les journées scolaires dans le système éducatif français soient longues, comme d'ailleurs dans une moindre mesure dans l'enseignement SESB de Berlin, constitue sans doute un facteur dissuasif pour de nombreuses familles. Ainsi, pour le père de la famille [P_8], cela « hat vielleicht auch einfach mit dem Alltag zu tun, der sowieso schon recht voll ist. Und ist dann natürlich noch mal 'ne zusätzliche Überwindung ist, zusätzliche Hürde ist, sowas miteinzubauen[150]. » De plus, il est probable que les familles dans lesquelles les enfants sont inscrits dans une structure scolaire favorisant le bilinguisme ressentent de moindres besoins vis-à-vis des offres culturelles dans la langue d'origine. C'est ce que l'on peut déduire de plusieurs réponses au questionnaire, à travers lesquelles l'offre scolaire apparaît comme une compensation suffisante. Cela pourrait expliquer, du moins en partie, que les familles franco-allemandes d'Île-de-France soient un peu plus nombreuses à profiter des offres culturelles en lien avec le pays partenaire que les familles de Berlin, qui bénéficient en la matière d'une offre à la fois plus étoffée et plus diversifiée. Cela apparaît à plusieurs reprises au cours des entretiens :

> [**P_1**] Im Vorschulalter waren wir Mitglied in der Association Kunterbunt, einem Verein für deutsch-französische Familien. Ansonsten kennen/nutzen wir keine Angebote. Durch den Besuch der deutsch-französischen Schule hatten wir kein Bedürfnis mehr, noch mehr für die Zweisprachigkeit zu tun.[151]

---

[150] Peut-être est-ce aussi lié à la vie quotidienne, qui est de toute façon déjà bien remplie. Et puis, bien sûr, une fois de plus, il faut surmonter un obstacle supplémentaire pour intégrer quelque chose comme ça dans…

[151] Durant la phase préscolaire, nous étions membres de l'association Kunterbunt, une association pour les familles franco-allemandes. Sinon, nous ne connaissons/utilisons aucune offre. En fréquentant l'école franco-allemande, nous n'avons plus ressenti le besoin de faire quoi que ce soit d'autre pour le bilinguisme.

> [**P_7**] Früher habe ich das manchmal wahrgenommen, heute sind wir vor allem in der deutschen Schulgemeinschaft zuhause (dort gibt es auch manchmal Lesungen, Theater & Co.)[152].

Qui plus est, les réponses concernant la participation à des réseaux franco-allemands ou la pratique d'activités en lien avec la France/le français ou l'Allemagne/l'allemand ne permettent pas, à elles seules, d'appréhender le rapport des familles au biculturalisme. Les pratiques de consommation médiatique fournissent une indication supplémentaire concernant l'intérêt pour la culture du pays d'origine des parents migrants. Or, parmi ces derniers, la quasi-totalité (quatorze sur seize – de manière égale dans les deux villes) disent s'informer grâce à des médias français *et* allemands – et anglais pour les deux parents français socialisés dans un cadre bilingue à Berlin et la moitié des parents allemands à Paris. Cela semble traduire à la fois un fort d'intérêt pour le pays d'origine et la volonté de maintenir un lien solide, y compris après des années, voire des décennies, de résidence dans le pays voisin.

En outre, il est indispensable de tenir également compte des pratiques culturelles au sein de la sphère familiale privée, en dehors du cadre des associations ou des institutions culturelles. Par conséquent, les familles ont été interrogées dans le questionnaire sur leurs démarches pour « reproduire certains aspects de la vie à la française/à l'allemande ». Leurs réponses, telles qu'elles ont été formulées dans le questionnaire, apparaissent dans l'annexe 2. À l'inverse des deux précédentes, cette question a suscité des réponses très majoritairement affirmatives à Berlin comme à Paris. Dans chacune des deux villes, une seule famille a répondu par la négative. Bien que la question ait été formulée de la manière la plus ouverte possible, afin de ne pas influencer les réponses apportées, celles-ci laissent transparaître de grandes similarités. Dans de rares cas sont évoqués des éléments immatériels liés à des valeurs, à savoir le rythme de vie et le sens de l'hospitalité (Paris) ou encore l'utilisation de la bicyclette, la protection de l'environnement et les jeux de société (Berlin). Pour le reste, on observe dans chacune des deux villes un schéma spécifique, dans lequel semblent se reconnaître les Franco-Allemands. Les sept des huit familles berlinoises ayant répondu par l'affirmative citent en effet des rituels en lien avec la cuisine française – qu'il s'agisse de la composition

---

[152] Autrefois j'en ai parfois profité, mais aujourd'hui nous sommes surtout à l'aise dans la communauté scolaire allemande (il y a aussi parfois des lectures, du théâtre, etc.).

des repas, du goûter de l'après-midi ou encore de festivités comme la galette des rois. Quant aux sept familles franciliennes, certaines évoquent elles aussi des particularités culinaires, mais aussi et surtout la façon dont elles sont vécues dans le contexte de traditions allemandes, en particulier et de manière quasi systématique lors des fêtes de Noël. L'importance accordée à la célébration des fêtes de fin d'année « à l'allemande », qu'il s'agisse des défilés de la Saint-Martin, du calendrier de l'Avent ou des marchés de Noël, a été confirmée à de nombreuses reprises au cours des entretiens.

> [**P_2_Ma**] Wir pflegen die deutsche Kultur. Wir sind auch früher nach Sankt Martin nach Hause gegangen, damit er die Sankt-Martin-Umzüge kennenlernt. Wir feiern Advent. Wir haben einen Adventskalender[153].
>
> [**P_8_Pa**] Was wir traditionell immer gemacht haben, ist in der Vorweihnachtszeit nach Düsseldorf zu fahren auf den Weihnachtsmarkt, weil wir eben 10 Jahre lang auch in Düsseldorf gewohnt haben und Weihnachtsmärkte in Frankreich eher ein neueres Phänomen und nicht den gleich... nicht den gleichen Charme haben, wie in Deutschland. Und... was wir von dort immer mitbringen ist Adventskranz. Weil's da eben auch in Frankreich kein entsprechendes gibt. Das zelebrieren dann auch richtig ja, mit... mit sonntags die Kerzen anzünden und... dazu das Lied zu singen[154].

Les mets et les mots du biculturalisme

Au cours des entretiens, les habitudes liées aux repas – quotidiens ou festifs – sont apparues de manière récurrente, constituant l'un des principaux angles d'approche du biculturalisme. Dans les récits familiaux, celles-ci jouent le rôle de « support » d'identité (Kaufmann, 2004 : 129), qui ne permet certes pas d'appréhender la culture du pays partenaire de manière exhaustive, mais qui, en cristallisant souvenirs, expériences

---

[153] Nous cultivons la culture allemande. Nous avions aussi l'habitude de rentrer à la maison après la Saint Martin pour qu'il [le fils] connaisse les parades de la Saint Martin. Nous célébrons l'Avent. Nous avons un calendrier de l'Avent.

[154] Ce que nous avons toujours fait traditionnellement, c'est d'aller au marché de Noël de Düsseldorf à l'approche de Noël, parce que nous avons aussi vécu à Düsseldorf pendant dix ans et que les marchés de Noël en France sont plutôt un phénomène plus récent et n'ont pas le même... pas le même charme qu'en Allemagne. Et... ce qu'on apporte toujours de là-bas, c'est la couronne de l'Avent. Parce que ça n'existe pas non plus en France. Nous le célébrons en... allumant les bougies le dimanche et... en chantant des chansons de Noël.

et représentations, offre un accès particulier à cette dernière. D'autres supports identitaires existent et se côtoient. Il peut s'agir de production littéraire et musicale, de codes de conduite ou encore d'habitudes vestimentaires particulières. Étant donné la place de la « mythologie d'un pays hyper-gastronomique » (Ferguson, 2015 : 12) dans la conscience collective française, il ne semble pas étonnant que les personnes interrogées à Berlin citent la cuisine plutôt que d'autres supports. Toutefois, si l'on se fie à la liste des objets que les familles ramènent de leurs séjours dans le pays partenaire, parmi lesquels les victuailles sont très largement représentées (annexe 3), l'importance des repas comme « support » d'identité vaut également pour les Allemands de Paris. Loin de se cantonner à une dimension nutritive, le repas est en effet le lieu privilégié où s'expriment et se transmettent des goûts et des codes, par essence de nature éminemment culturelle, et où se forme l'identité familiale au gré des échanges de *mets et de mots* (Muxel, 1996 : 78) :

> « [...] la table familiale reste un premier lieu de socialisation. L'enfant y trouve la possibilité de repérer et d'assimiler les signes qui font son identité sociale et familiale. Il y rencontre sa famille, il est témoin des relations des adultes qui l'entourent, assiste aux conversations des grands. C'est pour lui l'occasion de découvrir la réalité des enjeux familiaux, des ententes comme des dissensions. La table introduit au monde de la famille, elle initie, initialise. » (Muxel, 1996 : 77)

Dans les récits familiaux, de telles pratiques culturelles sont rarement présentées comme des coutumes françaises ou allemandes clairement distinctes de celles du pays dans lequel elles s'insèrent, et moins encore comme opposées à elles. En outre, elles ne signifient pas que les familles souhaitent adopter tel quel un quotidien considéré comme français/allemand. Qu'elles soient régulières ou occasionnelles, ces pratiques supposent au contraire un travail de sélection préalable (« de tout, mais [...] plutôt », « certains trucs », « pas mal de »), ainsi qu'une rencontre entre différentes cultures, ou encore entre différentes habitudes (« j'aime bien utiliser mon sel français », « très influencé par la cuisine française »). La culture du pays partenaire, ici présente sous forme culinaire, se mêle à celle du pays de résidence, et sans doute à d'autres encore, pouvant donner lieu à un processus d'hybridation.

> [**B_1_Mf**] Mon mari, il adore cuisiner. Donc c'est aussi pour ça que chez nous c'est très important, parce qu'en plus, en plus lui il prend un plaisir énorme à faire la cuisine, donc... [...] Alors, ben du coup il est très très influencé par la cuisine française.

[**B_3_Mf**] Moi j'en… j'ai un autre sens au biculturel que… comment on a entendu [B_3_Ew2]. C'est aussi le côté euh… connaître la cult… non, l'art de vivre de chaque pays. Et ça j'pense que vous le connaissez en tant qu'enfants, parce qu'on mange pas d'une manière allemande, on mange plutôt d'une manière… On mange de tout, mais c'est vrai que l'fromage pour nous, c'est… voilà.

[**B_8_Ma**] Oui il y a certains trucs, j'aime bien faire la cuisine déjà, et j'aime bien, quand je suis ici, avoir des produits français. Ça me rappelle la France, ça me rappelle les vacances, donc j'aime bien utiliser mon sel français. J'aime bien ça. Et je trouve, la qualité est de toute façon meilleure.

[**P_6_Pa**] J'aime beaucoup faire la cuisine, et toute la famille est persuadée que je mets une importance énorme sur la nourriture.
[**P_6_Ew1**] On n'est pas persuadés, c'est la vérité !
[**P_6_Pa**] Et donc je cuisine beaucoup, je cuisine pas mal allemand.
[**P_6_Ew1**] Et bien ! […]
[**P_6_Pa**] Et donc ça passe… ça passe beaucoup… beaucoup par ça… J'aime bien faire les courses chez Lidl aussi, parce qu'il y a pas mal de trucs, il y a pas mal de choses allemandes [*rires de la famille en fond*], et j'amène ça et je le fais.

À la différence des règles langagières définies par les parents, les pratiques culturelles évoquées ne semblent ni contournées, ni contestées par les adolescents. Du reste, le phénomène ne paraît pas spécifique aux familles issues de couples mixtes et a été étudié par Diasio (2014) dans des familles ayant un profil plus classique. Selon son analyse, bien que la période de l'adolescence se traduise par une mise à distance vis-à-vis des liens familiaux, les jeunes concernés restent « attachés à des cultures alimentaires familiales » (Diasio, 2014 : 31). À aucun moment au cours des entretiens, il n'a été question de différend intrafamilial à ce propos. Il arrive certes que les enfants se moquent de certaines habitudes alimentaires de leurs parents, lorsqu'ils sont en visite dans leur pays d'origine, ou qu'ils n'y adhèrent pas, comme dans l'échange suivant entre un père et sa fille, mais cela reste exceptionnel.

[**P_8_Pa**] […] Kaffee und Kuchen, da habe ich fast eine… eine… einen physischen Rhythmus, ja, dass ich nachmittags um vier… 'ne unbändigen Lust auf… auf eine Tasse Kaffee und ein Stück Kuchen bekomme… […]
[**P_8_Ew1**] Non, mais on aime moins les gâteaux de… les gros gâteaux d'Allemagne.
C'est vrai ?
[**P_8_Ew1**] Je sais pas… j'aime moins… après, c'est que moi, mais même [P_8_Em2] et [P_8_Ew3], ils sont pas super fans.

[**P_8_Pa**] Ja. Sie essen den goûter, aber es stimmt[155].
[**P_8_Ewl**] Le goûter, on aime bien en… France. Mais pas avec des gros gâteaux genre euh… gâteau au fromage, tout ça là.

Pour le reste, les échanges entre parents et enfants laissent au contraire supposer un haut niveau de consensus au sein des familles, voire une complicité entre ses membres. Lors des entretiens, les échanges intrafamiliaux concernant les habitudes liées aux repas ont toujours été vifs et joyeux : parents et enfants évoquent, semble-t-il avec plaisir, les produits alimentaires qu'ils aiment retrouver lors des séjours dans le pays partenaire ou qu'ils ramènent dans leur valise.

[**B_7_Pf**] […] on essaie de profiter des produits sur place [en France], des pâtisseries… et puis des croissants, qu'on n'achète jamais ici par exemple.
[**B_7_Em2***] Je trouve que la baguette en Allemagne, c'est… surtout des trucs que t'achètes au supermarché. Mais même à la boulangerie, c'est pas très bon non plus, j'trouve.

[**P_4_Ma**] Ja, der [P_4_Em1], der liebt, siehste, Brezeln, Kebap…
[**P_4_Em1**] Ah, ja…
[**P_4_Ma**] Was war das noch für 'n Brötchen, dieses… ?
[**P_4_Em1**] Schnitzelbrötchen.
[**MP_4_Ma**] Schnitzelbrötchen. [P_4_Em1] liebt die…
[**P_4_Em1**] Ist ja auch lecker dort.
[**P_4_Ma**] Wieviel Kilo haste zugenommen, in Deutschland[156]?

[**P_6_Mf**] Ah oui, ben j'adore les Bretzels, avec du beurre et du jambon cru. Le petit-déjeuner allemand, là, les Brötchen avec le jambon…
[**P_6_Ew2***] Currywurst[157] !
[**P_6_Mf**] Qu'est-ce que… qu'est-ce qu'il y a d'autre ? La bière ! Une bonne bière allemande.

---

155 Café et gâteau, j'ai presque un… un rythme physique, oui, si bien que l'après-midi à quatre heures… J'ai un désir irrépressible de… d'une tasse de café et d'un morceau de gâteau… […]//Oui. Ils mangent le goûter, mais c'est vrai.

156 Oui, [P_4_Em1], pour ça, il aime les bretzels, les kebabs…/Ah, oui…/C'était quoi déjà, ce p'tit pain, ce… ?/Un petit pain de schnitzel./Un petit pain de schnitzel. [P_4_Em1] aime le…/C'est délicieux là-bas./Combien de kilos t'as pris en Allemagne ?

157 Il s'agit d'une saucisse rôtie ou frite, que l'on sert accompagnée de sauce tomate et de curry, souvent servie en rondelles. La currywurst est généralement considérée comme un plat typiquement allemand.

[**P_6_Pa**] Spargel[158] ?
[**P_6_Mf**] Les Spargel… on en mange ici…
[**P_6_Pa**] On va en faire demain.
[**P_6_Mf**] Mais à la façon allemande, oui.

Pour finir, les habitudes alimentaires inspirées du pays partenaire sont aussi une manière de se distinguer d'autres foyers, à la fois au niveau méso-social, dans l'environnement urbain immédiat, et au niveau macrosocial, c'est-à-dire dans la société française/allemande en général. Comme à travers le parler bilingue, le « manger biculturel » s'accompagne d'une série de signes distinctifs qui permettent de tracer une démarcation entre un « nous » et un « eux » et, par là même, de structurer et de renforcer une identité familiale unique.

[**B_1_Ma**] Dernièrement j'sais plus, c'était un d'vous deux qui disait : « Ah mais quand même on a d'la chance…, mais quand j'pense…, les autres ils mangent pas comme ça le soir ! »
[**B_1_Em2**] Ah oui, mais les Allemands, ils mangent des tartines… tous les soirs ! Et pour eux c'est spécial si une fois ils mangent un *Brötchen* au poisson un soir. J'ai demandé à des gens si pour eux, le plat de la… du jour, c'est lequel, et ils ont tous dit que c'était le repas du midi. Moi quand on me demande, c'est le repas du soir. Et le p'tit déj peut-être. C'est jamais le repas de midi.

En revanche, les habitudes liées au repas peuvent créer des incompréhensions, voire des tensions, entre les membres de la famille nucléaire et les grands-parents. De fait, les rituels de la table sont sensiblement différents de part et d'autre du Rhin. Par conséquent, parents et enfants partagent des habitudes qui sont parfois étrangères aux grands-parents. Certains regrettent cette différence mais s'en accommodent (« un peu dommage »). D'autres, en règle générale les parents, négocient avec les grands-parents ou exigent d'eux qu'ils se confortent aux règles en vigueur au sein de la famille nucléaire, du moins le temps de leur visite.

Tu es plus français en quoi ? Et plus allemande ?
[B_3_Ew2] Pour tout ce qui est manger, je pense… plus français. Car euh, en France, j'ai mes grands-parents, on mange plus longtemps et tout.

---

[158] Des asperges.

> *A la maison ici aussi ?*
> **[B_3_Ew2]** Ca dépend, on apprécie aussi plus la nourriture et en Allemagne, chez mes grands-parents allemands, c'est plutôt…ça va un peu… vite. Et on parle pas si beaucoup à table, mais après ou avant, c'est ça qui est un peu dommage.

> **[P_5_Ma]** […]. Parce que vous, comme vous vivez en Allemagne, vous avez certainement vu que les Allemands sont les champions du grignotage, donc il n'y a pas… les repas, le goûter… voilà, c'est pas très bien tacté… et du coup… faire comprendre aussi le besoin des enfants qu'à telle heure ils ont l'habitude de manger un truc, pas juste une pomme peut-être, mais quand même aussi des gâteaux ou un sandwich, ou voilà, un truc qui tient la route jusqu'au soir… et comme le soir, on mange plus tôt en Allemagne, et bien voilà, il y a tout un truc à faire passer à la famille allemande quand les petits-enfants français arrivent…

Dans certains cas, plus rares, les différences d'habitude se traduisent par des attentes déçues, qui deviennent source de frustration. C'est le cas du père de la famille [P_5], un Français vivant en région parisienne, qui aimerait être invité par sa belle-famille allemande lorsqu'il se rend à Berlin avec son épouse et ses enfants. Or, le soir de leur arrivée, ils sont systématiquement contraints de dîner à l'extérieur, se contentant souvent d'un kebab perçu comme un pis-aller. Bien qu'il cherche à rationaliser le comportement de ses beaux-parents, l'expliquant par des différences culturelles (« moi j'ai des origines un peu latines, enfin en France on est comme ça, on aime bien inviter les gens… Et là-dessus, les gens, je les sens un petit plus froids, là-dessus […]. »), ce père le ressent comme une forme d'exclusion qui alimente une certaine amertume.

> **[P_5_Pf]** … Comme en fait on n'a pas le choix, on n'est pas invités si vous voulez. La solution kebab, c'est la facilité. […] Et donc moi, là-dessus, j'ai toujours eu un peu de mal, parce que ses parents sont divorcés, et quand on demande à son père « Au fait, tiens, en fait, ça aurait été bien de pouvoir manger avec toi ce soir », « Ah tiens, je pensais que ta mère allait vous inviter ». Et quand on demande à la mère, c'est pareil, elle dit « Je pensais que le père allait vous inviter »… Et j'ai l'impression que c'est pas propre à ses parents, parce qu'aussi des amis d'[P_5_Ma], quand on va chez eux, c'est pour manger des gaufres. Mais on sent bien que un repas… un repas un petit peu… on va dire pas élaboré mais bon, inviter les gens avec entrée, plat, dessert : ça se fait pas trop. C'est plutôt à goûter. Et là-dessus, moi j'ai beaucoup de mal… j'ai beaucoup de mal… parce que moi, je le sens comme étant… comme étant, voilà, on les dérange, ils ont pas envie de se fatiguer…

Compétence biculturelle et hybridation

Au cours des entretiens, il est apparu que la grande majorité des parents interrogés ont tendance à comparer les deux systèmes culturels et à leur attribuer des caractéristiques propres, et ce quelle que soit leur ville de résidence. Ainsi, tous semblent avoir une connaissance fine des deux sociétés et sont en tout cas capables de mentionner ce qu'ils apprécient à titre personnel dans l'un et l'autre pays, et ce qui au contraire les y agace (annexe 4). Certaines réponses correspondent à des représentations stéréotypées, usuelles de part et d'autre du Rhin, tels que le savoir-vivre français et le sérieux allemand (voir *supra*). D'autres sont plus originales et renvoient à des expériences et/ou à des sensibilités personnelles. Parmi les éléments les plus appréciés, indépendamment de la nationalité des parents, les éléments culinaires occupent là encore une place privilégiée, ce qui témoigne d'une cohérence entre les représentations et les pratiques biculturelles des familles franco-allemandes. Une telle distinction entre les cultures française et allemande n'est pas de nature manichéenne et ne s'accompagne pas nécessairement d'un jugement de valeur. Elle est en premier lieu descriptive et n'oppose donc pas une « bonne » à une « mauvaise » culture, ni même une « meilleure » à une « moins bonne ». En revanche, elle suppose une conscience aiguë des éléments qui rendent la société voisine « différente et semblable », pour citer le titre de l'ouvrage d'Alfred Grosser (2002). De plus, une telle distinction ne porte pas sur un système culturel dans son intégralité, mais sur certains de ses aspects. Par conséquent, elle s'avère spécifique à chacun des domaines auxquels elle s'applique.

Les membres des familles bilingues et biculturelles sont inévitablement amenés à comparer et à évaluer les domaines qui touchent de façon immédiate à leur quotidien. Plusieurs d'entre eux évoquent les mentalités qu'ils associent à l'une et l'autre société de manière comparative et en argumentant à partir de leur propre expérience. Dans ce contexte, le regard qu'ils portent sur eux-mêmes et sur leur conjoint laisse apparaître une certaine distance dans laquelle l'(auto-)analyse a toute sa place. Ainsi, l'une des mères françaises en Île-de-France décrit les différences de perception qu'elle forme de son propre mari en fonction du contexte national dans lequel il évolue : « très allemand » en France, « un peu plus français » en Allemagne. D'une manière similaire, une Allemande de Paris explicite avec précision les jeux de rôles auxquels elle participe dans son quotidien : alors qu'elle juge sa propre personnalité « très allemande » dans le milieu professionnel, elle se décrit peu après comme

« devenue française » dans sa manière d'interagir dans un contexte extra-professionnel. Ces analyses se veulent lucides et s'accompagnent souvent d'un regard amusé sur soi-même ou sur ses proches.

> [**P_6_Mf**] [...] Ce qui est rigolo, c'est que dans la vie de tous les jours, je vois des fois la rigueur allemande chez lui. C'est-à-dire qu'à un certain point, qui m'énerve des fois souvent, que je dirais très allemand. Mais quand on est en Allemagne, je vois un décalage énorme avec le reste de sa famille, son frère et ses sœurs : ils ont l'air plus rigides, plus allemands que lui. Il a beaucoup changé. Ca lui... ça lui arrive même de faire des plaisanteries là-bas, qui font pas rire ses frère et sœurs... parce qu'il a un peu pris l'humour un peu plus français, un peu plus latin...

> [**P_2_Ma**] [...] In meiner Arbeit... in meiner Arbeit bin ich schon sehr deutsch... Also auch in meiner Ausdrucksweise ich... auch wenn ich schreibe... mittlerweile ich habe natürlich schon jetzt auch einen französischen Schreibstil, aber ich schreibe schon sehr deutsch. Ne? Und ich bin immer sehr direkt... komme direkt zum... zum... zum Punkt, obwohl ich natürlich jetzt auch bei Telefongesprächen immer erstmals ein bisschen versuche, Konversation zu machen, aber... ist immer noch gegen meine Natur, dieses... dieses Aufwärmengespräch, was halt in Frankreich notwendig ist. Ich denke immer: "Mein Gott, ich habe so wenig Zeit. Kann man nicht gleich zum Punkt kommen[159]? [...]"
>
> [**P_2_Ma**] Vielleich komme ich seit Jahren chronisch zu spät. Und da kann ich immer sagen: "Ja, ich lebe in Frankreich und tut mir leid. Ich bin halt Französin geworden, deshalb bin ich immer zu spät". Auch beim Essen. Um Gottes willen! Ich kann gar nicht mehr zu deutschen Diners kommen. Um acht Uhr muss man pünktlich da sein und dann wird sofort gegessen. Also ich komme dann lieber eine Viertelstunde zu spät und hab mein Aperitif mit Champagner und Foie gras und esse dann um zehn, anstatt dass ich sofort essen muss[160] [*rires*].

---

[159] [...] Dans mon travail... dans mon travail, je suis quand même très allemande... Donc aussi dans ma façon de m'exprimer... même quand j'écris... Entre-temps, bien sûr, j'ai un style d'écriture français, mais j'écris de façon très allemande. Et je suis toujours très directe... directement à la... à la ... au point, bien que maintenant, bien sûr, même dans les conversations téléphoniques, j'essaie toujours un peu de faire la conversation au début, mais... c'est toujours contre ma nature d'avoir ce... cette conversation d'échauffement, qui est nécessaire en France. Je me dis toujours : « Mon Dieu, j'ai si peu de temps. Vous ne pouvez pas aller droit au but ? » [...].

[160] Peut-être que, depuis des années, je suis systématiquement en retard. Et je peux toujours dire : « Oui, je vis en France et je suis désolée. Je suis devenu française,

La comparaison entre deux systèmes vaut tout particulièrement pour les questions d'éducation dans la mesure où elles touchent directement à l'avenir des enfants et font en général l'objet de stratégies familiales, éventuellement précédées de négociations entre les parents. De plus, comme l'a noté Béatrice Durand (2002), il s'agit de l'un des domaines où les « cousins par alliance » – pour reprendre le titre de l'ouvrage – se comportent en fonction de règles sensiblement différentes :

> « On n'enseigne et on n'apprend donc pas de la même manière dans les deux pays. Quand ils mettent les pieds dans une salle de classe, les élèves et les enseignants n'y ont pas les mêmes attentes les uns envers les autres. La différence ne porte pas seulement sur les contenus mais aussi, et peut-être surtout, sur les formes, sur les manières dont ces contenus sont transmis et reçus » (Durand, 2002 : 75).

Par conséquent, il n'est pas surprenant que, dans le cadre des entretiens, plusieurs parents aient abordé les questions liées à l'éducation de manière spontanée et mis en exergue les différences entre les systèmes éducatifs des deux pays. Certains évoquent ce qu'une mère française à Berlin présente comme de « petites histoires » qui peuvent toutefois prendre une grande importance dans le quotidien d'une famille issue d'un couple mixte ; d'autres mettent au contraire l'accent sur les différentes logiques qui sous-tendent les deux systèmes dans leur ensemble et leurs implications sur leur vie professionnelle :

> [**B_7_Ma**] Des fois on dit, la France et l'Allemagne c'est des voisins, y a pas tellement de différences. Mais je trouve que quand même, c'est pas si évident que ça des fois. Au niveau linguistique, au niveau de construire la pensée…, le système scolaire, enfin il y a quand même des différences.

> [**B_3_Mf**] Et ça on se dit souvent, bon on est très proches, on pense souvent que on est exactement les… On est en Europe mais <u>chaque</u> nation, ou <u>chaque</u> pays a sa culture identitaire. Et c'est là où il y a le clash souvent. Ces petites histoires-là, on se dit, mais mince pourquoi… Les devoirs ! Alors l'école allemande, il faut surtout pas de devoirs, et l'école française, est-ce que vous pouvez en donner plus. Et ça à chaque fois, mais… ça fait des éclats partout. Les gens, ils comprennent pas, voilà.

---

c'est pour ça que je suis toujours en retard. » Même pour les dîners. Pour l'amour de Dieu ! Je ne peux même plus aller à des dîners allemands. À huit heures, il faut être à l'heure et ils mangent immédiatement. Je préfère donc avoir un quart d'heure de retard et prendre mon apéritif avec du champagne et du foie gras, puis manger à dix heures plutôt que de devoir manger tout de suite.

[B_8_Pf] Et ça c'est typiquement français, les Allemands ils en ont pas, des cahiers de vacances. Les Français, ils bossent sans arrêt.
[P_8_Pa] Als wir damals... mit meiner Frau... als unser zweites Kind geboren war, 2007... 2008... entschieden haben, nach Frankreich zu gehen, gab es für uns vor allem zwei Hauptgründe, das eine ist... [...] Der eine Grund war ganz einfach praktisch... [...] Weil einfach das System mit Krippen und... Ausbildung und Schule, Vollzeitschule in Frankreich sehr viel mehr darauf ausgerichtet ist, dass eben beide Elternteile, weiterhin voll... voll arbeiten können[161].

Certains parents ressentent de telles différences culturelles comme des contraintes, ce qui peut aussi se traduire par des tensions dans le couple. Cela est tout particulièrement le cas des sujets en rapport à l'éducation des enfants, qui renvoie à la socialisation primaire de ces derniers et comportent une dimension d'autant plus émotionnelle qu'elle implique la transmission de valeurs à la génération suivante. Pour certains parents, jongler avec les langues et avec les cultures implique l'élaboration permanente de compromis et peut devenir entre eux une source de conflits. Ainsi, pour la mère de la famille [P_5], les difficultés dont s'accompagne le quotidien d'une famille binationale ne semblent pouvoir être compensées par l'enrichissement personnel de l'expérience interculturelle.

[P_5_Ma] Non, c'est pas très agréable, honnêtement... [...] Et aussi on a été élevé de manière très très différentes – ce qui n'aide pas non plus. Ce n'est pas même pas une façon... enfin, ce n'est pas une question de pays, mais c'est aussi une question d'environnement où on a grandi, et ça se révèle un peu quand on élève ses propres enfants que... où il faut trouver un accord, comment les éduquer, quoi leur transmettre. Et c'est là où c'est pas toujours facile, et c'est aussi le fait d'être de deux... issus de deux cultures différentes, ça complique les choses.
Vous faites beaucoup de compromis ? Par exemple pour l'éducation des enfants ?
[P_5_Pf] Oui, on est obligés.
[P_5_Ma] Ben oui, on fait des compromis tous les jours, je pense !

161 Lorsque nous avons décidé... avec ma femme... à la naissance de notre deuxième enfant, en 2007... 2008... d'aller en France, il y avait deux raisons principales pour nous, l'une est... [...] Une raison était tout simplement pratique... [...] Parce que le système avec les crèches et... la formation et l'école, l'école à temps plein en France fait beaucoup plus en sorte que les deux parents peuvent continuer à... travailler à temps plein.

Au-delà de telles situations de conflits, la compétence biculturelle apparaît généralement comme un atout. Dans les récits familiaux, de la même manière à Paris et à Berlin, les personnes qui disposent d'une telle compétence se (re-)présentent comme ayant accès à un ensemble de ressources, au sein duquel elles ont la possibilité d'opérer des choix en fonction de leurs besoins, ainsi que de leurs préférences personnelles/familiales (Coste, Simon, 2009). Dans leur quotidien et lorsqu'elles élaborent des stratégies pour l'action, notamment dans le domaine éducatif, les familles prennent ainsi leur décision *en connaissance de cause*, après avoir comparé les deux systèmes à leur disposition et évalué les différents éléments qui lui sont afférents. Certaines choisissent entre l'un et l'autre, d'autres combinent à leur gré :

> [**B_8_Ma**] Non, le plus grand avantage [du bilinguisme] pour moi c'est de vivre deux cultures, de comprendre deux cultures.
> [**B_8_Pf**] Ah oui. Apprécier une *currywurst* comme on apprécie une quiche lorraine par exemple.

> [**B_3_Mf**] [Le bilinguisme] c'est de comprendre peut-être les deux cultures, et de prendre ce qu'on aime dans une culture et dans l'autre, et de faire sa propre culture.

> [**P_2_Ma**] […] Ich bin… ich spiele Theater und <u>liebe</u> es in unterschiedliche Rollen zu schlüpfen. Und ich ziehe auch Profit aus beiden[162].
> [**P_8_Pa**] Ja, wir können vergleichen, wie gesagt, ich komme zurück, wir können vergleichen und… entscheiden uns letztendlich für die Variante, die am besten zu uns passt…[163].

Dans ce sens, la compétence mobilisée peut aller au-delà du simple biculturalisme, en tant que ce dernier renvoie à la connaissance et à « l'expérience de plusieurs cultures » (Coste *et al.*, 1997 : 12). Dans certains récits familiaux transparaît en effet – de manière explicite ou non – une forme de transculturalité : il se dégage des échanges vécus entre les cultures française et allemande une identité nouvelle, « envisagée comme un soi *entre deux* langues, pays, cultures » (Molinié, 2019 : 188). Cet espace de l'entre-deux, qui émerge dès lors que les lignes se brouillent et que les repères s'estompent, a tendance à être perçu comme un

---

[162] Je suis… Je fais du théâtre et j'aime jouer différents rôles. Et je tire aussi profit des deux.

[163] Oui, nous pouvons comparer, comme je l'ai dit, j'y reviens, nous pouvons comparer et… décider en fin de compte de la variante qui nous convient le mieux…

enrichissement par les personnes rencontrées – à l'instar du père de la famille [P_8]. Toutefois, dans de rares cas, comme pour la mère de la famille [P_5], l'expérience bi- et transculturelle se traduit par ce qu'elle qualifie de « flottement » et ressent comme inconfortable, voire douloureux. Le caractère enrichissant du quotidien dans une famille binationale n'est pas nié, mais il ne semble pas – ou plus – être en mesure de compenser le sentiment de déracinement et de double étrangeté qui l'accompagne :

> [**P_8_Pa**] Ja, ich glaube schon, dass das grundsätzlich alle als Bereicherung sehen in der Familie. Die Möglichkeit, dass zwei... aus zwei Kulturen zu fischen und letztendlich das... das... das... das... das Schönste und das Beste rauszusuchen, das war... wir nehmen die... die Weihnachtskultur von Deutschland, wir nehmen die... wir nehmen die... die Möglichkeit in Frankreich Urlaub zu machen in schönen Regionen.[164]

> [**P_5_Ma**] Je pense que pendant quelques temps je trouvais ça... voilà, avec mon esprit aventurier, je trouvais super enrichissant, intéressant, tout connaître et faire cette expérience. Aujourd'hui, je manque un peu de... ben, un sentiment d'avoir des racines solides quelque part, parce que quand je suis en Allemagne, je me sens pas forcément à l'aise avec les personnes, et en France non plus... Donc ça va vraiment avec les personnes individuellement dans chaque pays, mais c'est pas le pays, la culture même globalement qui me convient. Et avant c'était pas un sujet dans ma vie, et aujourd'hui c'est devenu un sujet, et je peux pas dire que ça soit forcément quelque chose de très agréable. [...] C'est sûr que ça m'a apporté beaucoup de connaissances et d'expériences intéressantes, mais de l'autre côté, c'est aussi dur... Enfin moi, souvent on se dit avec mon mari, en situation de conflit de couple, ou conflit de valeurs sur comment éduquer les enfants, ça serait certainement plus facile si on était... ben moi avec un Allemand et lui avec une Française, on se comprendrait mieux.

***

Les pratiques biculturelles des familles franco-allemandes laissent apparaître deux principales constantes. D'une part, alors même qu'elles s'investissent dans l'éducation bilingue de leurs enfants, celles-ci ne semblent pas ou peu intéressées de participer à des activités culturelles

---

164 Oui, je pense que pratiquement tout le monde dans la famille voit cela comme un enrichissement. La possibilité que deux... de pêcher dans deux cultures et finalement de choisir ce... ce... ce... qu'il y a de plus beau et de meilleur, c'était... on prend la... la culture de Noël de l'Allemagne, on prend la... on prend la... la possibilité de partir en vacances en France dans de belles régions.

ou sportives en lien avec le pays d'origine du parent migrant et/ou à des réseaux franco-allemands. De l'autre, pratiquement toutes expriment le souhait d'entretenir au sein du cadre familial des modes de vie considérés comme français à Berlin et allemands à Paris, du moins sous certains aspects, que cela soit de manière ponctuelle ou régulière. De ce point de vue, la table familiale apparaît comme un lieu central où les deux générations de la famille nucléaire se retrouvent et, dans une ambiance souvent complice, entretiennent des rituels biculturels. Derrière ce qui peut sembler être un paradoxe se trouve la quête d'« archipels pluriculturels » décrite par Duchêne-Lacroix (2006), qui se traduit à la fois par une pleine intégration linguistique et culturelle dans la société de résidence, et par le souci de transmettre aux jeunes générations un patrimoine biculturel et bilingue propre à la famille. Dans cette perspective, le biculturalisme semble relever pour l'essentiel de la sphère privée, tout en fournissant une orientation pour l'action dans le monde extérieur. De ce point de vue, on ne peut observer de différence d'attitude majeure entre les parents ayant grandi dans un milieu bilingue et les autres. De même, Berlinois et Franciliens ont des attitudes similaires, même s'ils mentionnent des références culturelles différentes, en lien avec le pays d'origine du pays migrant. Tandis qu'elles se montrent réticentes à l'usage de marques transcodiques dans le domaine langagier, la très grande majorité des familles franco-allemandes semblent entretenir un rapport décomplexé au biculturalisme, n'hésitant pas à jongler avec les cultures et à opérer des processus d'hybridation. Sur le plan culturel, leurs craintes liées aux mélanges ne semblent pas opérer. Un facteur d'explication pourrait être que, dans des sociétés européennes marquées par la diversité culturelle, l'approche normative est moins représentée qu'à propos des pratiques langagières.

Chapitre 6
Représentations identitaires et transmission intergénérationnelle

« *Moi je suis pas française, je suis pas allemande non plus. Je suis franco-allemande, on* vermischt *les choses.* » (Hélia, 11 ans)

« [...] *identities are conceptualized as hybrid in parallel to the concept of hybrid cultures. Subjects are conceived as "multiply coded, complex identities", and the idea of identity as narrative performance plays an important role in this context*[165]. » (Hu, 2014)

Représentations du bilinguisme

Comme il a été observé dans le chapitre précédent, les pratiques langagières au sein des familles bilingues varient sensiblement d'une génération à l'autre. Alors que les parents, dans leur ensemble, s'efforcent de parler une langue considérée comme juste et de s'adresser le plus systématiquement possible à leur(s) enfant(s) dans leur langue d'origine, ces derniers reconnaissent, parfois non sans une certaine fierté, mélanger les langues et y prendre plaisir. Les stratégies des uns et des autres semblent en partie déterminées par les représentations de leur rôle au sein de leur propre famille (Amossy, 1999 : 13 *sq.*), mais aussi et surtout par leurs représentations des langues et du bilinguisme, en tant qu'« instance[s] intermédiaire[s] entre concept et perception » (Stratilaki, 2011 : 60). Comme l'a démontré Shahzaman Haque (2019), les représentations parentales jouent un rôle déterminant pour que s'établisse le bilinguisme

---

165 « [...] les identités sont conceptualisées comme hybrides, conformément au concept de cultures hybrides. Les sujets sont conçus comme des "identités complexes et codées à des niveaux multiples", et l'idée d'identité comme performance narrative joue dans ce contexte un rôle important [...]. »

dans la génération suivante. De même, en tant « *most "significant others", even though they do not live close to the family*[166] » (Cognigni, 2019 : 72), les grands-parents exercent eux aussi une influence sur les pratiques langagières de leurs descendants, et notamment de leurs petits-enfants.

Consacrée aux représentations, la suite de l'analyse cherche à déterminer de quelle manière les membres des familles franco-allemandes appréhendent le bilinguisme et quelles caractéristiques ils lui attribuent. Ce sont là encore les représentations des deux générations présentes au sein de la famille nucléaire et à leurs possibles différences d'approche qui sont au cœur de la réflexion. En outre, afin d'échapper à une simple comparaison des représentations des parents et des enfants, qui pourrait s'avérer réductrice, et pour mieux saisir la spécificité des positions des parents en tant que bilingues tardifs, celles-ci sont confrontées sur certains aspects à celles des grands-parents qui, dans leur grande majorité, ont grandi et vécu dans un contexte monolingue.

Les conditions du bilinguisme

Pour la plupart des enfants interrogés, dans les deux villes étudiées, la compétence bilingue consiste à parler deux langues avec aisance. Seuls deux d'entre eux, issus de deux familles différentes en Île-de-France, associent le bilinguisme à l'idée de perfection. Au-delà, aucun n'évoque spontanément la maîtrise *parfaite* et *équilibrée* de l'allemand et du français, qui correspond à la « représentation prototypique générale » du bilinguisme (Stratilaki, 2011 : 245). Il est ainsi question de :

> [**B_1_Em2**] Parler deux langues très bien. Et bien comprendre quand quelqu'un parle dans une langue et dans l'aut'langue aussi.

> [**B_3_Ew2**] Parler deux langues et avoir un peu de la famille en dehors de l'Allemagne.

> [**B_2_Em1**] Parler aussi surtout le charabia. Parce que c'est dur de pas mélanger… les deux langues.

> [**P_5_Ew2***] […] c'est quand on parle deux langues… […] Ben, il y a une langue que tu sais mieux faire, enfin un petit peu mieux, et une autre un peu moins bien, enfin… Mais tu arrives quand même bien à la parler, et voilà…

166 « Les "autres les plus importants", même s'ils ne vivent pas à proximité de la famille. »

Pour aussi variées qu'elles soient, de telles définitions insistent sur des compétences langagières de haut niveau dans les deux langues. Cependant, elles ne renvoient pas à l'idéal du bilinguisme, qui a longtemps prévalu, malgré sa faible représentation dans la réalité, et qui implique de disposer de « compétences de locuteur natif dans les deux langues » (Hu, 2016 : 522). Au contraire, dans la troisième définition, le recours aux marques transcodiques (« le charabia ») est perçu comme une caractéristique du bilinguisme. À ce titre, il est révélateur que plusieurs adolescents reconnaissent parler l'une des deux langues d'origine de leurs parents de manière imparfaite (en règle générale, mais pas nécessairement, celle du pays partenaire), alors que tous, sans aucune exception ni hésitation, se considèrent comme bilingues. Dans cette perspective, la non-perfection ne semble pas constituer un critère invalidant le bilinguisme.

> [**B_6_Em1**] Aber ich sehe mich trotzdem als bilingual, weil ich beide Sprachen beherrsche, vielleicht nicht im allerbesten Französisch, aber ich beherrsche sie trotzdem, und das reicht meiner Meinung nach, um sich als...[167].

> [**P_4_Em2**] Gut, also nicht schlecht, aber auch nicht unbedingt besonders gut, nicht perfekt. Doch, man könnte auch perfekt sprechen können, aber...[168].

Le fait de se revendiquer bilingue n'empêche pas certains enfants de ressentir une forme d'insécurisation, du moins de malaise, lorsqu'il s'agit de s'exprimer dans celle des deux langues qu'ils maîtrisent le moins bien. D'après le récit qu'ils en font, ce ressenti apparaît dès lors qu'ils confrontent leurs compétences langagières avec celles d'autres enfants – qu'il s'agisse d'une grande sœur bilingue ou de jeunes cousines monolingues, comme pour les deux frères de la famille [B_6]. Ainsi vue, la famille n'est pas seulement un espace protégé dans lequel chacun est libre de s'exprimer comme il le veut et peut, mais aussi un lieu où les compétences sont mesurées, comparées, et où existe par conséquent une certaine concurrence entre ses membres.

---

167 Mais je me considère quand même comme bilingue, parce que je maîtrise les deux langues, peut-être pas dans le meilleur des français, mais je les maîtrise quand même, et je pense que c'est suffisant pour pouvoir...

168 Bien, donc pas mauvais, mais aussi pas nécessairement particulièrement bien, pas parfait. Enfin si, on pourrait aussi être capable de parler parfaitement, mais...

[B_6_Em1] Ouais, je me sens plus à l'aise en allemand, j'ai pas de grands problèmes en français, mais souvent il y a un petit mot qui me manque, ou j'entends que je fais des fautes, ou j'entends que j'ai un petit accent, donc ca m'énerve. [...]
Quand tu dis, ça m'énerve, pourquoi ?
[B_6_Em1] Je sais pas, peut-être à cause de ma sœur, parce qu'elle, elle a jamais eu d'accent.
[B_6_Pf] C'est pas vrai, elle en a un.
[B_6_Em1] Non elle a quasiment pas d'accent, ma sœur. Elle en a moins que moi.
[B_6_Pf] Peut-être oui.
[B_6_Em1] C'est pas que ça m'énerve, c'est juste que je me sens moins... moins moins... sûr, en parlant.
[**B_6_Em2***] Ich fühle mich immer ein bisschen schlecht, weil meine Cousinen, die sind alle jünger als ich, können schreiben, die können viel besser reden, dann ist das halte in bisschen...peinlich, wenn ich das nicht kann.
Aber sie können nur eine Sprache, oder?
[**B_6_Em2***] Ja, aber trotzdem, wenn... ich kann nicht fließend... vorlesen zum Beispiel, oder lesen.[169]

Alors que la représentation du bilinguisme parmi les enfants est relativement consensuelle, d'importantes variations apparaissent en revanche dans le groupe des parents. Celles-ci peuvent être classées en trois grandes catégories. Dans la première, la définition qu'ils fournissent du bilinguisme est assez proche de celle des enfants : elle met en avant une certaine aisance dans la pratique de deux langues, voire de deux cultures. Ainsi, être bilingue revient à :

[**B_7_Ma**] [...] se sentir à l'aise dans deux langues [...]

[**B_3_Mf**] [...] être très à l'aise dans les deux cultures, très à l'aise dans la langue, généralement y a pas vraiment une peur de parler une autre langue.

[**P_6_Mf**] Pas forcément être capable de lire un ouvrage en allemand – ce que je peux faire quand même aussi, mais je veux dire, c'est vraiment être à l'aise. [...] Me sentir à l'aise avec la langue dans toutes les circonstances. Avec des amis... au cinéma... au restaurant...

---

169 Je me sens toujours un peu mal, parce que mes cousines, elles sont toutes plus jeunes que moi, elles savent écrire, elles savent beaucoup mieux parler, alors c'est un peu... gênant quand moi je ne sais pas./*Mais elles ne parlent qu'une seule langue, non ?*/ Oui, mais quand même, si... je ne peux pas lire couramment... lire à haute voix par exemple, ou lire tout simplement.

Il se dégage de ces représentations une impression de naturel, ou du moins de décontraction, liée à l'absence de contraintes. Au sentiment de confiance mentionné (« pas vraiment une peur », fréquentes occurrences de l'expression « à l'aise ») fait écho la spontanéité d'une parole qui ne nécessite pas d'être contrôlée. C'est ce qu'évoque la mère de la famille [B_1] avec amusement : « C'est de pas se rendre compte, si la dernière phrase qu'on a dite, c'est en français ou en allemand. [*rires*] Ou si l'information qu'on a eue…, on l'a eue en français ou en allemand. »

Dans la deuxième catégorie, en revanche, la représentation du bilinguisme présuppose à la fois perfection et équilibre entre les deux langues. Les parents qui se réfèrent à une telle définition du bilinguisme ont tendance à estimer qu'un locuteur bilingue doit être capable de pratiquer les deux langues de manière similaire à un locuteur natif. Par conséquent, le fait de s'exprimer dans sa langue seconde avec des altérations, soient-elles minimes et identifiées comme telles, disqualifie toute prétention au bilinguisme. D'où une tension, exprimée par la mère de la famille [B_2], entre la conscience de disposer de compétences langagières très élevées (« Alors que j'pense honnêtement que j'suis bilingue ») et une exigence de perfection (« Y a encore des fautes »). Ces locuteurs, que l'on retrouve à Paris comme à Berlin, semblent avoir des attentes très élevées en termes de pratiques bilingues, non seulement vis-à-vis de leurs enfants, mais aussi et surtout vis-à-vis d'eux-mêmes. C'est le cas de la mère de la famille [P_5], Allemande en Île-de-France, qui ne conçoit pas de parler français avec un accent allemand et souhaite ne pas être identifiée comme non native : ne « pas avoir ici le tampon "Je suis allemande", ou "Je suis étrangère" » :

> [**B_2_Mf**] […] je sais que j'ai encore des fautes. Y a encore des fautes de grammaire, y a encore des, des p'tites fautes qu'y a dans mon allemand. Et du coup c'est vrai que j'ai du mal à dire que j'suis bilingue. Alors que j'pense honnêtement que j'suis bilingue. […] Ben je sais pas du coup, parce que je pense qu'y a encore des choses… bon, c'est surtout les der, die, das, j'ai vraiment du mal avec les genres.

> [**P_5_Ma**] Ça me gêne en fait, les accents. Quand j'entends les autres Allemands parler français, avec un fort accent allemand, ben… je les juge pas… mais moi j'aimerais pas parler comme eux, voilà, ça me gênerait. J'étais toujours dans le but d'être assez parfaite…

Dans la troisième définition, le principal argument avancé par les parents est que le bilinguisme implique un accès direct à une culture, non seulement dans son aspect intellectuel et cognitif, mais aussi de manière inconsciente et émotionnelle. Cette définition apparaît très fréquemment au cours des entretiens et est autant présente à Berlin qu'en Île-de-France, chez les Français que chez les Allemands. Dans cette logique, ce sont moins les éventuelles erreurs de langage qui invalident le bilinguisme, que des insuffisances dans la compréhension immédiate de la langue, qu'elle soit orale ou écrite. Alors que les premières sont objectivement reconnaissables, les secondes renvoient à un ressenti, par définition de nature subjective. Bien que les parents ne le mentionnent pas toujours de manière explicite, on peut supposer qu'ils se réfèrent au système de valeurs culturelles et aux représentations véhiculés par les langues. Selon Abendroth-Timmer et Hennig (2014 : 27), celles-ci « *convey norms, attitudes, beliefs about what is normal, esthetic or ethnic beliefs and cultural memories*[170] ».

> [**B_6_Pf**] Un bilingue c'est quelqu'un qui… pour qui c'est très facile de s'identifier à tout ce qu'il dit dans l'une ou dans l'autre langue. Parce que ça aussi c'est un truc, c'est qu'une langue étrangère, c'est toujours une langue étrangère, ça reste une langue étrangère, j'pense. Pour moi l'allemand est toujours, encore ma langue étrangère. Même si c'est une langue de travail pour moi, donc…

> [**B_2_Pa**] […] en fait pour moi, la langue c'est pas… en première ligne un instrument de communication. Pour moi, c'est un signe de culture. Donc la langue pour moi, c'est la culture. Donc si les deux-là, sont bilingues, c'est pour moi plutôt que… ils ont aussi une autre culture. […] Par exemple, l'humour, à la française, ça se comprend super bien, je crois, quand tu vois les contrepèteries.
> [**B_2_Mf**] Oui mais toi tu sais ce que c'est une contrepèterie, tu peux rigoler d'une contrepèterie. Donc t'as quand même acquis beaucoup de culture française.
> [**B_2_Pa**] Oui, mais c'est pas <u>ma</u> culture. J'aime ce côté-là, mais c'est pas ma culture. C'est pas ma personnalité, c'est pas mon caractère. Je suis pas né avec une contrepèterie sur la langue.

> [**B_8_Ma**] Je crois que je me sens pas bilingue parce que j'ai pas eu une éducation bilingue. Parce que j'ai appris le français plus tard. Donc là c'est parler bien ou même très bien le français, mais je suis pas bilingue parce que pour moi ce côté de culture me manque. Je trouve que c'est plus que la langue, c'est… Pour moi le bilinguisme c'est plus que parler une langue.

---

170 « véhiculent également des normes, des attitudes, des croyances sur ce qui est normal, des croyances esthétiques ou ethniques et des souvenirs culturels ».

> [**P_3_Pa**] Das hat für mich nichts damit zu tun, also zum Beispiel, ich kenne auch Menschen, die sehr gut Deutsch sprechen, aber die… nie wirklich in Deutschland gelebt haben und die das… also fast theoretisch äh… leben. Für mich ist das keine Zweisprachigkeit. Also… [P_3_Em3] zum Beispiel… würde ich auch als zweisprachig beschreiben… obwohl er nicht perfekt Deutsch spricht… Wissen Sie, was ich meine? Hum… er ist tatsächlich zweisprachig, weil er Sachen kennt, die nur jemand kennt, der auch mit Deutschland wirklich zu tun hat und nicht jemand, der Goethe liebt, zum Beispiel. […] Also, wenn es gelebt wird, wenn die Sprache gelebt wird[171].

Parmi les familles auprès desquelles ont été recueillies les données, une corrélation s'observe entre représentation du bilinguisme et identité bilingue, dans la mesure où les parents ayant une représentation souple du bilinguisme sont plus enclins à se qualifier de bilingues que les autres. Parmi eux se trouvent des locuteurs qui considèrent ne pas parler un allemand ou un français parfait, tel que le père de la famille [B_7] : « Ouais je suis bilingue, je suis bilingue avec mes fautes, mais je suis bilingue. ». L'utilisation de la conjonction « mais » signale à la fois une conscience de la tension existante et la volonté de la résoudre. Cela implique de passer outre l'obstacle de l'imperfection dans l'autoreprésentation de locuteur bilingue. En revanche, les parents qui associent le bilinguisme à une maîtrise parfaite de la langue ou à une compréhension immédiate de la culture sont plus réticents à se qualifier de bilingues. Pourtant, tous s'attribuent un niveau très bon ou excellent dans leur langue seconde, qui est aussi généralement leur langue de travail quotidienne. Dans ce contexte, certains évoquent un sentiment d'illégitimité à se définir comme bilingues : « […] en quelque sorte j'ai l'impression que j'ai pas le droit [de me dire bilingue] » [B_8_Ma]. À l'inverse, le fait d'avoir grandi dans un contexte bilingue et biculturel, à l'image de leurs enfants, apparaît pour plusieurs interlocuteurs comme un garant de l'identité bilingue. Si cette corrélation a surtout été exprimée par des parents, un enfant la reprend à son compte, mentionnant l'idée de « grandir avec deux langues », qui

---

171 Pour moi, ça n'a rien à voir, donc par exemple, je connais aussi des gens qui parlent très bien l'allemand, mais qui… n'ont jamais vraiment vécu en Allemagne et qui… donc… vivent presque théoriquement. Pour moi, ce n'est pas du bilinguisme. Alors… [P_3_Em3] par exemple… Je le décrirais aussi comme bilingue… bien qu'il ne parle pas parfaitement l'allemand…. Vous voyez ce que je veux dire ? Hum… il est en fait bilingue parce qu'il connaît des choses que seul quelqu'un qui a vraiment des liens avec l'Allemagne connaît, et pas quelqu'un qui aime Goethe, par exemple. […] Donc, si c'est vécu, si la langue est vécue.

invalide toute prétention à devenir bilingue pour des locuteurs socialisés dans un contexte monolingue.

> [**B_2_Mf**] Les enfants [...] sont nés bilingues. Donc eux ils sont beaucoup plus bilingues que moi.

> [**B_8_Pf**] [...] ils ont quand même grandi dans un environnement bilingue. Dès le *Kindergarten* [franco-allemand], ils étaient toujours avec des copains qui étaient dans des familles comme nous.

> [**P_2_Em2**] Ben moi, c'est... le bilinguisme, c'est... c'est grandir avec deux langues euh... [...] Pour moi, c'est euh... pour moi, l'allemand et le français, c'est deux langues maternelles, j'les ai apprises en même temps, j'les ai apprises en même temps et euh... j'pense c'est ça le... c'est avec les deux cultures aussi.

Le bilinguisme, normalité...

Le degré de normalité attribuée au bilinguisme, et plus largement au plurilinguisme, est également révélateur de la représentation qui lui est attachée. À la question de savoir si les pratiques bi-/plurilingues sont « normales » ou au contraire exceptionnelles, il peut y avoir des réponses différentes, qui varient notamment en fonction du contexte dans lequel elle est posée. Ainsi, dans le paradigme très souvent monolingue de l'État-nation, tel que le représente la France de manière idéal-typique, de telles pratiques sont considérées comme un phénomène individuel et inhabituel, alors que, dans un contexte favorable au bi-/plurilinguisme, elles ont davantage tendance à être perçues comme la règle, du moins comme un phénomène commun, habituel. Or, si l'on retient la définition du bilinguisme du CECRL, il « y a dans le monde beaucoup plus de locuteurs bilingues que de locuteurs monolingues ou, pour parodier Uriel Weinreich : le bilinguisme est la règle, le monolinguisme l'exception » (Deprez, 1994 : 22).

La question de la normalité du bilinguisme et du biculturalisme est apparue de manière fréquente au cours des entretiens à Berlin, mais les personnes interrogées l'ont en revanche très peu abordée de manière spontanée en Île-de-France. Un facteur d'explication peut être que le bi-/plurilinguisme est fortement valorisé dans le discours public de la capitale allemande et se reflète dans l'offre éducative, en particulier au niveau du système scolaire. Pour les parents de langue première française qui mentionnent le phénomène, ce fait peut paraître d'autant plus remarquable qu'ils ont eux-mêmes grandi dans une société organisée selon le principe du monolinguisme. Ainsi, pour de nombreux parents berlinois interrogés, le bilinguisme de leur(s) enfant(s) laisse poindre une « possibilité de normalité », pour reprendre l'expression de Lüdi et Py (1986 : 1). Tous considèrent le bilinguisme comme un phénomène « normal », du moins susceptible de le devenir. Ils ont aussi et surtout conscience que leurs enfants, en tant que représentants d'une génération nouvelle, dans une ville ouverte et valorisant la diversité culturelle et langagière, le perçoivent et le pratiquent comme tel.

> [**B_1_Mf**] Oui oui, ici...c'est normal. À la *kita* où y avait les enfants, c'était... oui c'était normal. Y avait pas beaucoup d'Français mais toutes les mamans, elles parlaient pas allemand à leurs enfants enfin... Sauf les mamans allemandes.

> [**B_3_Mf**] Pour eux c'est <u>absolument</u> normal d'être différents. J'me rappelle, quand ils étaient petits, ils demandaient à leurs cousines allemandes : « alors, tu parles quoi ? » Et puis la cousine allemande, qui avait quatre ou cinq ans, elle dit : « ben j'parle allemand. » « C'est tout ? » Et elle a dit : « ben oui » Et ils ont dit : « Ah bon. » Pour eux c'était normal que les enfants parlent au moins deux à trois langues.

> [**B_8_Pf**] Donc pour eux c'était plutôt normal de parler les deux langues, plus que de ne pas parler deux langues.

À l'inverse, la mère de la famille [B_4] qui a décidé de quitter la ville de taille moyenne dans laquelle elle vivait pour s'installer avec son fils à Berlin, éloigné de près de 400 kilomètres, souligne le caractère anormal du bilinguisme dans son ancienne ville de résidence. Non seulement celle-ci manquait d'infrastructures scolaires adaptées, telles qu'elles existent à Berlin, mais la dépréciation des pratiques bilingues, par exemple par la directrice de l'ancienne école de son fils, a elle aussi contribué au choix de la famille de déménager.

> **[B_4_Mf]** Surtout qu'il y a toujours un rendez-vous avec une prof, avec la directrice d'école, et avant de déménager à Berlin, quand on l'avait vu à K., elle avait remarqué qu'j'parlais français avec [B_4_Mf]. Et elle avait dit : « Il va falloir vous décider hein ! ». Oh ok, on part... [*rires*] Elle trouvait pas ça cool du tout que j'parle français avec [B_4_Mf].

En Île-de-France, un seul père a abordé la question de la normalité du bi-/plurilinguisme. Celui-ci se distingue des autres parents franciliens par son profil particulier. Non seulement il est lui-même issu d'un couple franco-allemand et a été éduqué en Allemagne de manière monolingue, mais il a en outre fait l'expérience de la diversité culturelle en tant qu'adulte et père de famille dans le milieu européen et cosmopolite de Bruxelles. Ayant quitté la capitale européenne pour rejoindre la France, sa femme et lui espéraient retrouver un milieu similaire, dans lequel le plurilinguisme et le pluriculturalisme seraient la norme. Or il considère que les conditions n'étaient pas réunies à Paris, où il a fait l'expérience que parler allemand en public ne passait pas inaperçu, mais au contraire suscitait des réactions, qu'il s'agisse d'admiration ou de rejet. C'est à Sèvres, où vit désormais la famille, qu'il estime avoir trouvé cette normalité.

> [**P_3_Pa**] Aber als wir mit den Kindern, äh… als sie klein waren, in Paris gewohnt haben, habe ich halt auf der einen Seite 50% der Leute, also… im Park, wenn ich immer auf Deutsch geschrien habe, 50% haben gesagt: "Ach toll, Sie sprechen Deutsch mit denen. Sie kommen dann nach Henri IV" [NdT : lycée Henri IV à Paris] oder keine Ahnung, also dieses Elite-Ding der Franzosen oder Pariser. Oder 50%, das war dann die andere Hälfte, hat zu mir gesagt: "Was schimpfen Sie in diese furcht… furchtbare Sprache mit denen[172]?".
>
> [**P_3_Pa**] Und als wir nach Sèvres gezogen sind, äh… war alles normal. Das heißt wir leben hier totale Normalität. Jeder spricht seine Sprache, und du kannst Deutsch sein, du kannst Englisch sein, du kannst… es ist interessant, aber auch nicht schwierig, sondern das ist ganz normal eigentlich hier[173].

Toutefois, du point de vue de la diversité langagière et culturelle, la ville de Sèvres n'est pas représentative de l'Île-de-France en général. Évoluant dans le milieu monoculturel et monolingue d'une commune des Yvelines, la mère allemande de la famille [P_5] évite de parler en allemand en public. Dans le cadre familial, les deux parents soutiennent les pratiques bilingues et adhèrent pour cela au principe OPOL, mais, à

---

172 Mais quand on habitait à Paris avec les enfants, euh… quand ils étaient petits, j'ai…, d'un côté 50 % des gens, enfin… au parc, je criais toujours en allemand, et alors 50 % m'ont dit : « Oh super, vous parlez allemand avec eux. Ils iront ensuite à Henri IV [NdT : lycée Henri IV à Paris] ou je ne sais pas, ce truc d'élite des Français ou des Parisiens. Ou 50 %, c'est l'autre moitié, m'a dit : « Qu'est-ce que vous les houspillez dans cette horr… horrible langue ? ».

173 Et quand nous avons déménagé à Sèvres, euh… tout était normal. C'est-à-dire que nous vivons une normalité totale ici. Tout le monde parle sa langue, et tu peux être allemand, tu peux être anglais, tu peux… c'est intéressant mais ce n'est pas compliqué, c'est tout à fait normal ici.

l'extérieur, la mère tient à ne pas se faire remarquer. Au cours de l'entretien, elle ne précise pas si elle se comporterait d'une manière différente si le contexte était autre, mais on peut supposer, étant donné son argumentation, que cela contribuerait à une attitude plus décontractée en termes de pratiques langagières.

> [**P_5_Ma**] Et aussi, avec les enfants, j'allais dans un peu dans une *Krabbelgruppe* [groupe d'enfants en bas âge], voilà, quelque chose comme ça, et là c'était entièrement français. Et quand j'étais dans ce cadre-là, je parlais aussi français avec les enfants, parce que justement, moi j'aimais pas… Je me sentais pas à l'aise sur l'aire de jeux, avec les autres mamans, et les autres enfants, de parler une langue que personne ne comprend à mes enfants… Enfin moi ça me gênait, et du coup je parlais aussi français un peu à mes enfants dans ce cadre-là. Et par contre, à la maison, quand on était seuls, je parlais allemand.

À Berlin, plusieurs parents soulignent que la représentation du bilinguisme comme « normal » est un phénomène récent, plus fortement représenté au sein de leur génération que parmi les générations précédentes. Dans cette optique, la normalité attribuée au bilinguisme n'a pas un caractère absolu, mais est liée à un contexte spécifique, celui des sociétés européennes contemporaines.

> [**B_1_Mf**] […] à l'époque, oui ça c'était surprenant. Mais ici, non.

> [**B_2_Mf**] Et j'trouve que c'est, c'est… ça me choque beaucoup en fait quand j'entends, finalement dans notre génération on parle tous not' langue à nos enfants et c'est super d'apprendre plusieurs langues, mais c'est vrai qu'y a plein de générations antérieures où c'était pas du tout un problème de de… Parce qu'il fallait qu'on s'intègre aussi, c'était aussi… toutes les générations de maghrébins en France, où ils parlent pas du tout arabe avec leurs enfants, etc. Et j'trouve ça vraiment dur parce que c'est une espèce d'intégration qui est fausse, quoi.

> [**B_7_Pf**] À mon avis, les gens qui, dans les années 60–70, ils étaient beaucoup plus dans l'esprit de se dire « ok si je veux m'intégrer, je dois parler la langue du pays dans lequel je suis ». Donc c'est des gens qui étaient plus parfaitement bilingues, peut-être, quitte à faire des sacrifices. La question se posait différemment, et puis on n'avait pas encore perçu tous les aspects positifs du bilinguisme, etc.

À ce sujet, une mère franco-britannique qui a elle-même été éduquée dans un contexte bilingue évoque à plusieurs reprises la différence de situation entre elle et ses enfants. Elle qui, durant son enfance, a refusé de répondre en anglais à sa mère, alors que cette dernière s'adressait systématiquement à elle dans sa langue d'origine, explique son attitude par son refus, à l'époque, d'incarner une différence. Dans la ville française dans laquelle elle vivait avec sa famille, le bilinguisme était une exception et elle souhaitait se conformer à la règle. Son témoignage évoque celui de la mère de la famille [P_5] qui évite de parler allemand en public en France. Au contraire, ses propres enfants ont grandi dans un contexte dans lequel le bi-/plurilinguisme est accepté et reconnu, voire valorisé, à la fois dans le cercle amical et au sein de la structure scolaire. Il s'agit pour elle de la raison principale pour laquelle ils pratiquent le bilinguisme.

> [**B_3_Ma**] Et je pense que le problème est que j'étais la seule qui était étrangère, et quand on est enfant, on n'a pas envie d'être différent des autres, donc euh, et on m'appelait souvent la p'tite Anglaise, et je n'supportais pas ça. On m'montrait du doigt, « oh la p'tite Anglaise ! », ça m'énervait. Et c'est vrai que… ooh, l'horreur.
> [**B_3_Ma**] Donc voilà, j'pense que c'est le côté euh… d'avoir été différente, j'ai tout fait pour que les enfants se sentent… C'est pour ça, comme j'l'ai très mal vécu, j'me suis dit, j'vais les mettre dans le système franco-allemand dès l'début. Pour qu'ils baignent dedans et qu'ils réalisent, j'suis pas le seul.

De plus, plusieurs parents notent que le contexte berlinois, en particulier, a une influence favorable sur la représentation du bilinguisme comme « normale ».

> [**B_3_Mf**] Et c'est vrai qu'à Berlin on a une chance pas possible et inouïe, surtout maintenant encore plus, euh du choix des différents systèmes bilingues… et pour eux c'était tout à fait naturel, dès le plus jeune âge, de… d'évoluer dans ces cercles-là, franco… franco-allemands.

> [**B_8_Pf**] Dès le *Kindergarten* [franco-allemand]. Ils étaient toujours avec des copains qui étaient dans des familles comme nous. Donc pour eux c'était plutôt normal de parler les deux langues, que de ne pas parler deux langues.

De fait, sans avoir une histoire plurilingue, Berlin se montre particulièrement tolérante vis-à-vis des différences culturelles, en particulier celles dont sont porteurs les immigrés et leurs descendants : les enfants bi-/plurilingues trouvent dans l'offre éducative mise en place par l'administration de la ville pour promouvoir le bi-/plurilinguisme des lieux d'accueil et de « normalité ». Or, comme le note Hu, la composition de la population d'un milieu affecte la manière dont est appréhendé le bi-/plurilinguisme :

« [...] *Mehrsprachigkeit und Mehrkulturalität [können] als Sonderfall in einer tendenziell monolingualen Gesellschaft mit einem entsprechenden Habitus erfahren werden, wie aber auch als Normalität: nämlich dann, wenn z.B. eine Gesellschaft historisch gewachsen mehrsprachig ist, oder aber, wenn sie in großen Teilen mehrsprachige Menschen in sich aufgenommen und dementsprechend einen multilingualen Habitus entwickelt hat*[174] » (Hu, 2003 : 2).

On notera que les parents qui disent apprécier la diversité culturelle de leur quartier ou de leur commune ne se réfèrent pas nécessairement aux mêmes réalités. De ce point de vue, on constate une différence entre Paris et Berlin. Ainsi, deux mères berlinoises évoquent les pratiques bilingues des enfants de Kreuzberg, l'un des quartiers où la part des habitants d'origine immigrée est l'une des plus élevées de la ville, et où la diversité des langues et des cultures est la plus visible dans l'espace urbain. Pour le père de la famille installée à Sèvres, en revanche, la diversité de sa commune a un caractère élitiste – sans qu'il le considère de cette manière. Il correspond à celle des « eurocités » étudiées par Adrian Favell (2008), dans lesquelles se côtoient des Européens mobiles et hautement qualifiés, issus d'un milieu socio-économique moyen ou favorisé.

[**B_1_Mf**] En plus ici tout le monde fait ça. Enfin en plus à Kreuzberg, c'est vraiment... il y a vraiment très peu d'enfants qui parlent seulement allemand.

[**B_2_Mf**] Ils sont dans une *kita* allemande, très *multikulti* [multiculturelle], ben forcément, à Berlin. Et y a un mot qui tout d'un coup est apparu, c'était un mot, alors on savait pas si c'était arabe ou turc, et tous les enfants l'disaient. Et aucun parent comprenait c'que ça voulait dire. C'était quoi déjà ? « Aboulé » !

[**P_3_Pa**] [...] Sèvres ist eine kleine Stadt, äh wo ganz viele Ausländer, also europäische und... oder sagen wir mal westliche Ausländer wohnen. Also unsere Nachbarn sind äh... Engländer und Irländer. Und... also überall wohnen Deutsche oder Deutsch-Franzosen. Und sie können in dieser Stadt die Sprache schreien, die sie möchten. <u>Keiner</u> dreht sich um. Es ist eine ganz internationale Gemeinde. Alle kommen von irgendwoher. Und sie können,

---

174 « [...] le plurilinguisme et le pluriculturalisme peuvent être vécus comme un cas particulier dans une société qui tend à être monolingue avec un habitus correspondant, mais aussi comme une normalité : à savoir, lorsqu'une société s'est historiquement développée en étant multilingue, ou lorsqu'elle a intégré des personnes multilingues en grande proportion et a donc développé un habitus multilingue. »

also ihre Differenz sozusagen wunderbar leben, ohne dass es irgendjemanden stört[175].

... ou chance extraordinaire

À la différence des parents, les grands-parents semblent considérer le bilinguisme de leurs petits-enfants comme un phénomène exceptionnel. Une seule grand-mère parle de normalité au sujet du bilinguisme, du moins de quasi-normalité, en justifiant sa position par son optimisme naturel : « Für mich ist das fast eine Normalität. Ich bin ein Mensch, der alles nimmt, was kommt. Ich bin ein optimistischer Mensch[176] » [B_7_GMa]. Sans qu'elle ne le mentionne, on peut supposer que le fait qu'elle vive elle-même dans le contexte multiculturel de Berlin et côtoie au quotidien ses petits-enfants peut contribuer à une telle attitude. En revanche, la majorité des grands-parents expriment leur admiration face à la compétence bilingue de leurs petits-enfants, qui à leurs yeux ne correspond pas aux standards langagiers habituels. De ce point de vue, on ne constate aucune différence entre les deux pays : le ton est toujours louangeur et les adjectifs utilisés traduisent une certaine admiration (« fantastique », « extraordinaire », « merveilleux »).

[**B_1_GMa**] [...] also ich kann nur sagen, ich beneide alle Kinder, die zweisprachig aufwachsen. [...] Und da kann ich nur sagen, ich beneide solche Familien, solche Kinder, sie haben es irgendwann mal später viel leichter, als wir die uns da rumquälen. [...]. Aber ich finde es fantastisch[177].

[**B_4_GMf**] Une chance extraordinaire et une ouverture d'esprit incroyable. Je regrette de ne pas être bilingue ni trilingue. Je me dis : « oh là là quelle

175 Sèvres est une petite ville, euh, où vivent beaucoup d'étrangers, européens et... ou disons occidentaux. Nos voisins sont... anglais et irlandais. Et... les Allemands ou les Franco-Allemands vivent partout. Et ils peuvent crier la langue qu'ils veulent dans cette ville. Personne ne se retourne. C'est une communauté très internationale. Tout le monde vient de quelque part. Et ils peuvent, pour ainsi dire, vivre leur différence à merveille, sans que cela ne dérange personne.

176 Pour moi, c'est presque la norme. Je suis quelqu'un qui accepte tout ce qui se présente. Je suis quelqu'un d'optimiste.

177 Alors je ne peux que dire que j'envie tous les enfants qui grandissent en étant bilingues. [...] Et je peux seulement dire que j'envie ces familles, ces enfants, ils auront la vie beaucoup plus facile, un jour, que nous qui nous torturons. [...] Je trouve cela fantastique.

perte ! » Au niveau des contacts avec les gens. Je me dis que mes enfants ont bien de la chance.

[**P_4_GMa**] Das ist wunderbar, das ist ein Geschenk[178] !

Face au bilinguisme de leurs petits-enfants, les grands-parents ne se montrent pas seulement admiratifs, mais sont aussi nombreux à exprimer leur fierté. Celle-ci se rapporte tout naturellement en premier lieu à leurs descendants, mais semble rejaillir d'une certaine manière sur eux-mêmes à travers les liens familiaux. Comme le remarquent Lahaye *et al.*, l'enfant représente ici « [..] une valeur dans laquelle investissent les parents [et, pourrait-on ajouter, les grands-parents]. Son développement, son adaptation scolaire sont des signes extérieurs de richesse de la famille que veulent préserver les adultes » (2007 : 351). La réussite individuelle des enfants est en même temps une réussite familiale dont profitent les générations précédentes, dans la mesure où elle contribue à améliorer, du moins à conforter, la position familiale « dans la hiérarchie sociale » (Singly, 2017 : 87). Ainsi, c'est avant tout au cours des échanges avec des amis et/ou des connaissances dont les enfants ou petits-enfants ne disposent de compétences bilingues similaires à celles de leurs petits-enfants, que cette fierté s'exprime de la manière la plus immédiate. Celle-ci s'alimente de la comparaison et de la confirmation extérieure.

[**B_2_GMf**] Moi je trouve ça super. J'aime bien d'abord le dire aux gens parce qu'ils sont très admiratifs, en général. Et puis moi-même pour ma satisfaction personnelle, d'abord ils sont super, et puis je crois que ça leur a apporté quelque chose.
[**B_2_GMa**] Als die Enkelkinder mit sprechen angefangen hatten, äh, da waren wir eigentlich sehr stolz, dass sie so gut gesprochen haben, aber das war natürlich auch, ähh…, daher geschuldet, ähh…, dass die Schwiegertochter dies mit ihnen gelernt hat. […]
Finden Sie das gut?
[**B_2_GMa**] Ja, sehr gut! Also kann man nur jedem empfehlen. Wir haben Bekannte, die also auch ausländische Schwiegertöchter, Schwiegersöhne haben, da klappt es teilweise nicht so gut[179].

---

[178] C'est merveilleux, c'est un cadeau !

[179] Quand les petits-enfants ont commencé à parler, euh, nous étions en fait très fiers qu'ils parlent si bien, mais bien sûr, c'était, euh…, lié euh… au fait que la belle-fille l'a appris avec eux […]/*Est-ce que vous trouvez ça bien ?*/Oui, très bien ! On ne peut que le recommander. Nous avons des amis qui ont aussi des belles-filles et des gendres étrangers, alors ça ne marche pas toujours aussi bien.

[**B_6_GMf**] Je trouve ça très… très… voyons. Oui c'est gratifiant, presque flatteur j'vais dire, je sais pas…, ça me… valorisant pour moi, vraiment.

[**P_5_GMf**] […] parce que moi je parle souvent… bon, j'ai des amis, tout ça… et quand je dis que mes petits-enfants, ils sont… ils parlent français, allemand couramment, tout ça… ils vont dans une bonne école, ils vont au lycée international… donc ils sont… ils travaillent très très bien… Donc… je suis un peu fière, vous savez, si vous voulez. À chaque fois, on me dit : « Ah, ils parlent allemand couramment ? Ils l'écrivent ? » Ben je dis oui… C'est un peu une fierté, au contraire, de…

Le grand-père de la famille [B_6] exprime lui aussi son admiration pour le bilinguisme de sa petite-fille. En raison de son passé professionnel en tant que professeur d'allemand, puis recteur d'académie, il dispose d'une sensibilité particulière pour la didactique des langues. C'est avec enthousiasme qu'il évoque le caractère « total, exhaustif et parfait » du bilinguisme de sa petite-fille, en le justifiant par sa capacité à parler les deux langues avec les compétences d'un locuteur natif, mais également à traduire de l'une à l'autre.

[**B_6_GPf**] Et elle, alors son français est <u>époustouflant</u>. Elle était très capable, à huit ans, de corriger sa grand-mère, qui disait euh euh… « je n'aurais pas dû prendre ce parapluie », elle lui disait : « non, tu devrais dire, j'aurais dû ne pas prendre ce parapluie. » À ce point-là ! Elle est…, elle est… Elle vient tous les ans avec son ami de cœur en vacances, et lui ne parle pas du tout français. Et elle est sans arrêt… elle fait de l'interprétariat simultané sans arrêt, sans arrêt. Et elle est tellement… douée là-dessus que elle traduit aussi les « euh », elle est… Non mais alors c'est quelqu'un ! Alors si vous avez l'occasion de la rencontrer pour illustrer vos propos avec un bilinguisme <u>total</u>, exhaustif et parfait, elle vaut le détour !

Les témoignages des grands-parents semblent confirmer que des locuteurs qui ont non seulement grandi, mais vivent également dans un milieu monolingue, ont davantage tendance à considérer le bilinguisme comme exceptionnel. Brohy remarque à ce sujet que « […] *zweisprachige Kinder [üben], zumindest auf einprachige Eltern, die das Zweitsprachlernen als etwas Mühevolles und Zeitraubendes ansegen oder in Erinnerung haben, eine starke Faszination aus*[180] » (1992 : 168). Cette analyse semble moins valoir pour les parents rencontrés, vraisemblablement parce

180 « […] les enfants bilingues exercent une forte fascination, du moins sur les parents monolingues, qui considèrent ou se souviennent que l'apprentissage d'une deuxième langue est quelque chose de fastidieux et de chronophage. »

qu'eux-mêmes parlent deux langues à un niveau très élevé, que pour les grands-parents. À titre de comparaison, le jugement que trois grands-mères qui ont elles-mêmes élevé leurs enfants dans un cadre bilingue portent sur la compétence bi-/plurilingue de leurs descendants s'avère assez proche de celui des autres grands-parents. Il est très positif, la principale différence avec les autres grands-parents est qu'elles mettent en exergue le « trilinguisme » de leurs petits-enfants. Si le bilinguisme a pour elles un caractère plus habituel que pour les autres grands-parents, elles semblent en revanche être satisfaites, voire fières, que leurs petits-enfants pratiquent davantage que deux langues.

> [**B_3_GMf**] Alors, d'abord les enfants sont trilingues, je dirais. Je trouve que c'est excellent [...].

> [**B_8_GMf**] Eux ont énormément de chance d'être bilingues, et trilingues même, comme mon fils d'ailleurs. Moi aussi je suis une trilingue, c'est un avantage, je pense, dans le monde d'aujourd'hui.

> [**P_3_GMa**] Also, egal wo sie auf der Welt sind, haben sie die drei Sprachen... weil unsere Enkelkinder sind auch, zum Beispiel in Englisch auch sehr stark, sie sind quasi auch dreisprachig, kann man schon fast sagen[181]...

***

Le regard que les personnes interrogées portent sur le caractère « normal » du bilinguisme varie entre les générations. De ce point de vue, il semble y avoir une corrélation entre leur propre expérience des pratiques bilingues et le degré de normalité qu'elles attribuent à ces dernières. Pour les enfants, qui tous ont grandi dans un cadre bilingue, de telles pratiques représentent la norme – d'autant plus s'ils disposent d'un cercle d'amis franco-allemands et fréquentent un système scolaire qui promeut le bilinguisme, comme c'est davantage le cas à Berlin. À l'inverse, les grands-parents qui se sont exprimés sur le sujet ont tendance à le considérer comme un phénomène exceptionnel vis-à-vis duquel, surtout ceux d'entre eux qui ont été socialisés et ont élevé leurs enfants dans un contexte monolingue, font preuve d'admiration. Enfin, les parents se trouvent dans une situation intermédiaire entre enfants et grands-parents. Les bilingues tardifs qu'ils représentent vivent dans un

---

181 Alors, peu importe où ils sont dans le monde, ils ont les trois langues... parce que nos petits-enfants sont aussi, par exemple, très forts en anglais, ils sont aussi quasiment trilingues, on peut presque dire...

contexte bilingue, alors qu'une majorité d'entre eux ont eu une enfance monolingue. Ce sont en particulier les Français de Berlin qui décrivent le bilinguisme comme un phénomène normal, du moins à propos de leur quotidien familial, notamment de leurs enfants, tout en ayant conscience que les pratiques langagières de ces derniers ne sont pas représentatives de celles de l'ensemble de la société. À leurs yeux, le bilinguisme constitue en quelque sorte une *normalité en devenir*, à laquelle ils s'efforcent de contribuer au sein de leur famille. Sans doute le contexte berlinois contribue-t-il à une telle attitude, à la fois parce que la diversité langagière et culturelle est valorisée dans le discours public et parce que les familles issues de couples mixtes disposent d'offres éducatives accessibles favorisant le bi-/plurilinguisme.

Fonctions et transmission du bilinguisme

Malgré leurs différences d'approche du bilinguisme, et notamment de sa « normalité », les trois générations s'accordent sur son aspect positif et affirment souhaiter qu'il se perpétue à la génération suivante, celle des futurs arrière-petits-enfants. Sur ce point, quelques personnes, issues de la génération des grands-parents, ont exprimé une certaine forme d'indifférence, mais elles représentent l'exception. L'attitude positive de la majorité des personnes interrogées n'est guère étonnante, dès lors que le bilinguisme a tendance à être valorisé dans les sociétés contemporaines, d'autant qu'il concerne deux langues de prestige comme le français et l'allemand (Lüdi, Py, 1986 : 7). De plus, les familles franco-allemandes auprès desquelles ont été recueillies les données ne semblent pas rencontrer de difficultés majeures dans leur pratique du bilinguisme. Or une représentation positive partagée du bilinguisme, telle qu'elle apparaît parmi les familles interrogées, n'implique pas nécessairement que tous lui assignent les mêmes valeurs et lui attribuent les mêmes fonctions. Comme le note Beacco, les langues jouent différentes fonctions sociales, qui peuvent être perçues différemment en fonction des contextes et des locuteurs :

> « [...] elles sont associées aux identités collectives (nation, région, communauté...), elles interviennent dans la formation de la personne et du citoyen, elles constituent un instrument de plus en plus indispensable pour les activités professionnelles, elles permettent la découverte d'autres cultures et d'autres sociétés, elles sont investies d'un rôle éducatif, dans la mesure

où l'intolérance et le racisme passent aussi par le mépris pour la langue de l'Autre. » (Beacco, 2007 : 31).

Par conséquent, identifier la fonction attribuée au bilinguisme apparaît comme une condition préalable pour comprendre la motivation qui conduit des familles à vouloir transmettre des compétences bilingues à leurs enfants ou leur fournir les conditions de leur acquisition. Selon les entretiens, de telles motivations peuvent être classées en trois principales catégories. Il s'agit du maintien du lien familial, de la réussite individuelle et de l'ouverture culturelle. Ces catégories ne sont pas exclusives les unes des autres et les membres des familles interrogées ont mentionné plusieurs éléments concernant les avantages et – très rarement, voire exceptionnellement – les inconvénients du bilinguisme. L'analyse de ces catégories tient compte, comme pour le degré de normalité attribuée au bilinguisme, des éventuelles différences d'approche entre les trois générations.

Maintien du lien familial

Parents et grands-parents mettent en avant, de la même manière, l'importance du bilinguisme des enfants pour conserver et soigner des liens familiaux entre générations, en particulier entre grands-parents et petits-enfants. Ces derniers, au contraire, ne l'évoquent que très rarement. La raison peut en être qu'ils estiment naturel de pouvoir échanger avec les membres de leurs familles maternelle et paternelle dans leurs langues premières respectives, ou bien que la crainte de voir le lien familial se déliter est peu ancrée dans la psychologie adolescente. À l'inverse, plusieurs grands-parents se disent heureux, voire reconnaissants, de pouvoir communiquer avec leurs descendants dans leur langue première. Outre l'aspect communicationnel, dominant dans ces témoignages, certains mentionnent des termes en rapport avec l'idée de transmission intrafamiliale, tels que « racines » et « liens ». Sur ce point, on ne constate pas de différence entre les grands-parents ayant élevé leurs propres enfants dans un cadre bilingue et les autres. En revanche, et en toute logique, l'argument est avancé pour l'essentiel par les grands-parents dont les petits-enfants résident de l'autre côté de la frontière franco-allemande, où la langue majoritaire est différente de la leur. *A contrario*, la question de la langue de communication avec les petits-enfants ne se pose pas pour les autres grands-parents :

[**B_1_GMf**] Et je trouve que ce serait bien aussi, que personne perde ses racines, non c'est bien, c'est bien.

[**B_2_GMf**] J'trouve que c'est tellement génial que, eux, ils puissent parler dans ma langue, ça c'est très très bien.

[**B_3_GMf**] Pouvoir communiquer avec eux, ne pas sentir… Il y a des familles où les petits-enfants ne peuvent pas communiquer avec les grands-parents, où la famille… Je pense qu'il manque quelque chose dans les deux sens.

[**B_7_GPf**] C'est nos p'tits enfants, c'est garder des liens euh. J'pense que c'est bien.
Parce que ça leur permet de garder des liens avec vous ?
[**B_7_GPf**] Oui, avec nous et avec leurs…
[**B_7_GMf**] Avec les descendants.
[**B_7_GPf**] Avec tous les descendants des familles, de leur famille, voilà.

[**P_5_GMa**] Also, ich finde schon, dass das ein Vorteil ist, wenn alle Personen beide Sprachen lernen. Wenn es nur einer kann, dann es ist sicherlich schwieriger[182].

[**P_7_GMa**] Ich denke, es ist eine Bereicherung, wenn ich mir denke, wie mühsam, ich französisch spreche heutzutage noch, und da bin ich auch immer froh, dass alle Enkelkinder sehr gut deutsch sprechen[183].

Concernant le maintien du lien familial, plusieurs grands-parents – tous en France – considèrent cependant avec une certaine amertume l'éloignement géographique de la branche franco-allemande de la famille. Si le bilinguisme en tant que tel est vivement plébiscité par les grands-parents, ses conditions de réalisation, à savoir la mobilité de leur enfant et son installation dans le pays voisin, sont aussi une source de contrariété pour certains d'entre eux.

[**B_2_GPf**] […] Puis en plus j'ai ai dit, souvent, dans les écoles c'est un critère de sélection. Et « oui oui oui ! », c'est pour ça qu'elle a choisi l'allemand, j'aurais peut-être mieux fait ce jour-là de faire aut'chose parce que du coup elle est partie à Berlin et j'la vois plus. C'est pas très loin, mais enfin on y va pas tous les jours.

---

182 Eh bien, je pense quand même que c'est un avantage si tout le monde apprend les deux langues. Si une seule personne en est capable, c'est certainement plus difficile.

183 Je pense que c'est un enrichissement, quand je pense comme c'est encore difficile pour moi de parler français aujourd'hui, et donc je suis toujours contente que tous les petits-enfants parlent très bien l'allemand.

[B_5_GMf] … Elle est partie pour un été et puis, et puis elle est restée. Disons que ça nous a fait mal, si vous voulez, mais après, c'était sa vie, c'était sa voie, ça lui plaisait, je vois pas pourquoi on l'aurait empêchée d'être en Allemagne. Non non, on n'avait rien contre. A part le fait qu'on la voit beaucoup moins, voilà. La vie entière, je pensais pas.

[P_5_GMf] […] Par contre, ils partent à Berlin : vous savez, non ?
Ben ils m'ont dit ça, oui…
[P_5_GMf] Ils vont déménager. Ça, ça embête mon m… Enfin, pas la question qu'ils partent en Allemagne, mais la question qu'ils s'éloignent, quoi. Ça nous fait… c'est bizarre quand même…

La perspective des parents est différente, à la fois parce qu'ils sont les acteurs de la mobilité intra-européenne et parce qu'ils disposent eux-mêmes des compétences langagières leur permettant d'échanger à la fois avec les générations précédentes et les générations futures. Ainsi, en termes d'outils de communication, ils se trouvent dans une situation privilégiée. Toutefois, leur argumentation est similaire à celle des grands-parents et se concentre sur la possibilité d'échange entre ces derniers et les petits-enfants. Dans cette perspective, ils ont tendance à axer leur discours sur le maintien des liens familiaux et le partage d'expériences entre les générations, que le bilinguisme rend possibles malgré l'expérience migratoire et l'éloignement géographique qui en découle.

[**B_2_Mf**] Moi c'était aussi un argument, toujours, de dire c'est la langue des grands-parents, quoi. Il faut, il faut, je pouvais pas imaginer que mes enfants puissent pas communiquer avec mes parents.

[**B_6_Pf**] […] l'avantage c'est aussi qu'on puisse partager, que moi je puisse partager aussi plein de choses, et puis que les, que mes enfants communiquent bien avec mes parents. Euh, c'est important. Euh, moi je trouve que c'est dur des fois quand on voit euh, quand on voit des enfants qui euh, pour qui c'est difficile de communiquer avec leurs grands-parents à cause de la langue. C'est pas drôle, ça doit pas être drôle pour les grands-parents.

[**B_1_Mf**] […] je voulais qu'ils puissent profiter du fait que la famille… […] du fait que c'est une famille, y a un soutien et un échange énormes. Et donc pour moi, je voulais qu'ils puissent profiter de ça, parce que c'est des appuis dans la vie, tu sais pas c'qui peut arriver…

[**P_1_Ma**] Also meine Eltern, die damals noch lebten, die konnten beide keine Fremdsprache, außer so ein Paar Begriffen, und ich konnte mich das irgendwie nicht vorstellen, dass wir bei Besuchen in Deutschland, dass man mich braucht, damit die Kinder ein Kontakt zu ihren Großeltern haben. Das war für mich unvorstellbar. Deswegen habe ich so… so viel Energie auch daran gesetzt, dass sie zumindest so gut verstehen, dass sie alleine zurecht kommen[184].

[**P_7_Pf**] Et puis, je sais pas… même pour échanger avec la famille, tout ça… C'est des trucs, vous en parlez, c'est vrai, quand vous dites à Oma et Opa que vous… quand vous étiez petites, que vous faisiez Sankt Martin [fête de la Saint-Martin], etc. Ça leur parlait… Et ça parlait pas à Papy Mamie, ça parlait à Opa Oma, et du coup… Et puis aussi savoir ce que votre maman a connu, et voilà… Dans quel milieu elle a évolué… Pour moi, c'est important…

Dans ce contexte, la langue revêt une forte dimension affective, exprimée par des termes tels que « partager », « soutien », « échange ». Elle peut aller jusqu'à devenir un signe de la filiation, cette fois-ci entre parents et enfants. Ainsi, plusieurs mères indiquent n'être capables de s'adresser à ces derniers que dans leur langue d'origine, dans la mesure où elle est perçue comme « naturelle » – et ce, bien que cela puisse impliquer un effort particulier, notamment au moment de la naissance.

[**B_2_Mf**] Pour moi c'était très important de vous parler ma langue maternelle.
Et pourquoi ?
[**B_2_Mf**] L'allemand, c'est notre langue commune, en fait, et je parlais beaucoup plus le français, comme j'travaille en allemand. Et quand les jumeaux sont nés, j'me suis forcée à leur parler français parce que moi c'était naturel, il fallait qu'ils aient la langue, enfin comme on dit quoi, la langue maternelle, qui est ma langue….

[**B_4_Mf**] […] Je peux pas lui parler en allemand en fait. Je pouvais pas lui parler en allemand.

[**B_8_Ma**] Je peux plus transporter ma personnalité. J'ai des… Et surtout quand les enfants étaient petits, euh, beaucoup de chansons, des poésies, et des livres aussi qu'on a aimés quand on était enfant, je voulais partager ça avec eux. J'aurais même pas pu en français parce que je connaissais pas de… petites comptines, enfin rien du tout. J'aurais dû tout apprendre avec eux, et ça me semble artificiel.

---

[184] Mes parents, qui étaient encore en vie à l'époque, ne parlaient ni l'un ni l'autre une langue étrangère, à l'exception de quelques mots, et je ne pouvais pas imaginer que, lors de notre visite en Allemagne, on aurait besoin de moi pour que les enfants puissent avoir des contacts avec leurs grands-parents. C'était inimaginable pour moi. C'est pourquoi j'ai mis tellement… tellement d'énergie à m'assurer qu'ils comprennent au moins assez bien pour pouvoir se débrouiller seuls.

Dans ce contexte, le fait que les enfants parlent aux parents migrants dans leur langue d'origine constitue un signe d'appartenance familiale hautement émotionnel. Ainsi, l'une des mères berlinoises affirme avoir éprouvé un sentiment de bonheur lorsque son fils, qui pendant plusieurs années lui avait uniquement parlé en allemand, a commencé à lui répondre en français. De la même manière, un jeune Franco-Allemand en Île-de-France indique que sa mère réagissait avec joie lorsque, petit, il s'adressait à elle en allemand – ce qui l'incitait à le faire afin d'obtenir plus facilement ses faveurs.

> [**B_4_Mf**] Quand il a commencé à parler français, j'étais heureuse. Ça m'a fait très plaisir. Quand il a commencé à parler français, c'était… « Oh mon fils, c'est vraiment mon fils ! » C'est pas un p'tit Allemand qui sort de ch'sais pas où.

> [**P_1_Em1**] Also ich kann mich nicht mehr wirklich dran erinnern, aber meine Mutter erzählt mir dann immer, dass ich es relativ früh schnell gemerkt habe, dass es ihr mehr Freude macht, wenn ich mit ihr auf Deutsch rede, also wenn ich irgendwas wollte, „Kannst du mir irgendwas aus der Schubl… aus der… da reichen ?", da habe ich es auf deutsch gefragt, weil ich gemerkt hatte, dass es sie mehr Freude macht, oder dass sie dann vielleicht eher das Objekt dann gibt[185].

Réussite individuelle

À l'inverse du premier type de fonction attribué au bilinguisme, le second n'a pas d'aspect affectif et n'est pas lié à la vie familiale en tant que telle. Les fonctions attribuées au bilinguisme sont ici de nature pragmatique et ne concernent que le locuteur bilingue. Les parents sont très peu nombreux à évoquer le bilinguisme comme facteur de réussite individuelle, que ce soit pour eux-mêmes ou pour leurs enfants ; s'ils le font, c'est à la marge, sans approfondir le sujet (« Ça t'ouvre le monde, hein. Au niveau social et puis… le boulot aussi, pareil » [B_5_M]). En revanche, les grands-parents et les petits-enfants évoquent très fréquemment la

---

185 Je ne me souviens pas vraiment, mais ma mère me dit toujours que j'ai remarqué assez tôt que cela lui faisait plus plaisir quand je lui parlais en allemand, alors quand je voulais quelque chose, « Tu peux me passer quelque chose du tiroir… du… là ? », je lui demandais en allemand, parce que j'avais remarqué que cela lui faisait plus plaisir, ou peut-être qu'elle serait plus disposée à me donner l'objet.

compétence bi-/plurilingue comme un atout pour réussir à titre individuel, du moins comparé à des locuteurs monolingues.

Conformément à ce qui a été constaté *supra*, les grands-parents évoquent le bilinguisme comme une chance particulière pour leurs petits-enfants. Pratiquement tous ceux qui mentionnent la réussite individuelle en tant qu'avantage se réfèrent au caractère « ouvert », « européanisé » et/ou « mondialisé » des sociétés contemporaines, qui en cela se distinguent des sociétés dans lesquelles eux-mêmes, et dans une certaine mesure leurs propres enfants, ont évolué durant leur enfance et leur jeunesse. Ce faisant, ils ne semblent pas porter de jugement de valeur sur ces qualificatifs, mais les considèrent comme des données de fait, donc non négociables. Dans un tel contexte, ils estiment avantageux (« à leur avantage », « très important ») de maîtriser différentes langues, voire indispensable (« pas le choix », « maintenant il faut »). Le bilinguisme au cours de la socialisation primaire est ici associé à la notion d'investissement (Piller, 2011). Pour ce type de fonction comme pour le précédent, on n'observe pas de véritable différence d'approche entre les grands-parents ayant élevé leurs enfants dans un cadre bilingue et les autres, ni d'ailleurs entre Français et Allemands.

> [**B_2_GMa**] Das ist schon grundgelegt eigentlich, dass sie noch mehr Sprachen lernen sollten. Weil im Moment ist ja die Welt so offen, dass es ihnen später nur vom Vorteil sein kann[186].

> [**B_4_GMf**] De toute façon on va de plus en plus vers la mondialisation, de toute façon les jeunes n'ont pas le choix.

> [**B_7_GMa**] In einer Welt, die immer stärker zusammenrückt, ist das nur vom Vorteil, sich zu verständigen[187].

> [**B_8_GMf**] Moi je trouve que c'est très important dans le monde actuel, que nous vivons, très important.

> [**B_7_GPf**] Oh ben j'pense que maintenant, surtout avec…, avec l'Europe, avec tout… […] Ils ont déjà deux langues d'office, oui. Et, et ben après ils peuvent apprendre encore une aut' langue ou deux aut' langues, pace que maintenant il faut apprendre plusieurs langues.

---

[186] C'est déjà la base, en fait, donc ils devraient apprendre encore plus de langues. Parce qu'en ce moment, le monde est tellement ouvert que cela ne peut être qu'à leur avantage plus tard.

[187] Dans un monde qui se resserre de plus en plus, pouvoir communiquer n'a que des avantages.

Au cours des entretiens, il est fréquent que les grands-parents évoquent le caractère avantageux du bi-/plurilinguisme sans toutefois préciser de quels avantages il s'agit. Lorsqu'ils le font, le motif le plus récurrent est celui des voyages, ou plus largement de la mobilité. Ainsi, à leurs yeux, le bilinguisme de leurs petits-enfants ne leur permet pas seulement de s'adapter aux règles d'une société européanisée et/ou mondialisée, mais aussi et surtout d'en tirer un profit personnel pour vivre des expériences auxquelles eux-mêmes n'ont pas eu accès. Leurs compétences langagières sont ici conçues comme un instrument grâce auquel ils peuvent dépasser les « barrières de la langue », pour citer une expression commune.

> [**P_2_GMa**] Der [P_2_Em2], der kann ja jetzt… also in Frankreich sich bewegen, und es gibt ja noch französischsprechende Länder, und dann in Deutschland genauso… und auch mit dem Studium jetzt nachher, vielleicht ein zweisprachiges Studium[188].

> [**P_3_GMf**] Tout est beaucoup plus ouvert, il n'y a pas d'autre terme, il n'y a pas d'autre terme… Donc c'est pour ça, moi je suis très très contente de les voir aussi à l'aise, pour voyager, pour aller, pour découvrir, pour être… Tout est ouvert pour eux ! Il me semble, vous voyez ? Tout est ouvert.

> [**P_3_GMa**] So das ist egal, wo sie sich befinden, sie fühlen sich überall wohl, und haben überhaupt keine Scheu, sogar in andere Länder zu verreisen, wo vielleicht auch noch eine…, weil sie sich in ihren Sprachen… wie sagt man… zurecht finden[189].

> [**P_7_GPf**] C'est formidable. On aurait bien voulu… on aurait bien voulu avoir cette chance à l'époque, parce que ça facilite quand même beaucoup les déplacements, et puis de vivre ensemble. Quand on est bloqué à une seule langue, pour aller à l'étranger, c'est pas très facile.

À l'inverse, dans l'une des familles françaises, une grand-mère s'est dans un premier temps montrée très hésitante quant aux avantages du bilinguisme. Contrairement à la plupart des autres grands-parents, elle a d'abord déclaré ne pouvoir en citer aucun, arguant du fait que la langue allemande est peu parlée. Ce n'est que lorsqu'elle a été interrogée sur les inconvénients du bilinguisme qu'elle a reconnu une certaine *utilité* à la

---

[188] [P_2_Em2], il peut maintenant… donc se déplacer en France, et il y a encore des pays francophones, et puis en Allemagne c'est la même chose… et aussi avec les études plus tard, peut-être des études bilingues…

[189] Donc peu importe où ils se trouvent, ils se sentent à l'aise partout, et ils n'hésitent pas du tout à se rendre dans d'autres pays où il pourrait y avoir un… parce qu'ils sont… comment dit-on… à l'aise dans leur langue…

compétence bilingue (« quand même un plus »). Celle-ci est perçue de manière pragmatique, comme pouvant servir la réussite professionnelle de sa petite-fille (« ça ouvre des portes après ») ; le caractère ouvert, européanisé ou encore mondialisé des sociétés contemporaines n'est certes pas évoqué directement, mais on peut penser qu'il est sous-entendu dans l'expression « dans notre monde d'aujourd'hui ».

> *Pour vous, c'est quoi l'avantage du bilinguisme, quand vous regardez votre petite-fille ?*
> [**B_5_GMf**] Ben je ne sais pas trop, les avantages. L'allemand n'est quand même pas tellement parlé, mais après, est-ce qu'elle a des avantages, non, j'peux pas dire, je sais pas.
> *Des inconvénients ?*
> [**B_5_GMf**] [*rires*] Pas plus ! Non, je pense que c'est quand même bien de savoir parler euh… plusieurs langues vivantes dans notre civilisation, dans notre monde d'aujourd'hui [*rires*]. Je suis contente quand même qu'elle ait, enfin qu'elles aient, qu'elles soient bilingues. La petite fait un peu d'anglais, elle veut faire de l'espagnol, bon je sais pas si elle va le faire, quand même, je trouve que ça ouvre des portes après.
> *Quel genre de portes ?*
> [**B_5_GMf**] Ben je sais pas, elle peut faire des tas de traductions, je sais pas moi, pour l'ONU, pour… C'est quand même un plus.

Contrairement aux grands-parents, les petits-enfants qui mentionnent la réussite individuelle ne se réfèrent ni à la mondialisation ni à l'intégration européenne, sans doute parce qu'ils ont grandi dans un tel contexte et ne perçoivent pas nécessairement sa spécificité historique, ou du moins ne voient pas l'intérêt de l'évoquer. Cependant, ils sont très nombreux à invoquer l'aisance avec laquelle des enfants élevés dans un cadre bilingue peuvent élargir leurs compétences langagières (« facile », « ça aide », « plus facile », « plus simple »). L'une d'entre eux, dans la famille [B_1], se dit consciente de la chance de disposer de deux langues d'origine, qui lui permet de moins investir dans l'apprentissage d'une langue seconde. Dans le cadre de leur scolarité, il s'agit pour eux d'un avantage immédiat, qui se mesure en termes d'efforts moindres par rapport à des élèves monolingues. Alors que les enfants berlinois et franciliens évoluent dans des systèmes scolaires sensiblement différents, tous partagent le même constat sur ce point.

> [**B_3_ E2**] […] par exemple si on peut parler euh le français <u>et</u> l'allemand je trouve que… pour lire de l'espagnol, c'est facile. Alors tu peux… prendre des mots du français, et grâce au français on comprend, et c'est pareil pour

l'allemand dans d'autres langues. Alors je pense que ça aide aussi à apprendre d'autres langues en plus.

[**B_6_Em2***] Wenn wenn beide kombiniert, Französisch und Deutsch, hilft es da bei Englisch ziemlich gut. Also da vom Verständnis her, man hat eigentlich nicht so viele Probleme[190].

[**B_1_ E2**] Alors j'suis très contente que j'suis bilingue, parce que sinon j'aurais <u>vraiment</u> des problèmes. Parce que là j'ai au moins deux langues que je peux bien parler, et le reste c'est une catastrophe. Et avec le franco-allemand j'ai la possibilité, du début, de pouvoir parler deux langues très bien, sans avoir de problème à communiquer dans d'aut' pays qui parlent français ou allemand.

[**P_1_Em1**] Auch andere Sprachen sind dann halt einfacher zu erlernen... Weil man dann immer... also man hatte oft ein Wort in einer Sprache, das dann ähnlich ist, oder gleich... wo man das direkt versteht...
[**P_1_Ew2**] Und ich finde auch, dass wir bessere Akzente in anderen Sprachen haben... also zum Beispiel... also ich will jetzt nicht mich loben, aber ich denke, dass ich zum Beispiel im Englischen einen sehr guten Akzent habe... Und dann wenn ich sehe andere Leute, die nur einsprachig sind, dann merkt man halt welche ihre Muttersprache ist, mit dem Akzent[191].

[**P_7_Ew1**] Ben je pense, connaître deux langues... moi, du coup je m'en rends pas compte parce que j'ai pas de comparaison, mais je pense que ça a été assez prouvé, dans les avantages, c'est plus simple aussi je pense... enfin je crois... pour apprendre d'autres langues... Quand on connaît déjà deux langues, *a priori* c'est plus simple pour apprendre des nouvelles langues...

Enfin, dans une même logique pragmatique, plusieurs adolescents présentent le bilinguisme comme un moyen individuel de simplifier la vie quotidienne des locuteurs, qu'il s'agisse d'améliorer leurs opportunités professionnelles, de voyager et surtout de communiquer aisément avec des inconnus dans leur ville de résidence ou bien en voyage. Cet argument rejoint en partie celui de leurs grands-parents concernant la

---

190 Quand on combine les deux, le français et l'allemand sont combinés, ça aide plutôt bien pour l'anglais. Donc pour la compréhension, on n'a pas tellement de problèmes.

191 C'est aussi plus facile d'apprendre d'autres langues... Parce qu'alors on a toujours... eh bien, on avait souvent un mot dans une langue qui est similaire, ou le même... où on le comprend directement.../ Et je trouve aussi que nous avons de meilleurs accents dans d'autres langues... donc par exemple... je ne veux pas me vanter maintenant, mais je pense que par exemple en anglais j'ai un très bon accent... Et puis quand je vois d'autres personnes qui sont seulement monolingues, alors on remarque juste quelle est leur langue maternelle, avec l'accent.

mobilité, mais l'accent porte ici davantage sur la dimension communicationnelle des pratiques bilingues. Les réponses des adolescents évoquent une aisance langagière, qui se traduit à la fois par des avantages individuels et par un certain plaisir, en particulier en lien avec la communication avec d'autres (« sympa », « agréable », « j'aime bien »).

> [**B_1_Ew1**] Ben déjà on a plus de pays où on parle… Comme ça on peut parler très bien et très bien communiquer avec les gens… que ça rend la vie plus facile.

> [**B_3_Em1**] On se comprend plus facilement avec des gens, souvent comme à Berlin il y a beaucoup de francophones, ça m'arrive presqu'une fois par semaine qu'on s'retrouve au métro, des gens qui parlent français, qui n'savent pas où aller, on peut les aider…

> [**B_8_Em**] Ça connecte, un peu. Euh, aussi entre différentes personnes, par exemple si je vois quelqu'un qui parle français à Berlin, peut-être je vais lui parler. Enfin, c'est toujours sympa de pouvoir parler plusieurs langues.

> [**B_6_Em1**] Moi souvent on me demande un chemin, comment aller de là à là, en allemand mais avec un gros accent français, donc j'réponds en français directement, et ça, les gens trouvent ça agréable.

> [**P_5_Em1**] Ben de parler à deux types de population… voilà… Parce qu'il y a pas toutes les personnes qui parlent deux langues, voire trois avec l'anglais… Ben, c'est un avantage […].
> [**P_5_Ew2***] Ben aussi de parler avec plusieurs personnes, parce que j'ai des personnes… […] moi, j'aime bien… ça me sert à parler avec d'autres gens qui parlent une autre langue, et tu peux leur parler… enfin, je sais pas comment expliquer…

Ouverture culturelle

Le troisième type de fonction attribuée au bilinguisme a un aspect culturel, que les personnes interrogées déclinent de manière différente. La génération des enfants l'évoque peu, ou simplement comme moyen de communiquer avec d'autres. En revanche, pour les parents et les grands-parents, qui sont nombreux à la mentionner, il semble s'agir d'une motivation importante pour la transmission et/ou l'acquisition de compétences bilingues.

Pour la plupart des grands-parents mentionnant cette fonction, les locuteurs bilingues représentent des êtres ouverts d'esprit, curieux du monde qui les entoure et tolérants. Dans ce contexte, deux d'entre eux évoquent une ouverture à l'Europe, voire une attitude pro-européenne.

Ils reprennent ainsi à leur compte une représentation du bilinguisme largement répandue dans les sociétés contemporaines. Comme l'écrivent De Florio-Hansen et Hu (2003 : X) : « *Individuelle Mehrsprachigkeit wird in der Regel mit Weltoffenheit und Toleranz verbunden*[192] ». Sans être nommé de manière explicite, le « rôle éducatif » des langues, tel que l'évoque Beacco (2007 : 31), transparaît dans les réponses apportées par les grands-parents.

> [**B_3_GMf**] Et puis je pense qu'ils ont, enfin j'espère que ça leur a donné une ouverture d'esprit.

> [**B_8_GMf**] C'est une ouverture d'esprit, déjà, au départ, que beaucoup de Français n'avaient pas, et encore il y a quelques années.

> [**B_2_GPf**] Se cultiver, c'est être curieux de tout, de l'Allemagne, de l'Angleterre, des Espagnols donc… c'est l'ouverture. Par rapport aux gens qui, qui l'ont pas. […] Donc euh voilà c'est comme ça, on est ouverts sur euh… par exemple l'Europe. Dans la famille on est tous euh fanatiquement pro-européens.

> [**P_3_GMf**] C'est la curiosité, c'est l'ouverture… d'abord, je pense que… bon, les jeunes pensent quand même à l'ouverture de l'Europe… ça nous paraît quand même quelque chose d'important.

Une telle fonction sociale du bi-/plurilinguisme est de nature individuelle, comme la réussite évoquée précédemment. Cependant, elle peut aussi comporter un aspect collectif, dès lors qu'elle a un impact sur le comportement du locuteur bilingue au sein du groupe, qu'il s'agisse de la société ou de la famille. Cette dernière en tire alors un avantage indirect, soit parce la personne en question se comporte de manière « ouverte et chaleureuse », pour reprendre l'expression de la grand-mère française de la famille [B_1], soit parce qu'elle met ses compétences au service de la communication familiale, en jouant un rôle d'intermédiaire entre deux cultures, par exemple par le biais de traductions.

> [**B_1_GMf**] Donc eux j'ai vu qu'ils ont un esprit très ouvert, très tolérant, ils l'auraient peut-être eu sans bilinguisme, moi j'en sais rien, mais ça me plaît beaucoup qu'ils aient cet esprit ouvert et chaleureux, et puis qu'ils s'ouvrent même à d'autres cultures, qu'ils soient tolérants, euh, qu'ils soient à l'aise un peu partout […].

---

192 « Le plurilinguisme individuel est en règle générale associé au cosmopolitisme et à la tolérance ».

> [**B_7_GMa**] Ich finde es schön, weil sie dadurch einen weiteren Horizont haben, also mehr wissen, mehr können. Auch für uns ist das schön, denn sie können übersetzen[193].

Deux grands-pères vont plus loin dans l'analyse et évoquent brièvement l'influence positive du bilinguisme sur les fonctions cérébrales des locuteurs. Se rapportant à son expérience de l'enseignement des langues, l'un considère que l'acquisition de compétences bilingues s'accompagne de facultés cognitives spécifiques (« vivacité d'esprit », « souplesse de raisonnement »). Quant au second, qui est lui-même dans un couple franco-allemand et a toujours insisté pour que l'allemand soit la seule langue parlée au sein du foyer familial, il se réfère à des études scientifiques et évoque l'avantage de pratiques langagières bilingues pour l'évolution du cerveau.

> [**B_6_GPf**] Oui enfin l'avantage effectivement, pour moi, c'est de voir que mes petits-enfants berlinois ont tiré du bilinguisme une extrême vivacité d'esprit. Et ça c'est quand même… Grande satisfaction de voir la souplesse qu'ils tirent de ça, ça c'est clair. […] Et moi j'lai constaté tout au long de ma carrière hein, si j'ai encouragé les cursus bilangues <u>et</u> bilingues, c'est pas un hasard hein, c'est… Je suis intimement persuadé que le bilinguisme euh… produit une souplesse de raisonnement inégalée.

> [**P_3_GPa**] Naja, es ist einfach… Wenn man es also aus neurophysiologisch und medizinische Sicht sieht, bringt es natürlich dem Gehirn erhebliche Vorteile, indem man mehr lernt, und mehr übt, als wenn man in nur einer Sprache spricht[194].

L'argument de l'ouverture d'esprit n'est pas spécifique aux grands-parents. Dans plusieurs familles différentes, il est également invoqué, dans des termes tout à fait similaires, par la génération des parents.

> [**B_7_Pf**] C'est aussi pour nous l'importance du bilinguisme, c'est la gymnastique intellectuelle. Les deux langues c'est… la gymnastique, l'ouverture, c'est la même chose.

> [**B_8_Ma**] Être ouvert d'esprit.
> [**B_8_Pf**] Oui ça ouvre l'esprit, bien sûr. Aussi à d'autres cultures.

---

193 Je trouve que c'est bien parce que ça leur donne un horizon plus large, donc ils en savent plus, ils peuvent faire plus. Pour nous c'est bien, car ils peuvent traduire.

194 Eh bien, c'est simple… Si vous regardez d'un point de vue neurophysiologique et médical, c'est évident que le fait d'apprendre plus et de s'entraîner plus que de parler dans une seule langue est très bénéfique pour le cerveau.

[**B_5_Mf**] Je veux atteindre plus de personnes, enfin ça m'a toujours aidée à faire la connaissance de personnes qui étaient complètement différentes de moi, qui venaient de tous les coins de la planète… Ça m'intéresse de savoir ce que pensent les gens, d'où y viennent, en quoi, enfin, ce qu'ils ont comme religion, comme pensée, comme tout quoi.

[**P_3_Pa**] […] Sie… verstehen mehr… sie… sie… sind… sie wissen mehr… Es ist natürlich auch… von Volum ist es manchmal ein bisschen erdrückend… das heißt, es ist… vielleicht einfacher weniger zu wissen, aber wenn sie… mehr wissen, ist es auch interessanter und… sie… sie… sind auch für ganz andere Erfahrung, also… offen zu Leuten, die aus … keine Ahnung… aus Malaysia kommen, was weiß ich, sie haben sie… ganz automatisch eine Öffnung es bringt eine Öffnung mit sich, würde ich sagen[195] […].

[**P_2_Ma**] […] Ein Vorteil ist, dass man… dass man toleranter ist. Dass man… schon gleich offener ist und… interkulturelle Unterschiede schon als Kind <u>lernt</u>. […] Und ich denke, dass das gerade zweisprachige Kinder mehr bekommen und mehr Empathie haben… äh… und mehr interkulturelles Verständnis[196].

Outre l'argument de l'ouverture d'esprit, les parents sont plusieurs à considérer la compétence bilingue comme un moyen de pénétrer et d'évoluer dans des univers culturels différents. Cette fonction assignée au bilinguisme ne renvoie pas uniquement à la possibilité d'accéder à des productions culturelles spécifiques, mais aussi d'être en mesure de s'approprier des normes et des croyances partagées par des groupes culturels différents. Ainsi, plusieurs parents considèrent que les langues modèlent et enrichissent la personnalité de celui qui les pratique – et opposent cet aspect du bilinguisme à l'argument de la réussite individuelle.

[**B_7_Ma**] […] c'est pas que l'aspect linguistique, c'est aussi tout l'univers qui s'ouvre derrière, avec la littérature…, la musique, les films, des fois la manière de penser, mais si c'est pas statique, mais… Et du coup quand ça

195 Oui, alors pour moi, c'est en effet une ouverture… l'horizon est juste plus grand. Ils… comprennent plus… ils… ils… sont… ils en savent plus… c'est aussi, bien sûr… le volume est un peu écrasant par moments… c'est-à-dire, c'est… c'est peut-être plus facile d'en savoir moins, mais s'ils savent plus… c'est aussi plus intéressant, et… ils… ils sont… sont aussi ouverts à des expériences très différentes, donc… ouverts aux personnes qui sont de… je ne sais pas… de Malaisie, je ne sais pas, ils ont… automatiquement une ouverture, ça apporte une ouverture, je dirais…

196 Un avantage est qu'on est… qu'on est plus tolérant. Qu'on… est tout de suite plus et… qu'on apprend les différences interculturelles dès l'enfance. […] Et je pense que les enfants bilingues, en particulier, en profitent davantage et ont plus d'empathie… euh… et plus de compréhension interculturelle.

arrive parce que la constitution du couple des parents donne cette opportunité, je trouve ça chouette, mais de dire, je veux que mes enfants soient bilingues, parce que ça leur apporte plus sur le marché du travail, je vois pas trop l'intérêt.

[**B_2_Pa**] J'veux pas qu'ils parlent… un très bon allemand pour qu'ils aient des meilleures possibilités pour après, pour la vie. C'est pour lui que je veux qu'il a ça. Qu'il connaisse ça. C'est comme apprendre le piano. Je sais bien qu'il va jamais devenir pianiste, jamais. Mais je crois que le piano, un jour peut-être, il va dire : « oui, c'est peut-être pas mal. » Le soir, quand j'ai trop fait du travail pendant la journée, le soir il se met là et c'est quelque chose qui a encore un lien avec son enfance. Et l'allemand, pour moi, oui c'est… c'est une question de caractère.

[**P_6_Pa**] Si… si on sait lire un journal ou des livres… des… des… on peut écouter une pièce de… pièce de théâtre ou on peut voir le cinéma dans la langue originale, ça peut changer les choses, et on peut mieux apprécier, mieux comprendre le pays et la culture.

[**P_8_Pa**] […] Ich glaube, es gibt zwei Dimensionen, das eine… ist sich natürlich in der Sprache ausdrücken zu können… aber auch… Bücher auf Deutsch lesen zu können, zum Beispiel… Ja?… […] Das andere ist schon auch die… … die Kultur… die Kultur zu kennen, die… die… die… die… Besonderheiten, also nicht nur die Sprache als… als… als… mit Grammatik und Technik, sondern auch… auch mehr… die… die… die… kulturelle… die kulturelle Dimension[197].

Dans une logique similaire, l'un des pères estime que la langue dans laquelle une personne s'exprime structure son raisonnement et lui apporte une cohérence propre.

[**B_6_Pf**] Parce qu'elle [la langue] donne une cohérence aussi au discours, j'imagine, qui est plus difficile quand on switche entre les langues. On peut aussi exprimer les choses vraiment ou d'une… Si on veut un point de vue, on a forcément une langue qui défend un point de vue. Si vraiment tu veux défendre un point de vue, il faut le défendre dans une langue, c'est difficile de le défendre dans plusieurs langues.

---

197 Je pense qu'il y a deux dimensions, l'une… c'est d'être capable de s'exprimer dans la langue, bien sûr… mais aussi… de pouvoir lire des livres en allemand, par exemple… Oui ?… […] L'autre est aussi la… … la culture… pour connaître la culture, les… les… les… les… particularités, donc pas seulement la langue comme… en tant que… que… grammaire et technique, mais aussi… plus… la… la… la… la dimension culturelle.

Pour finir, un autre argument lié à l'ouverture culturelle porte sur le sentiment d'appartenance à un groupe spécifique qui découle de la maîtrise de ses codes culturels. Selon Beacco, l'acquisition de compétences langagières suppose « l'acquisition d'une *compétence culturelle* et celle de la capacité de vivre ensemble avec d'autres » (2007 : 37). Une telle appartenance n'est pas nécessairement intériorisée et peut au contraire faire l'objet d'un rejet, mais elle peut aussi s'accompagner d'une identification. Cet aspect est très peu présent dans les entretiens et ce sont pour l'essentiel des adolescents qui s'y réfèrent, d'ailleurs de manière brève et implicite.

> [**B_7_ E2**] Ben, c'est... c'est si tu peux parler les deux langues, et du coup t'as souvent une famille dans le pays où on parle cette langue. Du coup t'es déjà..., du hast eine zweite Heimat, so zu sagen[198]. Du coup tu peux quand même communiquer, ça fait quand même un peu comme à la maison, quoi.

> [**B_6_ E1**] Ben si ça me donne une impression de... de... d'avoir un gros avantage. Je crois que c'est surtout ça et... d'avoir un..., comme un deuxième pays, un soi, où on peut vivre.

> [**P_1_Ew2**] [...] wie ich schon gesagt hab, kenn ich ein bisschen mehr deutsche Kultur und ich habe mehr deutsche Referenzen und so als französische. Aber ich fühle mich halt in Frankreich sowie in Deutschland wohl, und ich könnte mich halt... ich könnte mich vorstellen, als... wenn ich keine andere Möglichkeit hab, entweder in Deutschland oder in Frankreich zu sein. [...] Also ich mag kein Land mehr, und es gibt halt... ja... irgendwie... also beide sind für mich sehr wichtig[199].

***

Les fonctions sociales que les familles franco-allemandes attribuent au bilinguisme correspondent à trois principales catégories qui renvoient à des motivations différentes en termes de transmission et d'acquisition de compétences bilingues. Il s'agit du maintien du lien familial, de la réussite individuelle et de l'ouverture culturelle. L'expérience personnelle du bilinguisme ne semble pas avoir d'incidence sur les représentations de ses fonctions sociales. Pour les trois catégories identifiées, les adultes

---

198 Tu as un second chez toi, pour ainsi dire.

199 [...] comme je l'ai dit, je connais un peu plus la culture allemande et j'ai plus de références allemandes que françaises. Mais je me sens bien en France comme en Allemagne, et je pourrais juste... je pourrais imaginer... si je n'ai pas d'autre possibilité d'être en Allemagne ou en France. [...] Donc je n'aime pas plus un pays, et il y a juste... oui... en quelque sorte... donc les deux sont très importants pour moi.

ayant été socialisés ou ayant éduqué leurs enfants dans un cadre bilingue ne se distinguent pas du reste de leur génération. De plus, le lieu de socialisation et le lieu de résidence, quel que soit le niveau générationnel étudié, ne semblent pas avoir d'impact majeur sur les réponses apportées – comme si les différences structurelles et culturelles entre les deux villes/pays, notamment dans le domaine éducatif, n'avaient en la matière qu'une influence marginale, voire inexistante.

En revanche, comme pour l'évaluation du caractère « normal » du bilinguisme, une corrélation apparaît distinctement entre la génération à laquelle appartiennent les acteurs sociaux, donc leur expérience de vie, et les fonctions qu'ils attribuent au bilinguisme. Ainsi, le maintien du lien familial est évoqué par des grands-parents et des parents, et non par les enfants. Il est probable, du moins peut-on en formuler l'hypothèse, qu'une telle représentation est liée à leur regard d'adulte sur la cohésion familiale. Il en va de même de l'ouverture culturelle, que nomment à la fois parents et grands-parents – en ayant toutefois tendance à l'aborder sous des angles différents – et que les enfants en revanche évoquent peu. De manière différente, la réussite individuelle est mentionnée par les grands-parents et par les enfants, mais pratiquement par aucun des parents, comme si cet aspect était à leurs yeux secondaire au regard du maintien des liens familiaux et de l'ouverture culturelle. De manière générale, ces derniers s'expriment de manière plus émotionnelle à propos du bilinguisme que les deux autres générations. Cela peut s'expliquer par le fait qu'en tant que gardiens de la langue et initiateurs du bilinguisme familial, ils s'attribuent une responsabilité qui va au-delà de la recherche d'avantages individuels.

Constellations identitaires

Comme l'ont mis en lumière les développements précédents, les personnes rencontrées attachent une grande importance aux pratiques langagières bilingues et au biculturalisme au sein de leur famille. Au-delà de ce consensus, les acteurs sociaux ont des représentations différentes du bilinguisme, en partie déterminées par leur expérience personnelle des pratiques bilingues et par leur appartenance générationnelle. Alors que, pour les adolescents, le bilinguisme a tendance à revêtir un aspect « naturel » ou « normal », il représente pour les parents un projet conçu et réalisé – pour certains d'entre eux – au prix d'efforts particuliers. Non seulement ce sont eux qui l'ont initié dans le cadre familial et ont mis en place des stratégies appropriées, mais la plupart d'entre eux se sentent aussi responsables de sa bonne réalisation. L'analyse cherche à déterminer à quelles représentations identitaires renvoient de telles attitudes ; en d'autres termes, de quelle manière l'identité que s'attribuent les acteurs sociaux à eux-mêmes et à leur famille se traduit dans leur rapport au bilinguisme et au biculturalisme – et inversement. À cette fin, elle se concentre sur les deux générations présentes au sein de la famille nucléaire, dans la mesure où elles utilisent au quotidien leurs compétences bilingues et biculturelles.

Les initiateurs

Les réponses au questionnaire fournissent de précieuses indications sur les représentations identitaires des membres des familles franco-allemandes. Dans la partie individuelle, il leur était demandé de se définir, ainsi que de définir les autres membres de la famille. Les quelques qualificatifs suggérés l'étaient à titre d'exemple (français, allemand, franco-allemand, européen, berlinois, parisien, autre) et les personnes interrogées étaient invitées à répondre librement. Leurs réponses ont souvent été formulées de manière spontanée et ont, dans plusieurs cas, fait l'objet d'une correction au cours des entretiens ; de plus, elles n'ont pas été développées, mais se sont limitées à quelques qualificatifs. En tant que telles, elles ne fournissent qu'une simple indication sur leurs représentations identitaires. L'intérêt de l'exercice réside dans la succession immédiate des trois réponses, permettant de comparer les identités que les personnes interrogées assignent à elles-mêmes et aux autres, et ainsi de laisser apparaître convergences et divergences entre les catégories utilisées[200].

Parmi les réponses fournies par les parents (annexe 5), on observe une pluralité des qualificatifs qui renvoient à des représentations combinant différentes identifications. Chez les parents français, la catégorie la plus fortement représentée est celle de la nationalité d'origine (dans six cas sur huit dans chacune des deux villes), ce qui est un peu moins le cas des parents allemands. En outre, ces derniers ne répondent pas tout à fait de la même manière selon qu'ils résident à Berlin ou en Île-de-France : alors que les Berlinois citent des qualificatifs renvoyant à des identités supra- et infranationales (« berlinois » et « européen »), les

---

200 Les différentes catégories ne s'excluent pas, et une même personne peut en mentionner plusieurs pour chaque réponse.

Franciliens se considèrent pour moitié comme franco-allemands et dans la même proportion comme européens. Cette différence entre Français et Allemands peut s'expliquer par un rapport spécifique à l'identité nationale de part et d'autre du Rhin (Mattioli *et al.*, 2013), et en particulier par un certain malaise suscité par la question en Allemagne. Lorsqu'il s'agit de qualifier leur conjoint ou bien le père/la mère de leur enfant s'ils sont séparés, les parents usent largement de la catégorie nationale : la très grande majorité des parents migrants (sept sur huit dans chacune des deux villes) évoquent le qualificatif « allemand(e) »/« français(e) », seul ou en association avec d'autres termes. Les parents non migrants usent davantage d'autres qualificatifs, la moitié d'entre eux environ qualifiant leur conjoint(e) d'« européen(ne) » et/ou de « franco-allemand(e) ». À travers ces deux qualificatifs, ils semblent vouloir rendre compte de l'expérience migratoire et/ou des compétences bilingues et biculturelles de leur conjoint, et ainsi marquer leur spécificité par rapport à des nationaux non migrants.

La question de la perception et de l'auto-perception a été approfondie au cours des entretiens. Plusieurs parents s'étant définis comme franco-allemands dans le questionnaire ont corrigé leur réponse, choisissant alors la catégorie nationale d'origine. Celle-ci semble donc jouer un rôle plus dominant dans les perceptions parentales que ne le laissent paraître les questionnaires. Les échanges familiaux ont permis d'explorer les raisons conduisant des locuteurs bilingues, bien intégrés dans le pays partenaire – à la fois sur le plan familial, amical et professionnel , à se définir à travers leur nationalité d'origine uniquement. Certains parents perçoivent dans cette situation l'existence d'un paradoxe, ou du moins d'une tension (« mais », « quand même », « malgré tout »), sans toutefois être en mesure de l'expliciter. L'une des mères présente le lieu de naissance et la socialisation primaire comme des éléments déterminants et, par conséquent, comme des obstacles insurmontables pour passer d'une identité mono-nationale à une identité franco-allemande.

> [**B_7_Ma**] Moi je me considère bilingue, mais je me considère pas forcément franco-allemande, je sais pas trop pourquoi. Ben, peut-être franco-allemande, mais si on me demande, est-ce que t'es allemande, ou est-ce que t'es française, je dirais toujours que je suis allemande.

> [**P_5_Ma**] Alors pour moi, aujourd'hui, si vous me posiez la question à nouveau, c'est sûr que je dirais que, lui il est français, moi je suis allemande, et nos enfants sont franco-allemands. Parce que ma compréhension, c'est quand même un peu comment est-ce qu'on naît… comment est-ce qu'on

naisse, pardon… Donc moi je suis de nationalité allemande, j'ai appris le français derrière, et je vis en France, d'accord, mais ça… je me sens toujours comme allemande, et par exemple je voudrais jamais demander la nationalité française, ça me viendrait pas à l'esprit.

[**P_7_Ma**] On est dans ce contexte-là, je me vois toujours une identité quand même bien allemande, j'ai pas encore pris la nationalité française […] Il y a pas tellement un besoin de le faire, d'un point de vue du travail… et je me… j'ai pas très envie… je reste allemande quand même.

[**P_4_Ma**] […] ich bin… ne Deutsche, die in Frankreich lebt, aber mich mehr und mehr trotz allem in diesem französischen System mich auch wohlfühle. Und dadurch, dass ich jetzt auch wählen darf, ich mich dadurch natürlich auch eher französisch fühle, aber so diese meine [*forte respiration*]… aber mein innere, mein inneres Ich ist schon eher deutsch. Also ich wer' hier zu niemand sagen, ich bin Französin[201].

Dans ce contexte, la question de la naturalisation a été abordée à plusieurs reprises. À l'occasion du 40e anniversaire du traité de l'Élysée, en 2003, les deux gouvernements ont décidé de faciliter les procédures de naturalisation pour les Français en Allemagne et les Allemands en France et « de permettre [aux] ressortissants de bénéficier, s'ils le souhaitent, de la nationalité [des] deux pays » (Déclaration, 2003). Or, parmi les parents rencontrés, la naturalisation ne semble pas avoir d'impact sur leur manière de s'identifier. Parmi eux, certains ont fait usage de ce droit mais continuent à se définir à travers le prisme de la nationalité d'origine ; d'autres ne souhaitent pas recourir à la naturalisation, car ils la considèrent comme une procédure artificielle. Dans certaines familles, la naturalisation est certes perçue comme une manière d'accéder à une seconde identité, mais les catégories d'analyse restent là encore pour l'essentiel nationales. Ainsi, le père de la famille [B_2_Pa], dont l'épouse française a choisi la naturalisation, estime que celle-ci a désormais deux identités séparées, en l'occurrence une identité française et une identité allemande. Il s'agit de deux identités juxtaposées, et non pas d'une forme hybride, telle que le suggère le qualificatif « franco-allemande ».

[**B_2_Pa**] Bien sûr t'es française. Mais d'l'aut' côté tu es complètement dans la culture allemande. Ton passeport, t'es allemande. Et pour moi…

---

201 Je suis… une Allemande qui vit en France, mais je me sens de plus en plus à l'aise malgré tout dans ce système français. Et parce que j'ai le droit de vote maintenant, je me sens plus française, bien sûr, mais mon [*forte respiration*]… mais mon intérieur, mon moi intérieur est plus allemand. Donc je ne dirai à personne ici que je suis française.

J'ai dit que, pour moi, la langue ça définit le caractère. Et ton caractère est défini par le français. Mais depuis 2000 on a aussi la nationalité, euh, qui repose sur la Constitution, je trouve ça très bien, je veux que la nationalité allemande soit comme l'américaine aussi, donc t'es allemande. Dans ton travail t'es plus allemande que moi, par exemple.

Il n'est pas rare que le regard extérieur, dans le contexte professionnel ou plus généralement sociétal, exerce une influence sur les représentations identitaires des parents. Plusieurs d'entre eux décrivent une situation dans laquelle les personnes qu'ils côtoient au quotidien les enferment dans une identité simple, celle de leur nationalité d'origine (« te voient comme », « être vue comme »). Ainsi, une Française de Berlin évoque le « filtre » à travers laquelle elle est systématiquement perçue et sur lequel elle semble n'avoir aucune prise. Elle qui, naturalisée allemande, travaille en langue allemande comme fonctionnaire dans l'administration allemande, et dont le mari dit d'elle qu'elle est « plus allemande » que lui, reste pour ses collègues « la Française ». Cette identité imposée ne semble certes pas représenter pour elle une source de souffrance, mais elle l'agace, dans la mesure où cela la prive de la liberté de choisir qui elle est. Pour elle, le plus dérangeant semble être le regard de sa belle-famille, qui lui assigne une identité d'étrangère, quels que soient ses efforts pour parler allemand.

[B_2_Mf] Y a des moments, c'est agréable que les Allemands te voient toujours comme la Française, y a des moments c'est rigolo, y a des moments c'est un peu pénible. T'as des collègues, jamais ils me verront sans ce filtre. Ils auront toujours ce filtre.
Vous êtes allemande maintenant ?
[**B_2_Mf**] Ouais ouais, je vote ici ouais. Et c'est vraiment euh… un truc euh… J'avais un collègue… À aucun moment dans ma vie professionnelle j'ai eu des lacunes, des déficits ou j'sais pas quoi. Qu'est-ce qu'il fait qu'il va toujours voir ma francisitude ?
[**B_2_Mf**] […] J'raconte toujours cette scène, y avait sa sœur, la première fois j'crois où j'suis allée dans sa famille, y avait sa sœur qu'avait voulu venir avec son copain parce qu'elle voulait pas s'retrouver toute seule. Elle était v'nue avec son copain d'l'époque qu'était autrichien, et à un moment, pendant l'repas, y a sa mère qui a… qui dit souvent c'qu'elle pense, un peu trop vite, qui a sorti : « En tout cas, toi, toi t'es étranger, mais au moins tu parles not'langue hein. » Donc j'ai ravalé mes dents … Et c'est un truc, j'pense que ce sera jamais… Pourtant j'ai toujours parlé en allemand, et bon… […]

Pour d'autres, le regard des autres constitue un obstacle important, voire infranchissable, à une bonne intégration dans la société de leur ville d'accueil. Une situation d'autant plus désagréable que cette identité imposée, en quelque sorte objectivée par l'aspect relationnel de l'(auto-)identification, s'accompagne de représentations stéréotypées dévalorisantes, largement représentées dans l'opinion publique du pays d'accueil – telles que l'absence de sérieux.

[P_6_Pa] Oui, et toi, tu t'es sentie plus à l'extérieur en Allemagne, qui moi ici en France…
[P_6_Mf] …. …. Ouais… j'ai toujours eu l'impression d'être vue comme la Française en fait… j'étais dans une université où il n'y avait pas beaucoup d'étrangers, et…
Vous étiez où ?
[P_6_Mf] On était… on vivait à Oldenburg, à côté de Brême. Ouais, je me suis pas vraiment bien intégrée, j'avais du mal à… […]

[B_8_Ma] Das merkst du auch hier. Du sagst, du bist nicht ernst genommen.
[B_8_Pf] Ouais, ouais ouais, le p'tit Français…
[B_8_Ma] Diese Überheblichkeit ein bisschen, was könnt ihr schon?
[B_8_Pf] Ja, genau.[202]

Au quotidien, les citoyens mobiles des familles franco-allemandes se retrouvent dans une situation paradoxale : alors qu'ils maîtrisent deux langues et se sentent à l'aise dans deux espaces culturels différents, ils semblent ne pouvoir assumer l'identité hybride qu'ils ont pourtant eux-mêmes librement construite. Le regard d'une société dans laquelle le monolinguisme et le monoculturalisme sont perçus comme la norme les contraint en effet à faire le choix d'une identité unique. De ce point de vue, on peut mentionner l'expérience révélatrice d'un Allemand de Paris qualifié de traître dans une soirée en France, après que son interlocuteur, avec lequel il parlait jusqu'alors dans un français sans accent, eut découvert qu'il est allemand. La remarque l'a surpris et semble-t-il blessé, si bien que pour éviter tout malentendu susceptible de créer des tensions, il se présente désormais avec sa nationalité d'origine dès le début d'une conversation. Bien que dans la représentation qu'il a de lui-même, son

[202] Tu le constates ici aussi. Tu dis que tu n'es pas pris au sérieux./Ouais, ouais ouais, le p'tit Français…/ Cette espèce d'arrogance, du genre qu'est-ce que vous savez faire ?/ Oui, c'est ça.

identité soit franco-allemande et européenne – selon sa réponse au questionnaire -, il prend désormais l'initiative de la simplifier, d'en éclipser tout un aspect, pour littéralement passer inaperçu et être accepté dans son pays de résidence.

> [**P_3_Pa**] Man hört es nicht… Das heißt, ich spreche tatsächlich wie Franzosen und viele Franzosen… sind sehr überrascht, also mir ist es einmal passiert, zum Beispiel auf einer Party, dass ich Französisch mit Franzosen geredet habe und das war… ganz locker und wir haben gelacht und wir haben Späßchen gemacht. Und dann kam ein Deutscher und hat auf Deutsch mit mir geredet und ich habe natürlich auf Deutsch geantwortet, weil ich ihn kannte. Und die Franzosen, die vorher so nett zu mir gewesen sind, sie haben gesagt: „Mais en fait, t'es un traître !"[203]
> *Oh…*
> [**P_3_Pa**] Das war… das war… das war für mich so… ich habe gesagt: „Wieso das denn?", „Naja, bist du jetzt deutsch oder bist du französisch?" Und deswegen… helfe ich oft den Franzosen, indem ich den diese… dies… diese… unentspannte Situation sozusagen… äh, entspanne, indem ich sage: „Ich bin Deutscher", damit es gleich klar ist, sozusagen. Äh… weil es irritiert schon… einige Franzosen, die damit nicht umgehen können, wenn man tatsächlich… bilingue, aber parfaitement bilingue ist, sozusagen. Das ist <u>sehr</u> schwierig… für Franzosen[204].

En revanche, lorsqu'il s'agit de qualifier leurs enfants, les parents recourent très largement au qualificatif « franco-allemand ». Celui-ci est mentionné dans deux tiers des réponses, de manière similaire de part et d'autre du Rhin ; certains parents berlinois, mais aucun Francilien, lui associent un autre terme (« berlinois », « européen »). Le dernier tiers des réponses parentales mentionne les catégories nationales de manière

---

[203] On ne l'entend pas… C'est-à-dire qu'en fait je parle comme des Français et beaucoup de Français sont très surpris, donc il m'est arrivé une fois, par exemple à une fête, que je parle français avec des Français et c'était très décontracté et on a ri et on a fait des blagues. Et puis un Allemand est arrivé et m'a parlé en allemand et j'ai bien sûr répondu en allemand parce que je le connaissais. Et les Français qui avaient été si gentils avec moi avant, ils ont dit : « Mais en fait, t'es un traître ! »

[204] C'était… c'était… c'était pour moi tellement… J'ai dit : « Comment ça ? » « Eh bien, est-ce que tu es allemand ou est-ce que tu es français ? » Et c'est pour ça que… souvent j'aide les Français en détendant cette… cette… cette… situation pour ainsi dire peu détendue … euh, en disant : « Je suis allemand », pour que ce soit tout de suite clair, pour ainsi dire. Euh… parce que ça dérange… certains Français qui ne peuvent pas gérer le fait qu'on soit effectivement… *bilingue, mais parfaitement bilingue*, pour ainsi dire. C'est très difficile… pour des Français.

séparée et juxtaposée (« allemand + français », « allemands, français et européens »). Une seule réponse, parmi les 28, se réfère à la catégorie nationale uniquement (« français »). Ainsi, une large majorité des parents attribuent à leurs enfants une identité franco-allemande dans laquelle eux-mêmes ne se reconnaissent pas nécessairement. Le fait de ne pas être né et de ne pas avoir grandi dans un cadre bilingue semble invalider la possibilité d'une identité hybride, telle qu'elle est sous-entendue dans le terme « franco-allemand ». Cela renvoie une définition pour ainsi dire biologique de l'identité, qui semble faire écho à la mise en évidence du facteur biologique dans l'attribution de la filiation et des « sentiments de parenté » (Weber, 2005[205]). Une telle logique n'est pas sans rappeler la représentation du bilinguisme comme maîtrise parfaite et équilibrée des deux langues. Dans une telle logique, *devenir* bilingue apparaît comme un processus voué à l'échec, comme l'est celui de *devenir* binational, en l'occurrence franco-allemand. *A contrario*, le fait d'être nés de parents de deux nationalités différentes, issus de langues et de cultures différentes, confère aux enfants une identité binationale immédiate.

Ainsi, pour de nombreux parents, l'identité franco-allemande de leurs enfants est héritée. Elle réside dans leur bilinguisme et leur biculturalisme, autrement dit dans leur capacité à passer sans difficulté d'un espace culturel à l'autre, voire de traduire entre les deux. Certains, plus rares, vont plus loin et évoquent explicitement une identité nouvelle caractérisée par l'hybridation.

> [**P_7_Ma**] Ben pour moi, c'est vraiment la fusion avec les deux cultures, et je pense qu'elles sont vraiment… Elles passent d'un côté aussi bien que de l'autre, et que c'est pas des pures Françaises, ni des pures Allemandes. Donc c'est vraiment un peu un… un melting pot franco-allemand, donc je trouve que ça va mieux que la définition : « Elles sont et françaises et allemandes », qui est pas forcément fausse, mais c'est vraiment un joyeux mélange.
> [**P_7_Pf**] On peut dire qu'elles sont 80 % françaises et 80 % allemandes. Vous allez me dire « ça fait 160 % », mais… Mais justement, ça rend probablement plus forte d'avoir ces deux cultures, donc ouais, elles font plus de 100 % sûrement, ouais ! Finalement c'est bien quand même !

---

205 Dans son analyse de la filiation, Florence Weber (2005) en souligne trois différentes dimensions : biologique, juridique et domestique, la dernière d'entre elles correspondant au partage au quotidien d'une vie familiale commune.

> [**P_7_Ma**] Effectivement, c'est pas mal vu, les 80 % de chaque. Parce que je pense effectivement que c'est pas des Françaises pures, ni des Allemandes pures.

Cependant, lors des entretiens, et partant de leurs réponses au questionnaire, plusieurs parents ont exprimé une certaine défiance vis-à-vis de la catégorie franco-allemande en tant qu'identité personnelle, y compris à propos de l'identité de leurs enfants. Ils ne sont certes pas représentatifs de l'ensemble des parents interrogés, mais revenir sur leur argumentation permet de mieux cerner les raisons pour lesquelles des parents se montrent réticents à recourir à une telle catégorie identitaire. Dans le premier exemple cité *infra*, les deux parents ont usé de la juxtaposition des catégories nationales pour qualifier leurs enfants (« allemands, français et européens » et « allemands et français »). Lors de l'entretien, à la question de savoir s'ils maintenaient leur choix, ils ont d'abord été hésitants, le père commençant par corriger sa réponse au questionnaire. Au fil de l'échange, a toutefois émergé l'argument selon lequel une identité franco-allemande est une création, par définition artificielle, et ne peut donc être attribuée à une personne. Par conséquent, ils définissent l'identité de leurs enfants comme une juxtaposition de deux identités nationales (« Ils sont les deux »), *à la fois* française et allemande :

> [**B_8_Ma**] Franco-allemand, ich weiß nicht so richtig was das sein soll. Manchmal, ja, klar. Sie sind beides. Sie sind Deutsche und sie sind Franzosen. Und was dieses Franco-allemand sein soll…
> [**B_8_Pf**] En fait on avait bien répondu. Le franco-allemand, c'est politique. Pour moi c'est les relations franco-allemandes, des trucs comme ça, mais c'est pas…, pas une personne.
> [**B_8_Ma**] Ja, als es etwas eigenes wäre. Und das finde ich, ne, das glaube ich nicht[206].
> [**B_8_Pf**] L'amitié franco-allemande. Franco-allemand pour moi c'est ça. C'est la politique plus… La brigade franco-allemande…, je sais pas, on parle… Pour moi c'est ça, c'est un adjectif qu'on colle derrière un traité, derrière une politique, derrière une visite. C'est pas un truc entre individus. Non.

206 Franco-allemand, je sais pas vraiment ce que ça veut dire. Parfois, oui, bien sûr. Ils sont les deux. Ils sont allemands et français. Et ce que ce franco-allemand est censé être…/Oui, comme si ça avait une existence propre. Et je pense que, non, je ne crois pas.

[**P_6_Pa**] Dans la vie privée, mais aussi dans le travail, les habitudes, la façon de vivre… la culture est très différente, et… et d'ailleurs souvent les sociétés… les gens… les Allemands et les Français n'arrivent pas très bien à travailler ensemble. Et donc franco-allemand, pour moi ça n'existe pas vraiment. Ce… ce mélange est compliqué. Peut-être en Alsace, dans un… dans un endroit comme ça, ça… ça existe, mais pas… je vois pas [P_6_Ew1] franco-allemande, ou [P_6_Ew2] franco-allemande…. C'est les deux, c'est qu'elles sont françaises et allemandes. Et pour le moment, un peu plus françaises que allemandes.

Le même argument d'artificialité est avancé par les parents de la famille [B_2], conduisant le père à corriger sa réponse au questionnaire concernant l'identité de son épouse et de ses enfants. Là encore, l'identité franco-allemande est présentée comme une création par nature artificielle, voire comme une « invention » politique. À l'inverse, les identités nationales sont considérées comme « naturelles » et « complètes ». Par suite, l'hybridation que suppose une identité binationale peut être perçue comme une source d'instabilité pour la personnalité (« espèce de mélange ») :

[**B_2_Pa**] Mais en fait là dans le questionnaire, j'ai écrit pour toi [B_2_Mf] franco-allemande, mais en fait pff, pour être précis, tu peux pas être franco-allemande, j'trouve ça complètement artificiel. […]
Vous dites qu'on ne peut pas être franco-allemand. Mais comment vous décrivez vos enfants ?
[**B_2_Pa**] Je dois écrire français et allemand. Le franco-allemand c'est une invention pour rapprocher les deux pays. Mais on est plus loin, maintenant c'est aucun problème d'être allemand ou français, et d'appartenir aux deux mondes.
[**B_2_Mf**] Et c'est vrai, finalement, avec le recul, c'est vrai que franco-allemand c'est… c'est pas génial parce que t'es ni français complètement, ni allemand complètement. T'es un espèce de mélange, c'est un peu F*, tu vois. F*, il était franco-allemand. […] Mais tu vois quelque part, pour moi c'est important d'être les deux à 100 %. C'est pour ça que j'trouvais hyper important que les enfants apprennent le français vraiment bien. Et qu'ils puissent éventuellement, je sais pas comment ça va se faire, mais qu'ils fassent les deux Bac. Tu vois qu'ils fassent vraiment les deux à fond, qu'ils aient vraiment les deux.

Les héritiers

Les réponses des adolescents renvoient une image inversée de celle projetée par les parents (annexe 6). Alors que ces derniers ont tendance à se définir en recourant aux catégories d'identité nationale, seule une faible part (15 %) des enfants font de même, de manière égale entre Paris et Berlin. En revanche, tous les autres adolescents se définissent comme « franco-allemands ». De plus, certains d'entre eux intègrent dans leur autoreprésentation des qualificatifs supplémentaires, se référant à leur ville de résidence (du côté allemand, avec quatre occurrences pour « berlinois ») et à l'Europe (cinq occurrences, équitablement réparties). Ainsi, leur autoreprésentation correspond, dans des proportions comparables, à la représentation que leurs parents forment d'eux. Il est probable qu'une telle perception soit alimentée par un bilinguisme et un biculturalisme pratiqués au quotidien, qu'il s'agisse du milieu familial, du cercle d'amis ou de la structure scolaire. La récurrence du terme « franco-allemand » n'est en effet pas sans évoquer la « normalité » avec laquelle sont appréhendés le bilinguisme et le parler bilingue au sein de la génération des enfants. Ainsi, à la question de savoir ce que signifie « franco-allemand », les deux enfants de la famille [P_4_Em1] évoquent à la fois leur double nationalité et leurs compétences langagières, deux éléments dont ils ont hérité comme s'il s'agissait d'un phénomène naturel :

> [**P_4_Em1**] Dass wir die zwei Nationalitäten haben .. für mich als franco-allemand, ja...
> [**P_4_Em2**] Und wir sprechen...
> [**P_4_Em1**] ... wir sprechen auch...
> [**P_4_Em2**] ...beides.
> [**P_4_Em1**] Gu... gut deutsch, mehr oder weniger. Ja, für mich ist es das.
> [**P_4_Em2**] Bei mir auch.[207]

Qui plus est, les qualificatifs que les « héritiers » associent à l'identité parentale témoignent d'une représentation homogène. Dans l'ensemble, ils perçoivent leurs parents à travers le prisme de leur nationalité d'origine et les définissent soit comme français, soit comme allemands – alors même que certains d'entre eux possèdent une double nationalité, que cela soit à la naissance ou à la suite d'une naturalisation. Certains

207 Que nous ayons les deux nationalités... pour moi qui suis franco-allemand, oui.../ Et nous parlons.../... nous parlons aussi.../ ... les deux/Un b... bon allemand, plus ou moins. Oui, pour moi, c'est ça./Pour moi aussi.

enfants mentionnent certes la catégorie franco-allemande, d'ailleurs un peu plus fréquemment à Paris qu'à Berlin, mais celle-ci reste fortement sous-représentée en comparaison à la catégorie nationale. Sur ce point, représentations et autoreprésentations ne concordent que partiellement. Tandis que la plupart des parents s'attribuent des qualificatifs variés, renvoyant à des appartenances multiples, les enfants tendent à les « enfermer » dans une catégorie identitaire unique. C'est ce que semble traduire le fait qu'ils n'évoquent, en plus de « français » et « allemand », aucun autre qualificatif à même d'exprimer une identité multiple. Le rôle de gardien de la langue que les parents incarnent dans le quotidien familial, prohibant l'hybridation langagière ou du moins s'exprimant dans leur langue d'origine, pourrait constituer un facteur d'explication d'une telle représentation. Une telle corrélation entre la langue parlée par leurs parents et leur identité est évoquées de manière plus ou moins explicite par plusieurs enfants.

> [**B_7_Em2***] [...] s'il y a des copains qui me demandent, « tes parents ils parlent quoi », je dis pas, ils sont franco-allemands, je dis français et allemand. Des fois, souvent c'est équilibré, mais si je demande quelque chose en allemand à maman, elle dit « demande à papa », et à papa je lui demande en français.

> [**P_3_Em3**] Ja... ich sehe meinen Vater als Deutscher... Auch wenn er selbst „franco-allemand" ist. [...] Weil ich... weil er... wenn ich geboren bin, wollte er immer, dass ich mit ihm Deutsch spreche. Er hat mir auch alles in Deutsch gelernt. Oh... ohne meinen Papa hätte ich vielleicht nie Deutsch... gesprochen. Auch wie es für die beiden anderen ist. Er ist da, um uns... das zu lernen... Äh... Und... Ja... Für mich ist er deutsch.[208]

> [**P_4_Em2**] [*S'adressant à sa mère*] Du kommst aus Deutschland und Du sprichst ganz gut deutsch. Sie ist deutsch, sie kommt aus Deutschland.[209]

Il n'est pas aisé d'établir ce que signifie une identité franco-allemande pour les répondants. Confrontés à la question, les enfants

---

[208] Oui... Je vois mon père comme un Allemand... Même si lui-même est « franco-allemand ». [...] Parce que je... parce qu'il... quand je suis né, il a toujours voulu que je parle allemand avec lui. Il m'a aussi tout appris en allemand. Oh... sans mon papa, je n'aurais peut-être jamais... parlé allemand. Même si c'est le cas pour les deux autres. Il est là pour... nous l'apprendre... Euh... Et... Oui... Pour moi, il est allemand.

[209] Tu viens d'Allemagne et tu parles très bien l'allemand. Elle est allemande, elle vient d'Allemagne.

sont nombreux à hésiter, à répondre par bribes, certains allant jusqu'à déclarer que « pour moi, c'est très vague comme question, alors… » ([P_3_Em3]). De fait, la question comporte un haut niveau d'abstraction et se pose souvent pour la première fois en ces termes aux adolescents. Comme le note Serge Paugam, toute construction identitaire est complexe, mais plus encore chez des enfants de couples mixtes, « appelés, par obligation, à composer entre des influences différentes, parfois complémentaires, mais éventuellement opposées et parfois même antagonistes » (2015 *:* 10). Plusieurs d'entre eux esquissent ainsi une identité aux contours flous, difficilement saisissables, car échappant aux critères nationaux habituellement liés au paradigme de l'État-nation, en l'occurrence « français » et « allemands ».

> [**P_2_Em2**] Ben… C'est euh… [*silence*] bah… pour moi, quelqu'un qui est franco-allemand, c'est quelqu'un qui n'a pas de… qui n'a pas une culture… fin une euh… une identité euh précise parce que moi je… quand on me demande ouais, t'es quelle nationalité, ben je saurais pas quoi répondre, maintenant je suis pas français… Avant, je me considérais plus comme français parce que je rejetais un peu l'allemand, genre j'me disais c'est pas stylé et tout, je préfère être français. Mais maintenant, j'me dis bah en vrai, j'préfère être… j'ai une chance d'être allemand aussi donc c'est bien pour plein d'autres trucs. Et du coup euh… du coup… ben quelqu'un qui est franco-allemand, c'est quelqu'un qui est… qui a vécu avec les deux cultures en même temps, qui a grandi avec…

C'est là encore le regard des autres, en dehors du cadre familial, qui renvoie aux adolescents issus de couples mixtes une identité incertaine. Considérés comme allemands en France et comme français en Allemagne, ou bien comme « pas tout à fait » l'un ni l'autre, ils semblent ressentir l'étrangeté que peut revêtir une identité franco-allemande. Alors qu'eux-mêmes se reconnaissent dans cette identité, avec laquelle ils ont grandi puisqu'une large partie des parents la leur assignent sans hésiter, ils ont conscience qu'elle est perçue comme inhabituelle dans la société majoritaire. Cette étrangeté a été ressentie par un adolescent berlinois qui, lors d'un échange scolaire à Nîmes, a été considéré par ses camarades français comme allemand, et en aucun cas comme français ni comme franco-allemand. Le fait d'être originaire d'un lycée allemand l'a en effet *rendu étranger* dans un pays dont pourtant il possède la nationalité et maîtrise la langue, et où vit une partie de sa famille. Si cette perception lui a semblé naturelle lors de son séjour, il la considère *a posteriori* comme désagréable ou malvenue.

> [**B_3_Em1**] Mit Franzosen werde ich aber als der Franzose gesehen der auch Deutsch kann. Und andersrum in Deutschland werde ich als Deutscher, der Französisch kann, gesehen. Also in Frankreich „der deutsche" und in Deutschland „der Franzose". Aber man wird nie so richtig als komplett Deutscher oder komplett Franzose gesehen[210].

> [**P_1_Ew2**] […] und ich merke schon, dass ich halt … also nicht anders bin, aber mehr deutsch bin, wenn ich in Frankreich bin. Und halt in Deutschland ist es so, dass ich mir eher französisch fühle, weil ich irgendwie… keine Ahnung… ich merke schon, dass wenn ich in Deutschland bin, da brauche ich erst eine Anlaufzeit, bis mein Akzent in Deutsch weg ist. Das merke ich schon[211].

> **[B_8_Em]** Ich habe mich eigentlich ganz gut integriert. Aber man war immer noch der deutsche Austauschschüler, und dies obwohl ich auch Franzose bin. Das habe ich eigentlich erst später reflektiert. Eigentlich war es von Anfang an normal, dass ich so der deutsche Austauschschüler bin, weil sie nicht wissen können, dass ich Franzose bin. Vielleicht habe ich irgendwann erwähnt, aber… Für mich, wenn es ein Austauschschüler ist, nach nach Berlin kommt, wäre der auch der Franzose. Aber, ist halt nicht schön… Oder nicht gut[212].

Dans certaines situations, assez rares parmi les familles rencontrées, le regard de la société majoritaire conduit les enfants franco-allemands à vouloir cacher leur différence en public. D'après le récit d'une grand-mère allemande, c'est le cas d'une jeune Francilienne qui, en visite en Allemagne, a explicitement souhaité que son identité française ne soit pas dévoilée, souhaitant passer inaperçue auprès des autres enfants.

---

210 Mais avec les Français, je suis considéré comme le Français qui parle aussi allemand. Et inversement, en Allemagne, je suis considéré comme un Allemand qui parle français. Donc en France comme « l'Allemand » et en Allemagne comme « le Français ». Mais on n'est jamais vraiment considéré comme complètement allemand ou complètement français.

211 […] et je remarque que je suis… non pas différent, mais plus allemand quand je suis en France. Et en Allemagne, c'est comme ça, que je me sens plus française, parce que d'une certaine manière… je ne sais pas… je remarque que lorsque je suis en Allemagne, j'ai d'abord besoin d'un temps de démarrage, jusqu'à ce que mon accent en allemand disparaisse. Oui, je le remarque.

212 En fait, je me suis plutôt bien intégré. Mais j'étais toujours l'étudiant d'échange allemand, même si je suis aussi français. Je n'y ai réfléchi que plus tard. En fait, c'était normal dès le début d'être élève d'échange allemand, parce qu'ils ne pouvaient pas savoir que j'étais français. Peut-être que je l'ai dit à un moment donné, mais… Mais ce n'est pas agréable… ou pas bien.

> **[P_7_GMa]** ... Und so als [P_7_Ewl] zum ersten Mal in die Schule ging, hier in G*, hatte sie gesagt : „Die Lehrerin, die braucht das gar nicht zu wissen, dass ich ein französisches Kind bin". Aber die Lehrerin hatte schon vorher in der Schule bekanntgegeben, dass ein französisches Kind in die Klasse kommt[213].

De manière plus générale, les enfants semblent percevoir leur identité franco-allemande comme évidente, et la justifient par leur double nationalité et leur pratique du bilinguisme et du biculturalisme. Au-delà, certaines réponses laissent supposer que celle-ci n'est pas conçue comme double, autrement dit comme le produit d'une juxtaposition. Là encore, la question est abstraite et n'a pas fait l'objet de développements longs et structurés. Toutefois, il se dégage de certains entretiens l'idée que l'identité franco-allemande que les enfants s'attribuent est de nature composée, unique et intégrée. Si les données recueillies ne permettent pas de préciser selon quels schémas les différents éléments d'une telle identité hybride s'articulent, celle-ci fait écho aux expérience bi- et transculturelles constatées au sein des familles franco-allemandes. Dans une telle perspective, les éléments qui composent l'identité franco-allemande seraient indissociables les uns des autres. Cette observation rejoint le constat effectué par Unterreiner (2015) auprès d'enfants de couples mixtes, et parmi eux, à ceux qu'elles nomment les « héritiers ». S'identifiant d'une manière égale au patrimoine culturel de leurs deux parents, qui ont mis en place des stratégies éducatives visant à transmettre bilinguisme et biculturalisme, ils se distinguent par des identités mélangées – une jeune fille affirmant dans ce contexte se sentir « ni l'un ni l'autre » (Unterreiner, 2015 : 138).

> [**B_3_Ew2**] [...] je trouve qu'on peut pas vraiment dire moitié française moitié allemande, car dans quelques points on est plus français et dans d'autres plus allemand. Ça veut dire normalement c'est un mélange qui se produit, et je pense que chaque personne est soit mélangée, soit moitié-moitié. Ça dépend, je pense.

> [**P_8_Ewl**] Bien sûr, ça se mélange... Oui, ça se mélange. [...] quand on est en Allemagne, on va se comporter en Allemands, mais aussi un peu en Français. Voilà quoi.

---

213 Et donc quand [P_7_Ewl] est allée pour la première fois à l'école, ici à G*, elle avait dit : « La maîtresse, elle n'a pas besoin de savoir que je suis française ». Mais la maîtresse avait déjà annoncé à l'école qu'il y aurait une enfant française dans la classe.

Si quelques témoignages expriment un certain inconfort dans l'expérience d'une identité hybride, comparable à celui que décrivent des locuteurs bilingues en équilibre langagier précaire, il se dégage aussi des entretiens un sentiment de fierté lié à l'identité franco-allemande. Celui-ci transparaît notamment lorsqu'il est question de l'histoire commune à la France et à l'Allemagne, faite de conflits et de rapprochement, puis d'amitié et de coopération dans le contexte européen. Certes, le sujet a très rarement été abordé de façon spontanée au cours des entretiens et a surtout fait l'objet de réponses à des questions ciblées. De plus, plusieurs familles, enfants et parents réunis, considèrent avec une certaine évidence la relation bilatérale, qu'ils jugent « normale », à l'image du bilinguisme familial, et reconnaissent ne pas ou peu parler de l'histoire franco-allemande. Celle-ci est évoquée à l'occasion d'événements particuliers ou lorsqu'une famille traverse la frontière franco-allemande. Cependant, à plusieurs reprises, des enfants – dont l'une âgée d'une dizaine d'années – ont exprimé leur joie et leur fierté (« contente », « heureuse », « fière ») d'être les ressortissants de deux États affichant une relation amicale et s'entraidant dans les moments difficiles, comme lors de la pandémie de Covid-19. Plusieurs d'entre eux se réfèrent de manière plus ou moins explicite au passé, tel un élément de comparaison permettant de mieux mettre en valeur le chemin parcouru par les deux pays.

> *Dans le questionnaire, tu as écrit « J'aime bien que l'Allemagne soit amie avec la France ». Tu m'expliques ?*
> [**P_5_Ew2***] Ben parce que… puisque je suis franco-allemande, puisque je suis franco-allemande, j'aime bien quand ces deux pays-là s'entendent bien, et que il y a pas de… parce que avant ils étaient ennemis et maintenant ils sont amis…
> [**P_5_Ma**] Par rapport avec la guerre, tu veux dire ?
> [**P_5_Ew2***] Oui. Ils s'entendent bien maintenant, et je suis heureuse pour ça, et ben voilà… Parce que c'est deux pays que j'aime bien, j'aime bien aussi qu'ils s'entendent bien, et si c'est le cas, ben je suis heureuse !

> [**P_1_Ew2**] Also ich… ich fühle mich eigentlich auch ein bisschen stolz auch… also… Wenn man die…. also die gemeinsame Geschichte vergleicht, zwischen Deutschland und Frankreich, bin ich ja stolz, wie sie sich entwickelt haben, und wie eben die Politiker es geschafft haben, eben so einen starken Bund aus dieser Feindheit eben zu machen. Und ich fühle mich da sehr stolz eben…. also… dass diese beide Länder jetzt sehr eng miteinander arbeiten, und sich sehr gut verstehen[214].

---

[214] Eh bien, je… je me sens en fait un peu fière aussi… eh bien… Si l'on compare leur histoire commune, entre la France et l'Allemagne, je suis fière de la façon dont elles

[**P_8_Ewl**] Non, je trouve ça important, enfin j'trouverais ça pas très… pas très agréable de venir d'un pays… que… que toute… fin pas toute la France déteste, mais… un pays… qui n'est pas…
[**P_8_Pa**] Corée du Nord.
[**P_8_Ewl**] Ouais… imagine en Corée du Nord… je pense que ça aurait dérangé personne, mes copains, ils auraient pas fait : « Oh non, on n'est pas copains parce que t'es en Corée du Nord. » Mais j'aurais été moins fière en tout cas parce que forcément c'est moins… moi en tout cas, j'suis bien contente que… que ce soit des pays amis, quoi… puisque y a aucun problème à dire qu'on vient d'Allemagne, vu qu'ils sont très copains. Si ça avait été en 1950, ça aurait été un peu plus tendu, je pense.

[**P_3_Em3**] […] Ich mag die Idee des… die… von Europa eigentlich… Und äh… dass… dass… die Länder… äh zum Beispiel… äh… Deutschland und Frankreich sich äh… manchmal helfen… mit Covid und solche Sachen. Das find ich echt cool[215].

Identités familiales et récits de guerre

Dans ce contexte, la thématique de la guerre ne joue certes pas un rôle central, mais elle a été abordée au cours de plusieurs entretiens. Ce n'est guère étonnant de la part de familles franco-allemandes, étant donné l'histoire commune de la France et de l'Allemagne depuis le début du xxe siècle, allant de conflits meurtriers à une étroite coopération dite amicale, en passant par une phase de réconciliation. Selon les générations et les pays, la question n'occupe pas la même place dans les récits. Ce sont les grands-parents français qui en parlent de la manière la plus explicite. Pour certains, rares, l'Allemagne est directement liée à des souvenirs ou à des récits familiaux de la Seconde Guerre mondiale, de nature douloureuse. Cela étant, tous font clairement la différence entre la période de la guerre et celle contemporaine (« à l'époque », « c'était encore »), ou encore entre le régime nazi et l'Allemagne.

[**P_5_GMf**] C'est-à-dire que moi, je me souviens, quand j'avais… Bon, j'ai 70 ans, hein. Je me souviens que j'ai… en vacances chez mes grands-parents…

---

se sont développées et de la façon dont les politiciens ont réussi à créer une alliance aussi forte à partir de cette inimitié. Et je suis très fière… que ces deux pays travaillent maintenant très étroitement et se comprennent très bien.

215 […] J'aime l'idée de la… le… d'Europe en fait… Et euh… que… que… les pays… euh par exemple… euh… l'Allemagne et la France… s'entraident parfois… avec Covid et des trucs comme ça. Je trouve ça vraiment cool.

je me souviens qu'eux, par exemple, les Allemands c'était encore... vraiment... l'ennemi quoi, vous voyez ce que je veux dire ? [...] Mais je vous dis, mes grands-parents qui me... je veux dire qui nous racontaient... qui avaient vécu la guerre, quoi ! Ils ont... La mère de ma mère, elle avait connu l'exode, elle est partie sur les routes avec tous les Français qui partaient, qui étaient obligés de s'en aller. Eux, ils se sont retrouvés dans un château en Dordogne, enfin vous voyez, ils étaient sur les routes, et... Et... Ils me racontaient tout ça, plein de choses quoi.

[**P_7_GPf**] [...] Il y a une époque, quand je suis né... parce que je suis né malheureu... enfin oui, je suis né à la guerre, en 1940... Forcément, moi j'ai vécu... j'ai le souvenir de... comment dirais-je... du prisonnier allemand qui travaillait à la ferme chez mes grands-parents, et donc... à l'époque, à l'époque, bon, il y avait des paroles qui étaient dites qui étaient pas très très... qui étaient pas très très gentilles, parce que bon, les pauvres... Mais maintenant, on... hein ? On peut se remémorer en disant « Les pauvres qui étaient là, ils étaient comme les Français qui étaient chez vous », enfin, en Allemagne, ils y étaient pas par cœur. A part quelques idéologues, comme dans chaque pays...
Oui. Et ça, vous vous en souvenez ? Vous vous en souvenez, des prisonniers ?
[**P_7_GPf**] Ah oui oui ! Oui, je me rappelle où ils couchaient, les pauvres... [...] Ah ça, je me rappelle ! Pourtant j'étais tout jeune.

[**B_4_GMf**] [...] Je suis originaire de l'Est de la France, la langue qu'on a apprise au collège, c'est l'allemand. Mes parents ont aussi fait de l'allemand. On allait se promener en forêt noire. Mes parents, même s'ils ont souffert de la guerre, étaient très tolérants, ils ont toujours fait la différence entre les Allemands et les nazis. Il y a toujours eu dans la famille une affinité particulière. La maison de ma maman avait été réquisitionnée par les Allemands, mais jamais d'animosité pour les Allemands.

D'autres grands-parents se revendiquent quant à eux de la génération de la réconciliation, reléguant clairement la ou les guerres dans un passé définitivement révolu. Ce positionnement leur permet soit d'expliquer qu'ils ne se sentent pas personnellement concernés par les conflits franco-allemands et une possible animosité à l'égard des Allemands, soit de justifier leur intérêt pour la coopération franco-allemande et leur sensibilité pour l'allemand.

[**B_1_GMf**] Ben avant, j'avais pas d'antipathie hein, la guerre de 40 ça m'inspirait pas, mais avec mes parents j'suis allée en vacances en camping en Autriche, en Allemagne, on avait rencontré des enfants sympas et tout, hein. Donc j'étais pas dans la génération où il pouvait y avoir euh une euh... une réaction désagréable à l'égard des Allemands quoi.

> [**B_2_GPf**] Ben oui oui, c'est familial. C'est mon père, qui bien que pendant la guerre il était plutôt résistant, mais euh... comme il était militant du parti démocrate-chrétien, il était militant pour l'Europe et la réconciliation avec l'Allemagne. Voilà c'est pour ça qu'on a tous fait de l'allemand, et même première langue, on était cinq dans la famille.

Dans ce contexte l'attitude très réservée des grands-parents à propos d'une éventuelle transmission de leurs souvenirs liés à la guerre à leurs petits-enfants est frappante. Étant donné que ces derniers sont les produits de la réconciliation franco-allemande, on pourrait supposer que les récits familiaux intègrent cette part de l'histoire, d'autant qu'elle fait écho à des souvenirs immédiats des grands-parents. Or, que cela soit pour ne pas ennuyer leurs petits-enfants ou pour ne pas les brusquer dans leur sensibilité, ou encore par gêne, ils font preuve d'une grande pudeur en la matière.

> *Ah, vous avez une histoire intéressante par rapport à l'Allemagne...*
> [**P_5_GMf**] Ah oui, oui oui, j'ai plein de souvenirs, moi, des histoires qu'on m'a racontées.
> *Et pourquoi vous en parlez pas aux petits-enfants ?*
> [**P_5_GMf**] Non, j'en parle pas, non.
> *Ça pourrait être intéressant pour eux, non ? Parce que c'est aussi leur histoire...*
> [**P_5_GMf**] Surtout avec mon petit-fils, je pourrais parler... ma petite-fille, elle est moins...

> [**P_7_GPf**] Ben.... Je leur en ai parlé comme ça... Je suis pas rentré trop dans les détails parce que c'est une époque quand même qui était pas très facile... Je vais pas leur dire... exactement tout ce qui se disait au niveau des paroles, parce que bon, il y avait des paroles désobligeantes, je vais pas leur dire des mots... Parce que je me rappelle, excusez-moi, moi je vais vous dire à vous parce... Les gens... « Oh, sale Boche ! », enfin, des trucs comme ça... Bon, je vais pas leur répéter ça, parce que je sais... elles sont très sensibles aux problèmes aussi bien français qu'allemands ...

En toute logique, les parents n'ont pas de souvenirs de guerre à transmettre. Alors qu'ils sont les initiateurs de familles franco-allemandes, bilingues et biculturelles, ils paraissent peu soucieux d'entretenir dans le cadre familial la mémoire des « grands récits » (Gollac, Oeser, 2011), en l'occurrence des conflits passés et/ou de leur dépassement. Non pas qu'il s'agisse d'un tabou, mais ils semblent ne pas vraiment se sentir concernés par le sujet. L'un des pères allemands en région parisienne, d'après le témoignage de son épouse française, « veut tout le temps regarder les émissions à la télé sur la deuxième guerre mondiale » ([P_6_Mf]), mais les autres parents semblent relativement désintéressés du sujet au quotidien. Comme le note une mère allemande à Paris, la Seconde Guerre mondiale et la période nazie sont conçues comme des éléments de culture générale à connaître, mais qui font l'objet d'un apprentissage de type scolaire davantage que d'une transmission intergénérationnelle au sein de la famille.

> **[P_2_Ma]** [...] Na ja gut, die Judenverfolgung ist natürlich ein Thema und... Frankreich kultiviert das ja auch so ein bisschen. Ich habe noch nie so viele Hitlerfilme gesehen wie in... in... in Frankreich. Ne? Und ich meine es war 75 Jahre Befreiung von Ausschwitz letztes Jahr und das war in Frankreich auch in großes Thema. Und diese *Résistance* wird immer thematisiert, der 8. Mai ist hier ein Feiertag... hum... also das sind natürlich jetzt Dinge, denke ich, dass es wichtig ist für [P_2_E2] das zu wissen... Klar, er lernt das.

En revanche plusieurs parents se sentent concernés par l'image que leur renvoie la société française, précisément en tant qu'Allemands, en lien avec la période nazie. Au cours des entretiens, il a été question à plusieurs reprises de l'accueil qu'ils ont personnellement reçu ou reçoivent en France – et en particulier de la tristement célèbre injure « sale boche ». Deux mères vivant en Île-de-France relatent avoir été ainsi interpellées au cours de leur jeunesse, alors qu'elles étaient en visite dans le pays voisin. Si elles affirment ne pas en garder de traumatisme, cette expérience semble les avoir non seulement profondément déstabilisées à l'époque, mais aussi marquées jusqu'à aujourd'hui. L'une d'entre elles va jusqu'à y voir la raison de sa relation « ambiguë » à la France (« [...] je me sens très française aussi, c'est pas ça, mais en quelque sorte j'ai l'impression que j'ai pas le droit »). À l'inverse, l'un des pères évoque de lui-même le sujet, mais en remarquant explicitement qu'il n'a jamais été « agressé » de la sorte – comme si cela n'avait rien d'évident et méritait d'être souligné.

> **[B_8_Ma]** Si je dis étrangère, c'est un peu trop...
> **[B_8_Pf]** Ça a à voir avec quoi ? Avec les Français qui t'acceptent pas ou... ? Tu te sens toujours la petite Allemande ?
> **[B_8_Ma]** Das hat, glaube ich, was damit zu tun gehabt, dass ich auf der einen Seite Frankreich sehr mag, und ich es aber manchmal schwierig finde, Frankreich nahe zu kommen. Weil ich gerade am Anfang auch so ein, also ich habe schon auch als Deutsche blöde Erlebnisse in Frankreich gehabt. Als ich noch Jugendliche war, so [B_8_Em] Alter, wurde ich als „sale

boche" beschimpft, ich meine das hat kein Trauma hinterlassen, aber es ist natürlich schon was, wo man ein bisschen denkt, was ist denn das jetzt?[216]

[**P_1_Ma**] [...] Aber ich weiß, als ich zum allerersten Mal in Frankreich war, da war ich 14. Da war ich im Norden Frankreich, vielleicht lag es auch am Norden, da wurde ich nicht nett empfangen. Also da wurde ich mit einem fröhlichen „sale boche" begrüßt, und wusste gar nicht, was mir geschah, und wie... was... wo. Und insofern, die... ja... aber ansonsten in der Familie ist es eigentlich weniger ein Thema, oder?[217]

[**P_6_Pa**] Je suis, je me rappelle pas d'avoir été agressé pour être allemand. Et ça fait maintenant trente ans... plus que trente ans que je viens régulièrement en France ou que je vis en France, plus de 25 ans au total. Jamais j'étais agressé pour ça.
On vous a jamais fait de remarques ?
[**P_6_Pa**] Non. Des plaisanteries, oui. Mais pas des remarques qui m'ont blessé ou qui m'ont mis mal à l'aise. Quelquefois des plaisanteries...
[**P_6_Mf**] Si, des fois quand tu m'énerves, je te traite de boche !
[**P_6_Pa**] Oui, mais ça c'est autre chose. Mais ça vraiment j'ai jamais senti, et ça c'est quelque chose qui est très... très... qui montre aussi que la France a surmonté ça.

De plus, dans deux autres familles d'Île-de-France, les parents allemands se déclarent très gênés par l'image de l'Allemagne que renvoient des films populaires ayant pour contexte la période nazie. Pour la mère de la famille [P_5], c'est l'approche humoristique des crimes nazis qui est choquante, et à laquelle elle ne s'est jamais habituée au fil du temps. Quant au père de la famille [P_3], il estime certes possible d'en rire, mais ce sont les stéréotypes véhiculés par de tels films à propos de l'Allemagne et des Allemands qui lui posent problème. Il va jusqu'à y voir une expression et un vecteur de racisme anti-allemand, et veille à mettre en garde ses enfants. À noter qu'il s'agit ici du père qui, après avoir été qualifié

---

216 Je pense que c'est dû au fait que j'aime beaucoup la France d'un côté, mais que je trouve parfois difficile de m'en rapprocher. Parce qu'au début, j'ai vécu des expériences stupides en France, même en tant qu'Allemande. Quand j'étais jeune, environ l'âge de [B_8_Em], on m'a traitée de « sale boche ». Je veux dire, ça n'a pas laissé de traumatisme, mais c'est sûr que c'est quelque chose qui fait qu'on se demande un peu ce que c'est que ça maintenant ?

217 Mais je sais que la toute première fois que je suis allée en France, j'avais 14 ans, j'étais dans le nord de la France, c'était peut-être à cause du nord, je n'ai pas été bien accueillie. Donc là, j'ai été accueillie par un joyeux « sale boche », et je ne savais pas du tout ce qui m'arrivait, et comment... quoi... où. Et donc, les... oui... mais sinon, dans la famille, c'est moins un sujet, non ?

de traître dans une soirée, a décidé de se présenter systématiquement comme allemand, et qui donc fait preuve d'une sensibilité particulière vis-à-vis de cette question.

> **[P_5_Ma]** *Le grand restaurant*, ou *La Grande vadrouille*, ou des choses comme ça… et c'est vrai que là-dessus, il y a quand même un vrai souci en ce qui concerne l'humour des Français et des Allemands sur tout ce qui s'est passé dans le passé. Les Français ont fait énormément de films où ils se moquent un peu de certaines choses, de certaines personnes et ils le vivent très bien. Et bien moi, je peux pas. […] Donc là, c'est compliqué.
>
> [**P_3_Pa**] Sprechen wir über die Vergangenheit? Nee… eigentlich kaum. [*silence*] Äh… kaum. Nee. Also manchmal… also… mir war sehr wichtig, dass die… dass die Kinder ohne diese… den Rassismus gegen Deutsche aufwachsen. […] Und manchmal sind sie selbst erstaunt, wenn sie… diese Stereotypen entgegengeschmettert bekommen über *Papy fait de la résistance* oder keine Ahnung… Und darüber lachen wir eigentlich eher… Aber machen… machen ernste Gespräche hinterher, also… es ist schon Thema… wenn das kommt… und ich bin also super zufrieden als Vater, dass sie halt das so äh… gut wegstecken und äh… auch intellektuell so… so, so gut verarbeiten, würde ich mal sagen[218].

Comme le remarque ce père à propos de ses propres enfants, les adolescents rencontrés semblent entretenir un rapport détendu à la thématique de la guerre, et n'établissent pas de lien direct avec leur histoire familiale. D'après les entretiens, le sujet ne paraît pas entraîner chez eux le moindre malaise identitaire. Dans ce contexte, une seule jeune fille a évoqué une expérience déstabilisante, en l'occurrence lorsque l'une de ses camarades de classe lui a reproché, lors d'une dispute, d'avoir « commencé la guerre ». Elle qui revendique une identité franco-allemande affirme alors avoir été surprise, et même choquée – d'autant que de telles paroles, qu'elle juge « vraiment stupides », « déplacées », sont en opposition avec l'esprit du lycée franco-allemand dans lequel elle est scolarisée.

---

[218] Est-ce qu'on parle du passé ? Non… à peine. [silence] Euh… A peine. Non. Alors parfois… alors… pour moi, c'était très important que les… que les enfants grandissent sans ce… racisme envers les Allemands. […] Et parfois, ils sont eux-mêmes étonnés quand ils… reçoivent en plein visage ces stéréotypes sur *Papy fait de la résistance* ou je ne sais pas… Et ça, on en rigole plutôt… Mais on fait… on a ensuite des discussions sérieuses, donc… c'est un sujet… quand ça vient… et je suis super content en tant que père qu'ils arrivent si bien… à gérer la situation et… Et je dirais même qu'intellectuellement ils encaissent si… si bien.

Wie hast du reagiert, als die Freundin da diese blöde Bemerkung gemacht hat?
[**P_1_Ew2**] Also… euh… Ich hatte… also in Moment habe ich das nicht… irgendwie… verstanden, was sie damit meinte, und ich habe es nicht irgendwie… gemerkt irgendwie, dass sie das gesagt hat. Dann ist sie weggegangen, und da war halt eine andere Freundin, also die auch deutsch-französisch war, und dann habe ich mich zu ihr gedreht, und habe ich gesagt: „Hast du es auch gehört, was sie gesagt hat?". Und dann standen wir da so ein bisschen schockiert wir beide, weil es ist irgendwie halt super komisch, das zu sagen, weil wir haben ja nicht entschieden, dass Krieg ist, und so… und sie hat auch diese Bemerkung, dass wir den Krieg angefangen haben… es kam irgendwie super ernst… obwohl wir… obwohl wir Freunde waren und so… also sind… das fand ich irgendwie sehr… sehr komisch. Und diese Schule steht eigentlich für diese… diese Freundschaft, und dass wir sehr… halt… zusammen miteinander stehen und uns unterstützen… und dass sie so eine Bemerkung gesagt hat, da war ich irgendwie auch ein bisschen enttäuscht, dass sie so was behaupten könnte, halt.[219]

***

En termes de représentations identitaires, la ligne de partage se situe moins entre Paris et Berlin qu'entre parents et enfants. Tout en se gardant de dresser une opposition caricaturale entre les deux générations, on observe, à travers les réponses au questionnaire et les entretiens des différences d'autoreprésentations. Alors que les parents ont tendance à définir leur identité et celle de leur conjoint à travers un prisme national, les adolescents s'attribuent très majoritairement une identité franco-allemande, que leurs parents leur reconnaissent eux aussi. De plus, il semble exister une corrélation entre, d'un côté, l'identité que les personnes interrogées s'attribuent à elles-mêmes et aux autres membres de leur famille et, de l'autre, leurs représentations du bi-/plurilinguisme et

219 *Et comment tu as réagi quand cette amie a fait cette remarque stupide*/Donc… euh… j'avais… donc sur le moment j'ai pas… compris d'une certaine manière… ce qu'elle voulait dire, et j'ai pas… remarqué d'une certaine manière qu'elle avait dit ça. Ensuite elle est partie, et il y avait justement une autre amie, donc qui était aussi franco-allemande, et alors je me suis tournée vers elle, et j'ai dit : « Est-ce que tu as aussi entendu ce qu'elle a dit ? » Et puis nous sommes restées là, un peu choquées toutes les deux, parce que c'est en quelque sorte super bizarre de dire ça, parce que ce n'est pas nous qui avons décidé que c'était la guerre, et tout… et elle a aussi fait cette remarque que c'est nous qui avons commencé la guerre… c'était super sérieux… alors que… alors qu'on était… enfin qu'on est amies et tout…… j'ai trouvé ça en quelque sorte très… très bizarre. Et cette école représente en fait cette… cette amitié, et le fait que nous soyons très… ensemble et que nous nous soutenions… et le fait qu'elle ait fait une remarque comme ça, j'étais un peu déçue qu'elle puisse dire quelque chose comme ça.

du bi-/pluriculturalisme. Les parents, que les enfants perçoivent en premier lieu à travers le prisme national, se conçoivent souvent, dans leur rapport aux pratiques langagières, comme des gardiens de leur langue d'origine. Ils veillent en effet à ce que les règles d'une langue « juste » soient appliquées, se montrent méfiants et/ou hostiles vis-à-vis de l'emploi de marques transcodiques et ont un rapport prudent aux processus d'hybridation. Inversement, l'identité franco-allemande que les adolescents s'octroient de manière quasi systématique semble faire écho à leur représentation d'une langue « mélangée » comme un phénomène naturel, sur lequel ils n'ont qu'un contrôle limité. Dans cette perspective, ils semblent accepter et assumer les phénomènes d'hybridation qu'implique le bilinguisme, tant sur le plan identitaire que sur celui des pratiques langagières et culturelles, et se posent ainsi en héritiers de deux cultures qui en eux se côtoient, échangent et s'enrichissent mutuellement.

En revanche, les représentations identitaires divergent peu selon que les répondants résident à Berlin ou en Île-de-France – et ce, quelle que soit la génération considérée. Or, tant en termes de profil international que de discours public sur la diversité culturelle et de système éducatif, en particulier visant à promouvoir le bi-/plurilinguisme, les deux villes présentent des contextes différents. On peut en déduire que le cadre de vie n'a qu'une influence limitée sur les représentations identitaires, qui semblent davantage s'orienter vers des éléments d'ordre biographique, tels que la ou les nationalités de naissance et les langues parlées dans la sphère privée. La seule différence entre les parents interrogées, du reste assez peu marquée, paraît liée à la nationalité d'origine et à l'expérience migratoire. D'une part, les parents d'origine française sont un peu plus enclins à mobiliser les catégories d'identification nationale pour se définir eux-mêmes et leur conjoint(e). D'autre part, les parents migrants sont plus nombreux à se considérer comme franco-allemands et à être ainsi perçus par leur conjoint(e).

Conclusion

En explorant les pratiques langagières et les représentations identitaires des membres de familles franco-allemandes à Paris et à Berlin, l'objectif de cette étude était d'approfondir la connaissance des « citoyens mobiles » au sein de l'espace européen. Ces migrants d'un genre nouveau, que Favell et Recchi (2009) nomment les « pionniers de l'identité européenne », renvoient à un phénomène migratoire encore récent et très minoritaire, et sont par conséquent encore peu étudiés. Les entretiens menés auprès des membres de seize familles franco-allemandes de part et d'autre du Rhin ont confirmé les résultats de certains travaux précédents (O'Reilly, 2007 ; Favell, 2008), à savoir que les migrants en question ne se situent pas dans une logique personnelle assimilationniste. Tout en étant intégrés dans la vie sociale et économique de leur lieu de résidence, dont ils parlent la langue et maîtrisent les codes culturels, ils conservent et entretiennent des liens forts avec leur pays d'origine. En revanche, si les parents migrants et leurs enfants évoluent entre deux ou plusieurs autres cultures, et construisent ainsi pour eux-mêmes et leur famille un espace hybride dans lequel les références culturelles et langagières se mêlent, comme l'implique la notion de « transculturalisme » (Hoerder *et al.*, 2005), peu d'entre eux vivent dans les réseaux cosmopolites tels que les a identifiés Favell (2008). Dans la plupart des cas, ils s'inscrivent dans un espace de référence langagier et culturel clairement défini, qui renvoie à un double enracinement. Comme en témoigne leur réseau d'amis et de connaissances, cet espace est constitué pour l'essentiel de références franco-allemandes, en lien avec les pays d'origine des deux parents.

En raison de la forte dimension géopolitique que revêtent les langues et les cultures (Zarate, 2004), il a été décidé d'aborder le sujet à travers la transmission, l'acquisition et la gestion des compétences bi-/plurilingues et bi-/pluriculturelles, en commençant par identifier selon quelles règles les citoyens mobiles, membres de familles bilingues, conçoivent et pratiquent leurs compétences bi-/plurilingues et bi-/pluriculturelles dans le cadre familial. À la suite des entretiens, il ne fait aucun doute que toutes les familles auprès desquelles ont été recueillies les données de l'étude attachent une grande importance aux pratiques langagières bilingues et à leur transmission intergénérationnelle. C'est notamment le cas de la génération des parents, en tant qu'elle a initié le bilinguisme familial et endosse par conséquent une certaine responsabilité dans sa mise en œuvre, en particulier à travers l'éducation des enfants. Leur volonté de promouvoir le bilinguisme de leurs enfants, ainsi que leurs attitudes vis-vis des langues familiales et du bilinguisme, témoignent d'un haut niveau de loyauté envers leur(s) langue(s) et culture(s) d'origine. Cela se traduit en particulier dans leur choix unanime de recourir dans le cadre familial au principe « une personne, une langue », qui suppose que chacun d'entre eux s'exprime de manière systématique et distincte dans sa langue d'origine, mais aussi dans le choix de la scolarisation. La très grande majorité d'entre eux ont décidé – ou du moins auraient aimé pouvoir le faire – d'inscrire leur(s) enfant(s) dans une structure scolaire favorisant le bilinguisme. Les familles berlinoises sont certes plus nombreuses à avoir réalisé ce souhait, dans la mesure où les offres éducatives promouvant le bilinguisme sont à la fois plus nombreuses et plus accessibles à Berlin qu'en Île-de-France. Or, si de telles considérations logistiques ont un impact sur les pratiques langagières, elles ne disent rien de la loyauté des acteurs sociaux à l'égard de leur(s) langue(s) et culture(s) d'origine.

Bien qu'il existe un consensus dans l'ensemble des familles et des générations sur l'intérêt d'acquérir et de transmettre le bilinguisme, les pratiques langagières varient sensiblement d'une personne à l'autre. La ligne de clivage la plus marquée sépare les deux générations représentées au sein de la famille nucléaire et porte sur le « parler bilingue » (Lüdi, Py, 1986 : 9), en particulier sur l'usage de marques transcodiques propres aux compétences bi-/plurilingues. Tout en étant nombreux à reconnaître une certaine souplesse dans l'application du principe OPOL au quotidien, les parents s'efforcent de parler une langue considérée comme juste et de s'adresser à leurs enfants dans leur langue d'origine. À l'inverse, ces derniers reconnaissent mélanger les langues et, pour certains d'entre eux, semblent y prendre un réel plaisir. Dans leur rapport aux langues, les uns et les autres adoptent des rôles différents. D'un côté, les parents jouent celui de gardiens de leur langue d'origine, veillant à ce que leurs enfants respectent les règles qu'eux-mêmes ont acquises et s'efforcent d'appliquer. De l'autre, et conformément à ce qu'ont tendance à démontrer les recherches sur le bilinguisme, les enfants se comportent comme des héritiers décomplexés, certes conscients des atouts de leur bilinguisme, mais décontractés quant à son usage : non seulement ils ne semblent pas s'inquiéter de recourir aux marques transcodiques, qu'ils décrivent pour l'essentiel comme un simple moyen de pratiquer une communication efficace, mais certains d'entre eux revendiquent une approche ludique du bilinguisme. Alors que le lieu de résidence ne semble pas avoir d'influence majeure sur le comportement des enfants en la matière, les entretiens laissent apparaître une légère différence d'approche franco-allemande dans la génération des parents, abordée *infra*.

Les recherches sur le bilinguisme ont peu exploré cette question, mais il semble que les attitudes envers le bilinguisme, d'un côté, et le biculturalisme, de l'autre, ne soient pas toujours parfaitement concordantes. Dans le domaine culturel, à l'inverse du domaine langagier, la très grande majorité des familles franco-allemandes semblent ouvertes aux processus de mélange et d'hybridation. Une telle attitude pourrait s'expliquer par le fait que, dans les sociétés européennes, l'idée d'ouverture et de diversité culturelles a tendance à véhiculer une connotation positive – davantage que dans le domaine langagier, en particulier dans les États attachés au paradigme du monolinguisme. Les pratiques du bi-/pluriculturalisme au sein des familles rencontrées laissent apparaître deux constantes. D'une part, elles n'exercent pas ou peu d'activités culturelles ou sportives en lien avec le pays d'origine du parent migrant et/ou les réseaux franco-allemands. De l'autre, pratiquement toutes entretiennent au sein du cadre familial certaines pratiques considérées comme françaises *et* comme allemandes, en sélectionnant dans l'une et l'autre culture les éléments qui ont leur préférence (habitudes alimentaires, voyages, etc.). Ainsi, alors que ces familles sont pleinement intégrées dans leur société de résidence, en termes à la fois langagiers et culturels, les parents semblent soucieux de transmettre aux jeunes générations un patrimoine biculturel « sur mesure » en rapport avec leur pays d'origine. De ce point de vue, on n'observe pas de différence d'attitude majeure entre Franciliens et Berlinois, qu'il s'agisse des parents ou des enfants, ni entre les deux générations de la famille nucléaire. Non seulement le discours des personnes interrogées sur le bi-/pluriculturalisme est de nature consensuelle, mais plusieurs entretiens ont également laissé apparaître que les pratiques correspondantes alimentent un sentiment d'appartenance à la famille, voire de complicité entre ses membres.

L'influence du pays d'origine, donc de la socialisation secondaire et éventuellement tertiaire, sur les attitudes envers le bilinguisme et le biculturalisme a pu être explorée grâce à l'analyse comparatiste du discours de familles franco-allemandes résidant à Berlin et à Paris – deux villes comparables par leur statut de capitales européennes fortement internationalisées, mais différentes en termes de système éducatif et d'offres d'enseignement bilingue. Dans l'ensemble, parmi les parents migrants, les Allemands résidant en Île-de-France sont plus enclins à parler français avec leurs enfants, et à ainsi enfreindre la règle OPOL qu'ils se sont eux-mêmes fixée. De même, ils semblent avoir une attitude plus décontractée que les parents français de Berlin vis-à-vis de l'apprentissage de leur langue première par leurs enfants ; à titre d'exemple, contrairement à plusieurs Français interrogés, aucun d'entre eux n'a mentionné l'importance que revêtent les séjours dans la famille dans leur pays d'origine pour l'acquisition de compétences langagières. On peut en déduire, avec Anne Unterreiner (2015), que le contexte national dans lequel les acteurs ont été socialisés a un impact sur leurs modes d'identification en tant que locuteurs bilingues ainsi que sur leur rapport à la transmission du patrimoine langagier et culturel familial. Parmi les différents facteurs susceptibles d'influencer les attitudes parentales, on peut citer le rapport à la langue d'origine, des expériences différentes de l'apprentissage scolaire – notamment du statut de l'erreur en didactique – et la conception de l'identité nationale, qui tous renvoient à des différences franco-allemandes structurelles. Cependant, les parents français et allemands sont très proches sur la plupart des autres sujets abordés, qu'il s'agisse de leurs représentations du bilinguisme ou de la tension qu'ils ressentent entre leur prétention à parler et à transmettre une langue « parfaite », d'un côté, et l'application des règles dans le cadre familial, de l'autre. Par conséquent, l'influence du contexte national ne saurait être surévaluée. Selon la présente analyse, elle est bien moindre que celle que jouent l'appartenance générationnelle et l'expérience de vie, ainsi que le caractère monolingue *versus* bi-/plurilingue de la socialisation. De plus, la catégorie d'appartenance des parents au sein des classes moyennes supérieures semble elle aussi avoir une influence, dans la mesure où les « intellectuels », davantage représentés chez les Français de Berlin, se montrent plus attachés au purisme langagier que les « technocrates », plus nombreux parmi les Allemands de Paris.

Au départ de l'enquête a été formulée l'hypothèse selon laquelle la ligne de clivage intergénérationnel concernant le « parler bilingue » serait influencée par les représentations du bilinguisme, elles-mêmes liées à la socialisation des acteurs sociaux, sur les pratiques langagières. Alors que les parents, éduqués dans un contexte monolingue, auraient tendance à reproduire le paradigme d'une langue idéale qui est au cœur du monolinguisme, les enfants, qui tous ont grandi dans un milieu bilingue, se montreraient davantage ouverts aux phénomènes d'hybridation. L'analyse des représentations liées au bilinguisme, dans un deuxième temps, a permis d'explorer cette hypothèse. Concernant les représentations identitaires qui sous-tendent les attitudes vis-à-vis du bilinguisme et des pratiques bilingues, des différences entre les générations ont une nouvelle fois été constatées. Alors que les parents ont tendance à définir leur identité et celle de leur conjoint(e) à travers le prisme de la nationalité d'origine (unique), les enfants s'octroient de manière quasi systématique une identité binationale, en l'occurrence franco-allemande. De plus, dans la majorité des cas, autoreprésentations et représentations d'autrui correspondent, dans la mesure où les parents ont tendance à qualifier leurs enfants de franco-allemands et où ces derniers décrivent leurs parents comme français ou comme allemands, et non comme franco-allemands. En outre, les enfants sont beaucoup plus disposés à se considérer comme bilingues que leurs parents. Quand bien même ces derniers reconnaissent pratiquer leur seconde langue à un très haut niveau, une grande partie d'entre eux sont réticents à l'idée de se dire bilingues. Enfin, les parents ayant une représentation souple du bilinguisme semblent plus enclins à se qualifier de bilingues que ceux dont la représentation inclut un critère de perfection. De même, les enfants ont tendance à se considérer comme bilingues, y compris ceux qui ont conscience du déséquilibre entre leurs compétences langagières. Ainsi, l'analyse des données, à l'échelle de l'étude, a mis en lumière une corrélation entre représentations du bilinguisme et identité bilingue.

L'intégration du discours des grands-parents dans le corpus, sur certains aspects du sujet, a permis de préciser le rôle de la variante générationnelle dans les représentations liées au bilinguisme. Dans cette perspective, on note une corrélation entre l'expérience du bilinguisme et le degré de normalité attribuée aux pratiques bilingues. Pour les enfants, qui tous ont grandi dans un cadre bilingue, de telles pratiques représentent la norme et ils n'attribuent aucune « bizarrerie » aux mélanges caractéristiques de la compétence bi-/plurilingue. D'où un recours décomplexé aux marques transcodiques. À l'inverse, les grands-parents, qui pour la plupart ont été socialisés et vivent dans un contexte monolingue, sont nombreux à considérer le bilinguisme comme un phénomène exceptionnel et à exprimer leur admiration envers les compétences de leurs petits-enfants. Quant aux parents, leurs représentations correspondent à celles de bilingues tardifs, socialisés – pour la plupart d'entre eux – dans un contexte monolingue, mais agissant au quotidien dans un milieu bi-/plurilingue. S'ils sont plusieurs à décrire le bilinguisme comme un phénomène « normal », du moins à propos de leur quotidien familial, ils sont bien conscients que les pratiques langagières de leurs enfants ne sont pas représentatives de celles de l'ensemble de la société et restent en tant que telles inhabituelles.

Dans ce contexte, on notera l'influence – encore peu étudiée dans la littérature scientifique – des enfants sur les pratiques langagières familiales, donc aussi parentales. À travers leur attitude décontractée à l'égard du bilinguisme, ils contribuent à dédramatiser le « parler bilingue » au sein de leur propre famille, et à ainsi faire évoluer les attitudes de leurs propres parents. Tout en réprimant l'usage des marques transcodiques, ils sont nombreux à reconnaître y recourir plus ou moins régulièrement, ou du moins être tentés de le faire ; certains, il est vrai plus rares, s'en amusent. Conformément au mouvement de transmission descendant et ascendant analysé par Allerbeck *et al.* (1979) ou encore Lobet et Cavalcante (2014), les rôles d'initiateurs et d'héritiers attribués respectivement aux parents et aux enfants s'inversent pour former une double dynamique générationnelle.

En termes de fonctions sociales attribuées au bilinguisme, il semble que la socialisation monolingue *versus* bi-/plurilingue semble moins déterminante que l'expérience de vie, donc la génération d'appartenance. L'analyse des données a permis d'identifier trois motivations principales pour l'acquisition et la transmission de compétences bilingues. Il s'agit du maintien du lien familial, de la réussite individuelle et de l'ouverture culturelle. Le maintien du lien familial est évoqué par les grands-parents et les parents, mais aucunement par les enfants. Sans doute cela s'explique-t-il par le fait que l'intérêt pour la cohésion familiale est propre aux adultes. De même, les deux générations d'adultes nomment l'ouverture culturelle – mais avancent à ce sujet des arguments différents –, alors que les enfants l'évoquent peu. Selon un tout autre schéma, la réussite individuelle est mentionnée par les grands-parents et par les enfants, mais pratiquement par aucun des parents. De manière générale, la génération parentale est celle qui, à propos du bilinguisme, s'exprime de la façon la plus émotionnelle. Un facteur d'explication pourrait être qu'ils s'attribuent, en tant qu'initiateurs du bilinguisme familial et gardiens de la langue, une responsabilité particulière qui va au-delà de la recherche d'avantages individuels. Comme l'a démontré Jacqueline Billiez, la langue d'origine comporte un aspect symbolique et affectif : « Elle est la trace des racines, on la conserve en soi comme le sang et on souhaite la transmettre aux générations suivantes » (1985 : 101). On peut en déduire que, pour les parents, transmettre une langue revient aussi à transmettre une identité ou une histoire familiale.

La question de savoir si cette identité entre en résonance avec les représentations de la relation franco-allemande, telles qu'elles s'observent dans les sociétés française et allemande, reste en partie ouverte. S'il est indéniable que les familles franco-allemandes partagent des pratiques langagières et culturelles spécifiques à ce que l'on pourrait qualifier de « milieu franco-allemand », les données recueillies ne suffisent pas à complètement vérifier l'hypothèse, émise au départ de cette étude, selon laquelle elles ont le sentiment d'appartenir à un groupe issu de la réconciliation et de la coopération entre la France et l'Allemagne. Il a certes été constaté que les enfants s'octroient de manière quasi systématique une identité franco-allemande, que leur attribuent également de nombreux parents. Toutefois, les personnes interrogées ont été très peu nombreuses à fournir des éléments permettant de définir cette identité, éléments qui n'ont été abordés spontanément qu'à la marge des entretiens. Celles qui ont été priées d'expliquer ce qu'elles entendent par « franco-allemand » semblent avoir eu certaines difficultés à répondre à une question ressentie comme abstraite, en particulier les enfants. La plupart ont alors mentionné leur propre pratique du bilinguisme et du biculturalisme, ce dont on peut déduire qu'elles perçoivent l'identité franco-allemande pour l'essentiel dans sa dimension personnelle, davantage liée à des compétences individuelles qu'à la relation franco-allemande. De plus, les adolescents ont tendance à considérer leur identité franco-allemande comme un phénomène naturel, pour ainsi dire biologique, tout en ayant conscience qu'elle est perçue comme inhabituelle dans la société majoritaire. Les personnes interrogées qui se sont prononcées sur le sujet dessinent une identité hybride, de nature composée, unique et intégrée, alors que les parents ont tendance à évoquer la juxtaposition de deux identités nationales.

Seul un petit nombre de personnes interrogées a évoqué spontanément l'histoire des deux pays au cours des entretiens ou s'en est revendiqué. Les quelques enfants qui l'ont fait ont exprimé à ce sujet un sentiment de joie et de fierté, en lien avec la réconciliation historique des deux États ou bien à leur coopération contemporaine. Cela étant, plusieurs parents allemands interrogés ont fait part d'un certain malaise, voire de crispations, en raison de l'image de l'Allemagne liée au passé nazi et à la guerre, telle qu'elle est notamment véhiculée dans des productions cinématographiques en France. En outre, à la question de savoir s'ils s'intéressent à l'actualité franco-allemande, les membres des familles rencontrées ont très majoritairement répondu par la négative[220], à l'image du père de la famille [P_5]. Ce dont on peut déduire qu'ils se sentent peu concernées, à titre personnel, par l'aspect politique et/ou institutionnel de la coopération franco-allemande, alors même que celle-ci peut avoir des implications sur leur quotidien familial, notamment en termes de promotion du bilinguisme par les pouvoirs publics.

> *Quand il y a des rencontres, que ce soit au niveau politique ou de la société… l'histoire franco-allemande… Est-ce que ce genre de choses, vous en parlez en famille ?*
> [**P_5_Pf**] Non, pas beaucoup… Quand le président français va en Allemagne, voilà, on dit « Tiens, voilà, il était avec Angela Merkel à Berlin », mais ça va pas plus loin… non… On par… Non. On parle pas trop d'histoire non plus à la maison, enfin moi je… Je sais que [P_5_Ma] aime pas trop parler du passé, de ce qui s'est passé, la guerre… Moi je suis plus dedans, parce que mes grands-parents m'ont parlé beaucoup de la guerre, avec les Allemands notamment dans l'Oise, tout ce qui s'est passé. […] Mais sinon, non : on peut pas dire que tout ce qui est franco-allemand aujourd'hui nous impacte beaucoup, non.

Une question portant sur leur sentiment d'appartenance à une éventuelle « communauté franco-allemande » fournit une indication supplémentaire sur cet aspect des représentations identitaires. Les avis sur cette question sont équitablement partagés, puisque la moitié des personnes interrogées considèrent appartenir une communauté franco-allemande, l'autre non. Surtout, celles qui ont répondu par l'affirmative définissent une telle communauté, non pas en termes historiques ou politiques, mais exclusivement en se référant au milieu dans lequel elles évoluent à titre personnel et familial. Il s'agit dans la plupart des cas du cercle d'amis dans leur ville/région de résidence, souvent constitué à partir de rencontres avec d'autres parents dans le contexte scolaire et préscolaire. Dans d'autres cas, comme pour la mère allemande de la famille [P_2], cette communauté est davantage liée au contexte professionnel.

---

[220] Afin de rendre la question concrète, l'exemple du traité d'Aix-la-Chapelle a été mentionné, traité que les chefs d'État et de gouvernement des deux pays ont signé le 22 janvier 2019. Il s'agit d'un événement politique majeur de la coopération franco-allemande, fortement relayé dans les médias traditionnels et les réseaux sociaux.

Vous parliez d'européenne tout à l'heure. Est-ce que vous avez le sentiment de faire partie d'une communauté franco-allemande ?
[**B_3_Mf**] Oui, européenne, j'dirais oui. Mais j'me sens plus franco… j'me sens plus franco-allemande que franco-britannique, parce que j'ai moins d'amis dans le cercle britannique, maintenant. C'est plutôt le travail. Euh, et c'est vrai que, grâce à la *kita* de Wedding, on a fait plus au moins tout not' cercle d'amis à Berlin. Et c'est vrai que c'est des francophones, la plupart français, et allemands. Et voilà, c'est vraiment…, c'est not' famille berlinoise.

Vous avez le sentiment de faire partie d'une communauté franco-allemande ?
[**B_6_Eml**] Oui. Avec tous les amis français qu'on a ici à Berlin, même si eux ne sont pas forcément bilingues ou, comme papa, se voient pas forcément bilingues, quand même voir des gens français en Allemagne, moi ça me donne un feeling de…d'un p'tit groupe.
[**B_6_Pf**] Ah ouais carrément. C'est surtout les copains. Il y a les copains et la famille, qu'on voit régulièrement, tout ça. Ben ouais G*, V*, X*, L*…, ça c'est la famille.

Est-ce que vous avez le sentiment de faire partie d'une communauté franco-allemande ?
[**B_8_Pf**] + [**B_8_Ma**] Oui oui oui.
[…]
La communauté franco-allemande pour vous, c'est plus… ?
[**B_8_Ma**] Nos amis en fait, ouais. Je dirais la moitié de notre cercle d'amis, ce sont des couples franco-allemands.
[**B_8_Pf**] Ou des couples allemands qui ont mis leurs enfants à l'école française.

Haben Sie den Eindruck, Teil einer deutsch-französischen Community zu sein? Oder einer deutsch-französischen Familie?
[**P_2_Ma**] Auf jeden Fall! Ich meine dadurch… dadurch, dass ich bei der deutsch-französischen Industrie-und-Handelskammer arbeite und sehr viel mit deutschen Instituten in Frankreich arbeite, sehr viel mit der Botschaft, mit dem Goethe-Institut, mit dem deutsch-französischen Jugendwerk und immer wieder das deutsch-französische, äh… promote[221].

De telles réponses semblent indiquer que les représentations identitaires du « franco-allemand » des personnes interrogées, qu'elles s'identifient à

[221] *Avez-vous le sentiment de faire partie d'une communauté franco-allemande ? Ou d'une famille franco-allemande ?*/Absolument ! Je veux dire par… par le fait que je travaille à la Chambre franco-allemande de commerce et d'industrie et que je travaille beaucoup avec des instituts allemands en France, beaucoup avec l'ambassade, avec le Goethe-Institut, avec l'Office franco-allemand pour la Jeunesse et que je ne cesse de euh… promouvoir le franco-allemand…

une certaine communauté franco-allemande ou non, sont pour l'essentiel cantonnées à la sphère privée. Leur identité de Franco-Allemands ou de « citoyens hautement européanisés » (Favell, Recchi, 2009 : 3) ne s'en trouve pas pour autant dépréciée, et encore moins remise en question. Rares sont les personnes rencontrées à s'intéresser à l'objet politique que représentent la coopération franco-allemande et l'intégration européenne, il est vrai. L'Europe en tant que telle est peu présente dans les discours de ces familles et de leurs membres. Cependant, en tant qu'acteurs sociaux, ces derniers adoptent des comportements qui peuvent être qualifiés de franco-allemands – et se montrent en cela fidèles aux attentes des pouvoirs publics des deux États et à la politique de rapprochement menée depuis les années 1950. Non seulement la plupart d'entre elles interagissent dans un milieu franco-allemand, mais toutes revendiquent des pratiques bi-/plurilingues et bi-/pluriculturelles, qu'elles souhaitent de plus transmettre à la génération suivante – y compris les adolescents. Or le parler bilingue, pratiqué dans le domaine langagier et/ou culturel, constitue un « acte de positionnement identitaire » (Pavlenko, Lantolf, 2000). La question reste de savoir si un tel acte identitaire suffit à faire de ces acteurs des citoyens européens. Le cas échéant, l'identité européenne serait constituée d'une constellation d'identités hybrides nées des mobilités et des rencontres entre ressortissants de différents pays européens. Elle s'exprimerait alors moins dans un sentiment d'appartenance supranational, en l'occurrence une identification politique à l'Europe, que dans la capacité individuelle et familiale à jongler avec des langues et avec des cultures, déclinée différemment en fonction des lieux d'origine, de résidence et de rencontres.

Sans être exhaustives, les données ici rassemblées permettent d'esquisser une piste de réflexion sur les représentations identitaires des familles franco-allemandes, qui mériterait d'être poursuivie dans une étude ultérieure. Afin d'approfondir les présents résultats concernant le lien entre pratiques langagières et représentations identitaires au sein de familles bilingues, l'analyse gagnerait à être conduite à plus grande échelle, en incluant dans le corpus un plus grand nombre de familles et en diversifiant leur lieu de résidence. Dans cette perspective, il serait intéressant d'explorer davantage l'influence de l'appartenance socio-économique sur les pratiques langagières et les représentations identitaires, en interrogeant d'une part des familles représentant différents types d'élite, vivant hors des deux capitales nationales, d'autre part des familles franco-allemandes issues de milieux socio-économiques moins privilégiés, nombreuses dans la région frontalière. De plus, étudier plus précisément le rôle du genre et intégrer systématiquement la parole des grands-parents sur l'ensemble des questions abordées avec les parents et les enfants permettrait d'affiner les résultats. Enfin et surtout, dans la mesure où l'adolescence est un âge auquel l'identité est encore en évolution et où la perception de l'héritage et de la transmission est appelée à évoluer en fonction de la trajectoire des acteurs sociaux et de leurs interactions, il serait pertinent de renouveler les entretiens avec la génération des héritiers, une fois qu'ils auront quitté l'adolescence pour entrer dans l'âge adulte. Comparer leurs réponses à deux moments de leur vie permettrait en effet de mieux saisir l'influence de la socialisation monolingue *versus* bi-/plurilingue sur les représentations identitaires et les pratiques langagières, et ainsi d'approfondir l'analyse amorcée dans cette étude.

Annexes

Annexe 1 : Langues parlées par les membres des familles

BERLIN

Familles / Langues parlées	[B_1] 1	[B_2]	[B_3]	[B_4]	[B_5]	[B_6]	[B_7]	[B_8]
Au sein de la famille	FR, DE	FR, DE	FR, DE	FR, *DE*	FR, DE	FR, *DE*	DE, FR	FR, DE
Au sein du couple	FR, DE	DE	DE	-	-	FR	FR, *DE*	DE, *FR*
mÈre	**FR, DE, EN**	**FR, DE, EN, *ES***	**FR, DE, EN, *ES***	**FR, DE**	**FR, DE, EN**	-	DE, FR, EN, *ES, RU, AR*	DE, FR, EN
Au travail	**DE, *FR, DE***	**DE**	**EN, DE**	**DE**	**DE**	-	DE, EN, *FR*	DE
pÈre	-	FR, DE, EN	DE, EN, *FR*	-	-	**FR, DE**	**FR, DE, *EN***	**FR, EN, DE**
Au travail	-	DE, EN	DE	-	-	**DE, *FR***	**FR, DE**	**DE, EN**
enfant 1	FR DE	FR, DE EN	DE FR EN	FR, EN, *EN, ES*	FR, DE, *EN*	DE, FR, EN	DR, FR, ES	DE, FR, EN
Avec ses amis À l'école	FR, DE FR, DE	FR, DE FR, DE	DE, *FR* FR, DE	DE DE, FR	DE FR, DE	DE DE, FR	DE DE	DE, FR, *EN* DE, *FR*
enfant 2	FR, DE	FR, DE, EN	FR, DE *EN*			DE, FR, EN [10 ans]	FR, DE, *EN* [10 ans]	
Avec ses amis À l'école	FR, DE FR, DE	FR, DE FR, DE	DE FR, DE			DE DE	DE DE	

Tableau établi à partir des réponses aux questionnaires.
Les codes-langues renvoient au français (FR), à l'allemand (DE), à l'anglais (EN), à l'espagnol (ES), au russe (RU) et à l'arabe (AR). Les langues sont citées dans leur ordre d'apparition dans le questionnaire. Les parents de langue d'origine française sont identifiés par une police en gras.
L'italique correspond à un usage limité ou à une connaissance moindre des langues mentionnées, rendus par des expressions telles que « parfois », « rarement », « un peu » ou encore par des parenthèses.

ÎLE-DE-FRANCE

Familles / Langues parlées	[P_1] 1	[P_2]	[P_3]	[P_4]	[P_5]	[P_6]	[P_7]	[P_8]
Au sein de la famille	FR, DE	DE	FR, DE	FR, DE	FR, DE	FR, *DE*	DE, FR	FR, *DE*
Au sein du couple	FR	DE	DE, *FR*	FR	FR	FR	FR	DE
mÈre	**DE, FR, EN, SP**	**DE, FR, EN, SP, PT**	FR, EN, DE	**DE, FR**	**DE, FR, EN, *ES***	FR, DE, EN, CH	**DE, FR, EN**	FR, DE, EN
Au travail	**FR, EN**	**FR, DE**	FR, *EN*	**DE, FR**	**DE, FR, EN**	FR	**DE, FR, EN**	FR
pÈre	**FR, EN, SP, DE**	**DE, EN, FR, SP**	**DE, *FR, EN***	FR, EN	FR, EN, DE	**DE, FR, EN, CH**	FR, EN	**DE, FR, EN**
Au travail	FR	**EN**	**FR, EN, *DE***	FR	FR	**FR, EN, DE**	FR, EN	**FR**
enfant 1	DE, FR, EN, *SP*	FR, DE EN, LT	FR, DE, EN, SP	FR, *DE, EN*	FR, DE, EN	FR, DE, *EN*	DE, FR, *EN, CH*	FR, DE, EN
Avec ses amis À l'école	FR, DE DE	FR FR	FR FR, DE, EN	FR FR	FR DE, FR	FR FR	FR, *DE* -	FR FR
enfant 2				FR, *DE, EN*	FR, DE, *EN* [10 ans]	FR, *DE, EN* [10 ans]	DE, FR, *EN, CH*	-
Avec ses amis À l'école				FR DE, *FR*	FR, *DE* *FR, DE*	FR FR	FR, *DE* FR, DE	-

Annexe 2 : Pratique de certains aspects de la vie du pays d'émigration dans les familles

Familles berlinoises	Éléments cités
[B_1]	Petit-déjeuner, composition et prise des repas
[B_2]	Repas (chauds)
[B_3]	Fromage
[B_4]	Le repas du soir n'est pas un « *Abend Brot* » mais un repas avec un vrai plat + salade ; enfant goûte toujours en rentrant de l'école.
[B_5]	-
[B_6]	Cuisine
[B_7]	Certaines fêtes (la galette des rois), apéro, repas chaud le soir, aspects culinaires (aussi liés à la Bretagne)
[B_8]	*Warme Mahlzeit am Abend*[222]
Familles franciliennes	**Éléments cités**
[P_1]	*Geburtstage feiern, Ostereier färben, Adventskranz, Weihnachtsbäckerei, zu typische deutschen Festen fuhren wir nach D (Fastnacht, St. Martin),...*[223] La cuisine allemande, Noël, les jeux de société (jeux de carte par exemple) ; on ne boit que de la Bitburger à la maison.
[P_2]	*Wir pflegen deutsche Bräuche, vor allem in der Weihnachtszeit. Wir feiern immer Nikolaus und machen einen Adventskalender. Auch laden wir die Nachbarn zu Glühwein und Lebkuchen ein. Dann sind wir immer nach Deutschland gefahren, als die Kinder noch klein waren, um Karneval und Sankt Martin zu feiern.* *Wir kochen auch manchmal deutsches, traditionelles Essen und bringen deutsche Delikatessen nach Frankreich – auch teilweise, um diese an Freunde zu verschenken.*[224]

222 « Repas chaud le soir »

223 Célébration des anniversaires, teinture des œufs de Pâques, couronne de l'Avent, pâtisserie de Noël, séjours en Allemagne lors des fêtes typiquement allemandes (Fastnacht, St. Martin),...

224 Nous entretenons les coutumes allemandes, surtout à l'époque de Noël. Nous fêtons toujours la Saint-Nicolas et faisons un calendrier de l'Avent. Nous invitons également les voisins à venir boire du vin chaud et manger du pain d'épice. Puis nous allions en Allemagne quand les enfants étaient petits pour fêter le carnaval et

Familles franciliennes	Éléments cités
[P_3]	*Vorweihnachten (Adventszeit) inklusive Nikolaus, Weihnachten und die Geburtstage*[225]
[P_4]	*Ostern, weihnachtliche Bräuche*[226]
[P_5]	manger « allemand » le soir = repas froid avec tranches de pain et charcuterie et fromage, crudités utiliser beaucoup le vélo, être attentif à la protection de l'environnement (recyclage, donner les choses devenues inutiles au lieu de les jeter), s'arrêter au feu rouge des piétons, bien doser la télé et les écrans, *Adventskranz + Plätzchen, selbstgemachter Adventskalender*[227]
[P_6]	*Essen*
[P_7]	*Traditionen wie die Adventszeit mit Backen, Basteln und Adventskranz, deutsche Bücher, Essen (Schnitzel, Kaiserschmarren, …), Sportereignisse (Fussball-WM,..),*
[P_8]	*Adventszeit, Kaffee/ Kuchen…*

Tableau établi à partir des réponses aux questionnaires.

la Saint Martin./Il nous arrive aussi de cuisiner des plats traditionnels allemands et d'apporter des mets allemands en France – parfois pour les offrir à des amis.

225 Période avant Noël (période de l'Avent), y compris la Saint-Nicolas, Noël et les anniversaires.

226 Pâques, traditions de Noël

227 Couronne de l'Avent + sablés de Noël, calendrier de l'Avent fait maison

Annexe 3 : Objets ramenés par les familles du pays partenaire

Familles berlinoises	**Éléments cités**
[B_1]	chocolat dessert, pâtes coquillettes, flageolets, fromage, saucisson, miel, gros sel
[B_2]	bonbons (malabars et des têtes brûlées), coquillages
[B_3]	bonbons (dragibus, fraises tagada), Schweppes agrumes ; livres jeunesse
[B_4]	–
[B_5]	–
[B_6]	confiture, pâtés maison
[B_7]	galettes, crêpes, jus de raisin, beurre de sel cru, fromage, certains alcools
[B_8]	chocolat dessert, bonbons (carambar), épices, confit de canard, sel ; livres
Familles franciliennes	
[P_1]	*DM-Kosmetikprodukte, große Einkäufe, Bratwürstchen, Bretzel, Bier, Tchibo-Kaffee*
[P_2]	Chocolats, *Gewürzmischungen, Currywurst-Mischung*
[P_3]	*Maultaschen, Bretzel, Brötchen, Meerrettich, Schnitzel, Spätzle*
[P_4]	*DM-Kosmetikprodukte, Bücher, Baumkuchen, Lebensmittel, Legos*
[P_5]	chocolat Merci, Pumpernickel, Schokomüsli, bonbons Haribo
[P_6]	salami hongrois, cartes postales, magazines, livres
[P_7]	produits de cosmétique, chaussettes, Maultaschen, pain allemand, chocolats, bouillon
[P_8]	*Linzer Torte, Bretzel, Adventskranz*[228]

Tableau établi à partir des entretiens familiaux.

[228] Du haut vers le bas : produits cosmétiques DM, gros achats, bratwurst, bretzel, bière, café Tchibo/ Mélanges d'épices, mélange pour saucisses au curry/Maultaschen, bretzels, petits pains, raifort, schnitzel, spaetzle/produits cosmétiques DM, livres, gâteau à la broche, nourriture, jouets Lego//Torte Linzer, Bretzel, couronne de l'Avent.

Annexe 4 : Représentations de la France et de l'Allemagne des parents

Parents berlinois	**France**	**Allemagne**
Apprécient	L'apéro, la visite spontanée, la souplesse La spontanéité L'art de vivre et la concentration pour les bonnes choses Le temps de manger, l'art de vivre *Französische Küche und Wein*[229] Savoir partager un bon repas longtemps La bouffe Légèreté *Das Essen und die Küche* L'esprit relax	L'indépendance vestimentaire *Ehrlichkeit* La variété des cultures Ce qui est dit est fait *Die Wälder* La sincérité (humble) - Clarté *Ordnung und Klarheit vieler Strukturen* Le pragmatisme
Sont agacés par	Les péages qui agacent mon mari La *Unzuverlässigkeit* (quel mot français ?!?) le pessimisme la montée des extrémismes, avoir peur du changement *Autobahngebühren* La fierté parfois arrogante Les Français qui ne s'efforcent pas de parler une langue étrangère Bêtise *Die Nabelschau der Franzosen* Le français râleur	Le sentiment de « bon droit » La rigidité Le « perfectionnisme » La montée des extrémismes *Großprojekte werden nie fertig* Ne pas savoir rester plus de 20 minutes ensemble à table Le manque de passion Moralisation *Spießigkeit und Ablehnung von Fremden/Unbekannten* Le sentiment de supériorité

229 De haut en bas, et de la gauche vers la droite : « la cuisine française et le vin » ; « la nourriture et la cuisine » ; « le manque de fiabilité » ; « les péages autoroutiers » ; « le nombrilisme des Français » ; « l'honnêteté » ; « les forêts » ; « l'ordre et la clarté de nombreuses structures » ; « les grands projets ne sont jamais terminés » ; « le snobisme et le rejet des étrangers/inconnus ».

Parents franciliens	**Allemagne**	**France**
Apprécient	*Geselligkeit, Gemütlichkeit*[230] le sens de la fête (Fasching par exemple) *Föderalismus* *Gutes Preis-Leistungsverhältnis* *Gesellschaftliche / soziale Kontrolle* *Regelmäßigkeit* *???* *die Unterrichtszeiten der Kinder* *die Badeseen und Freibäder* (qui me manquent beaucoup en France) le respect des règles jusqu'au bon sens *Grundgesetz* Le système scolaire/universitaire *überlegter Pragmatismus* Les autoroutes sans limitation de vitesse *Regelversessenheit*	*Tolle Menschen, wunderschönes Land, Paris bleibt eine Traumstadt* le côté improvisation *Alles ist möglich- wenn man Ausdauer hat und Bürokratie nicht scheut!* *Der Sinn für Schönheit* *„Geist"* Esprit (*geistreich*) J'apprécie beaucoup de choses, impossible de répondre dans un seul mot. *die „Stellung der Frau"* Dans le cadre professionnel, on passe très vite aux prénoms sans se connaître plus que ça, cela crée plus facilement de l'empathie et enlève de la distance, c'est plus chaleureux; aussi j'apprécie qu'il y a moins de grignotage mais un rythme des repas régulier. les gens sont chaleureux Liberté/Égalité/Fraternité La culture de la liberté *das* „Savoir vivre" la diversité des paysages ; Paris

230 De haut en bas, et de la gauche vers la droite : « convivialité, intimité », « le fédéralisme », « bon rapport qualité-prix », « contrôle social », « régularité », « les horaires de cours des enfants », « les lacs et les piscines extérieures », « la Loi fondamentale », « un pragmatisme réfléchi », « l'obsession des règles » ; « Outre l'évolution politique, qui m'inquiète parfois, le fait que beaucoup de gens sont donneurs de leçons », « la fidélité à la règle », « le provincialisme », « le contrôle social », « trop discipliné », « l'étroitesse d'esprit », « le manque de flexibilité/spontanéité », « l'obsession des règles » ; « des gens formidables, un pays magnifique, Paris reste une ville de rêve », « Tout est possible – si l'on est persévérant et que l'on n'a pas peur de la bureaucratie ! », « Le sens de la beauté », « l'esprit », « la 'position de la femme' » ; « les règles sont là pour être contournées, la culture de protestation exagérée », « la bureaucratie », « bureaucratie », « pense être le centre du monde », « l'absence de ponctualité, les longues journées d'école des enfants », « l'élite », « les plaintes éternelles ».

Parents franciliens	**Allemagne**	**France**
Sont agacés par	*neben der politischen Entwicklung, die mir manchmal Sorgen macht, das Belehrende, das viele Menschen haben* *Die deutsche Regeltreue* La discipline *Provinzialität* *Gesellschaftliche / soziale Kontrolle* *zu diszipliniert* ??? ??? quand on klaxonne quand je traverse le passage piéton sur mon vélo (parce qu'il faut normalement descendre et pousser le vélo !) respecter les règles au-delà du bon sens *Engstirnigkeit* Je trouve les Allemands peu „ouverts“ *Mangelnde Flexibilität/ Spontaneität* les boulangeries fermées à Noël et certains jours fériés *Regelversessenheit*	*Regeln dazu da sind, umgangen zu werden, die übertriebene Protestkultur* L'individualisme exacerbé *Die Bürokratie!* *Bürokratie* Improvisation *denkt, dass es Zentrum der Welt ist* La démagogie *Unpünktlichkeit, die langen Schultage der Kinder* ne pas pouvoir choisir la table soi-même au restaurant (attendre d'être placé) le manque de respect des règles *Elite* Le côté réfractaire *Die ewige Nörgelei* qu'on se plaigne tout le temps Paris -

Tableau établi à partir des réponses des parents aux questionnaires.

Annexe 5 : Représentations identitaires des parents

BERLIN

Famille	Vous considérez-vous comme…	Considérez-vous votre conjoint* comme…	Considérez-vous votre enfant/vos enfants comme…
B_1	berlinoise, française, européenne, parfois allemande selon les circonstances	allemand, berlinois	berlinois, franco-allemands
B_2	les 5 ! / européen, allemand, berlinois	allemand / européenne, franco-allemande, berlinoise	franco-allemands / européens, franco-allemands, berlinois
B_3	franco-allemande-britannique, européenne et berlinoise / *berlinois*	allemand / *européenne franco-allemande*	berlinois, franco-allemands / *franco-allemands*
B_4	française	allemand	franco-allemand
B_5	franco-allemande	allemand	franco-allemande
B_6	français (allemand)	allemand	allemand + français
B_7	breton, français, allemand, européen, citoyen du monde / berlinoise, demi-bretonne, européenne	ce dont elle se définit / français	franco-allemands, / berlinois franco-allemands
B_8	français, européen, canadien / *franco-allemande, éventuellement européenne*	allemande et européenne / *français*	allemands, français et européens / *allemands et français*

ÎLE-DE-FRANCE

Famille	Vous considérez-vous comme…	Considérez-vous votre conjoint* comme…	Considérez-vous votre enfant/vos enfants comme…
P_1	*Allemande* Français voire européen	*Français* franco-allemande	*voyageurs entre les mondes, les deux, peut-être un peu plus « allemands »* franco-allemand
P_2	*franco-allemand* *européen*	*franco-allemande* *« vraie » parisienne*	*allemands-français* *franco-allemands*
P_3	*franco-allemand et européen* *française et parisienne*	*Parisienne, française qui Parle bien français et européenne* -	*franco-allemands* *franco-allemands*
P_4	*franco-allemande* français	*français* franco-allemande	*franco-allemands* franco-allemands
P_5	allemande et franco-allemande français	Français allemande	franco-allemands franco-allemands
P_6	allemand/européen & français française et européenne	*Française* allemand/européen	françaises & allemandes français/allemand/européen
P_7	*allemande et européenne* européen	*français* européenne	*français* franco-allemands
P_8	*européen* *française*	*française* *allemand*	*franco-allemands* *franco-allemands*

Tableau établi à partir des réponses des parents au questionnaire.
Dans les cases comportant deux réponses, celle du parent migrant apparaît dans la partie haute/gauche. Pour faciliter la lecture du tableau, les réponses en allemand ont été traduites en français. Elles sont signalées en italique. Dans les familles dont les parents sont séparés, il s'agit du père ou de la mère de leur enfant.

Annexe 6 : Représentations identitaires des adolescents

Familles berlinoises	**Te considères-tu comme…**	**Considères-tu ta mère comme…**	**Considères-tu ton père comme…**
B_1	franco-allemand franco-allemand	française française	allemand allemand
B_2	berlinois, français franco-allemand	française française	allemand allemand
B_3	berlinois franco-allemand franco-allemande, berlinoise	française franco-allemande	allemand franco-allemand
B_4	allemand	française	allemand
B_5	franco-allemande, européenne	française	allemand
B_6	franco-allemand	allemande	français
B_7	français ou franco-allemand Franzose	allemande Deutsche	français Franzose
B_8	Berliner, Deutsch-Franzose, Europäer	Deutsche	Franzose
Familles franciliennes	**Te considères-tu comme…**	**Considères-tu ta mère comme…**	**Considères-tu ton père comme…**
P_1	franco-allemande	allemand	français
P_2	Deutsch-Franzose	Deutsche	Deutscher
P_3	Deutsch-Franzose; zuerst Franzose, dann Deutscher und dann erst Europäer	Französin	Deutsch
P_4	franco-allemand Als Deutsch-Franzosen	allemande Deutsche	français Franzosen
P_5	franco-allemand (franco-allemande)*	franco-allemand (franco-allemande)	franco-allemand (français)
P_6	Française, allemande et européenne (Francaise, allemande et européenne)	Française (Francaise, allemande et européenne)	allemand (Francais, allemand et européen)
P_7	Deutsch-Französin franco-allemande	Deutsche Allemande	Franzose Franco-français
P_8	Deutsch-Franzoesin -	Franzoesin -	Deutsch-Franzose -

Tableau établi à partir des réponses des enfants au questionnaire

Index des tableaux, graphiques et cartes

Bibliographie

Migrations et vivre-ensemble

ACS, Marie, FAURET Camille, TISSOT Ivan (2021), « L'Île-de-France : terre de cadres jeunes et diplômés », *Insee Analyses Île-de-France*, n° 131, accessible à l'adresse : https://www.insee.fr/fr/statistiques/5344979, consulté le 22.8.2022.

ALLARD, Théodora (2020), « En Île-de-France, les enfants vivent davantage dans des familles "traditionnelles" », *Insee Flash Île-de-France*, n 46, accessible à l'adresse : https://www.insee.fr/fr/statistiques/4284446, consulté le 22.3.2021.

APUR [Atelier parisien d'urbanisme] (2002), *La population étrangère à Paris. Éléments de diagnostic sociodémographique à partir des données du recensement*, accessible à l'adresse : https://www.apur.org/sites/default/files/documents/133.pdf, consulté le 14.3.2021.

ASBB [Amt für Statistik Berlin Brandenburg] (2021), « Ergebnisse des Mikrozensus 2019 », accessible à l'adresse : https://www.statistik-berlin-brandenburg.de/BasisZeitreiheGrafik/Bas-Mikrozensus.asp?Ptyp=300&Sageb=12011&creg=BBB&anzwer=5, consulté le 22.3.2021.

ASBB (2022), « Einwohnerregisterstatistik Berlin 31. Dezember 2022 », Statistischer Bericht A I 5 – hj 2 / 22, accessible à l'adresse : 3 https://download.statistik-berlin-brandenburg.de/e501bddfe3150920/e07c5833fe8e/SB_A01-05-00_2022h02_BE.pdf, consulté le 17.3.2023.

BADE, Klaus J., EMMER, Pieter C., LUCASSEN, Leo & OLTMER, Jochen (dir.) (2011), *The Encyclopedia of Migration and Minorities in Europe: From the 17th Century to the Present*, Cambridge, New York, Cambridge University Press.

BECKER, Regina & TENEY, Céline (2020), « Understanding high-skilled intra-European migration patterns: The case of European physicians in Germany », *Journal of Ethnic and Migration Studies*, vol. 46, n 9, p. 1737–1755.

Bildungswerk Berlin der Heinrich-Böll-Stiftung (dir.) (2017), *Studie zum Berliner Arbeitsmarkt der Kultur- und Kreativsektoren*, accessible à l'adresse : https://www.bildungswerk-boell.de/sites/default/files/studie-web-pdf.pdf, consulté le 5.3.2021.

BLOCK, David (2006), *Multilingual Identities in a Global City. London Stories*, Basingstoke, Palgrave Macmillan.

BOUSSAD, Nadia, COULEAUD, Nathalie & SAGOT, Mariette (2017), « Une population immigrée aujourd'hui plus répartie sur le territoire régional », *Insee Analyses Île-de-France*, n° 70, accessible à l'adresse : https://www.insee.fr/fr/statistiques/3136640, consulté le 13.3.2021.

BRUMTER, Christian (2015), *Les Français de Berlin 1945–1994*, Paris, Riveneuve éditions/ministère de la Défense.

BUFFET, Cyril (2004), *Fisimatenten. Franzosen in Berlin und Brandenburg. Les Français à Berlin et en Brandebourg*, Berlin, Senatsverwaltung für Gesundheit, Soziales und Verbraucherschutz.

COLLET, Beate & BONNET, Estelle (2010), « Decisions concerning job-related spatial mobility and their impact on family careers in France and Germany », *Zeitschrift für Familienforschung*, vol. 22, n° 2, p. 196–215.

Commission européenne (2007), « La mobilité, un instrument au service d'emplois plus nombreux et de meilleure qualité : le plan d'action européen pour la mobilité de l'emploi (2007–2010) », COM(2007) 773 final, accessible à l'adresse : https://eur-lex.europa.eu/LexUriServ/LexUriServ.do?uri=COM:2007:0773:FIN:FR:PDF, consulté le 31.1.2021.

CROCIS [Centre régional d'observation du commerce, de l'industrie et des services] (2020), « Paris et Berlin, la même influence politiquemais des poids économiques bien différents », *Enjeux. Ile-de-France*, n° 219, juin 2020, accessible à l'adresse : https://www.banquedesterritoires.fr/sites/default/files/2020-07/enjeux-219.pdf, consulté le 5.3.2021.

DE JONG, Petra, ADSERÀ, Alícia & DE VALK, Helga A. G (2020), « The Role of Welfare in Locational Choices: Modelling Intra-European Migration Decisions Across the Life-Course », *Tijdschrift voor Economische en Sociale Geografie*, vol. 111, n° 2, p. 163–181.

DEMBINSKA, Magdalena (2010), « Building Trust: Managing Common Past and Symbolic Public Spaces in Divided Societies », *Ethnopolitics*, vol. 9, n° 3, 2010, p. 311–332.

DEMBINSKA, Magdalena et MONTAMBEAULT, Françoise (2015), « Deliberation for Reconciliation in Divided Societies », *Journal of Public Deliberation*, vol. 11, n° 1, art. 12.

DGEF/DSED [Direction générale des étrangers en France/Département des statistiques, des études et de la documentation] (2021), « Intégration des immigrés sur le marché du travail », *Infos Migrations*, n° 101, accessible à l'adresse : https://www.immigration.interieur.gouv.fr/Info-ressources/Etudes-et-statistiques/Etudes/Etudes/Infos-migrations, consulté le 15.8.2022.

DUBUCS, Hadrien & MOURLANE, Stéphane (2017), « Les migrations intra-européennes d'hier à aujourd'hui », *Hommes et migrations*, n° 1317–1318, p. 6–14.

DUCHÊNE-LACROIX, Cédric & KOUKOUTSAKI-MONNIER, Angeliki (2016), « Mapping the social space of transnational migrants on the basis of their (supra)national belongings », *Identities. Global Studies in Culture and Power*, vol. 23, n° 2, p. 136–154.

Eurostat (2022a). PIB réel par habitant, mise à jour le 18 août 2022, accessible à l'adresse : https://ec.europa.eu/eurostat/databrowser/view/sdg_08_10/default/table?lang=fr, consulté le 25.8.2022.

Eurostat (2022b). Produit intérieur brut régional (SPA par habitant), par région NUTS 2, mise à jour le 18 avril 2022, accessible à l'adresse : https://ec.europa.eu/eurostat/databrowser/view/tgs00005/default/table?lang=fr, consulté le 25.8.2022.

Eurostat (2021). EU citizens living in another Member State – statistical overview, accessible à l'adresse : https://ec.europa.eu/eurostat/statistics-explained/index.php/EU_citizens_living_in_another_Member_State_-_statistical_overview, consulté le 25.8.2022.

FAVELL, Adrian (2008), *Eurostars and Eurocities. Free Movement and Mobility in an Integrating Europe*, Malden, MA, Oxford, Carlton, Blackwell Publishing.

FAVELL, Adrian (2009), « Immigration, migration, and free movement in the making of Europe », *in* CHECKEL, J. T. & KATZENSTEIN, P. J. (dir.), *European Identity*, Cambridge, Cambridge University Press, p. 167–189.

FAVELL, Adrian & RECCHI, Ettore (dir.) (2009), *Pioneers of European Identity. Citizenship and mobility in the EU*, Northampton, Edward Elgar.

GASCARD, Noël & VAN LU, Anh (2019), « L'influence de l'agglomération parisienne s'étend aux régions voisines », *Insee Première*, n° 1758, accessible à l'adresse : https://www.insee.fr/fr/statistiques/4171583, consulté le 5.3.2021.

GESEMANN, Frank (2001), *Migration und Integration in Berlin. Wissenschaftliche Analysen und politische Perspektiven*, Opladen, Leske + Budrich.

GHORRA-GOBIN, Cynthia (2007), « Une ville mondiale est-elle forcément une ville globale ? Un questionnement de la géographie française », *L'Information géographique*, vol. 71, n° 2, p. 32–42.

GLICK SCHILLER, Nina, BASCH, Linda & BLANC-SZANTON, Cristina (1992), « Transnationalism: A New Analytic Framework for Understanding Migration », *in* GLICK SCHILLER, Nina, BASCH, Linda & BLANC-SZANTON, Cristina (dir.), *Towards a Transnational Perspective on Migration: Race, Class, Ethnicity, and Nationalism Reconsidered*, New York, New York Academy of Sciences, p. 1–24.

GLICK SCHILLER, Nina, BASCH, Linda & BLANC-SZANTON, Cristina (1995), « From Immigrant to Transmigrant: Theorizing Transnational Migration », *Anthropological Quarterly*, vol. 68, n° 1, p. 48–63.

GODONOU, Cyrille, RENOUVEL, Sophie, ROGER, Sandra, CAMORS, Carine, SOULARD, Odile & DEZENAIRE, Florence (2016), « Économie numérique en Ile-de-France : une dynamique d'emploi portée par les non-salariés », *Insee Analyses Île-de-France*, n° 31, accessible à l'adresse : https://www.insee.fr/fr/statistiques/1908448, consulté le 21.3.2021.

GRÉSILLON, Boris (2017), « Berlin sur la voie de la normalisation ? Essai de psychogéographie », *Allemagne d'aujourd'hui*, vol. 3, n° 221, p. 39–56.

HANNERZ, Ulf (1996), *Transnational Connections. Culture, people, places*, Londres, Routledge.

HERBOLD, Astrid (2016), « Die Eleganz des Mischmasch », *Der Tagesspiegel*, 11 octobre.

HILLMANN, Felicitas (2001), « Struktur und Dynamik der Arbeitsmarktintegration der ausländischen Bevölkerung in Berlin », *in* GESEMANN, Frank (dir.), *Migration und Integration in Berlin. Wissenschaftliche Analysen und politische Perspektiven*. Opladen, Leske + Budrich, p. 185–208.

HOERDER, Dirk, HÉBERT, Yvonne & SCHMITT, Irina (2005), *Negotiating Transcultural Lives: Belongings and Social Capital among Youth in Comparative Perspective*, Göttingen, V&R Unipress.

INSEE [Institut national de la statistique et des études économiques] (2016), « La taille moyenne des ménages en Ile-de-France », *Insee Dossier Île-de-France*, accessible à l'adresse : https://www.insee.fr/fr/statistiques/2490052, consulté le 22.3.2021.

INSEE (2021), *La France et ses territoires*, Paris, Insee Références, accessible à l'adresse : https://www.insee.fr/fr/statistiques/5020064?sommaire=5040030, consulté le 25.8.2022.

INSEE (2022a), « Population par sexe, âge et nationalité dans la région Île-de-France en 2017 », accessible à l'adresse : <https://www.insee.fr/fr/statistiques/6455286?geo=REG-11>, mise à jour le 22.6.2022, consulté le 25.8.2022.

INSEE (2022b), « Ménages fiscaux et revenu disponible en 2019. Comparaisons régionales et départementales », accessible à l'adresse : <https://www.insee.fr/fr/statistiques/2012717#tableau-TCRD_022_tab1_regions2016>, consulté le 25.8.2022.

ICCA [International Congress and Convention Association] (2021), *ICCA Statistics Report Country & City Rankings Public Abstract*, accessible à l'adresse : https://www.iccaworld.org, consulté le 19.3.2023.

KING, Russell (2002), « Towards a New Map of European Migration », *International Journal of Population Geography*, vol. 8, n° 2, p. 89–106.

KIVISTO, Peter (2001), « Theorizing transnational immigration: A critical review of current efforts », *Ethnic and Racial Studies*, vol. 24, n° 4, p. 549–77.

KLEFF, Sanem & SEIDEL, Eberhard (2009), *Stadt der Vielfalt. Das Entstehen des neuen Berlin durch Migration*, Berlin, Berliner Senat.

KPMG (2021), *Global Cities Investment Monitor*, accessible à l'adresse : https://www.chooseparisregion.org/sites/default/files/pdf/GCIM-2021/Global-Cities-Investment-Monitor-2021-Eng.pdf, consulté le 25.8.2022.

KRÄTKE, Stefan (2004), « City of Talents? Berlin's regional economy, socio-spatial fabric and "worst practice" urban governance », *International Journal of Urban and Regional Research*, vol. 28, n° 3, p. 511–529.

Landesamt für Flüchtlingsangelegenheiten Berlin [Office pour les questions liées aux réfugiés de Berlin] (2019), « Zahlen und Fakten: Zugangslage Flüchtlinge », accessible à l'adresse : www.berlin.de/laf/ankommen/aktuelle-ankunftszahlen/artikel.625503.php, consulté le 5.3.2021.

LEFEVRE, Christian (2017), *Paris, métropole introuvable*, Paris, Presses universitaires de France.

LEQUESNE, Christian (2020), « La diaspora française de Londres à l'heure du Brexit », *Les études du CERI*, Sciences Po – CERI.

MARES, Antoine & MILZA, Pierre (dir.) (1995), *Le Paris des étrangers depuis 1945*, Paris, Publications de la Sorbonne, p. 15–32.

MMF [Mori Memorial Foundation] (2021), *Global Power City Index 2022*, accessible à l'adresse : https://mori-m-foundation.or.jp/pdf/GPCI2022_summary.pdf, consulté le 19.3.2023.

MÜLLER-JENTSCH, Daniel, MAGET Klemens & KLINGHOLZ Reiner (2015), *Berlin 2030. Grundzüge einer smarten Wachstumsstrategie*, Berlin, Berlin-Institut für Bevölkerung und Entwicklung.

OdT [Observatoire des territoires] (2021), « Part des diplômés du supérieur parmi les 15 ans et plus non scolarisés », <https://www.observatoire-des-territoires.gouv.fr/part-des-diplomes-du-superieur-parmi-les-15-ans-et-plus-non-scolarises>, consulté le 25.8.2022.

OCHS Marius, SEMENIUK, Valeriia, KONSEVYCH Olga, « Sechs Monate Krieg: Wie Berlin die Ukrainer untergebracht hat – und wo die Probleme liegen », *Der Tagesspiegel*, 27.08.2022.

O'REILLY, Karen (2007), « Intra-European Migration and the mobility-enclosure dialectic », *Sociology*, vol. 41, n° 2, p. 277–293.

REEGER, Ursula (2018), « Consequences of Intra-European Movement for CEE Migrants in European Urban Regions », *in* SCHOLTEN, Peter & VAN OSTAIJEN, Mark (dir.), *Between Mobility and Migration. The Multi-Level Governance of Intra-European Movement*, Cham, Springer, p. 45–62.

RUSS-SATTAR, Sabine (2020), « 'Die ‚sichtbaren Franzosen' und die Republik. Zur Frage der Ethnifizierung der französischen Politik », *in* HÜSER, Dietmar (dir.), *Frankreichs Empire schlägt zurück. Gesellschaftswandel, Kolonialdebatten und Migrationskulturen im frühen 21. Jahrhundert*, Kassel, Kassel University Press, p. 75–95.

RYAN, Louise & MULHOLLAND, Jon (2014), « Trading Places: French Highly Skilled Migrants Negotiating Mobility and Emplacement in London », *Journal of Ethnic and Migration Studies*, vol. 40, n° 4, p. 584–600.

SASSEN Saskia (1991), *The Global City: New York, London, Tokyo*, Princeton, Princeton University Press.

SCHOLTEN, Peter & VAN OSTAIJEN, Mark (dir.) (2018), *Between Mobility and Migration. The Multi-Level Governance of Intra-European Movement*, Cham, Springer.

Senatsverwaltung für Wirtschaft, Energie und Betriebe, Projekt Zukunft [Administration du ministère berlinois de l'Économie, de l'Énergie et des Entreprises, Projet Avenir] (2019), « Cluster IKT, Medien und Kreativwirtschaft. Auswertung der Berliner Wirtschaftsdaten für die Jahre 2017/2018 ». accessible à l'adresse : https://projektzukunft.berlin.de/fileadmin/user_upload/pdf/IKT-Wirtschaft/Auswertung_der_Berliner_Wirtschaftsdate-2017-18.pdf, consulté le 24.4.2020.

SERT, Deniz (2018), « The Diversification of Intra-European Movement », *in* SCHOLTEN, Peter & VAN OSTAIJEN, Mark (dir.), *Between Mobility and Migration. The Multi-Level Governance of Intra-European Movement*, Cham, Springer, p. 21–44.

Statistische Ämter des Bundes und der Länder (2018), « Bruttoinlandsprodukt je Einwohner nach Bundesländern 2018 ». accessible à l'adresse : https://de.statista.com/statistik/daten/studie/73061/umfrage/bundeslaender-im-vergleich---bruttoinlandsprodukt, consulté le 14.4.2020.

VERWIEBE R. (2014), « Why do Europeans Migrate to Berlin? Social-Structural Differences for Italian, British, French and Polish Nationals in the Period between 1980 and 2002 », *International Migration*, vol. 52, n° 4, p. 209–230.

VERWIEBE, Roland, WIESBÖCK, Laura & TEITZER, Roland (2014), « New forms of intra-European migration, labour market dynamics and social inequality in Europe », *Migration Letters*, vol. 11, n° 2, p. 125–136.

WEIL, Patrick (1995), « La politique à l'égard des étrangers à Paris et dans la région parisienne depuis 1945 », *in* MARES, Antoine & MILZA, Pierre (dir.), *Le Paris des étrangers depuis 1945*, Paris, Publications de la Sorbonne, p. 15–32.

Relations franco-allemandes

AGARD, Olivier, Beßlich, Barbara (dir.) (2019), *Krieg für die Kultur? Une guerre pour la civilisation ? Intellektuelle Legitimationsversuche des Ersten Weltkriegs in Deutschland und Frankreich (1914–1918)*, Francfort-sur-le-Main, Peter Lang, 2018.

ASLANGUL, Claire (2009), « De la haine héréditaire à l'amitié indéfectible », *Revue historique des armées*, n° 256, p. 3–13.

BAASNER, Frank (2012), « Rapprochements, ressemblances, différences : Vers une société franco-allemande ? », *in* MARCOWITZ, Reiner & MIARD-DELACROIX, Hélène (dir.), *50 ans de relations franco-allemandes*, Paris, Nouveau Monde Éditions, p. 199–224.

BAUMANN, Ansbert (2012), « Entre valeurs communes, traditions d'échanges et différences irréductibles : la coopération culturelle franco-allemande depuis les années 1960 », *in* MARCOWITZ, Reiner & MIARD-DELACROIX, Hélène (dir.), *50 ans de relations franco-allemandes*, Paris, Nouveau Monde Éditions, p. 173–198.

BOCK, Hans Manfred (dir.) (2003), Deutsch-französische Begenungen und europäischer Bürgersinn. Studien zum Deutsch-Französischen Jugendwerk 1963–2003, Opladen, Leske + Budrich.

BOCK, Hans Manfred, DEFRANCE, Corine, KREBS, Gilbert & PFEIL Ulrich (dir.) (2008), *Les Jeunes dans les relations transnationales. L'Office franco-allemand pour la Jeunesse 1963–2008*, Paris, PSN.

BOCK, Hans Manfred, MEYER-KALKUS, Reinhart & TREBITSCH, Michel (dir.) (1993), *De Locarno à Vichy, les relations culturelles franco-allemandes dans les années 1930*, Paris, CNRS Éditions.

CALLA, Cécile & DEMESMAY, Claire (2013), *Que reste-t-il du couple franco-allemand ?* Paris, La Documentation française.

CHARRIER, Landry (2013), « Retour sur 50 ans de coopération franco-allemande : le traité de l'Élysée à l'épreuve du temps », Conférence de l'Alliance française, Vichy, 24 octobre, accessible à l'adresse : https://hal.uca.fr/hal-00997885/document, consulté le 19.2.2021.

COLIN, Nicole & DEMESMAY, Claire (dir.) (2021), *Franco-German Relations Seen from Abroad: Post-war Reconciliation in International Perspectives*, Wiesbaden, Springer.

CSA/Ambassade d'Allemagne en France (2022), « Enquête sur l'image de l'Allemagne en France », Décembre 2022 / N°2200978, accessible à l'adresse : https://allemagneenfrance.diplo.de/blob/2581356/727897daecd259ccfa2b3bf5334d65c8/2023-02-09-sondage-csa-2022-2023-datei-data.pdf, consulté le 15.3.2023.

Déclaration commune franco-allemande à l'occasion du 40ème anniversaire du Traité de l'Elysée (2003), Paris, 22 janvier 2003, accessible à l'adresse : https://www.france-allemagne.fr/Declaration-commune-franco,1128.html, consulté le 3.7.2021.

Décret n° 94-710 du 12 août 1994 portant publication de l'accord entre le Gouvernement de la République française et le Gouvernement de la République fédérale d'Allemagne relatif à la délivrance simultanée du baccalauréat français et de la Allgemeine Hochschulreife allemande, signé à Mulhouse le 31 mai 1994, *Journal officiel de la République française*, n° 192, 20 août 1994, disponible à l'adresse : https://www.legifrance.gouv.fr/loda/id/JORFTEXT000000184037/, consulté le 9.9.2021.

DEFRANCE, Corine (2008), « Les jumelages franco-allemands. Aspect d'une coopération transnationale », *Vingtième Siècle. Revue d'histoire*, vol. 3, n° 99, p. 189–201.

DEFRANCE, Corine & PFEIL, Ulrich (2006), « Le manuel franco-allemand d'histoire : l'aboutissement d'un long travail de coopération entre historiens français et allemands », *Visions franco-allemandes*, n° 11, accessible à l'adresse : https://www.ifri.org/sites/default/files/atoms/files/visions11defrancepfeil.pdf, consulté le 19.3.2019.

DEFRANCE Corine & PFEIL Ulrich (2007), « Au service du rapprochement franco-allemand. Dialogue d'historiens de part et d'autre du Rhin », *in* MINK, Georges & NEUMAYER, Laure (dir.), *L'Europe et ses passés douloureux*. Paris, La Découverte, p. 91–103.

DEFRANCE, Corine & PFEIL, Ulrich (2012), *Entre guerre froide et intégration européenne. Reconstruction et rapprochement 1945–1963*, collection « Histoire franco-allemande », vol. 10, Villeneuve d'Ascq, Presses universitaires du Septentrion.

DEFRANCE, Corine & PFEIL, Ulrich (2013), *50 Jahre Deutsch-Französisches Jugendwerk , L'Office franco-allemand pour la Jeunesse a 50 ans*, Berlin/Paris, OFAJ/DFJW.

DEMERIN, Patrick (2002), « Arte, vache sacrée des Français, vache à lait des Allemands, vache folle européenne ? », *Le Débat*, vol. 120, n° 3, p. 4–31.

DEMESMAY, Claire (2023), « Relations franco-allemandes – Une valeur refuge dans une période d'incertitudes », *in* Office franco-allemand pour la Jeunesse (éd.), *Retour vers le futur : Regards des jeunes en France et en Allemagne*, p. 31–35, accessible à l'adresse : https://www.ofaj.org/media/etudes-retour-vers-le-futur-version-courte.pdf, consulté le 19.3.2023.

DEMESMAY, Claire & HEIMERL, Daniela (2013), « Allemands », *in* ORY, Patrick (dir), *Dictionnaire des étrangers qui ont fait la France*, Paris, Robert Laffont, p. 34–41.

DEMESMAY, Claire & KOBER, Klemens (2013), « When Pictures Make Politics. Finding new symbols for tackling German-French past », *DGAP-kompakt*, n°6.

DEMESMAY, Claire & KUNZ, Barbara (2018), « Whither the Franco-German Motor? Overcoming disputes and reaching compromises », *in* KIM, Heungchong & NICOLAS, Françoise (dir.), *The European Union in Crisis: What Challenges Lie ahead and Why It Matters for Korea*, Seoul, Korea Institute for International Economic Policy, p. 109–137.

DEMESMAY, Claire & STARK, Hans (2015), Dossier « France-Allemagne par images interposées », *Allemagne d'aujourd'hui*, vol. 4, n° 214.

DFI [Deutsch-Französisches Institut] (2020), *Der Aachener Vertrag und das Deutsch-Französische Parlamentsabkommen. Frankreich Jahrbuch 2019*, Baden-Baden, Nomos.

DROIT, Emmanuel (2007), « Entre histoire croisée et histoire dénationalisée. Le manuel franco-allemand d'histoire », *Histoire de l'éducation*, vol. 114, n° 2, p. 151–162.

DURAND, Béatrice (2002), *Cousins par alliance. Les Allemands en notre miroir*, Paris, Éditions Autrement.

EGLOFF, Birte, FRIEBERTSHÄUSER, Barbara & WEIGAND, Gabriele (dir.) (2013.), *Interkulturelle Momente in Biografien. Spurensuche im Kontext des Deutsch-Französischen Jugendwerks*, Munster, Waxmann Verlag.

EY/Chambre franco-allemande de commerce et d'industrie (2020), « Les entreprises allemandes en France. Situation économique et perspectives 2020–2024 », accessible à l'adresse : https://www.ey.com/fr_fr/strategy/entreprises-allemandes-en-france-situation-economique-et-perspectives, consulté le 12.6.2021.

FAFA [Fédération des associations franco-allemandes pour l'Europe], site Internet de la FAFA, accessible à l'adresse : https://www.fafapourleurope.fr, consulté le 25.8.2022.

FOURQUET Jérôme (2014), « Crise et situation économique : regards croisés franco-allemands », *Note de la Fondation Jean Jaurès*, n° 241, décembre 2014.

GITTON, Raphaël (2007), « Le manuel franco-allemand à l'épreuve de la classe », *Histoire@Politique*, vol. 2, n° 2, p. 10–10.

GROSSER, Alfred (2002), *L'Allemagne de Berlin, différente et semblable*, Paris, Alvik Éditions.

GROSSER, Alfred (2004), « La dimension politique de la réconciliation : retour sur le 6 juin 2004 », *Visions franco-allemandes*, n° 3, p. 2.

GUIEU, Jean-Michel (2016), « Le rapprochement franco-allemand dans les années 1920 : esquisse d'une véritable réconciliation ou entente illusoire ? », *Les Cahiers Sirice*, vol. 1, n° 15, p. 25–40.

HUGOO, Vincent (2022), *La distinction à l'étranger. Stratégies scolaires et sociabilités juvéniles dans les lycées français en Allemagne*, thèse de doctorat en sociologie, Université Paris 1 Panthéon-Sorbonne.

IFOP/Ambassade d'Allemagne en France (2013), « Regards croisés sur les relations franco-allemandes à l'occasion du 50ème anniversaire du Traité de l'Elysée », accessible à l'adresse : www.ifop.com/publication/regards-croises-sur-les-relations-franco-allemandes-a-loccasion-du-50eme-anniversaire-du-traite-de-lelysee, consulté le 24.1.2020.

IFOP/Fondation Jean-Jaurès/Fondation Friedrich Ebert (2020), « Regards croisés sur les relations franco-allemandes », accessible à l'adresse : https://www.ifop.com/wp-content/uploads/2020/01/116991-Présentation-Gp.pdf, consulté le 11.2.2021.

IFOP/*Le Journal du dimanche* (2014), « Le regard des Français sur l'Allemagne et Angela Merkel », accessible à l'adresse : www.ifop.com/wp-content/uploads/2018/03/2884-1-study_file.pdf, consulté le 25.1.2020.

Institut CSA (2016), « La marque France vue d'ici et d'ailleurs », accessible à l'adresse : https://www.csa.eu/fr/survey/la-marque-france-vue-dici-et-dailleurs, consulté le 13.2.2021.

Institut CSA/Ambassade d'Allemagne en France (2017), « France-Allemagne, un partenariat de raison ? », accessible à l'adresse : https://allemagneenfrance.diplo.de/blob/1407976/c889851c9024b22353ad34e597d1aefb/sondage-csa-2017-datei-data.pdf, consulté le 24.1.2020.

Institut für Sozialforschung an der Johann Wolfgang Goethe-Universität (1954), « Image de la France : un sondage de l'opinion publique allemande (République fédérale) », hiver 1953, 54, Goethe-Universität Frankfurt am Main, vol. I, p. 6.

JULIEN Élise (2009), Paris, Berlin. La mémoire de la guerre 1914–1933, Rennes, Presses universitaires de Rennes.

JURT, Joseph (2000), « Le "couple franco-allemand" », in JEANNENEY Jean-Noël (dir.), Une idée fausse est un fait vrai. Les stéréotypes nationaux en Europe, Paris, Odile Jacob, p. 103–115.

KOCH, M. (1968), *Das Deutschland-Bild im Ausland*, Bad Godesberg, Kessler.

KOLBOOM, Ingo (1991), « Vom geteilten zum vereinten Deutschland. Deutschland-Bilder in Frankreich », *Arbeitspapiere zur internationalen Politik*, n° 61, Bonn, DGAP.

KOLBOOM, Ingo (1996), « Von der heillosen zur heilsamen Verstrickung. Deutsche und Franzosen in der gegenseitigen Wahrnehmung », *in* SÜSSMUTH, H. (dir.), *Deutschlandbilder in Dänemark und England, in Frankreich und den Niederlanden*, Baden-Baden, Nomos, p. 287–302.

KÖNIG, Mareike (2003), *Deutsche Handwerker, Arbeiter und Dienstmädchen in Paris. Eine vergessene Migration im 19. Jahrhundert*, Munich, Oldenbourg Wissenschaftsverlag.

KROTZ, Ulrich & SCHILD, Joachim (2018), « Back to the future? Franco-German bilateralism in Europe's post-Brexit union », *Journal of European Public Policy*, vol. 25, n° 8, p. 1174–1193.

KUFER, Astrid, GUINAUDEAU, Isabelle & PREMAT, Christophe (dir.) (2009), Dictionnaire des relations franco-allemandes, Pessac, Presses universitaires de Bordeaux.

LEE, Dong-Ki (2021), « Generous Gesture? Franco-German Reconciliation from the Korean Perspective », *in* COLIN, Nicole & DEMESMAY, Claire (dir.), *Franco-German Relations Seen from Abroad: Post-war Reconciliation in International Perspectives*, Wiesbaden, Springer, p. 163–178.

LEGGEWIE, Claus (2022), « Il serait temps de créer un triangle mémoriel franco-algéro-allemand », *Le Monde*, 27.8.2022.

LEO, Maxim (2011), « Nous, Franco-Allemands ! », *Le Monde*, 15 décembre.

LÜSEBRINK, Hans-Jürgen (1990), « Das Frankreichbild in Deutschland: Geschichte, Medien und Strukturen der deutschen Frankreichwahrnehmung », *in* MAIER, Jörg & WACKERMANN, Gabriel (dir.), *Frankreich: Ein regionalgeographischer Überblick*, Darmstadt, Wissenschaftliche Buchgesellschaft, p. 302–317.

MACRON, Emmanuel (2018), Discours du Président de la République lors de la cérémonie commémorative devant le Bundestag, 18 novembre, accessible à l'adresse : https://www.elysee.fr/emmanuel-macron/2018/11/18/le-president-de-la-republique-a-berlin-pour-la-commemoration-du-18-novembre, consulté le 13.6.2021.

MARCHETTI, Andreas (2019), *Les Jumelages de villes et communes. Structures – pratique – avenir dans une perspective franco-allemande*, Sankt Augustin, Berlin, Konrad-Adenauer-Stiftung.

MARCOWITZ, Reiner & MIARD-DELACROIX, Hélène (dir.) (2012), *50 ans de relations franco-allemandes*, Paris, Nouveau Monde Éditions.

MARTENS, Stephan (2006), « La civilisation allemande dans les études germaniques en France : ingénierie et atout », *Visions franco-allemandes*, n° 8, accessible à l'adresse : https://www.ifri.org/sites/default/files/atoms/files/visions08martens.pdf, consulté le 13.6.2021.

MATTIOLI, Marie-Annick, MURO, Olga & PRUM, Michel (2013), *« L'identité nationale » à l'épreuve des identités culturelles en Allemagne, en France, au Royaume-Uni : Une approche critique*, Paris, L'Harmattan, 2013.

MERKEL, Angela (2018), Rede von Bundeskanzlerin Merkel zur Eröffnung des „Forum de Paris sur la Paix" am 11. November 2018, accessible à l'adresse : https://www.bundesregierung.de/breg-de/bundesregierung/staatsministerin-fuer-kultur-und-medien/aktuelles/rede-von-bundeskanzlerin-merkel-zur-eroeffnung-des-forum-de-paris-sur-la-paix-am-11-november-2018-1548456, consulté le 13.2.2021.

MIARD-DELACROIX, Hélène (2011), *Le Défi européen. Histoire Franco-allemande de 1963 à nos jours*, Villeneuve d'Ascq, Presses du Septentrion.

MIARD-DELACROIX, Hélène (2018), « Les apports du traité de l'Élysée », *Allemagne d'aujourd'hui*, 2018, vol. 3, n° 226, p. 8–18.

MIARD-DELACROIX, Hélène (2019), « Les rapports franco-allemands dans la politique de François Mitterrand (1984–1988) », *in* SAUNIER, Georges (dir.), *Mitterrand, les années d'alternance (1984–1986 et 1986–1988)*, Paris, Nouveau Monde, p. 354–381.

NOURRY, Chrystelle (2012), « Political Legitimation of the Union: The Core of Franco-German Relationship », *L'Europe en formation*, vol. 4, n° 366, p. 85–100.

OFAJ [Office franco-allemand pour la Jeunesse] (2021), « Chiffres clés », site Internet de l'OFAJ, accessible à l'adresse : www.ofaj.org/institution/chiffres-cles.html, consulté le 17.3.2023.

PFEIL, Ulrich (2001), « Les “autres” relations franco-allemandes : la politique française de la RDA de 1949 à 1958 », *Allemagne d'aujourd'hui*, n° 158, p. 128–145.

PFEIL, Ulrich (2021), « Reconciliation: A Definitory Approach », *in* COLIN, Nicole & DEMESMAY, Claire (dir.), *Franco-German Relations Seen from Abroad: Post-war Reconciliation in International Perspectives*, Wiesbaden, Springer, p. 9–21.

SCHRÖDER, Gerhard (2004), Rede von Bundeskanzler bei den französisch-deutschen Feierlichkeiten des “D-Day” am 6. Juni 2004 in Caen, Presse- und Informationsamt der Bundesregierung, Bulletin n° 58-4, 6 juin 2004.

SEBAUX Gwénola (2015), « Les Allemands à Paris : entre amour et désamour. Réflexion au croisement de quelques expériences individuelles », *Allemagne d'aujourd'hui*, vol. 4, n° 214, p. 164–182.

SEBAUX Gwénola (2022), « Histoire migratoire et politique d'immigration en Allemagne de 1945 à 2020 », *in* DEMESMAY Claire et MARTENS Stephan (dir.), *La France, l'Allemagne et l'Europe face aux migrations, défi majeur du XXIe siècle*, Pessac, Presses universitaires de Bordeaux, p. 17–45.

SEIDENDORF, Stefan (dir.) (2012), *Deutsch-Französische Beziehungen als Modellbaukasten? Zur Übertragbarkeit von Aussöhnung und strukturierter Zusammenarbeit*, Baden-Baden, Nomos.

SIEPE, Hans T. (1988), « Bilder und Mythen vom Nachbarn – Ein Text, einige Thesen und eine Auswahl-Bibliographie », *in* Deutsch-Französisches Kulturzentrum Essen (dir.), *Deutschland – Frankreich. Höhen und Tiefen einer Zweierbeziehung*, Essen, Die Blaue Eule, p. 91–117.

SOFRES (1990), *L'État de l'opinion 1990*, Paris, Seuil.

TEIßMANN, Anne (2005), « La réconciliation franco-allemande vue au travers du jumelage Bourgogne/Rhénanie-Palatinat », *Revue d'Allemagne et des pays de langue allemande*, vol. 37, n° 4, p. 519–532.

Traité de l'Elysée (1963), Paris, 22 janvier, accessible à l'adresse : www.france-allemagne.fr/Traite-de-l-Elysee-22-janvier-1963, consulté le 17.1.2020.

Traité entre la République française et la République fédérale d'Allemagne sur la coopération et l'intégration franco-allemandes (2019), Aix-la-Chapelle, 22 janvier, accessible à l'adresse : www.diplomatie.gouv.fr/IMG/pdf/traite.aix-la-chapelle.22.01.2019_cle8d3c8e.pdf, consulté le 17.1.2020.

UFA [Université franco-allemande] (2022), « L'UFA en bref », site Internet de l'UFA, accessible à l'adresse : www.dfh-ufa.org/fr/lufa/lufa-en-bref/?noredirect=fr_FR, consulté le 25.8.2022.

VANNIER, Sébastien (2015), « Berlin, l'aimant tant aimé », *in* STARK, Hans & WISSMANN, Nele K. (dir.), *L'Allemagne change ! Risques et défis d'une mutation*, Villeneuve d'Ascq, Presses universitaires du Septentrion, p. 213–229.

VDFG [Vereinigung Deutsch-Französischer Gesellschaften für Europa e.V.], site Internet de la VDFG, accessible à l'adresse : https://vdfg.de, consulté le 25.8.2022.

WENKEL, Christian (2012), « L'"autre" dans le rapport franco-allemand », *in* MARCOWITZ, Reiner & MIARD-DELACROIX, Hélène (dir.), *50 ans de relations franco-allemandes*, Paris, Nouveau Monde Éditions, p. 43–73.

WIEDER, Thomas (2013), « A Oradour, les présidents Hollande et Gauck se souviennent », *Le Monde*, 4 septembre, p. 8.

WIEGEL, Michaela (2021), « Aus Erbfeinden sind längst Erbfreunde geworden », *Frankfurter Allgemeine Zeitung*, 23 janvier, p. 8.

Socialisation familiale et transmission intergénérationnelle

ALLERBECK, Klaus R., JENNINGS, M. Kent & ROSEN, Laura (1979), « Generations and families », *in* BARNES, Samuel H. & KAASE, Mark (dir.), *Political action*, Londres, Sage Publications, p. 487–522.

ARNBERG, Lenore (1979), « Language Strategies in Mixed Nationality Families », *Scandinavian Journal of Psychology*, vol. 20, n° 1, p. 105–112.

ATTIAS-DONFUT, Claudine (2000). « Rapports de générations. Transferts familiaux et dynamique macrosociale », *Revue française de sociologie*, vol. 41, n° 4, p. 643–684.

BERTAUX-WIAME, Isabelle & MUXEL, Anne (1996), « Transmissions familiales : territoires imaginaires, échanges symboliques et inscription sociale », *in* BERTAUX-WIAME, Isabelle *et al.* (dir.), *La Famille en questions : état de la recherche*, Paris, Éditions Syros, p. 187–210.

BILLAUD, Solène, GOLLAC, Sibylle, OESER, Alexandra et PAGIS, Julie (2015), *Histoires de famille. Les récits du passé dans la parenté contemporaine*, Paris, Éditions de la rue d'Ulm.

BOURDIEU, Pierre (1979), *La Distinction. Critique sociale du jugement*, Paris, Les Éditions de Minuit.

BOURDIEU, Pierre (1994), *Raisons pratiques*, Paris, Seuil.

BROHY, Claudine (1992), *Das Sprachverhalten zweisprachiger Paare und Familien in Freiburg, Fribourg (Schweiz)*, Fribourg, Universitätsverlag.

CHANEZ, Amélie (2007), Vers une théorisation de la transmission intergénérationnelle : analyse comparative des aînées et de descendants de familles québécoises, mémoire de maîtrise en sociologie, Université du Québec à Montréal.

CHARBONNEAU, Johanne (dir.) (2006), *La sociabilité et les soutiens des jeunes : comparaison des réseaux de participants au PQJ et de collégiens*, Rapport de recherche remis à l'Association des Centres jeunesse du Québec, Montréal, Institut national de la recherche scientifique, http://espace.inrs.ca/id/eprint/5020/1/RapportACJQ%20%281%29.pdf

COENEN-HUTHER, Josette (1994), *La mémoire familiale*, Paris, l'Harmattan.

COGNIGNI, Edith (2019), « Migrant family language policies and plurilingual practices: from mothers' representations to language education policies », *in* HAQUE, Shahzama (dir.), *Politique linguistique familiale. Enjeux dynamiques de la transmission linguistique dans un contexte migratoire*, Munich, Lincom, p. 67–78.

COLLET, Beate (2020), « La mixité conjugale à l'heure de la mondialisation. Réalités contrastées entre individualisation et tradition », *in* NEYRAND, Gérard (dir.), *Faire couple, une entreprise incertaine. Tensions et paradoxes du couple moderne*, Toulouse, Éditions Érès, p. 127–143.

DE HOUWER, Annick (1999), « Environmental factors in early bilingual development: the role of parental beliefs and attitudes », *in* EXTRA, Guus & VERHOEVEN, Ludo (dir.), *Bilingualism and Migration*, Berlin, Mouton de Gruyter, p. 75–95.

DELAMOTTE, Régine (dir.) (2018), *Mixités conjugales aujourd'hui*, Mont-Saint-Aignan, Presses universitaires de Rouen et du Havre.

DEPREZ, Christine (1994), *Les Enfants bilingues : langues et familles*, Paris, CREDIF/Didier.

DEPREZ, Christine (1996), « Une "politique linguistique familiale" : le rôle des femmes », *Education et sociétés plurilingues / Educazione e societá plurilingue*, n° 1, p. 35–42.

DEPREZ, Christine (2003), « Évolution du bilinguisme familial en France », *Le Français aujourd'hui*, vol. 4, n° 143, p. 35–43.

DIASIO, Nicoletta (2014), « Alimentation, corps et transmission familiale à l'adolescence », *Recherches familiales*, vol. 1, n° 11, p. 31–41.

DUBAR, Claude (1991), *La Socialisation. Construction des identités sociales et professionnelles*, Paris, Armand Colin.

DURKHEIM, Émile (1966), *Éducation et sociologie*, Paris, Presses universitaires de France (1re éd. : 1922).

ERIKSON Erik. H. (1972), *Adolescence et Crise. La quête de l'identité*, Paris, Flammarion.

FILHON, Alexandra et ZEGNANI, Sami (2019), « Le français au cœur des politiques linguistiques familiales. Le cas de parents arabophones et berbérophones », *in* HAQUE, Shahzama (dir.), *Politique linguistique familiale. Enjeux dynamiques de la transmission linguistique dans un contexte migratoire*, Munich, Lincom, p. 123–134.

GAMBERINI-ZIMMERMANN, Gabriella (2018), « Une singulière mécanique des fluides. Langues et mixité conjugale à Venise », *in* DELAMOTTE, Régine (dir.), *Mixités conjugales aujourd'hui*, Mont-Saint-Aignan, Presses universitaires de Rouen et du Havre, p. 185–210.

GIARDINELLI Anastasia (2017), « Qui sont les pairs ? », présentation du n° 2 de la *Revue de Socio-Anthropologie de l'Adolescence*, 5 avril.

GOLLAC Sibylle et OESER Alexandra (2011), « Comparing Family Memories in France and Germany: The Production of History(ies) Within and Through Kin Relations », *Journal of Comparative Family Studies*, vol. 42, n° 3, p. 385–398.

GOULDNER, Alvin, W. (1979), *The Future of Intellectuals and the Rise of the New Class*, New York, The Seabury Press, 1979.

GROSJEAN, François (2013), « Planned Bilingualism: Five Questions to Consider. Questions to ask when deciding to bring up a child bilingual », *Psychology Today*, February 6, accessible à l'adresse : www.psychologytoday.com/au/blog/life-bilingual/201302/planned-bilingualism-five-questions-consider, consulté le 13.6.2020.

HALBWACHS, Maurice (1991), *Das kollektive Gedächtnis*, Francfort-sur-le-Main, Fischer.

HALBWACHS, Maurice (2008), *Das Gedächtnis und seine sozialen Bedingungen*, Francfort-sur-le-Main, Suhrkamp.

HAQUE, Shahzama (2012), *Etude de cas sociolinguistique et ethnographique de quatre familles indiennes immigrantes en Europe : pratiques langagières et politiques linguistiques nationales et familiales*, thèse de doctorat en sciences du langage, Université de Grenoble.

HAQUE, Shahzama (dir.) (2019), *Politique linguistique familiale. Enjeux dynamiques de la transmission linguistique dans un contexte migratoire*, Munich, Lincom.

LAHAYE, Willy, POURTOIS, Jean-Pierre & DESMET, Hugette (2007), *Transmettre. D'une génération à l'autre*, Paris, Presses universitaires de France.

LAHIRE, Bernard (1995), *Tableaux de famille*, Paris, Gallimard.

LE GALL, Josiane (2003), « Transmission identitaire et mariages mixtes : recension des écrits », document de travail du groupe de recherche ethnicité et société, Centre d'études ethniques, Université de Montréal [en ligne], accessible à l'adresse : https://depot.erudit.org/handle/000938dd, consulté le 10.5.2021.

LOBET, Delphine & CAVALCANTE, Lidia Eugenia (2014). « Transmission à rebours, filiation inversée, socialisation ascendante : regards renversés sur les rapports de générations », *Enfances, Familles, Générations*, n° 20, p. i–xii.

MUXEL, Anne (1996), *Individu et mémoire familiale*, Paris, Nathan.

MUXEL, Anne (2018), « La politique dans la chaîne des générations. Quelle place et quelle transmission ? », *Revue de l'OFCE*, vol. 2, n° 156, p. 29–41.

OESER, Alexandra (2020), « Familie », *in* BEREK, Mathias *et al.* (dir.), *Handbuch sozialwissenschaftliche Gedächtnisforschung*, Wiesbaden, Springer Verlag.

PAUGAM, Serge (2015), « Préface », *in* UNTERREINER, Anne (2015), *Enfants de couples mixtes. Liens sociaux et identités*, Rennes, Presses universitaires de Rennes, p. 9–12.

PHILIPPE, Claudine (2008), « Être parents dans un couple mixte : éléments de réflexion », *Informations sociales*, n° 149, 114–123.

PILLER, Ingrid (2001), « Private Language Planning: The best of both worlds », *Estudios de Sociolingüistica*, vol. 2, n° 1, p. 61–80.

PILLER, Ingrid (2002), *Bilingual Couples Talk: The discursive construction of hybridity*, Amsterdam, Benjamins.

PILLER, Ingrid & GERBER, Livia (2018), « Family language policy between the bilingual advantage and the monolingual mindset », *International Journal of Bilingual Education and Bilingualism* [en ligne], accessible à l'adresse : https://doi.org/10.1080/13670050.2018.1503227, consulté le 26.1.2021.

PINÇON, Michel & PINÇON-CHARLOT, Monique (2016), *Sociologie de la bourgeoisie*, Paris, La Découverte, 2016.

POIRIER, Cécile, & LAVOIE, Nathalie (2006), *La sociabilité et les soutiens des jeunes: comparaison des réseaux de participants au PQJ et de collégiens.* Rapport de recherche remis à l'Association des Centres jeunesse du Québec. Montréal. Institut national de la recherche scientifique, sous la dir. de J. CHARBONNEAU.

SANTELLI, Emmanuelle & COLLET, Beate (2003), « Comment repenser les mixités conjugales aujourd'hui ? », *Revue européenne des migrations internationales*, vol. 19, n° 1, p. 51–79.

SCHNAPPER, Dominique (1998), « Introduction générale », *in* PHILIPPE, Claudine, VARRO, Gabrielle & NEYRAND, Gérard (dir.), *Liberté, égalité, mixité… conjugales, une sociologie du couple mixte*, Paris, Anthropos, p. ix–xvi.

SIGUAN, Miguel (1980), « Changement de langue dans le couple et dans la famille », *in* NELDE, Peter H. (dir.), *Sprachkontakt und Sprachkonflikt*, Wiesbaden, Steiner, p. 283–285.

SINGLY, François de (2017), *Sociologie de la famille contemporaine*, Paris, Armand Colin (6e édition).

TUOMINEN, Anne (1999), « Who decides the home language? A look at multilingual families », *International Journal of the Sociology of Language*, vol. 140, n° 1, p. 59–76.

UNTERREINER, Anne (2015), *Enfants de couples mixtes. Liens sociaux et identités*, Rennes, Presses universitaires de Rennes.

VAN ZANTEN, Agnès (2013), « La compétition entre fractions des classes moyennes supérieures et la mobilisation des capitaux autour des choix scolaires », *in* COULANGEON, Michel & DUVAL Julien (dir.), *Trente ans après La Distinction, de Pierre Bourdieu*, Paris, La Découverte, p. 278–289.

VARRO, Gabrielle (1984), *La Femme transplantée. Une étude du mariage franco-américain en France et le blilinguisme des enfants*, Lille, Presses universitaires de Lille.

VARRO, Gabrielle (dir.) (1995), *Les Couples mixtes et leurs enfants en France et en Allemagne*, Paris, Armand Colin.

WAGNER, Anne Catherine (2017), « L'émergence d'une classe dominante mondialisée ? », *Regards croisés sur l'économie*, vol. 2, n° 21, p. 91–100.

WEBER, Florence (2005), *Le sang, le nom, le quotidien. Une sociologie de la parenté pratique*, Paris, Aux Lieux d'être.

Identités et représentations

ABENDROTH-TIMMER, Dagmar & HENNIG, Eva-Maria (dir.) (2014), *Plurilingualism and Multiliteracies: International Research on Identity Construction in Language Education*, Francfort-sur-le-Main, Peter Lang.

AGARD, Olivier (2017), « Entre destin et construction : sociologie de la nation et du nationalisme dans les *Studien über die Deutschen* de Norbert Elias », in COUSTILLAC, Mechthild, INDERWILDI, Hilda et LAJARRIGE, Jacques (dir.), *Entre ombres et lumières : voyages en pays de langue allemande* (hommage à Françoise Knopper), Toulouse, Presses universitaires du Midi, p. 91–103.

ALEEMI, Janet (1991), *Zur sozialen und psychischen Situation von Bilingualen: Persönlichkeits- entwicklung und Identitätsbildung*, Francfort-sur-le-Main, Peter Lang.

AMOSSY, Ruth (dir.) (1999), *Images de soi dans le discours. La construction de l'ethos*, Lausanne, Delachaux et Niestlé.

ANDERSON, Benedict (1983), *Imagined Communities. Reflections on the Origin and Spread of Nationalism*, Londres/New York, Verso.

AUER, Peter (2005), « A postscript: code-switching and social identity », *Journal of Pragmatics*, n° 37, p. 403–410.

BAYART, Jean-François (1996), *L'Illusion identitaire*, Paris, Fayard.

BERGER, Peter & LUCKMANN Thomas (1996), *La Construction sociale de la réalité*, Paris, Méridien-Klinsksieck.

BHABHA, Homi K. (1998), « Culture's In-Between », *in* HALL, Stuart & DU GAY, Paul (dir.), *Questions of Cultural Identity*, Londres, Sage Publications, p. 53–60.

BIALYSTOK Ellen (2009), « Bilingualism: The good, the bad, and the indifferent », *Bilingualism: Language and Cognition*, vol. 12, n° 1, p. 3–11.

BILLIEZ, Jacqueline (1985), « La langue comme marqueur d'identité », *Revue européenne des migrations internationales*, n° 1–2, p. 95–105.

BROHY, Claudine & MOORE, Danièle (2013), « Identités plurilingues », *in* SIMONIN Jacky & WHARTON Sylvie (dir.), *Sociolinguistique des langues en contact, modèles, théories. Dictionnaire encyclopédique des termes et concepts*, Lyon, ENS Éditions, p. 289–315.

BRUBAKER, Rogers & COOPER, Frederick (2000), « Beyond 'Identity'», *Theory and Society*, vol. 29, n° 1, p. 1–47.

BYRD CLARK, Julie, MADY, Callie & VANTHUYNE, Adrienne (2014), « Exploring Reflexivity and Multilingualism in Three French Language Teacher Education Programs », *The Canadian Journal of Applied Linguistics*, vol. 17, n° 1, p. 129–155.

CALHOUN, Craig (1994), *Social Theory and the Politics of Identity*, Hoboken, Wiley-Blackwell.

CASTELLOTI, Véronique, COSTE, Daniel & MOORE, Danièle (2001), « Le proche et le lointain dans les représentations des langues et de leur apprentissage », *in* MOORE, Danièle (dir.), *Les représentations des langues et de leur apprentissage : Références, modèles, données et méthodes*, Paris, Didier, p. 101–131.

CASTELLS, Manuel (1999), *Le pouvoir de l'identité*, Paris, Fayard.

CHOPIN, Thierry (2014), « L'Union européenne : une démocratie sans territoire ? », *Cités*, vol. 60, n° 4, p. 159–167.

COULOUARN, Hervé (2016), *La France vue d'ailleurs. Histoire de stéréotypes*, Rennes, Presses universitaires de Rennes, 2016.

CUMMINS, Jim (2001), *Negotiating Identities: Education for empowerment in a diverse society*, Los Angeles, California Association for Bilingual Education.

DAGENAIS, Diane & MOORE, Danièle (2004), « Représentations ordinaires du plurilinguisme, transmission des langues et apprentissages chez des enfants, en France et au Canada », *Langages*, n° 154, p. 34–46.

DAHLET, Patrick (2011), « Le plurilinguisme sur un baril de poudre : splendeur d'un idéal et violences des pratiques », *in* BLANCHET, Philippe & CHARDENET, Patrick (dir.), *Guide pour la recherche en didactique des langues. Approches contextualisées*, p. 45–60.

DE FLORIO-HANSEN, Inez & HU, Adelheid (2003), « Einführung : Identität und Mehrsprachigkeit in Zeiten der Internationalisierung und Globalisierung », *in* DE FLORIO-HANSEN, Inez & HU, Adelheid (dir.), *Plurilingualität und Identität. Zur Selbst- und Fremdwahrnehmung mehrsprachiger Menschen*, Tübingen, Stauffenburg, p. VII–XVI.

DEMESMAY, Claire (2003), « Les nouveaux espaces de la citoyenneté. Enjeux et obstacles d'une citoyenneté européenne », *Cahiers français*, n° 316, p. 50–55.

DE VRIES, Catherine & HOFFMANN, Isabell (2018), « Cold Love. President Trump and the European Public », *eupinions brief*, n° 25, janvier 2018.

DUBAR, Claude (2000), *La crise des identités. L'interprétation d'une mutation*, Paris, Presses universitaires de France.

DUCHÊNE-LACROIX, Cédric (2001), « Fit for France? Die kulturelle Gymnastik von Franzosen in Berlin zu Bildung und Pflege ihrer Identitäten », *in* RAMMERT, Werner *et al.* (dir.), *Kollektive Identitäten und kulturelle Innovationen: Thema und Beiträge. Ethnologische, soziologische und historische Studien*, Leipzig, Leipziger Universitätsverlag, p. 235–257.

DUCHÊNE-LACROIX, Cédric (2006), « Von französischen zu plurikulturellen Lebensformen von Franzosen in Berlin », *in* KREUTZER, Florian & ROTH, Silke (dir.), *Transnationale Karrieren. Biografien, Lebensführung und Mobilität*, Wiesbaden, VS Verlag für Sozialwissenschaften, p. 240–258.

DUCHESNE, Sophie & FROGNIER, André-Paul (2002), « Sur les dynamiques sociologiques et politiques de l'identification à l'Europe », *Revue française de science politique*, vol. 52, n° 4, p. 355–373.

FAVELL, Adrian (2010), « European Identity and European Citizenship in three 'Eurocities': A sociological Approach to the European Union », *Politique européenne*, vol. 1, n° 30, p. 187–224.

FAVELL, Adrian, & RECCHI, Ettore (dir.) (2009), *Pioneers of European Identity. Citizenship and mobility in the EU*, Northampton, Edward Elgar.

FERGUSON, Priscilla (2015), « Identité et culture : la gastronomie en France », *Revue de la BNF*, vol. 49, n° 1, p. 12–17.

FERRY, Jean-Marc (1991), *Les puissances de l'expérience. Essai sur l'identité contemporaine*, Paris, Le Cerf, tomes 1 et 2.

FOROUTAN, Naika & SCHÄFER, Isabel (2009), « Hybride Identitäten – muslimische Migrantinnen und Migranten in Deutschland und Europa », *Aus Politik und Zeitgeschichte*, n° 5, p. 11–18.

FRASER, Nancy (1998), « Social Justice in the Age of Identity Politics: Redistribution, Recognition, Participation », *Discussion Paper FS I 98 -108*, Berlin, Wissenschaftszentrum Berlin für Sozialforschung.

GIDDENS Anthony (1991), *Modernity and self-identity*, Cambridge, Polity Press.

GOFFMAN, Erving (1973), *La mise en scène de la vie quotidienne*. Tome 2 : *Les relations en public*, Paris, Éditions de Minuit.

GOGOLIN, Ingrid (1998), « Sprachen reinhalten – eine Obsession », *in* GOGOLIN, Ingrid, GRAAP, Sabine & LIST, Günther (dir.), *Über Mehrsprachigkeit*, Tübingen, Stauffenburg, p. 71–96.

GOGOLIN, Ingrid (2003), « 'Das ist doch kein gutes Deutsch' – Über Vorstellungen von 'guter' Sprache und ihren Einfluss auf Mehrsprachigkeit », *in* DE FLORIO-HANSEN, Inez & HU, Adelheid (dir.), *Plurilingualität und Identität. Zur Selbst- und Fremdwahrnehmung mehrsprachiger Menschen*, Tübingen, Stauffenburg, p. 59–71.

GROSSER, Alfred (1994), « Les identités abusives », *Le Monde*, 28 janvier.

GWIAZDZINSKI, Luc (2016), « L'hybridation au risque de l'inconfort », *L'Hybridation des mondes*, Seyssinet-Pariset, Elya Éditions, p. 13–24.

HERRMANN, Richard. K., RISSE, Thomas & BREWER, Marylinn (dir.) (2004), *Transnational Identities: Becoming European in the EU*, Lanham, MD, Rowman and Littlefield.

HONNETH, Axel (1994), *Kampf um Anerkennung: Zur moralischen Grammatik sozialer Konflikte*, Berlin, Suhrkamp.

HU, Adelheid (2003), « Mehrsprachigkeitsforschung, Identität- und Kulturtheorie: Tendenzen der Konvergenz », *in* DE FLORIO-HANSEN, Inez & HU, Adelheid (dir.), *Plurilingualität und Identität. Zur Selbst- und Fremdwahrnehmung mehrsprachiger Menschen*, Tübingen, Stauffenburg, p. 1–24.

HU, Adelheid (2014), « Languages and Identities », *in* FÄCKE Christiane (dir.), *Manual of Language Acquisition*, Berlin, De Gruytern, p. 87–102.

HU, Adelheid (2018), « Plurilinguale Identitäten? Entwicklungen in der Theoriebildung und empirische Forschungsergebnisse zur Mehrsprachigkeit an Schulen », *Language Education and Multilingualism – The Langscape Journal*, vol. 1, p. 66–84.

HUNYADI, Mark (1992), « Je suis ce que je me raconte. L'impuissance du modèle narratif », *in* LENOBLE, Jacques & DEWANDRE, Nicole (dir.), *L'Europe au soir du siècle. Identité et démocratie*, Paris, Esprit, p. 69–79.

JODELET, Denise (1989), *Les Représentations sociales*, Paris, Presses universitaires de France.

KAUFMANN, Jean-Claude (2004), *L'Invention de soi. Une théorie de l'identité*, Paris, Armand Colin.

KOUKOUTSAKI-MONNIER, Angeliki (2013), « Pour une approche pluridimensionnelle de l'identité nationale », *revue ¿Interrogations?*, partie thématique [en ligne], accessible à l'adresse : www.revue-interrogations.org/Pour-une-approche,289, consulté le 29.5.2019.

KRAMSCH, Claire (2009), *The Multilingual Subject. What language learners say about their experience and why it matters*, Oxford, Oxford University Press.

KRUMM, Hans-Jürgen (2011), « Multilingualism and Subjectivity: "Language Portraits" by multilingual children », *in* ZARATE, Geneviève, LÉVY, Danielle & KRAMSCH, Claire (dir.), *Handbook of Multilingualism and Multiculturalism*, Paris, Éditions des archives contemporaines, p. 101–104.

LACORNE, Denis (1997), *La Crise de l'identité américaine. Du melting-pot au multiculturalisme*, Paris, Fayard.

LAHIRE, Bernard (1998), *L'Homme pluriel*, Paris, Nathan.

LEGGEWIE, Claus (2011), *Der Kampf um die europäische Erinnerung: Ein Schlachtfeld wird besichtigt*, Munich, C.H. Beck.

LEPAGE, Robert & TABOURET-KELLER, Andrée (1985), *Acts of Identity: Creole-based approaches to language and ethnicity*, Cambridge, Cambridge University Press.

LÜDI, Georges (2003), « Mehrsprachige Repertoires und plurielle Identität von Migranten : Chancen und Probleme », *in* DE FLORIO-HANSEN, Inez & HU, Adelheid (dir.), *Plurilingualität und Identität. Zur Selbst- und Fremdwahrnehmung mehrsprachiger Menschen*, Tübingen, Stauffenburg, p. 39–58.

MARC, Edmond (2016), « La construction identitaire de l'individu », *in* HALPERN, Catherine (dir.), *Identité(s), L'individu, le groupe, la société*, Auxerre, Sciences Humaines, p. 28–36.

MEAD, George H. (1934), *Mind, Self and Society. From the standpoint of a social behaviorist*, Chicago/Londres, University of Chicago Press.

MENGUELLAT, Hakim (2012), « Le rôle des biographies langagières dans l'identification des identités plurilingues », *Synergie Pays riverains du Mékong*, n° 4, p. 153–169.

MOLINA LUQUE, Fidel (2002), « Entre l'identité et l'identification : un problème complexe de la recherche sociologique dans le domaine de l'interculturalité », *Sociétés*, n° 76(2), p. 59–70.

MOORE, Danièle (dir.) (2001), *Les Représentations des langues et de leur apprentissage : Références, modèles, données et méthodes*, Paris, Didier.

MUCCHIELLI, Alex (2015), « L'Identité individuelle et les contextualisations de soi », *Le Philosophoire*, vol. 43, n° 1, p. 101–114.

NORTON PEIRCE, Bonny (1995), « Social Identity, Investment, and Language Learning », *TESOL Quarterly*, vol. 29, n° 1, p. 9–31.

NORTON, Bonny (2010), « Language and Identity », *in* HORNBERGER, Nancy H. & MCKAY, Sandra L. (dir.), *Sociolinguistics and Language Education*, Clevedon, Multilingual Matters, p. 349–369.

NORTON, Bonny (2013), *Identity and Language Learning: Extending the conversation*, Bristol, Multilingual Matters.

PAVLENKO, Aneta (2001), « "In the world of the tradition, I was unimagined": Negotiation of identities in cross-cultural autobiographies », *International Journal of Bilingualism*, vol. 5, n° 3, p. 317–344.

PAVLENKO, Aneta & LANTOLF, James P. (2000), « Second language learning as participation and the (re)construction of selves », *in* LANTOLF, James P. (dir.), *Sociocultural Theory and Second Language Learning*, Oxford, Oxford University Press, p. 155–177.

PEPIN, Nicolas (2007), *Identités fragmentées. Éléments pour une grammaire de l'identité*, Francfort-sur-le-Main, Peter Lang.

PY, Bernard (2004), « Pour une approche linguistique des représentations sociales », *Langages*, vol. 38, n° 154, p. 6–19.

RICŒUR, Paul (1983), *Temps et récit*, Paris, Seuil.

RICŒUR, Paul (1986), *Du texte à l'action*, Paris, Seuil.

RICŒUR, Paul (1988), « L'identité narrative », *Esprit*, n° 7–8. p. 295–304 ; suivi d'un débat avec FERRY, Jean-Marc, VERGELY Bertrand *et al.*, p. 305–314.

ROHDE-LIEBENAU, Judith (2020), « Raising European Citizens? European Identity in European Schools », *Journal of Common Market Studies*, vol. 58, n° 6, p. 1504–1522.

SABATIER, Cécile (2010), « Plurilinguismes, représentations et identités : des pratiques des locuteurs aux définitions des linguistes », *Nouvelles perspectives en sciences sociales*, vol. 6, n° 1, p. 125–161.

STRATILAKI, Sofia (2011), *Discours et représentations du plurilinguisme*, Francfort-sur-le-Main, Peter Lang.

STRATILAKI, Sofia (2012), « Plurilingualism, linguistic representations and multiple identities: crossing the frontiers », *International Journal of Multilingualism*, vol. 9, n° 2, p. 189–201.

TABOURET-KELLER, Andrée (2007), « Politique et idéologie : le cas du bilinguisme », *in* HELLER, Monica (dir.), *Bilingualism: A Social Approach*, New York, Palgrave Macmillan, p. 346–356.

TUPIN, Frédéric & WHARTON, Sylvie (2015), « Identités plurilingues : entre contraintes contextuelles, négociations et adaptations », *in* WHARTON, Sylvie (dir.), *Plurilinguisme, identité et stratégies sociolinguistiques résilientes*, Louvain-la-Neuve, EME, p. 111–141.

WENGER, Etienne (1998). *Communities of Practice: Learning, Meaning, and Identity*, Cambridge, Cambridge University Press.

WHARTON, Sylvie (dir.) (2015), *Plurilinguisme, identité et stratégies sociolinguistiques résilientes*, Louvain-la-Neuve, EME.

YOUNG, Andrea (2017), « "Non, moi je lui dis pas en turc, ou en portugais, ou en, j'sais pas moi en arabe": Exploring teacher ideologies in multilingual, cultural preschool contexts in France », *Bellaterra Journal of Teaching & Learning Language & Literature*, vol. 10, n° 2, p. 11–24.

ZARATE, Geneviève (2004), *Représentation de l'étranger et didactique des langues*, Paris, Didier.

ZARATE, Geneviève (2008), « Introduction : Appartenances et lien social », *in* ZARATE, Geneviève, LÉVY, Danielle & KRAMSCH, Claire (dir.), *Précis du plurilinguisme et du pluriculturalisme*, Paris, Éditions des archives contemporaines, p. 177–184.

Acquisition et gestion de compétences bi-/plurilingues et bi-/pluriculturelles

Abgeordnetenhaus von Berlin [Chambre des Représentants de Berlin] (1993), imprimé n° 12, 1617, complété par n° 12, 2731.

Abgeordnetenhaus von Berlin (2010), « Staatliche Europa-Schule Berlin – bewährten Schulversuch abschließen und Europaschulzentren schaffen! », imprimés n° 16, 3006 et 16, 3128.

BAILEY, Benjamin (2007), « Heteroglossia and boundaries », *in* HELLER, Monica (dir.), *Bilingualism: A Social Approach*, New York, Palgrave Macmillan, p. 257–274.

BIGOT, Violaine & JARDIN, Anne (2023), « À l'école comme dans la vie : contextes et défis de l'apprentissage de la langue partenaire dans une Europe multilingue », *Panorama. Analyses franco-allemandes et européennes,* n°6.

BARRIÈRE Anne-Lise, SERRIER Barbara & VOLKWEIN Alice (2023), « De l'apprentissage de la langue du partenaire à la défense du plurilinguisme européen : quelles réalités et quelles ambitions pour le franco-allemand ? », *Allemagne d'aujourd'hui*, vol. 2, n° 244, p. 55–75.

BEACCO, Jean-Claude (2007), *De la diversité linguistique à l'éducation plurilingue. Guide pour l'élaboration des politiques linguistiques éducatives en Europe*, Strasbourg, Conseil de l'Europe.

BECHERT, Johannes & WILDGEN, Wolfgang (1991), *Einführung in die Sprachkontaktforschung*, Darmstadt, Wissenschaftliche Buchgesellschaft.

BERNARDY, Jean-Pierre (2016), « Les sections bi-langues : mise en perspective », *Allemagne d'aujourd'hui*, vol. 1, n° 215, p. 11–24.

BERTUCCI, Marie-Madeleine (2007), « L'enseignement des langues et cultures d'origine : incertitudes de statut et ambigüité des missions », *Le français aujourd'hui*, vol. 3, n° 158, p. 28–38.

BLANCHET, Philippe & CHARDENET, Patrick (dir.) (2011), *Guide pour la recherche en didactique des langues. Approches contextualisées*, Paris, Éditions des archives contemporaines.

BRUNER, Jerome S. (1996), *L'Éducation, entrée dans la culture : les problèmes de l'école à la lumière de la psychologie culturelle*, Paris, Retz.

BYRD CLARK, Julie & STRATILAKI, Sofia (2013), « Complex and symbolic discursive encounters for intercultural education in plurilingual times », *in* DERVIN, F. & LIDDICOAT, A. J. (dir.), *Linguistics for Intercultural Education*, New York, John Benjamins, p. 175–196.

CASTELLOTTI, Véronique & MOORE, Danièle (2001), « Compétence plurilingue et pluriculturelle. Genèses et évolutions », *in* BLANCHET, Philippe & CHARDENET, Patrick (dir.), *Guide pour la recherche en didactique des langues. Approches contextualisées*, Paris, Éditions des archives contemporaines, p. 241–252.

Conseil de l'Europe (2001), *Cadre européen commun de référence pour les langues*, Paris, Didier.

Conseil européen (2008), Résolution du 21 novembre 2008 relative à une stratégie européenne en faveur du multilinguisme, 2008, C 320, 01, accessible à l'adresse : https://eur-lex.europa.eu/legal-content/FR/TXT/PDF/?uri=CELEX:32008G1216(01)&from=DE, consulté le 21.2.2021.

COSTAOUEC, Denis (2013), « Politiques linguistiques : le cadre légal en France », *in* HERRERAS José Carlos (dir.), *Politiques linguistiques en Europe*, Valenciennes, Presses universitaires de Valenciennes, p. 131–157.

COSTE, Daniel (2001), « De plus d'une langue à d'autres encore. Penser les compétences plurilingues ? », *in* CASTELLOTTI, Véronique (dir.), *D'une langue à d'autres : pratiques et représentations*, Rouen, Publications de l'Université de Rouen, p. 191–202.

COSTE, Daniel, MOORE, Danièle & ZARATE, Geneviève (1997), « Compétence plurilingue et pluriculturelle », Strasbourg, Conseil de l'Europe, [en ligne], accessible à l'adresse : https://rm.coe.int/168069d29c, version révisée 2009, consulté le 29.5.2019.

COSTE, Daniel & SIMON, Diana-Lee (2009), « The plurilingual social actor: language, citizenship and education », *International Journal of Multilingualism*, vol. 6, n° 2, p. 168–185.

COUËDEL, Annie (2007), « Entretien d'Annie Couëdel avec Sabrina Ben Karich, étudiante en Master I de Sciences de l'éducation, sur le Dispositif de Pédagogie de Projet : intervention/insertion », *Pratiques de formation – Analyses*, n° 53.

COUËTOUX-JUNGMAN, Francine, WENDLAND, Jaqueline, AIDANE, Élisabeth, RABAIN, Didier, PLAZA, Monique, LECUYER, Roger (2010), « Bilinguisme, plurilinguisme et petite enfance. Intérêt de la prise en compte du contexte linguistique de l'enfant dans l'évaluation et le soin des difficultés de développement précoce », *Devenir*, vol. 22, n° 4, p. 293–307.

DE HEREDIA-DEPREZ, Christine (1989), « Le plurilinguisme des enfants à Paris », Revue européenne des migrations internationales, vol. 5, n° 2, p. 71–87.

DEPP [Direction de l'évaluation, de la prospective et de la performance] (2022), Repères et références statistiques sur les enseignements, la formation et la recherche 2022, Paris, accessible à l'adresse : https://www.education.gouv.fr/reperes-et-references-statistiques-2022-326939, consulté le 17.3.2023.

DESTATIS (2020), « Bericht Allgemeinbildende Schulen – Fachserie 11 Reihe 1 – Schuljahr 2019/2020 », accessible à l'adresse : https://www.destatis.de/DE/Themen/Gesellschaft-Umwelt/Bildung-Forschung-Kultur/Schulen/Publikationen/Downloads-Schulen/allgemeinbildende-schulen-2110100207005.html, consulté le 21.2.2021.

DESTATIS (2023), « Tiefstand: 15,3 % der Schülerinnen und Schüler lernten im Schuljahr 2021/2022 Französisch als Fremdsprache », *Zahl der Woche* n°3, 17 janvier, accessible à l'adresse : https://www.destatis.de/DE/Presse/Pressemitteilungen/Zahl-der-Woche/2023/PD23_03_p002.html, consulté le 19.3.2023.

DEUTSCH, Bettina (2016), *Mehrsprachigkeit durch bilingualen Unterricht? Analysen der Sichtweisen aus europäischer Bildungspolitik, Fremdsprachendidaktik und Unterrichtspraxis*, Francfort-sur-le-Main, Peter Lang.

ERFURT, Jürgen (2003), « „Multisprech“: Migration und Hybridisierung und ihre Folgen für die Sprachwissenschaft », *Osnabrücker Beiträge zur Sprachtheorie*, n° 65, p. 5–33.

ERFURT, Jürgen & HÉLOT, Christine (dir.) (2016), *L'Éducation bilingue en France : Politiques linguistiques, modèles et pratiques*, Limoges, Lambert-Lucas.

GARCÍA, Ofelia & LI, Wei (2014), *Translanguaging. Language, Bilingualism and Education*, Basingstoke, Palgrave Macmillan.

GEILING-HASSNAOUI, Susanne (2017), *Le Potentiel interculturel de l'enseignement de la littérature en cours de langues : l'exemple de la section Abibac en France*, Sarrebruck, Universaar.

GROSJEAN, François (1982), *Life with Two Languages. An Introduction to Bilingualism*, Cambridge, Harvard University Press.

GROSJEAN, François (1993), « La personne bilingue et biculturelle dans le monde des entendants et des sourds », *Nouvelles pratiques sociales*, vol. 6, n° 1, p. 69–82.

GROUX, Dominique (2006), « L'apprentissage précoce des langues : des pratiques sociologiquement et politiquement marquées », *in* ZAJDA, Joseph *et al.* (dir.), *Education and Social Justice*, Berlin, Springer, p. 97–113.

HAMERS, Josiane F. & BLANC, Michel (1983), *Bilingualité et bilinguisme*, Bruxelles, Mardaga.

HANNEQUART, Jean-Michel (2016), « L'impact des classes bilangues », *Allemagne d'aujourd'hui*, vol. 1, n° 215, p. 25–31.

HELLER, Monica (dir.) (2007), *Bilingualism: A Social Approach*, New York, Palgrave Macmillan.

HÉLOT, Christine (2006), « De la notion d'écart à la notion de continuum. Comment analyser le caractère inégalitaire du bilinguisme en contexte scolaire ? », *in* HELOT, Christine *et al.* (dir.), *Écarts de langue, écarts de culture. À l'école de l'Autre*, Francfort-sur-le-Main, Peter Lang, p. 185–206.

HÉLOT, Christine (2007), *Du Bilinguisme en famille au plurilinguisme à l'école*, Paris, L'Harmattan.

HÉLOT, Christine (2016), « Les sections internationales et les sections de langues européennes et orientales », *in* ERFURT, Jürgen & HÉLOT, Christine (dir.), *L'Éducation bilingue en France. Politiques linguistiques, modèles, pratiques*, Limoges, Lambert-Lucas, p. 371–385.

HERAN, François, FILHON, Alexandra & DEPREZ, Christine (2002), « La dynamique des langues en France au fil du xxe siècle », *Population & Sociétés*, INED, n° 376.

HESSE, Hermann-Günter, GÖBEL, Kerstin & HARTIG, Johannes (2008), « Sprachliche Kompetenzen von mehrsprachigen Jugendlichen und Jugendlichen nicht-deutscher Erstsprache », *in* DESI-Konsortium (dir.), *Unterricht und Kompetenzerwerb in Deutsch und Englisch. Ergebnisse der DESI-Studie*, Weinheim, Beltz, p. 208–230.

HU, Adelheid (2016), « Éducation plurilingue, défis conceptuels, théoriques et politiques », *in* ERFURT, Jürgen & HÉLOT, Christine (dir.), *L'Éducation bilingue en France. Politiques linguistiques, modèles et pratiques*, Limoges, Lambert-Lucas, p. 521–528.

Initiative Avenir-Zukunft (2016), « Für mehr bilinguale Erziehung! Pour plus d'éducation bilingue ! », accessible à l'adresse : https://avenir-zukunft.eu/wp-content/uploads/2017/12/Pour-plus-de-bilinguisme.pdf, consulté le 14.4.2020.

Initiative Avenir-Zukunft (2018), « Les jardins d'enfants franco-allemands de la circonscription consulaire de Berlin », accessible à l'adresse : https://avenir-zukunft.eu/wp-content/uploads/2019/03/Jardins-denfants-franco-allemands-circonscription-de-Berlin-1.pdf, consulté le 14.4.2020.

JOLIAT, Michèle *et al.* (2020), « La mise en œuvre des établissements publics locaux d'enseignement international (EPLEI) », Rapport à Monsieur le ministre de l'Éducation nationale et de la Jeunesse, Monsieur le secrétaire d'État du ministre de l'Éducation nationale et de la Jeunesse, mai, accessible à l'adresse : https://www.education.gouv.fr/la-mise-en-oeuvre-des-etablissements-publics-locaux-d-enseignement-international-305113, consulté le 14.6.2021.

JUGÉ-PINI, Isabelle (2020), « Image(s) de l'Allemagne et apprentissage de l'allemand », Allemagne d'aujourd'hui, vol. 2, n° 232, p. 232–246.

KMK (Kultusministerkonferenz) [Conférence permanente des ministres de l'Éducation des *länder*] (2011), Empfehlungen der Kultusministerkonferenz zur Stärkung der Fremdsprachenkompetenz – Beschluss der Kultusministerkonferenz vom 08.12.2011 accessible à l'adresse : https://www.kmk.org/fileadmin/Dateien/veroeffentlichungen_beschluesse/2011/2011_12_08-Fremdsprachenkompetenz.pdf, consulté le 21.2.2021.

KMK (2013), Konzepte für den bilingualen Unterricht – Erfahrungsbericht und Vorschläge zur Weiterentwicklung, Beschluss der Kultusministerkonferenz vom 17.10.2013, accessible à l'adresse : www.kmk.org/fileadmin/Dateien/veroeffentlichungen_beschluesse/2013/201_10_17-Konzepte-bilingualer-Unterricht.pdf, consulté le 21.2.2021.

KMK (2020), Zur Situation des Französischunterrichts an den allgemeinbildenden Schulen in der Bundesrepublik Deutschlands, Bericht der Kultusministerkonferenz vom 20.03.2020, accessible à l'adresse : https://www.kmk.org/fileadmin/veroeffentlichungen_beschluesse/2000/2000_03_20_Situation_Franzoesischunterricht.pdf, consulté le 21.2.2021.

KRAMSCH, Claire (2000), « Social discursive construction of self in L2 learning », *in* LANTOLF James P. (dir), *Sociocultural Theory and Second Language Learning*, Oxford, Oxford University Press, p. 133–54.

LAHR-KURTEN, Matthias (2012), *Deutsch sprechen in Frankreich. Praktiken der Förderung der deutschen Sprache im französischen Bildungssystem*, Bielefeld, transcript.

LANZA, Elizabeth & SVENDSEN, Bente Ailin (2007), « Tell me who your friends are and I *might* be able to tell you what language(s) you speak: Social network analysis, multilingualism, and identity », *International Journal of Bilingualism*, vol. 11, n° 3, p. 275–300.

LÜDI, Georges & PY, Bernard (1986), *Être bilingue*, Francfort-sur-le-Main, Peter Lang [édition de 2002].

MAILLARD Jean-Pierre (1995), « Enseignement bilingue et enseignement international », *Revue internationale d'éducation de Sèvres*, n° 7, p. 71–78.

MARY, Latisha & YOUNG, Andrea S. (2017), « From Silencing to Translanguaging: Turning the Tide to Support Emergent Bilinguals in

Transition from Home to Pre-school », *in* PAULSRUD, B.A., *et al.* (dir.), *New perspectives on Translanguaging and Education*, Bristol, Multilingual Matters, p. 108–128.

MEHLHORN, Grit (2017), « Herkunftssprachen im deutschen Schulsystem », *Fremdsprachen Lehren und Lernen (FLuL)*, vol. 46, n° 1, p. 43–55.

MELIN, Valérie & WAGNER, Bernd (2015), « The intercultural and non- formal learning processes of children in primary school exchange programmes in France and Germany », *Research in Comparative & International Education*, vol. 10, n° 3, p. 407–422.

MILROY, Lesley (1980), *Language and Social Network*, Baltimore, University Park Press.

Ministère de l'Éducation nationale et de la Jeunesse (2021), « Arrêté du 21 décembre 2021 modifiant l'arrêté du 31 mai 2011 fixant la liste des établissements proposant une section binationale Abibac, Bachibac, Esabac », *Journal officiel de la République française*, n° 0006 du 8 janvier 2022, accessible à l'adresse : https://www.legifrance.gouv.fr/loda/id/JORFTEXT000044889631?init=true&page=1&query=Abibac&searchField=ALL&tab_selection=all, consulté le 19.8.2022.

Ministère de l'Éducation nationale et de la Jeunesse (2023), « Arrêté du 27 janvier 2023 modifiant l'arrêté du 31 mai 2011 fixant la liste des établissements proposant une section binationale Bachibac, Esabac », *Journal officiel de la République française*, n° 0038 du 14 février 2023, accessible à l'adresse : https://www.legifrance.gouv.fr/download/file/FpJQ4igCX-GndnmaR7rgJfFIsrsa00QFujiQScSI_fAU=/JOE consulté le 18.3.2023.

Ministère de l'Éducation nationale et de la Jeunesse de la République française, Plénipotentiaire de la République fédérale d'Allemagne pour les affaires culturelles dans le cadre du Traité sur la coopération franco-allemande, Conférence permanente des ministres de l'Éducation (KMK) (2022), *Stratégies pourle développement de l'apprentissage de la langue du partenaire. Promotion de la langue allemande en France. Promotion de la langue française en Allemagne*, accessible à l'adresse : https://www.education.gouv.fr/la-cooperation-franco-allemande-5141, consulté le 17.3.2023.

MOFFET, Jean-Denis (2000), « La compétence langagière et le transfert », *Correspondance*, vol. 6, n° 2, accessible à l'adresse : https://correspo.ccdmd.qc.ca/index.php/document/au-dela-de-letablissement-de-liens-le-transfert-de-la-competence/la-competence-langagiere-et-le-transfert, consulté le 13.6.2019.

MÖLLER, Jens *et al.* (dir.) (2017), *Erfolgreich integrieren – die Staatliche Europa-Schule Berlin*, Münster/New York, Waxmann.

MÜLLER, Burkhard (1996), « Évaluation des rencontres internationales, première mise en perspective du problème des méthodes d'évaluation dans le domaine des apprentissages interculturels », *Textes de travail*, n° 12, Berlin/Paris, OFAJ.

PY, Bernard & GAJO, Laurent (2013), « Bilinguisme et plurilinguisme », *in* SIMONIN, Jacky & WHARTON Sylvie (dir.), *Sociolinguistique du contact. Dictionnaire des termes et concepts*, Lyon, ENS Éditions, p. 71–93.

ROMAINE, Suzanne (1995), *Bilingualism*, Oxford, Blackwell.

SCHUMACHER, Roger (1998), « Des classes bilingues dans l'académie de Strasbourg », *Revue internationale d'éducation de Sèvres*, n° 17, p. 89–95

SBJF (Senatsverwaltung für Bildung, Jugend und Familie [Administration du ministère berlinois de l'Éducation, de la Jeunesse et de la Famille]) (2016), Ausführungsvorschriften für bilingualen Unterricht an allgemein bildenden Schulen (AV bilingualer Unterricht) Vom 9. März 2015 (ABl. S. 449), geändert am 15. Dezember 2016 (ABl. S. 373)

SBJF (2021a), « Berlin baut den Herkunftssprachenunterricht aus: Vietnamesisch, Polnisch und Russisch im Angebot », Communiqué de presse du 8 septembre, accessible à l'adresse : https://www.berlin.de/sen/bjf/service/presse/pressearchiv-2021/pressemitteilung.1123994.php, consulté le 17.3.2023.

SBJF (2021b), « Konzept zur Förderung der Mehrsprachigkeit liegt nun vor », Communiqué de presse du 18 novembre, accessible à l'adresse : https://www.berlin.de/sen/bjf/service/presse/pressearchiv-2021/pressemitteilung.1148278.php, consulté le 17.3.2023.

SBJF (2022), « Bilinguale Bildung », accessible à l'adresse : https://www.berlin.de/sen/bildung/schule/besondere-schulangebote/bilinguale-bildung/, consulté le 17.8.2022.

SILHOUETTE, Marielle (2016), « L'évolution de l'enseignement des langues vivantes en France : massification et uniformisation », *The Conversation France*, 16 février [en ligne], accessible à l'adresse : https://theconversation.com/levolution-de-lenseignement-des-langues-vivantes-en-france-massification-et-uniformisation-2-54083, consulté le 26.1.2021.

SIMON, Diana-Lee (2016), « Dispositifs bilingues des sections internationales européennes et orientales : creuset pour une éducation plurilingue et interculturelle ? », *in* ERFURT, Jürgen & HELOT, Christine (dir.),

L'Éducation bilingue en France. Politiques linguistiques, modèles et pratiques, Limoges, Lambert-Lucas, p. 347–354.

STRATILAKI, Sofia (2006), « Et si on jonglait un peu avec les langues ? Construction et gestion des répertoires plurilingues chez les apprenants franco-allemands », *Bulletin suisse de linguistique appliquée*, n° 83, 1, p. 121–132.

STRATILAKI, Sofia (2008), « Composantes, structure opératoire et dynamique de la compétence plurilingue : modes d'articulation et formes de construction », *in* MOORE, Danièle & CASTELLOTTI, Véronique (dir.), *La compétence plurilingue : regards francophones*, Francfort-sur-le-Main, Peter Lang, p. 51–80.

STRATILAKI, Sofia (2016), « Les lycées franco-allemands : ouvrir les voies vers la didactique du plurilinguisme ? », *in* ERFURT, Jürgen & HÉLOT, Christine (dir.), *L'Éducation bilingue en France. Politiques linguistiques, modèles, pratiques*, Limoges, Lambert-Lucas, p. 386–402.

SUHASTE, Sarah & HÉLOT, Christine (2016), « Les sections binationales et les nouveaux diplômes européens : AbiBac, BachiBac et EsaBac », *in* ERFURT, Jürgen & HÉLOT, Christine (dir.), *L'Éducation bilingue en France. Politiques linguistiques, modèles, pratiques*, Limoges, Lambert-Lucas, p. 403–415.

VIETH-ENTUS, Susanne (2019), « Muttersprachlicher Unterricht. Scheeres will eigene Türkischlehrer ausbilden », *Der Tagesspiegel*, 15 octobre.

WOLFF, Dieter (2017), « Bilingualer Sachfachunterricht in Deutschland 2017 », site Internet du Goethe-Institut, accessible à l'adresse : www.goethe.de, de, spr, unt, kum, clg, 21074378.html, consulté le 23.1.2020.

ZARATE, Geneviève (2004), *Représentation de l'étranger et didactique des langues*, Paris, Didier Scolaire.

ZETTELMEIER, Werner (2005), « L'école et l'éducation à la citoyenneté », *in* DEMESMAY, Claire & STARK, Hans (dir.), *Qui dirige l'Allemagne ?*, Villeneuve d'Ascq, Presses universitaires du Septentrion, p. 247–262.

Méthode et généralités

ARON, Raymond (1969), *Les Désillusions du progrès : Essai sur la dialectique de la modernité*, Paris, Calmann-Lévy.

BERTUCCI, Marie-Madeleine (2009), « Place de la réflexivité dans les sciences humaines et sociales », *Cahiers de sociolinguistique*, 14, p. 43–55.

ROULET, Eddy, FILLIETTAZ, Laurent & GROBET, Anne, avec la collaboration de BURGER, Marcel (2001), *Un modèle et un instrument d'analyse de l'organisation du discours*, Francfort-sur-le-Main, Peter Lang.

MOIRAND, Sophie (2004), « Le dialogisme entre problématiques énonciatives et théories discursives », *Les Cahiers de praxématique*, n° 43, p. 189–220.

MOIRAND, Sophie (2010), « Retour sur une approche dialogique du discours », *in* COLAS-BLAISE, Marion *et al.* (dir.), *La Question polyphonique ou dialogique en sciences du langage*, Metz, Centre d'études linguistiques des textes et des discours, Université Paul Verlaine, p. 375–398.

MOLINIÉ, Muriel (2011), « Une approche socio-discursive des figures de l'identité dans l'entretien autobiographique », *in* HUVER, Emmanuelle & MOLINIE, Muriel (dir.), *Praticiens et chercheurs à l'écoute du sujet plurilingue. Réflexivité et interaction biographique en sociolinguistique et en didactique*, *Carnets d'Atelier de Sociolinguistique* 4, Paris, L'Harmattan, p. 65–82.

MOLINIÉ, Muriel. (2019) « Démarche sociobiographique en contextes plurilingues », *in* VANDEVELDE-ROUGALE, A. & FUGIER, P. (dir.), *Dictionnaire de sociologie clinique,* Toulouse, Erès, p. 186–189.

MOSCOVICI, Serge (1961), *La psychanalyse, son image et son public*, Paris, Presses universitaires de France.

MÜLLER, Jan-Werner (2013), *Contesting Democracy. Political Ideas in Twentieth-Century Europe*, New Haven, Yale University Press.

SAUVAYRE, Romy (2013), *Les Méthodes de l'entretien en sciences sociales*, Paris, Dunod.

THAMIN, Nathalie & SIMON Diana-Lee (2011), « Réflexions épistémologiques sur la notion de 'biographies langagières' », *in* HUVER, Emmanuelle & MOLINIÉ, Muriel (dir.), *Praticiens et chercheurs à l'écoute du sujet plurilingue. Réflexivité et interaction biographique en sociolinguistique et en didactique*, *Carnets d'Atelier de Sociolinguistique* 4, Paris, L'Harmattan, p. 15–33.

Études contrastives
Description, appropriation et traduction des langues et des cultures

La collection *Études contrastives* propose des travaux en français et anglais qui apportent des éclairages inédits sur des phénomènes d'équivalence, d'interférence ou de non-coïncidence, confrontant les langues les plus diverses dans leurs usages multiples. Offrant une ouverture sur la traduction en tant que contact de langues, elle accueille également des études portant sur le processus d'appropriation des langues et des cultures dans les contextes les plus variés.

www.peterlang.com

www.ingramcontent.com/pod-product-compliance
Ingram Content Group UK Ltd.
Pitfield, Milton Keynes, MK11 3LW, UK
UKHW021922290926
8980IPUK00016B/1401

9 782875 745705